DISTANZ

Le Mouvement
Performing the City

12th Swiss Sculpture Exhibition
ESS – SPA Biel / Bienne

Edited by Gianni Jetzer
and Chris Sharp

Introduction

The Swiss Sculpture Exhibition has been periodically taking place in the town of
Biel / Bienne for the past six decades. Since 1954 it has hosted eleven editions,
and we are curating the 12th edition in 2014. Traditionally this is an exhibition
about sculpture in public space, materializing in different parts of the city in plastic
interventions, but we have elected to approach that tradition differently.

When we were invited to compete for the directorship of this exhibition we found
ourselves immediately compelled to question the relevance of public sculpture,
while re-considering the nature of public space. The more we thought about it, the
more the idea of sculpture in public seemed to us indefensible, due to its will to
impose itself on people whether they like it or not. Meanwhile, the idea of public
space seemed deeply fraught with a number of questions. For instance, what
defines public space? The actions that take place therein? Or what is allowed to
happen therein? In other words, is it performed or juridically circumscribed?
Additionally, is it dynamic or static? To whom does it belong? Does it belong to
anyone? And perhaps most importantly, with the increasing privatization and
monetization of every aspect of urban space and civic life in neo-liberal society,
can public space be said to still exist? Or is it an endangered geography?

With these questions and considerations in mind, which seemed to us all the
more urgent vis-à-vis the significance of public space in relatively recent political
upheavals in North Africa, Istanbul, and elsewhere, it became clear to us that we
did not want to take the traditional route of a public sculpture exhibition and
decided to take a more provocative position by focusing on that one thing without
which public space cannot exist: the human body.

Thus did the human body come to assume a central importance in our proposal:
the body as a living sculpture capable of defining and creating a space as much
as it is defined and created by that space; the individual body and the body among
other bodies; the dynamic body and the static body; the body as something palpable and fleeting. And as such, nothing but the body.

Consonant with our interest in this fundamental component of public space,
we have decided to focus, with the exception of the first movement, which pairs
sculptures from past editions with new artists toward a Pygmalion effect, exclusively
on the materiality of the body, eschewing theatrical accoutrements, such as
props, costumes, and the stage wherever possible, and inviting participating artists
and performers to directly occupy and perform in the squares and streets
of Biel / Bienne.

The title of the 12th edition of the Swiss Sculpture Exhibition is Le Mouvement.
We have titled it thus not only due to our abandonment of the static art object
in favor of the living, human body, but also by virtue of how much the interpretability
of the word movement reflects the conflictual nature of our subject, public space
and that which constitutes it. Following upon Agamben's definition of movement,
as "an unfinished act" we also perceive this exhibition as a kind of movement in
and of itself—a movement whose objective, if it could be called that, is to celebrate
the extent to which all public space, where it could be said to genuinely exist,
is inherently characterized by its lack of objective. Le Mouvement would like to
emphasize the democratic origins of public space as "an empty space" (Rosalyn
Deutsche), which is to say, a space always already devoid of any inherent meaning
beyond its own emptiness, and as such capable of hosting the bodies and acts
who will temporarily invest it with meaning, before evanescing and returning to a
state of openness, indeterminacy and incompletion.

We would like to especially thank the authors for their stimulating contributions to the catalog. Bojana Cvejić for her trenchant critique of how the ideology of individualism operates in values of solo performance today; André Lepecki for his insightful engagement of the relationship between choreography and architecture, and how they both take place; Nataša Petrešin-Bachelez for her concise appraisal of the variety of artistic usages of public space in former eastern Europe; and Jan Verwoert for his reflections on the training, lack thereof and muscle memory in performance in an increasingly mechanized world and how this might or might not lead to forms of emancipation.

We want also to give thanks to all the artists for their enthusiasm about performing in the streets of Biel: luciana achugar, Alexandra Bachzetsis, Nina Beier, Trisha Brown, Pablo Bronstein, Eglė Budvytytė, Alex Cecchetti, Willi Dorner, Douglas Dunn, Simone Forti, Alicia Frankovich, Maria Hassabi, Christian Jankowski, San Keller, Köppl/Začek, Jiří Kovanda, Germaine Kruip, Liz Magic Laser, Myriam Lefkowitz, Jérôme Leuba, Marko Lulić, Ieva Misevičiūtė, Alexandra Pirici, Prinz Gholam, Ariana Reines, and Lin Yilin, not to mention the over 300 assistants and performers from all over the world who made Le Mouvement eventually happen.

We are equally indebted to the artists and their studios as well as the lenders of works, institutional, commercial, and private, who were generous enough to part with works for the duration of the exhibition and extend a large thank you to all the foundations without whose sponsorship, Le Mouvement—Performing the City would not have been possible: The city of Biel/Bienne; Swisslos, Kultur Kanton Bern; Pro Helvetia, The Swiss Arts Council; LUMA Foundation; Ernst Göhner Stiftung; Migros Kulturprozent; Stanley Thomas Johnson Foundation; Burgergemeinde Biel.

We would like to extend our thanks to the entire board of the ESS−SPA, its president, Stéphane de Montmollin, as well as the ESS−SPA team, Betty Stocker and Cleoriana Benacloche. Additionally, we would like to thank the director of the Kunsthaus CentrePasquArt, Felicity Lunn and her entire team as well as our symposium partners Hans Rudolf Reust, Thomas Strässle, and Peter J. Schneemann for the fruitful collaboration with the Contemporary Art History Department of the University of Bern and the Y Institute of the Bern University of the Arts (BUA).

Chris Sharp would like to personally thank Joanna Fiduccia, Melissa Marotto, Biba Bell, Simone Menegoi, Iacopo Seri, and Maite Garbayo for their invaluable suggestions, insights, and support.

Gianni Jetzer would like to express his gratitude to Ziba Ardalan, Mark Beasley, Antonio Sergio Bessa, Roselee Goldberg, Maja Hoffmann, Andrew Holland, Ana Janevski, Anne Keller, Sam Keller, Olivier Mosset, Beatrix Ruf, Dieter Schwarz, and Manuela and Iwan Wirth.

Vorwort

Die Schweizerische Plastikausstellung findet seit sechs Jahrzehnten in mehr-
jährigem Abstand in Biel / Bienne statt. Einschliesslich der Premiere 1954 gab es
bislang elf Ausgaben. Wir haben die Ehre, 2014 gemeinsam die 12. Ausgabe zu
kuratieren. Traditioneller Schwerpunkt der Ausstellung ist die Skulptur im öffentlichen Raum, die sich als plastische Intervention an verschiedenen Orten der
Stadt materialisiert. Wir beschlossen, eine neue Herangehensweise an diese
Tradition zu versuchen.

Als wir eingeladen wurden, uns als Ausstellungsgestalter zu bewerben, stellten
wir uns umgehend die Frage: Ist öffentliche Skulptur heutzutage überhaupt
noch relevant? Zugleich schien es uns unausweichlich, das Wesen des öffentlichen
Raums zu überdenken. Je länger wir uns mit der Problematik beschäftigten,
desto mehr gewannen wir den Eindruck, dass die öffentliche Skulptur ihrer Idee
nach kaum noch vertretbar ist, denn sie will sich den Menschen aufzwingen,
ob diese es nun wollen oder nicht. Ähnlich fragwürdig ist die Idee des öffentlichen
Raums. Wie sehen seine charakteristischen Merkmale aus? Was geschieht im
öffentlichen Raum? Oder was darf in ihm gesehen? Anders ausgedrückt, wird er
durch gesetzliche Vorschriften oder durch menschliche Handlungen bedingt?
Ist er statisch oder dynamisch? Wem gehört der öffentliche Raum? Und vielleicht
am wichtigsten, kann man angesichts der zunehmenden Privatisierung und
Kommerzialisierung aller Aspekte des öffentlichen und städtischen Lebens in der
neoliberalen Gesellschaft überhaupt noch davon sprechen, dass öffentlicher
Raum existiert? Ist er ein vom Aussterben bedrohtes Terrain?

Die jüngsten Proteste im Nahen Osten, in der Türkei und anderswo haben all
diese Fragen noch akuter ins Bewusstsein gerückt. Wir gelangten zu dem
Entschluss, dass wir anstatt einer traditionellen Skulpturenausstellung einen
provokanteren Ansatz versuchen wollen, indem wir uns auf den einen Faktor
konzentrieren, ohne den es keinen öffentlichen Raum geben kann: den menschlichen Körper.

Er wurde zum Angelpunkt unseres Vorschlags: der Körper als lebendige
Skulptur, die im selben Mass einen Raum definiert und schafft als sie von diesem
Raum definiert und geschaffen wird; der einzelne Körper und der Körper in
der Gruppe; der greifbare und der vergängliche Körper. Der Körper und nichts
als der Körper.

Übereinstimmend mit unserem Fokus auf dieses Grundelement des öffentlichen
Raums stellten wir die Materialität des Körpers in den Mittelpunkt unserer
Recherche – mit Ausnahme des ersten Teils der Ausstellung, der Skulpturen aus
vergangenen Ausgaben der Schweizerischen Plastikausstellung mit neuen Positionen paart und in einer an Pygmalion erinnernden Verwandlung zu neuem Leben
erweckt. Auf Theaterrequisiten wie Bühnen, Bühnenbilder und Kostüme soll
nach Möglichkeit verzichtet werden. Stattdessen forderten wir die teilnehmenden
Künstler und Performer auf, die Strassen und Plätze von Biel / Bienne direkt zum
Ort des Geschehens zu machen.

Der Titel der 12. Schweizerischen Plastikausstellung lautet Le Mouvement.
Er soll nicht nur andeuten, dass die statische Kunst zugunsten des lebendigen
Körpers hintangestellt wird, sondern auch, bis zu welchem Grad die verschiedenen Bedeutungen des Worts „Bewegung" die widersprüchliche Natur unseres
Themas, des öffentlichen Raums und seiner Grundvoraussetzungen, widerspie-
geln. Gemäss Giorgio Agambens Definition der Bewegung als „unvollendetem Akt"
verstehen wir die Ausstellung selbst als eine Art Bewegung – eine Bewegung,

deren Ziel (wenn man es so nennen kann) es ist, ein Schlaglicht auf jenen Aspekt der Ziellosigkeit zu werfen, der jeden öffentlichen Raum auszeichnet, insofern man tatsächlich sagen kann, dass er als solcher existiert. Le Mouvement möchte die demokratischen Wurzeln des öffentlichen Raums als „leerem Raum" (Rosalyn Deutsche) aufdecken, das heisst als Raum, der jenseits seiner eigenen Leere von vornherein frei von jeglicher Bedeutung ist. In diesem Zustand ist er empfänglich für die Körper und Handlungen, die ihn vorübergehend mit Bedeutung aufladen, bevor er entleert wieder in seinen Zustand der Offenheit, Unbestimmtheit und Unvollständigkeit zurückkehrt.

Unser besonderer Dank gilt den Autoren der Textbeiträge des Katalogs. Bojana Cvejić zeigt auf, welche Rolle die Ideologie des Individualismus in der zeitgenössischen Soloperformance spielt; André Lepecki untersucht die Beziehung zwischen Choreografie und Architektur und deren spezifische Art, sich den Ort anzueignen; Nataša Petrešin-Bachelez gibt einen Überblick über die künstlerische Nutzung des öffentlichen Raums im ehemaligen Ostblock; und Jan Verwoert hinterfragt, inwiefern Training und motorisches Gedächtnis in unserer heutigen mechanisierten Welt relevant bleiben und zu Formen der Emanzipation führen können oder nicht.

Grösste Anerkennung verdienen die Künstler, die sich mit ihren Aktionen in die Strassen von Biel/Bienne begeben: luciana achugar, Alexandra Bachzetsis, Nina Beier, Trisha Brown, Pablo Bronstein, Eglė Budvytytė, Alex Cecchetti, Willi Dorner, Douglas Dunn, Simone Forti, Alicia Frankovich, Maria Hassabi, Christian Jankowski, San Keller, Köppl/Začek, Jiří Kovanda, Germaine Kruip, Liz Magic Laser, Myriam Lefkowitz, Jérôme Leuba, Marko Lulić, Ieva Misevičiūtė, Alexandra Pirici, Prinz Gholam, Ariana Reines und Lin Yilin. Nicht zu vergessen die mehr als 300 Assistenten und Akteure aus aller Welt, ohne die Le Mouvement nicht stattfinden könnte.

In gleichem Mass zu Dank verpflichtet sind wir den Künstlern und ihren Assistenten sowie den institutionellen und privaten Leihgebern, die grosszügigerweise ihre Kunstwerke für diese Ausstellung zur Verfügung stellen. Dasselbe gilt für die Stiftungen, deren Unterstützung massgeblich ist für die Realisierung von Le Mouvement – Performing the City: die Stadt Biel/Bienne; Swisslos, Kultur Kanton Bern; Pro Helvetia, Schweizer Kulturstiftung; LUMA Stiftung; Ernst Göhner Stiftung; Migros Kulturprozent; Stanley Thomas Johnson Foundation und die Burgergemeinde Biel.

In unseren Dank einschliessen möchten wir ferner den gesamten Stiftungsrat der Schweizerischen Plastikausstellung mit ihrem Präsidenten Stéphane de Montmollin sowie das Team mit Betty Stocker und Cleoriana Benacloche. Ein spezielles Dankeschön richten wir an Felicity Lunn, die Direktorin des Kunsthauses CentrePasquArt, und alle ihre Mitarbeiter sowie an unsere Symposium-Partner Hans Rudolf Reust, Thomas Strässle und Peter J. Schneemann für die hervorragende Zusammenarbeit mit der Abteilung für Kunstgeschichte der Moderne und der Gegenwart, Universität Bern, und dem Institut Y der Hochschule der Künste Bern.

Chris Sharp dankt Joanna Fiduccia, Melissa Marotto, Biba Bell, Simone Menegoi, Iacopo Seri und Maite Garbayo persönlich für ihre wertvollen Ratschläge und Anregungen.

Gianni Jetzer möchte Ziba Ardalan, Mark Beasley, Antonio Sergio Bessa, Roselee Goldberg, Maja Hoffmann, Andrew Holland, Ana Janevski, Anne Keller, Sam Keller, Olivier Mosset, Beatrix Ruf, Dieter Schwarz sowie Manuela und Iwan Wirth namentlich seiner besonderen Wertschätzung versichern.

Avant-propos

L'Exposition suisse de sculpture a eu lieu périodiquement dans la ville de Bienne au cours des six dernières décennies. Depuis 1954, elle a présenté onze éditions, et nous sommes conjointement les commissaires de la 12ème édition en 2014. Traditionnellement, c'est une exposition sur la sculpture dans l'espace public, matérialisée en différentes parties de la ville par des interventions plastiques, mais nous avons choisi d'approcher cette tradition d'une manière différente.

Lorsque nous avons été invités à concourir pour la direction de cette exposition, nous nous sommes sentis immédiatement interpellés par la question de la pertinence de la sculpture publique, si l'on reconsidère la nature de l'espace public. Plus nous y pensions, plus l'idée de la sculpture en public nous a paru indéfendable, étant donné qu'elle veut s'imposer aux gens, qu'ils le souhaitent ou non. D'ailleurs, l'idée d'espace public semblait lourdement grevée par nombre de questions. Par exemple, qu'est-ce qui définit l'espace public? Les actions qui y prennent place? Ou ce qui est autorisé à s'y passer? En d'autres mots, cet espace est-il créé, ou bien est-il juridiquement circonscrit? Et puis, est-il dynamique ou statique? À qui appartient-il? Appartient-il à qui que ce soit? Et, peut-être plus important, avec la privatisation et la monétarisation croissantes de tous les aspects de l'espace urbain et de la vie civique dans la société néo-libérale, peut-on continuer à dire que l'espace public existe? Ou bien s'agit-il d'une géographie en danger?

Les manifestations au Proche-Orient, à Istanbul et ailleurs nous ont révélé l'acuité augmentée de ces questions. Il est devenu évident que nous voulions tenter une position plus provocatrice qu'une traditionnelle exposition de sculpture publique en nous concentrant sur une chose sans laquelle l'espace public ne peut pas exister : le corps humain.

Le corps humain en est donc venu à assumer une importance centrale dans notre projet : le corps comme sculpture vivante, capable de définir et de créer un espace autant qu'il est défini et créé par l'espace ; le corps individuel et le corps parmi d'autres corps ; le corps dynamique et le corps statique ; le corps comme quelque chose de palpable et d'éphèmère. Et par conséquent, rien d'autre que le corps.

En consonance avec notre intérêt pour cette composante fondamentale de l'espace public, et à l'exception du premier mouvement, qui associe des sculptures provenant des éditions précédentes, avec de nouveaux artistes, pour un effet Pygmalion, nous avons décidé de nous concentrer exclusivement sur la matérialité du corps, évitant les attirails théâtraux tels que les accessoires, les costumes et la scène, autant que possible ; nous invitons les artistes et performeurs participants à occuper directement les places et les rues de Bienne, et à s'y produire.

La 12ème édition de l'Exposition suisse de sculpture s'intitule Le Mouvement. Nous avons choisi ce titre non seulement parce que nous avons abandonné l'objet d'art statique au profit de cet objet vivant qu'est le corps humain, mais aussi parce que l'interprétabilité du mot mouvement reflète largement la nature conflictuelle de notre sujet : l'espace public et ce qui le constitue. Suivant la définition qu'Agamben donne du mouvement, «un acte inachevé», nous percevons aussi cette exposition comme un genre de mouvement en soi et par soi – un mouvement dont l'objectif, si l'on peut ainsi parler, est de célébrer la façon dont tout espace public, là où l'on peut dire qu'il existe de manière authentique, est intrinsèquement caractérisé par son absence d'objectif. Le Mouvement voudrait souligner les origines démocratiques de l'espace public comme «un espace vide» (Rosalyn Deutsche), ce qui signifie un espace toujours dénué de toute signification intrinsèque au-delà de son propre vide, et capable, à ce titre, d'abriter les corps et les actes qui l'investiront temporairement d'un sens, avant de disparaître et de retourner à l'état d'ouverture, d'indétermination et d'incomplétude.

Nous voudrions adresser un remerciement particulier aux auteurs pour leurs contributions stimulantes au catalogue. Bojana Cvejič, pour sa critique incisive de la manière dont l'idéologie de l'individualisme agit sur les valeurs de la performance en solo aujourd'hui ; André Lepecki, pour son engagement clairvoyant dans l'étude de la relation entre chorégraphie et architecture, et de leurs lieux respectifs ; Nataša Petrešin-Bachelez, pour son évaluation concise de la diversité des usages artistiques de l'espace public dans l'ancienne Europe de l'Est ; et Jan Verwoert, pour ses réflexions sur l'entraînement, donc aussi son absence, et la mémoire musculaire dans la performance ; sur la manière dont ce phénomène, dans un monde de plus en plus mécanisé, pourrait ou ne pourrait pas conduire à de nouvelles formes d'émancipation.

Nous remercions aussi tous les artistes pour leur enthousiasme à réaliser des performances dans les rues de Bienne : luciana achugar, Alexandra Bachzetsis, Nina Beier, Trisha Brown, Pablo Bronstein, Eglė Budvytytė, Alex Cecchetti, Willi Dorner, Douglas Dunn, Simone Forti, Alicia Frankovich, Maria Hassabi, Christian Jankowski, San Keller, Köppl/Začek, Jiří Kovanda, Germaine Kruip, Liz Magic Laser, Myriam Lefkowitz, Jérôme Leuba, Marko Lulić, Ieva Misevičiūtė, Alexandra Pirici, Prinz Gholam, Ariana Reines et Lin Yilin, sans oublier les plus de 300 assistants et performeurs du monde entier, qui ont permis que Le Mouvement puisse finalement avoir lieu.

Nous sommes également redevables aux artistes et à leurs assistants, ainsi qu'à ceux qui ont prêté des œuvres, institutionnels, commerciaux ou privés, assez généreux pour se séparer de ces œuvres pendant toute l'exposition. Et nous réitérons nos remerciements à toutes les institutions sans le soutien desquelles Le Mouvement – Performing the City n'aurait pas été possible : la ville de Bienne ; Swisslos culture, canton de Berne ; Pro Helvetia, Fondation suisse pour la culture ; la LUMA Foundation ; La Fondation Ernst Göhner ; Le Pour-cent culturel Migros ; la Fondation Stanley Thomas Johnson ; la Bourgeoisie de Bienne.

Nous voulons encore adresser nos remerciements à tout le comité de l'ESS–SPA ; à son président, Stéphane de Montmollin, tout comme à l'équipe de l'ESS–SPA, Betty Stocker et Cleoriana Benacloche. En outre, nous voudrions remercier la directrice du Kunsthaus CentrePasquArt, Felicity Lunn, et toute son équipe, ainsi que nos partenaires du symposium, Hans Rudolf Reust, Thomas Strässle et Peter J. Schneemann du Département d'histoire de l'art contemporain à l'Université de Berne et de l'Institut Y de l'Université des Arts de Berne (BUA) pour leur fructueuse collaboration.

Chris Sharp tient à remercier personnellement Joanna Fiduccia, Melissa Marotto, Biba Bell, Simone Menegoi, Iacopo Seri et Maite Garbayo pour leurs inestimables suggestions, leurs idées et leur soutien.

Gianni Jetzer tient à exprimer sa gratitude à Ziba Ardalan, Mark Beasley, Antonio Sergio Bessa, Roselee Goldberg, Maja Hoffmann, Andrew Holland, Ana Janevski, Anne Keller, Sam Keller, Olivier Mosset, Beatrix Ruf, Dieter Schwarz, ainsi que Manuela et Iwan Wirth.

Contents

Inhalt

Sommaire

Sculptures on the Move

How does the permanence
of sculpture relate to the
transient materiality of the
living body?

Was ist das Verhältnis
zwischen permanenter
Skulptur und der
Vergänglichkeit des
Körpers in Bewegung?

Quel est le rapport entre la
permanence de la sculpture
et la fugacité du corps en
mouvement?

Sculptures on the Move has a twofold purpose: to acknowledge and pay homage
to the long-standing public sculpture tradition in which this exhibition takes place
while not merely liberating sculpture from the pedestal, but also transforming
it from a static, fixed representation of motion into an actual kinetic act of motion
via the performing, human body. In other words, Sculptures on the Move is emi-
nently, but not exclusively Pygmalionesque. Or if it is Pygmalionesque, it is not for
the traditional reasons one might associate with, so to speak, Pygmalionism.
It is not a question of breathing life into inanimate figures like gods—a myth couched
in a complex, if mawkish nexus of romanticism, artistic genius, and mimetic rev-
erie, which no longer has any real purchase in the 21st century. Rather, our interest
in the shift from the permanence of the public object to the ephemerality of the
body is connected to an interest in motion as much as it is to the idea and manifold
problems of public space. Public sculpture was and remains immediately and
deeply problematic by virtue of its fraught relationship to the even more fraught context in which it takes place: public space. Before consenting to merely place
objects in this space, we found ourselves obliged to investigate its nature and seek
to understand what it was, and ultimately, how art might reasonably function in it.

To this end, we are greatly indebted to Rosalyn Deutsche's trenchant and
invaluable reflections in her historic essay "Agoraphobia" (*Evictions*, MIT, 1996).
Drawing on the theory of radical democratic thinkers, such as Ernesto Laclau,
Chantal Mouffe, and particularly Claude Lefort, Deutsche attempts to define public
space, like that of democracy itself, as a space of profound uncertainty and
instability, without specific parameters other than that it remains without parameters. Given that it is public, which is to say, available to be used by all, the moment it is invested with a specific set of parameters, use or interdiction by any
given single-interest group, it becomes appropriated and therefore forfeits its
democratic status. In order for it to remain democratic, it must remain, at least
symbolically, empty.

Such reflections helped us to understand that a "public sculpture exhibition"
was something of an oxymoron. For the moment an object, with all its significations, ideological determinations, and fixed volumes was imposed upon a given
space, that space ceased in large part to be public. Such a realization became
and continues to be crucial in our decision to move toward a Pygmalion
approach—an approach that is grounded in a fundamentally practical and even
political perspective. Not wanting to encumber public space with the semi-
permanent matter of public sculpture, and thereby limit, determine, or even stabilize
the fundamental indeterminacy and uncertainty of this space, we have sought to
embrace the quiddity of that indeterminacy and uncertainty in the shape and form
of the human body. While the qualities, contours, figures, and gestures of the
body will be played out throughout the course of the entire exhibition, Movement I
acts as a transitional passage from the traditional understanding of sculpture
to the Pygmalion approach that we propose. Indeed, if there is any transmission
and activation of life-giving genius to be identified here, it does not come from
the single hand of a given author, but from the essentially collective, pluralistic,
and agonistic nature of public space itself and the human bodies that variously,
ephemerally, and vitally animate it.

Hin zu einem neuen Pygmalionismus

Gianni Jetzer   Chris Sharp

Sculptures on the Move verfolgt ein zweifaches Ziel: die Anerkennung und die Ehrung der seit langem bestehenden Tradition öffentlicher Skulptur, in die sich diese Ausstellung einreiht, wobei sie die Skulptur nicht nur von ihrem Sockel befreit, sondern mit Hilfe der Darbietung des menschlichen Körpers zugleich auch deren statische, fixierte Darstellung von Bewegung in einen tatsächlich kinetischen Akt der Bewegung verwandelt. Mit anderen Worten, Sculptures on the Move ist in hohem Masse, wenn auch nicht ausschliesslich pygmalionesk. Beziehungsweise wenn es pygmalionesk ist, dann nicht aus den traditionellen Gründen, die man mit dem Pygmalionismus, um es einmal so zu nennen, in Verbindung bringen würde. Es geht nicht darum, leblosen Figuren wie Götter Leben einzuhauchen – ein Mythos, der sich in einem komplexen, wenngleich sentimentalen Geflecht aus Romantik, künstlerischem Genius und mimetischer Träumerei äussert, und der im 21. Jahrhundert nicht mehr angebracht ist. Vielmehr ist unser Interesse an der Verlagerung von der Dauerhaftigkeit des öffentlichen Objekts hin zur Vergänglichkeit des Körpers sowohl mit einem Interesse an Bewegung als auch mit der Vorstellung und den vielfältigen Problemen des öffentlichen Raums verbunden. Öffentliche Skulptur war und bleibt unmittelbar und zutiefst problematisch wegen ihrer belasteten Beziehung zu dem noch stärker belasteten Kontext, in dem sie sich befindet: dem öffentlichen Raum. Bevor wir einwilligten, darin lediglich Objekte aufzustellen, sahen wir uns verpflichtet, seine Natur zu erforschen und zu verstehen zu versuchen, was dieser Raum war und wie Kunst schliesslich angemessen darin zur Geltung kommen kann.

In dieser Hinsicht sind wir Rosalyn Deutsche für ihre pointierten und unschätzbaren Reflexionen in ihrem historischen Essay „Agoraphobia" (*Evictions*, MIT, 1996) zu grossem Dank verpflichtet. Indem Deutsche an die Theorie radikaler demokratischer Denker wie Ernesto Laclau, Chantal Mouffe und besonders Claude Lefort anknüpft, versucht sie den öffentlichen Raum wie den der Demokratie selbst als einen Raum tiefer Ungewissheit und Instabilität zu definieren, ohne weitere spezifische Parameter als, dass er ohne Parameter bleibt. Angesichts der Tatsache, dass er öffentlich ist, was bedeutet, dass er für alle verfügbar ist, wird er, sobald er mit einem speziellen Bündel von Parametern, Gebrauch oder Verbot von irgendeiner Einzelinteressensgruppe belegt ist, zweckgebunden und verwirkt damit seinen demokratischen Status. Um demokratisch zu bleiben, muss er, wenigstens symbolisch, leer bleiben.

Derlei Überlegungen halfen uns zu verstehen, dass eine „Ausstellung öffentlicher Skulptur" eine Art Oxymoron ist. Denn sobald ein Objekt mit all seinen Bedeutungen, ideologischen Bestimmungen und fixen Volumina einem bestimmten Raum aufgezwungen wurde, verlor dieser Raum grösstenteils seinen öffentlichen Charakter. Eine derartige Erkenntnis wurde und bleibt äusserst wichtig für unsere Entscheidung zu Gunsten eines Pygmalion-Ansatzes – eines Ansatzes, der auf einer grundlegend praktischen und sogar politischen Betrachtungsweise basiert. Ohne den öffentlichen Raum mit der semipermanenten Angelegenheit einer öffentlichen Skulptur belasten und damit seine grundlegende Unbestimmtheit und Ungewissheit einschränken, bestimmen oder gar stabilisieren zu wollen, haben wir uns bemüht, die Quiddität dieser Unbestimmtheit und Ungewissheit in der Gestalt und Form des menschlichen Körpers zu erfassen. In der Tat, wenn sich hier irgendeine Übertragung und Aktivierung eines lebensspendenden Genius ausmachen lässt, dann kommt sie nicht von der einzelnen Hand eines bestimmten Autors, sondern von der grundlegend kollektiven, pluralistischen und agonistischen Natur des öffentlichen Raumes selbst und den menschlichen Körpern, die ihn in unterschiedlicher Weise flüchtig und unabdingbar beleben.

Vers un nouveau pygmalionisme

Gianni Jetzer   Chris Sharp

Sculptures on the Move a un double objectif : reconnaître et rendre hommage à la longue tradition de sculpture publique qui structure cette exposition, tout en libérant la sculpture non seulement de son piédestal mais aussi d'une représentation fixe et statique du mouvement, pour en faire un authentique acte cinétique de mouvement par le biais du corps humain dans la performance. En d'autres termes, Sculptures on the Move est éminemment, mais pas exclusivement pygmalionesque. Ou, si elle est pygmalionesque, ce n'est pas pour les raisons traditionnelles que l'on pourrait associer, pour ainsi dire, au pygmalionisme. Il ne s'agit pas de donner vie à des sculptures inanimées, comme le feraient des dieux – un mythe formulé dans un assemblage complexe, sinon mièvre, de romantisme, de génie artistique et de rêverie mimétique, et qui n'a plus vraiment lieu d'être au XXIème siècle. Au contraire, l'intérêt que nous portons au passage d'un objet public permanent à un corps éphémère est tout autant lié au mouvement qu'à l'idée de l'espace public et ses multiples problèmes. La sculpture publique a été et demeure immédiatement et profondément problématique, du fait de sa relation trompeuse avec le contexte encore plus trompeur dans lequel elle prend place : l'espace public. Avant de consentir ne serait-ce qu'à y placer des objets, nous nous voyons obligés d'en analyser la nature et de chercher à comprendre ce qu'il a été et, pour finir, de nous demander comment l'art pourrait y fonctionner correctement.

A cet effet, nous sommes grandement redevables aux réflexions incisives et inestimables de Rosalyn Deutsche dans son essai historique «Agoraphobia» (*Evictions*, MIT, 1996). Sur la base de la théorie de penseurs démocratiques radicaux tels qu'Ernesto Laclau, Chantal Mouffe et, en particulier, Claude Lefort, Rosalyn Deutsche tente de définir l'espace public, à l'image de celui de la démocratie elle-même, comme un espace profondément incertain et instable, sans autres paramètres spécifiques que de rester sans paramètres. Compte tenu du fait qu'il est public, c'est-à-dire à l'usage de tous, il fait l'objet d'une appropriation et, par conséquent, renonce à son statut démocratique dès lors qu'il est investi d'un ensemble spécifique de paramètres, de l'utilisation ou de l'interdiction de tout groupe d'intérêt individuel. Pour demeurer démocratique, il doit rester vide, du moins symboliquement.

De telles réflexions nous ont permis de comprendre qu'une «exposition de sculpture publique» était une sorte d'oxymore. Car dès lors qu'un objet, avec toutes ses significations, ses déterminations idéologiques et ses volumes fixés, est imposé dans un espace donné, cet espace cesse, dans une large mesure, d'être public. Une telle prise de conscience est devenue et demeure essentielle dans l'approche de Pygmalion pour laquelle nous avons décidé d'opter – une approche fondée sur une perspective fondamentalement pratique, voire politique. Ne souhaitant pas encombrer l'espace public de la matière semi-permanente qu'est la sculpture publique, ce qui limiterait, déterminerait ou même stabiliserait le caractère indéterminé et incertain qui constitue le fondement de cet espace, nous avons cherché à saisir l'essence de ce caractère indéterminé et incertain sous la forme du corps humain. Tout en montrant les qualités, les contours, les silhouettes et les gestes du corps, l'exposition Mouvement I opère une transition entre la compréhension traditionnelle de la sculpture et l'approche de Pygmalion que nous proposons. En effet, si l'on peut identifier ici ne serait-ce qu'une transmission susceptible de stimuler le génie créateur de vie, celle-ci ne provient pas de la seule main d'un auteur donné, mais de la nature essentiellement collective, pluraliste et agoniste de l'espace public lui-même et des corps humains qui l'animent de manière variée, éphémère et fondamentale.

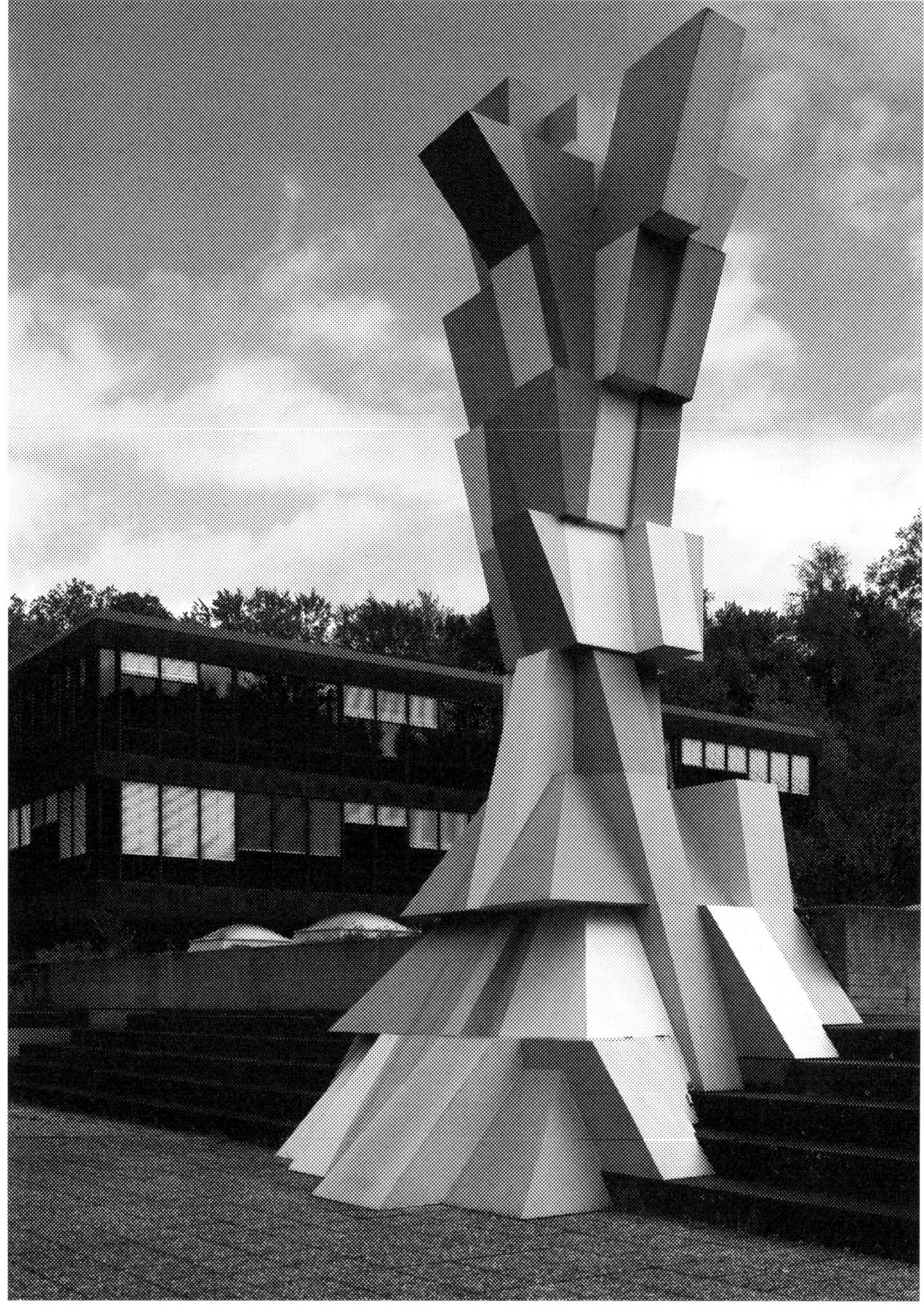

Franz Eggenschwiler
Farbige Baumruine, 1975
6th Swiss Sculpture Exhibition, 1975

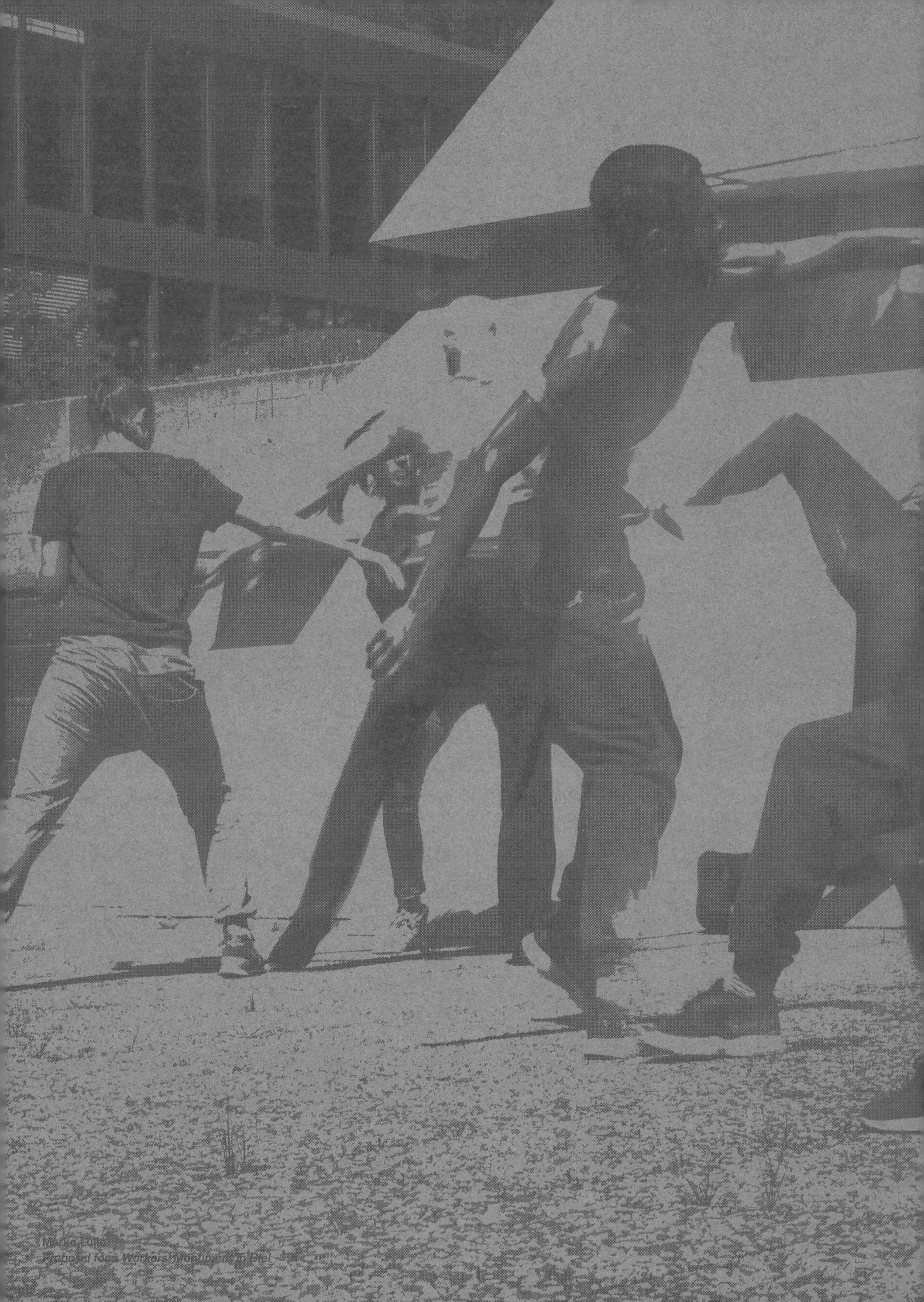

Marko Lulić
Proposal for a Workers' Monument in Biel

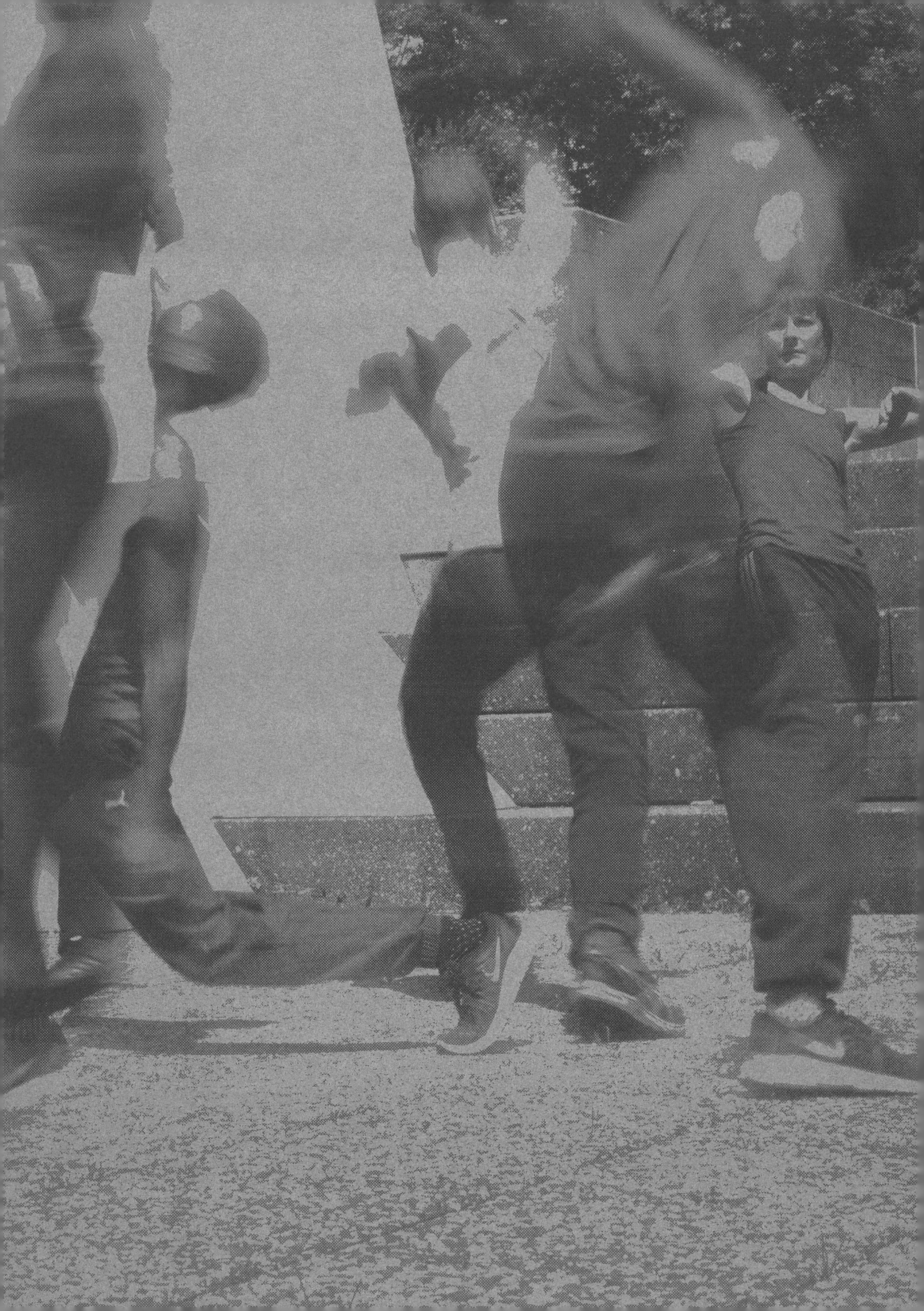

Franz Eggenschwiler

Franz Eggenschwiler (1930–2000) was an internationally renowned Swiss artist who participated in documenta 5 in 1972 in Kassel. Years earlier, in 1955, he had founded the Berner Arbeitsgemeinschaft together with Peter Meier, Konrad Vetter, and Robert Wälti. He was also working with them when he created *Farbige Baumruine* in 1975. He experimented with a variety of media, making sculptures from scrap metal, and producing offset prints and later woodcuts too.

Eggenschwiler made a total of five works for public space. *Farbige Baumruine* was his first piece, produced for the new Staatliche Seminare in Biel / Bienne, whose architect Alain Tschumi wanted art to be an integral component of his work. The sculpture was unveiled in 1975 as part of the 6th Swiss Sculpture Exhibition, and is typical of Franz Eggenschwiler's creative output. With its title wide open to interpretation and its use of unexpensive materials, as well as its relation to metaphysical constructivism, the piece is closely bound up with its location. Poised between monument, natural occurrence, and three-dimensional painting, the work has a liveliness which continues to captivate.

Der Schweizer Künstler Franz Eggenschwiler (1930–2000) war ein international erfolgreicher Künstler, der 1972 an der documenta 5 in Kassel teilnahm. Jahre zuvor, 1955, gründete er zusammen mit Peter Meier, Konrad Vetter und Robert Wälti die Berner Arbeitsgemeinschaft. Mit dieser arbeitete er auch zusammen, als er 1975 die *Farbige Baumruine* schuf. Als Künstler experimentierte er mit verschiedenen Medien. Er fertigte Plastiken aus Altmetall an und stellte Offsetdrucke, später auch Holzschnitte her.

Zeit seines Lebens realisierte Franz Eggenschwiler insgesamt fünf Werke im öffentlichen Raum. Das erste, *Farbige Baumruine*, entstand für den Neubau des Staatlichen Seminars Linde in Biel und wurde 1975 im Rahmen der 6. Schweizerischen Plastikausstellung eingeweiht. Der Architekt Alain Tschumi wollte Kunst als integrativen Bestandteil mit seiner Architektur verschmelzen. Das Werk ist charakteristisch für das Schaffen von Franz Eggenschwiler, da es mit seinem interpretationsfreudigen Titel und seinen armen Materialien sowohl eine Nähe zum metaphysischen Konstruktivismus aufweist, als auch lokal und ortsbezogen ist. Zwischen Monument, Natur und dreidimensionalem Gemälde angesiedelt, besticht es durch seine Lebhaftigkeit.

L'artiste suisse Franz Eggenschwiler (1930–2000) connut un succès international. Il participa en 1972 à la documenta 5 de Cassel. Plusieurs années auparavant, en 1955, il fonda, en compagnie de Peter Meier, Konrad Vetter et Robert Wälti, l'Arbeitsgemeinschaft de Berne. Il travaillait également avec eux lorsqu'il créa en 1975 la *Farbige Baumruine*. L'artiste s'exprima dans divers genres. Il réalisa des sculptures en ferraille, des impressions offset, et plus tard, des gravures sur bois.

Au cours de sa carrière, il créa en tout cinq œuvres dans l'espace public. La première, *Farbige Baumruine*, est conçue pour le nouveau bâtiment du Staatliches Seminar Linde (École Normale de Bienne). Elle faisait, en 1975, partie de la 6ème Exposition suisse de sculpture. L'architecte Alain Tschumi souhaita que l'œuvre se fonde dans son architecture, et en fasse partie intégrante. Cette œuvre est caractéristique de la création de Franz Eggenschwiler: son titre se prête ludiquement aux interprétations, ses matériaux sont pauvres; elle apparaît proche du constructivisme métaphysique, de même qu'elle se veut liée à son lieu. Entre monument, nature et peinture tridimensionnelle, elle nous frappe par sa vivacité.

Marko Lulić

The biography of the Viennese artist Marko Lulić is inseparable from his artistic practice. Born to Croatian and Serbian parents in Austria (b. 1972), Lulić spent his early childhood in Lika, Croatia, and went on to study in Austria, where he lives and works today. This unique background has given him the special status of an 'insider-outsider', and this inevitably informs his work. Using a healthy dose of humor to engage with language, the codified aesthetic of minimalism, monuments and their impossibility, and the plausibility of anti-monuments, the artist is interested in how these things contain, convey, and are generated by ideology, particularly that of the nationalistic variety. For Le Mouvement, Lulić has created *Proposal for a Workers' Monument in Biel* (2014). More anti-monument than monument, this piece documents a choreographed performance around Franz Eggenschwiler's *Farbige Baumruine* (1975), a monumental abstract sculpture which seems to explode upwards like a multicolored fountain. *Farbige Baumruine* originally featured in the 6th Swiss Sculpture Exhibition in 1975 and is now located on the outskirts of Biel / Bienne at the Haute Ecole Pédagogique. Combining poses, dancerly moves, and everyday actions (such as simply walking by), Lulić's choreography addresses the absurdity of the monument in the classical sense, while at the same time acknowledging the need for commemoration and ultimately giving some visibility to the workers of the blue-collar city of Biel / Bienne.

Die Biografie des Wiener Künstlers Marko Lulić (geb. 1972) ist untrennbar mit seiner künstlerischen Praxis verbunden. Als Kind kroatisch-serbischer Eltern in Österreich geboren, verbrachte Lulić seine Kindheit in der kroatischen Lika. Später studierte er in Österreich, wo er heute lebt und arbeitet. Dieses Leben zwischen den Welten prädestiniert den Künstler zum „Insider-Outsider" und hat deutliche Spuren in seinem Werk hinterlassen. Mit einer gesunden Portion Humor setzt sich Lulić mit dem Problem der Sprache, der kodifizierten Ästhetik des Minimalismus, dem Monument und dessen Unmöglichkeit sowie mit der Möglichkeit des Anti-Monuments auseinander. Dabei interessiert ihn, wie Ideologien, besonders solche nationalistischer Färbung, diese Phänomene erzeugen, durchdringen und vermitteln. Für Le Mouvement entwarf Lulić das Projekt *Proposal for a Workers' Monument in Biel* (2014). Eher als Anti-Monument aufzufassen, dokumentiert es eine choreografische Performance rund um die Skulptur *Farbige Baumruine* (1975) von Franz Eggenschwiler. Diese monumentale Abstraktion, die wie eine bunte Fontäne in die Höhe schiesst, war 1975 Teil der 6. Schweizerischen Plastikausstellung und steht heute vor der Pädagogischen Hochschule am Stadtrand von Biel / Bienne. Lulić's Choreografie verwendet Posen, Tanzbewegungen und alltägliche Handlungen (wie etwa das unbeteiligte Vorübergehen), um die Absurdität des Denkmals im klassischen Sinn deutlich zu machen. Zugleich unterstreicht *A Proposal* die Notwendigkeit der Erinnerung und verleiht der Arbeiterschaft der Industriestadt Biel / Bienne eine symbolische Sichtbarkeit.

La biographie de Marko Lulić (né en 1972), qui vit à Vienne, est inséparable de sa pratique d'artiste. Né en Autriche, de parents d'origine croate et serbe, Lulić a passé sa petite enfance à Lika, en Croatie, puis est allé étudier en Autriche, où il s'est établi et travaille aujourd'hui. Cette histoire personnelle unique donne à l'artiste le statut spécial de quelqu'un qui pourrait être considéré comme à la fois « à l'intérieur » et « à l'extérieur », et cela retentit inévitablement sur sa pratique. Avec une bonne dose d'humour, il recourt au langage, à l'esthétique codifiée du minimalisme, aux monuments, donc au caractère à la fois impossible et plausible, d'anti-monuments, et s'intéresse à la manière dont ces choses sont générées par l'idéologie, la contiennent et la véhiculent, particulièrement sous ses aspects nationalistes. Pour sa contribution à l'exposition Le Mouvement, Lulić a créé *Proposal for a Workers' Monument in Biel* (2014). Plus un anti-monument qu'un monument réel, cette pièce témoigne d'une performance chorégraphique réalisée autour de la *Farbige Baumruine* de Franz Eggenschwiler (1975). Cette sculpture abstraite monumentale, qui semble exploser vers le haut comme une fontaine multicolore, a été réalisée originellement pour la 6ème édition de l'ESS–SPA, en 1975, et se trouve maintenant installée à la périphérie de Bienne, à la Haute École Pédagogique. Consistant en une combinaison de poses, de mouvements de danse et d'actions quotidiennes (telles que la marche), la chorégraphie de Lulić cherche à s'en prendre à l'absurdité du monument au sens classique, tout en reconnaissant la nécessité de la commémoration. Elle finit, dans une ville qui est largement celle de la classe ouvrière, par investir les travailleurs d'une visibilité symbolique.

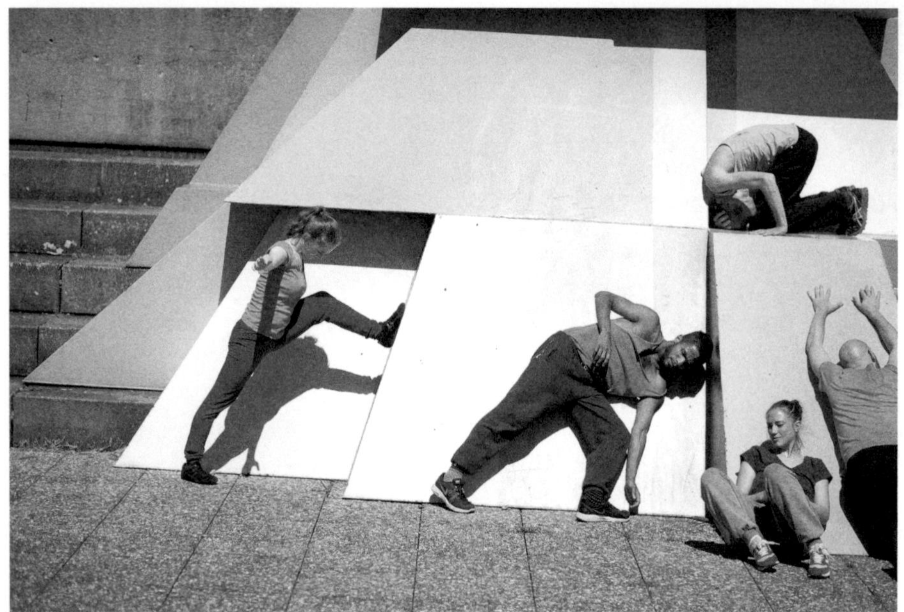

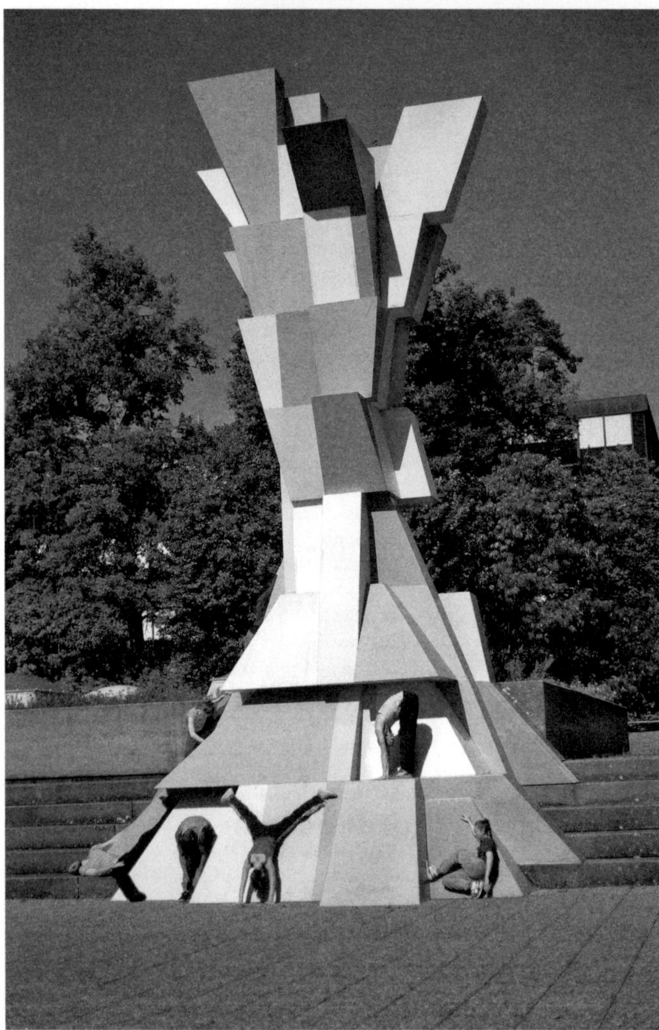

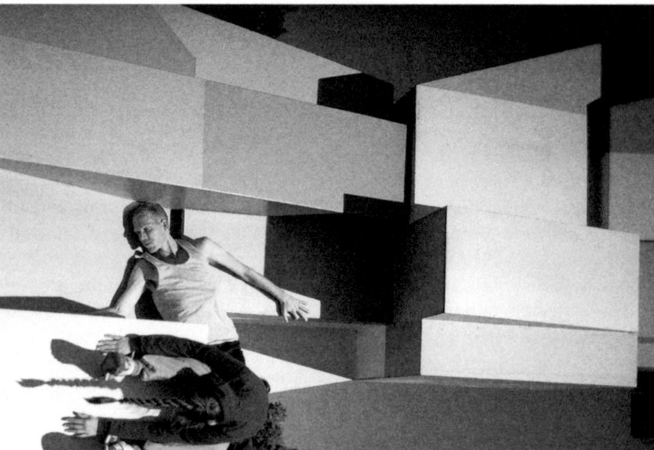

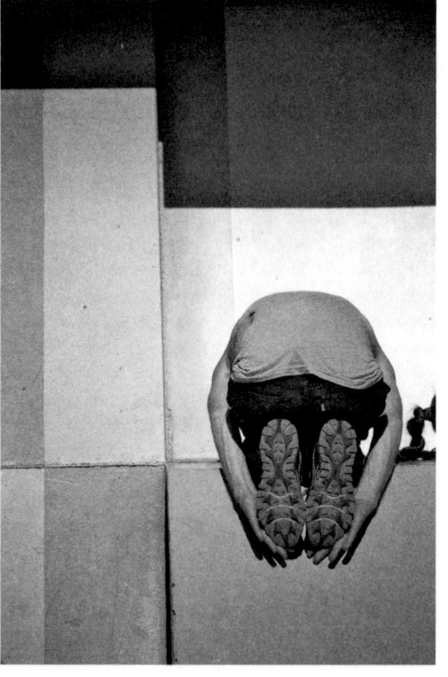

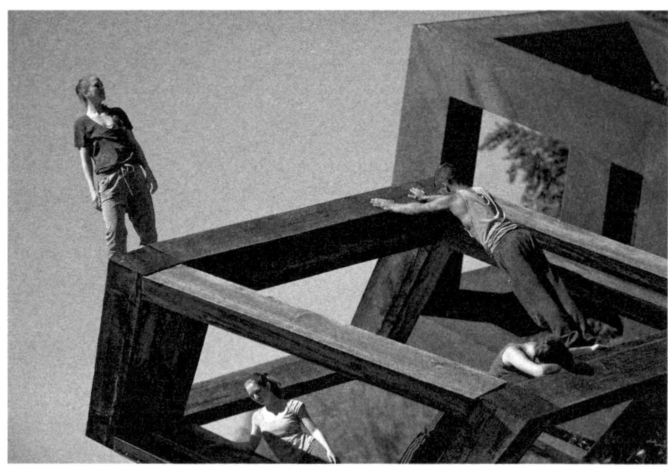

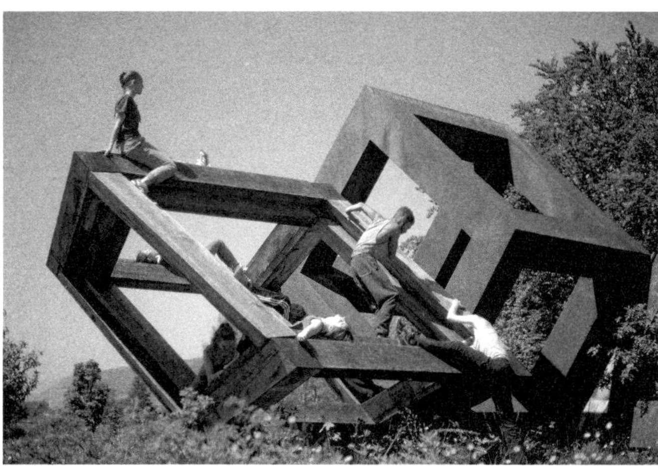

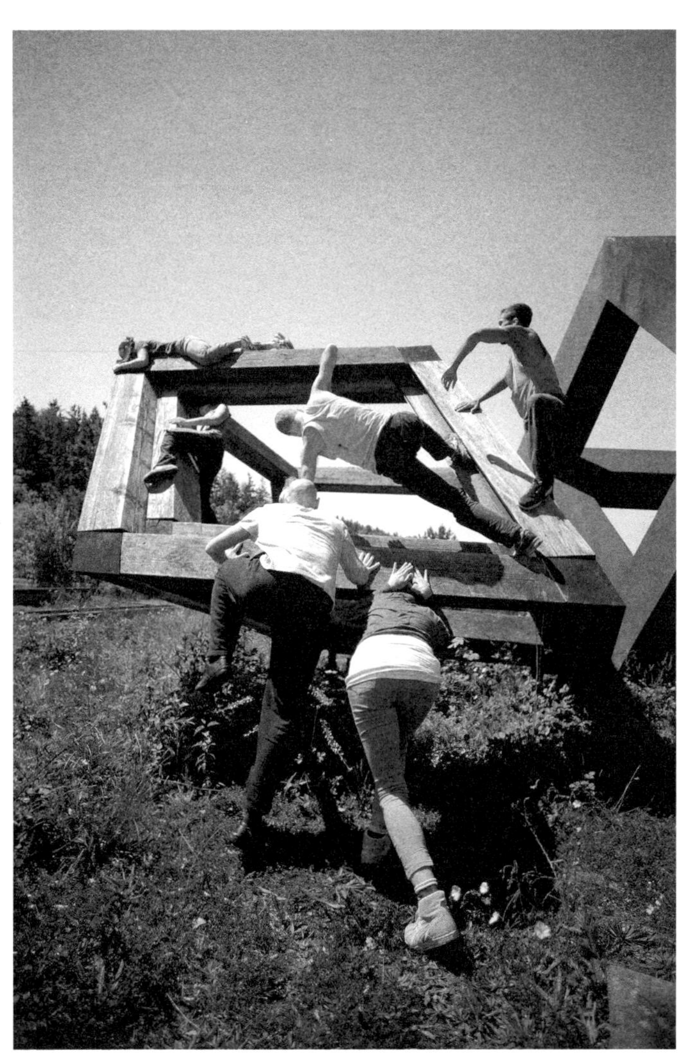

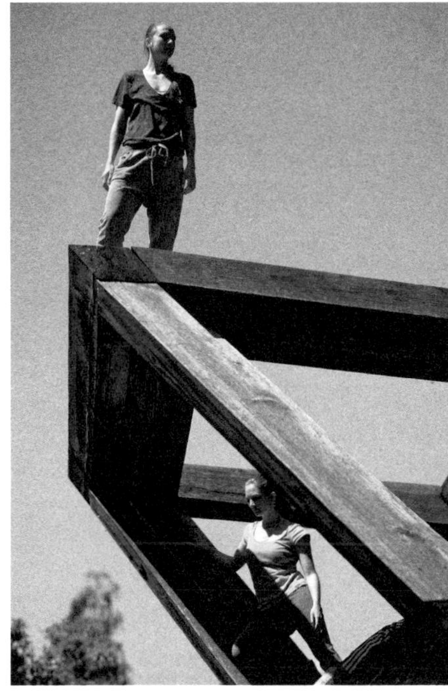

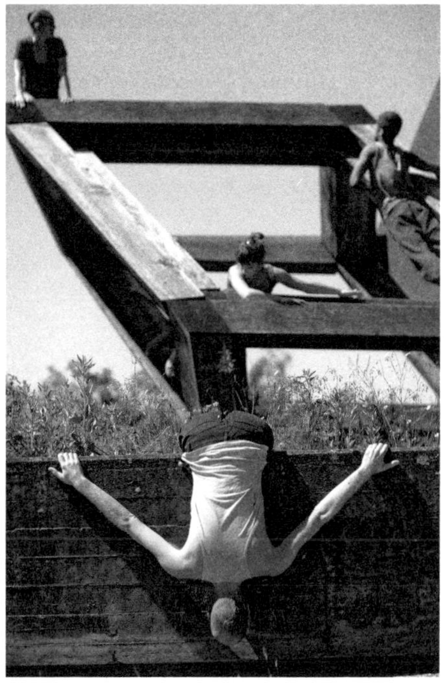

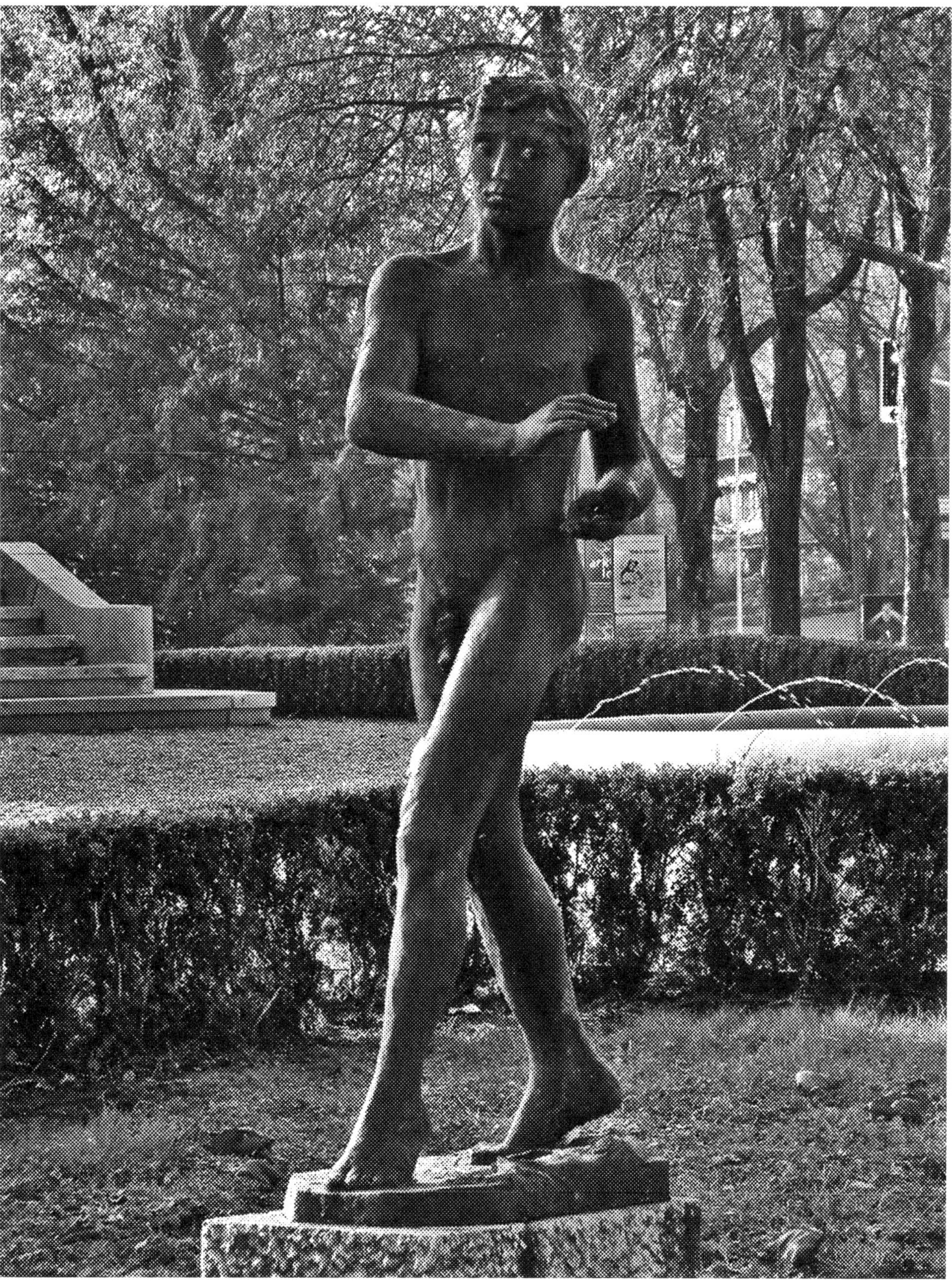

Hermann Hubacher
Tänzer
1945

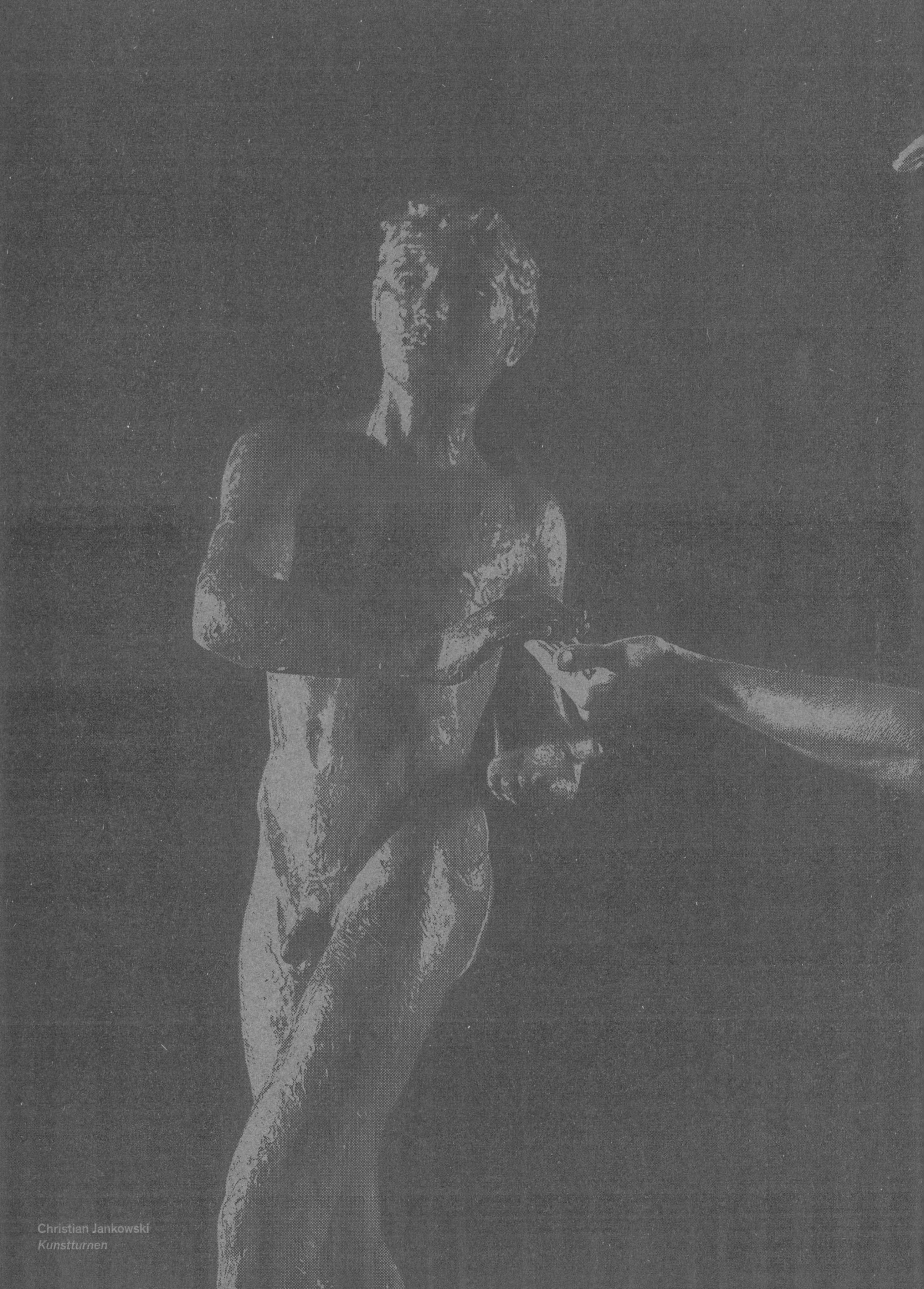

Christian Jankowski
Kunstturnen

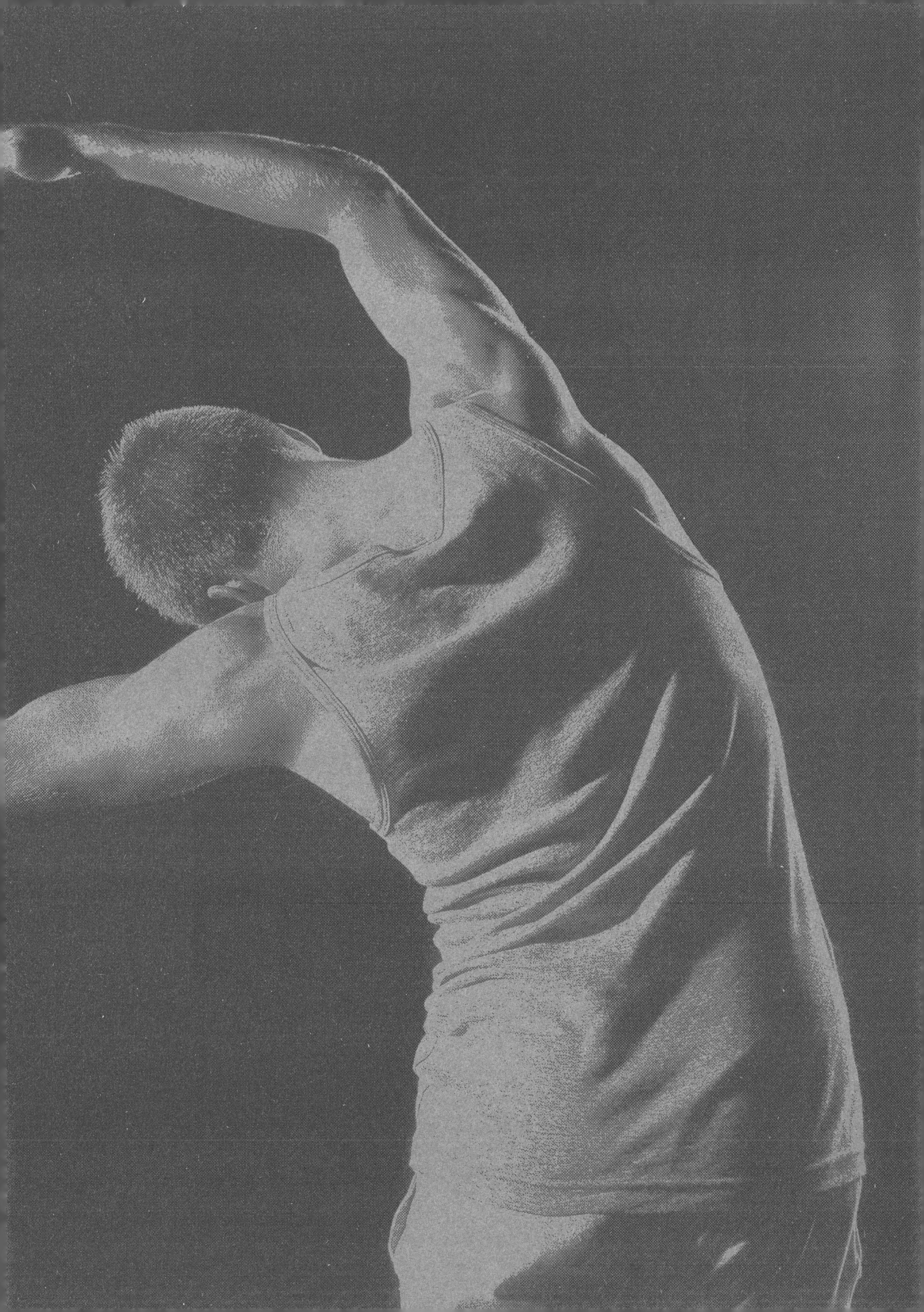

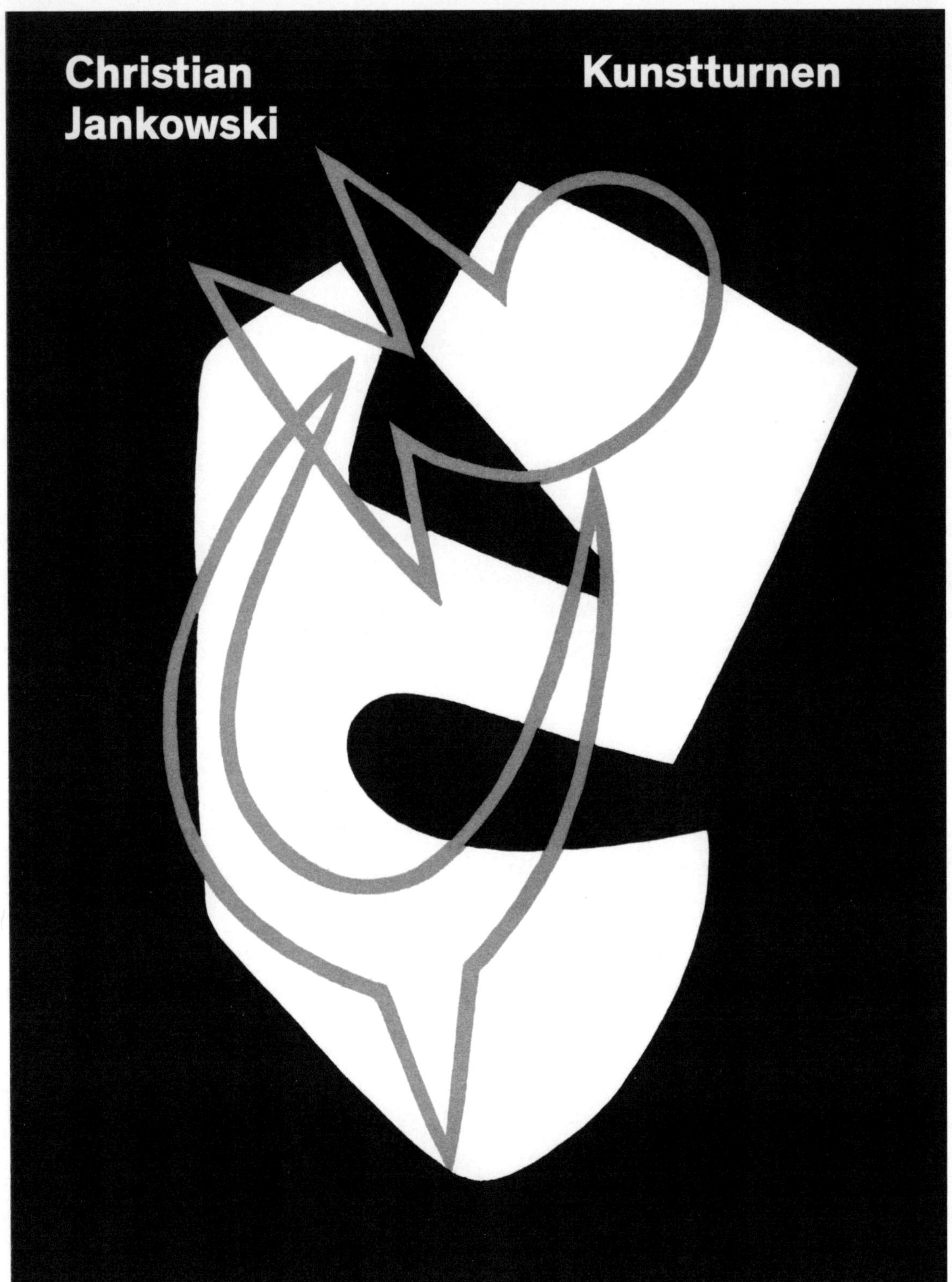

Christian Jankowski
Kunstturnen
2014

Christian Jankowski

The most spectacular works by the German, Berlin-based artist Christian Jankowski (b.1968), are based on staged collaborations with people who hold strong views on the world: children, magicians, fortune tellers, tel-evangelist preachers, customs officers, and therapists, who place themselves in an artistic context where they unwittingly reflect the position of art and artists at the beginning of the 21st century. The performative situations that make up the core of Jankowski's work are as disturbing as they are entertaining. They fulfill the expectations of the "society of the spectacle", and in doing so, take them to the point of absurdity.

In the wake of *Heavy Weight History*, in which he works with the Polish national weight-lifting team, Jankowski has created a new work for Le Mouvement that recasts sculpture as sports equipment. He has worked with profes-sionals to develop an obstacle course which leads from one work to another across a public space. The enjoyment of art is here coupled with physical exercise—each work of art lends itself to a particular activity.

Physical education experts from the Sports School in Magglingen have worked with Jankowski here in Biel/Bienne. The special na-ture of the work forces the professional gym-nasts (not to mention lay people from the arts) into an unusual but very hands-on approach to art. The collision of sculpture with bodies tuned for sport pitches presentation and representa-tion, action and reaction, stillness and motion against each other in sharp, irrational contrast. At the same time, the pragmatic approach taken by tough physical training removes the sculp-tures from their metaphorical plinths and gives them an undeniable injection of new life.

Kunstturnen (Artistic Gymanstics) is accom-panied by a limited edition catalogue giving individual guidance, which will be available throughout the exhibition at selected locations such as speciality sports stores, museum shops, and information kiosks.

Die spektakulärsten Arbeiten des in Berlin leben-den Künstlers Christian Jankowski (geb.1968) setzen auf inszenierte Kollaborationen mit Menschen, die eine pointierte Sicht auf die Welt freigeben: Kinder, Magiere, Wahrsager, Fernseh-prediger, Zöllner oder Therapeuten inszenieren sich im Kunstkontext und reflektieren dabei unwillkürlich die Stellung von Kunst und Künst-ler am Anfang des 21. Jahrhunderts. Die per-formativen Situationen, die den Kern des Werks von Jankowski ausmachen, sind ebenso unter-haltsam wie verstörend. Sie führen die Erwar-tungen der Realität gewordenen „Gesellschaft des Spektakels" ad absurdum und erfüllen sie zugleich.

Als Nachlese zur Arbeit *Heavy Weight History*, bei der er mit Gewichthebern der polnischen Nationalmannschaft zusammenarbeitet, hat Jankowski für Le Mouvement ein neues Kunst-werk entwickelt, das sich wiederholt mit der Skulptur als Sportgerät auseinandersetzt: *Kunstturnen* (2014). Der Künstler erarbeitet mit Fachleuten einen Parcours, der auf öffent-lichem Grund von einer Plastik zur anderen führt. Der Kunstgenuss wird hier mit körperli-cher Ertüchtigung gekoppelt – jedes Kunst-werk bietet sich für eine spezifische Übung an.

Als Experten in Sachen Bewegung konnte Jankowski Vertreter der Eidgenössischen Hoch-schule für Sport in Magglingen bei Biel gewinnen. Die ungewöhnliche Aufgabe zwingt den professionellen Gymnasten (und nota-bene Kunstlaien) einen etwas ungewöhnlichen, aber umso handfesteren Zugang zur Kunst auf. Das Zusammentreffen von Skulptur und Sport treibendem Körper bringt ein irrationa-les Moment ins Spiel: Präsentation und Repräsentation, Aktion und Reaktion, Stillstand und Bewegung fordern sich gegenseitig heraus. Gleichzeitig werden die Skulpturen durch die pragmatische Annäherung zwecks körperlicher Ertüchtigung metaphorisch vom Sockel geholt und dabei unbestreitbar revitalisiert.

Als Vorlage fürs *Kunstturnen* fungiert ein kleines Büchlein in limitierter Auflage, das während der gesamten Dauer der Ausstellung an ausgesuchten Orten, wie etwa Sportge-schäft, Museumsshop oder Infokiosk, bezogen werden kann: zur individuellen Anleitung.

Les œuvres les plus spectaculaires de Christian Jankowski (né en 1968), qui vit à Berlin, sont fondées sur des collaborations mises en scène avec diverses personnes, donnant ainsi un point de vue pointu sur le monde: enfants, ma-giciens, diseurs de bonne aventure, télévan-gélistes, douaniers ou thérapeutes se mettent en scène dans un contexte artistique, tout en reflétant innocemment la position de l'art et des artistes du début du XXIème siècle. Les situations performatives qui constituent le cœur du travail de Jankowski sont à la fois diver-tissantes et dérangeantes. Elles conduisent jusqu'à l'absurde, tout en les comblant, les attentes concernant la «société du spectacle» devenue réalité.

En complément à son travail, *Heavy Weight History*, dans lequel il collabore avec les haltérophiles de l'équipe nationale polonaise, Jankowski a créé pour Le Mouvement I une œuvre d'art qui s'articule de nouveau autour des sculptures et des équipements sportifs. L'ar-tiste a conçu avec des professionnels un par-cours qui mène d'une sculpture à une autre. La contemplation de l'art est ici couplée avec l'exercice physique – chaque œuvre d'art se prête à un exercice spécifique.

Jankowski a pu compter sur la collaboration de représentants de l'école de sport de Macolin. Dans cet exercice inhabituel, les gymnastes professionnels (nota bene: profanes en matière d'art) sont obligés de trouver un chemin concret vers l'art. La rencontre de la sculpture et des corps en plein effort sportif crée un moment irrationnel: présentation et représen-tation, action et réaction, mouvement et im-mobilité s'affrontent. Dans le même temps, les sculptures sont métaphoriquement soulevées de leurs socles et indéniablement revitalisées par l'approche pragmatique de l'exercice physique.

Afin de mettre en pratique l'enseignement individuel de *Kunstturnen* (gymnastique artistique), un petit livre en édition limitée sera disponible durant toute la durée de l'exposi-tion à certains endroits: magasin de sport, boutique du musée ou kiosque d'information.

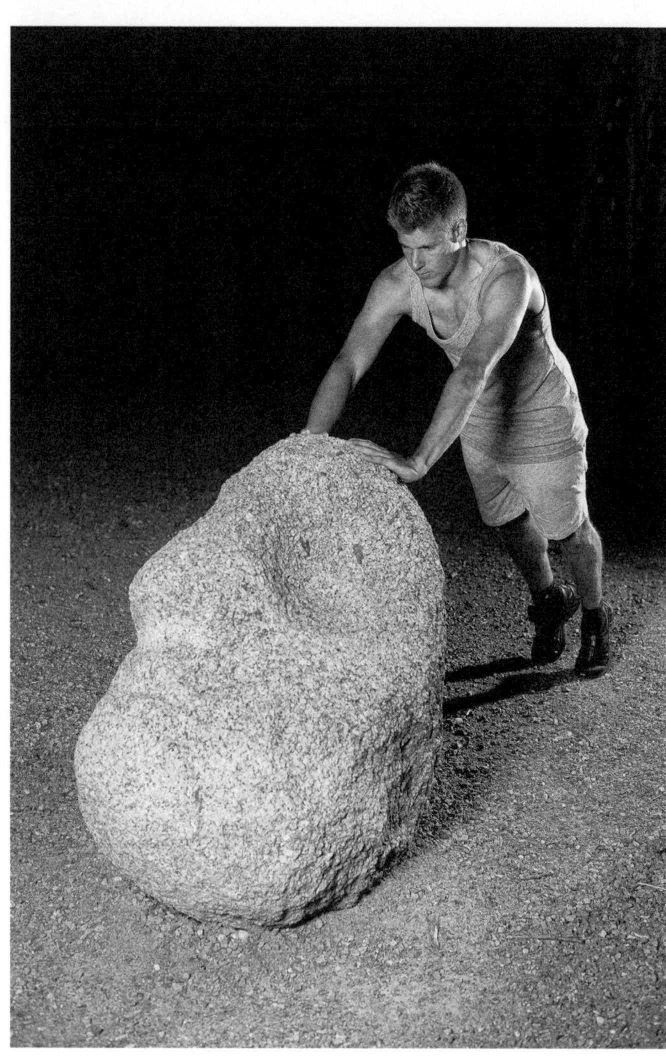

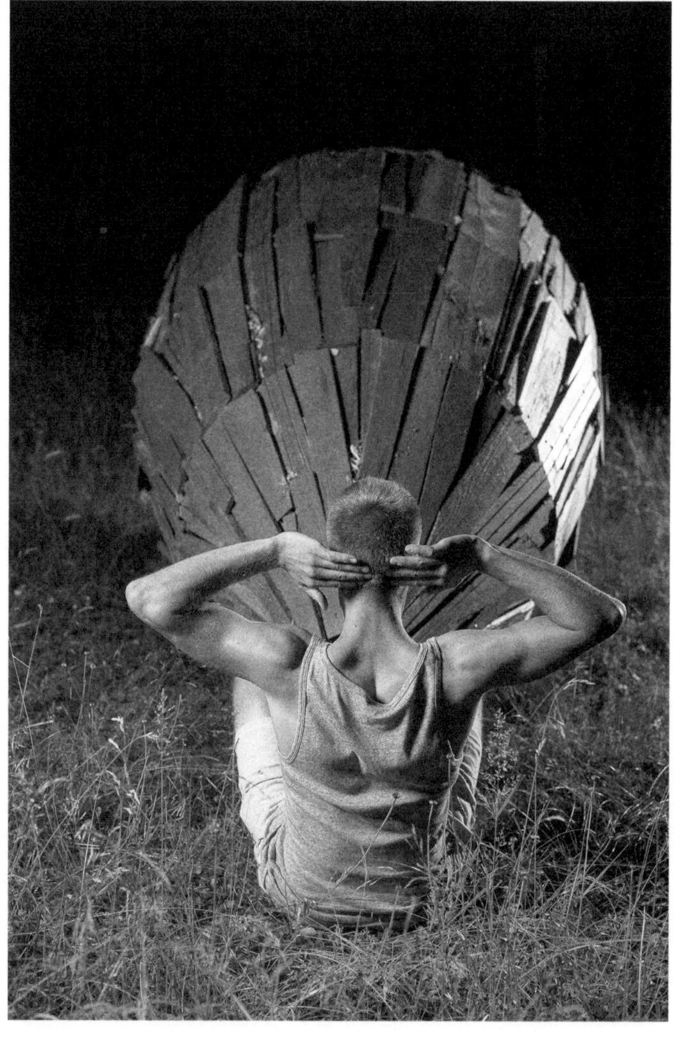

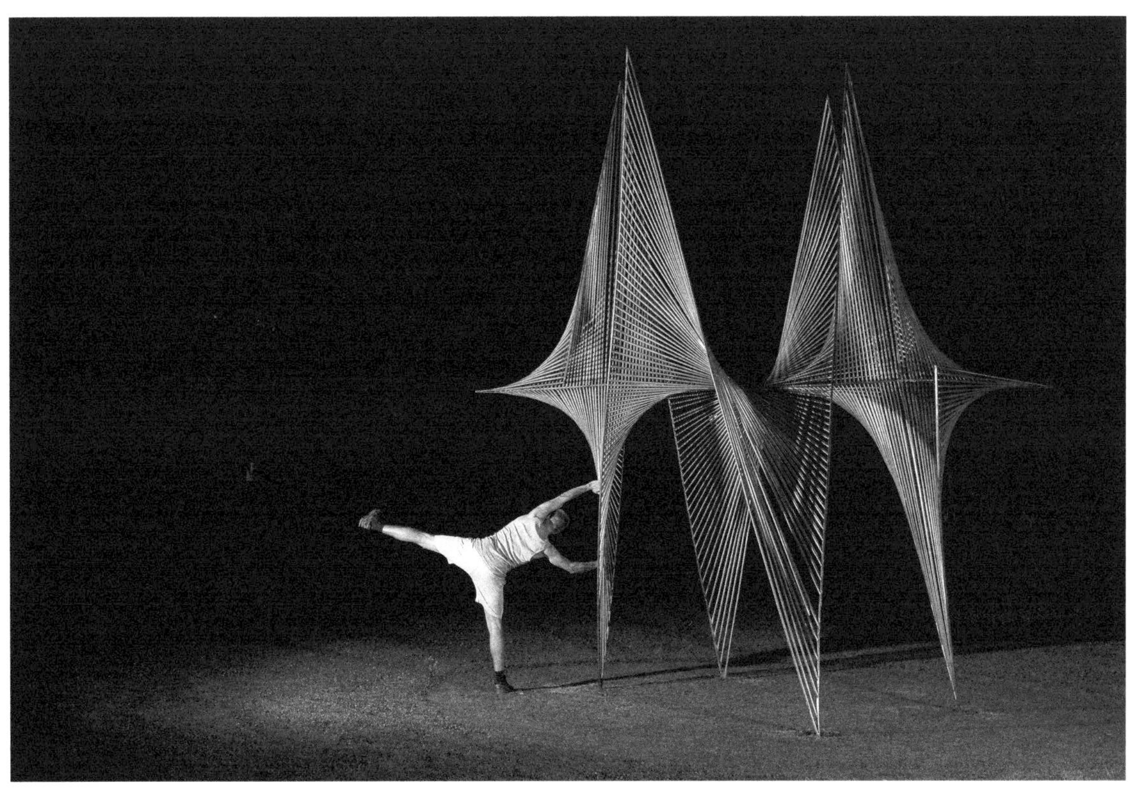

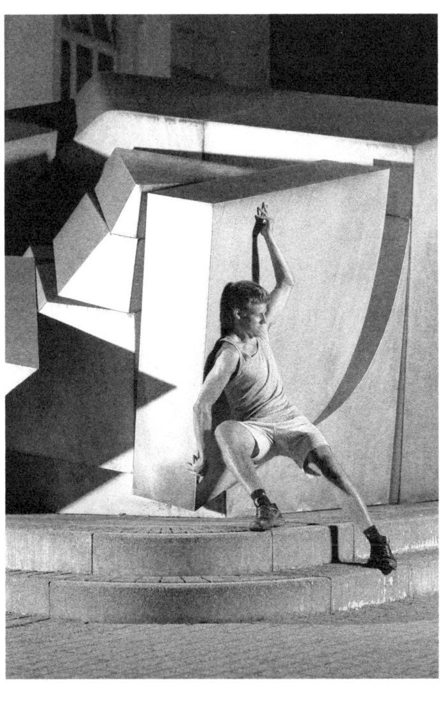

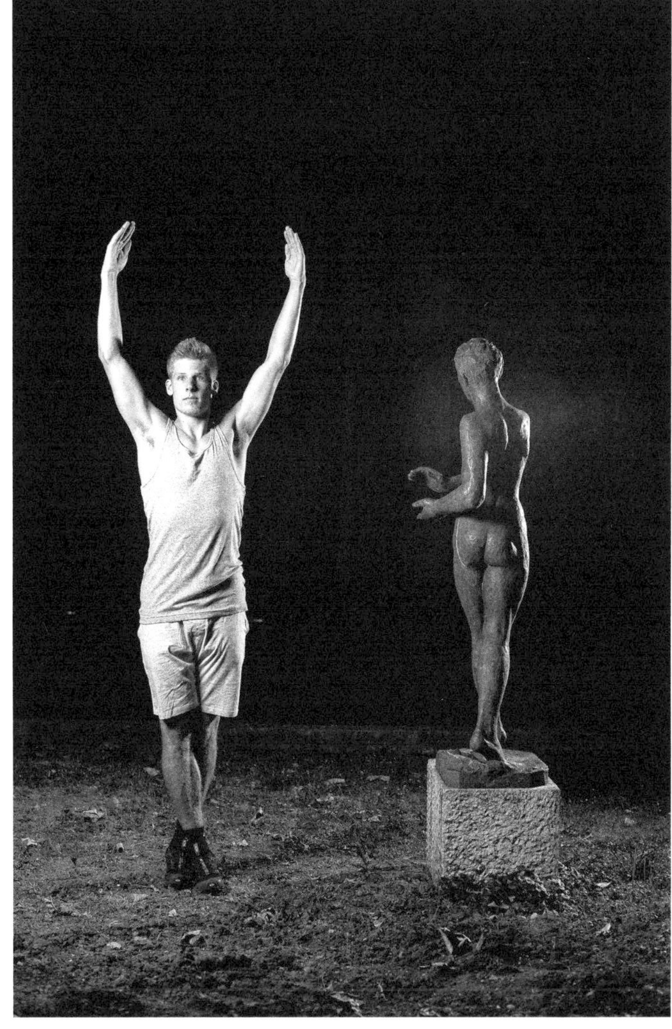

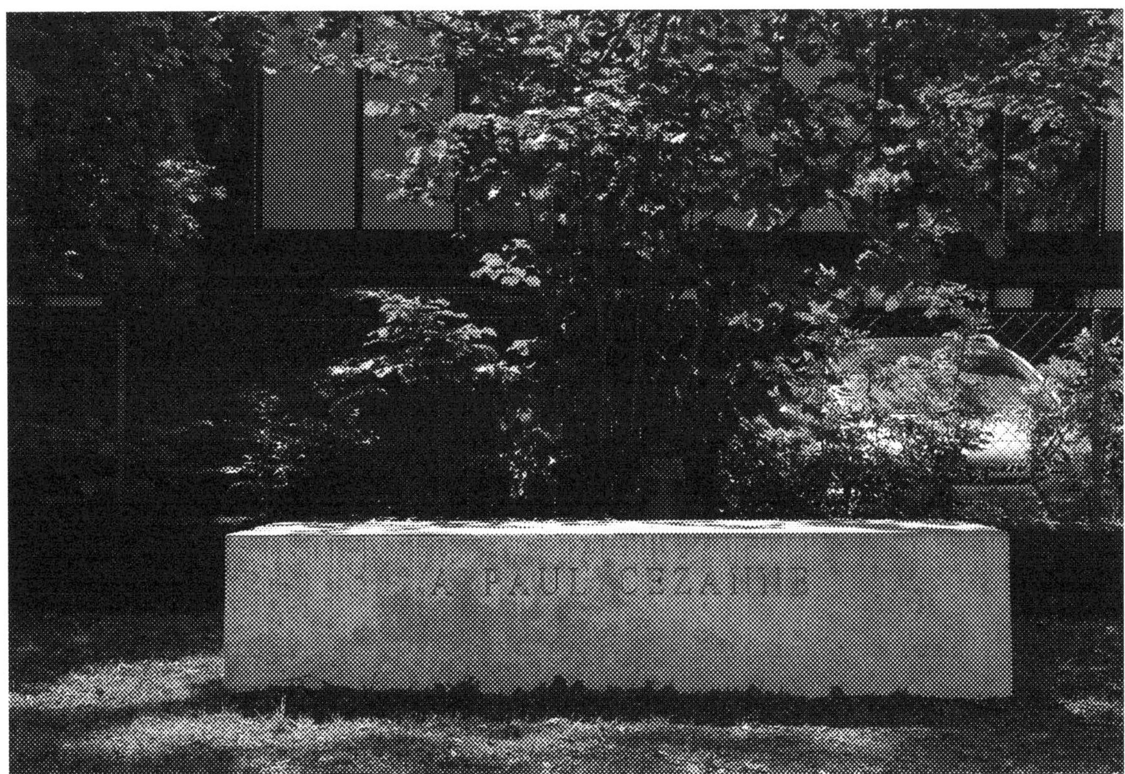

Olivier Mosset
Untitled (A PAUL CEZANNE), 2000
10th Swiss Sculpture Exhibition, 2000

Alex Cecchetti
Summer is Not the Prize of Winter

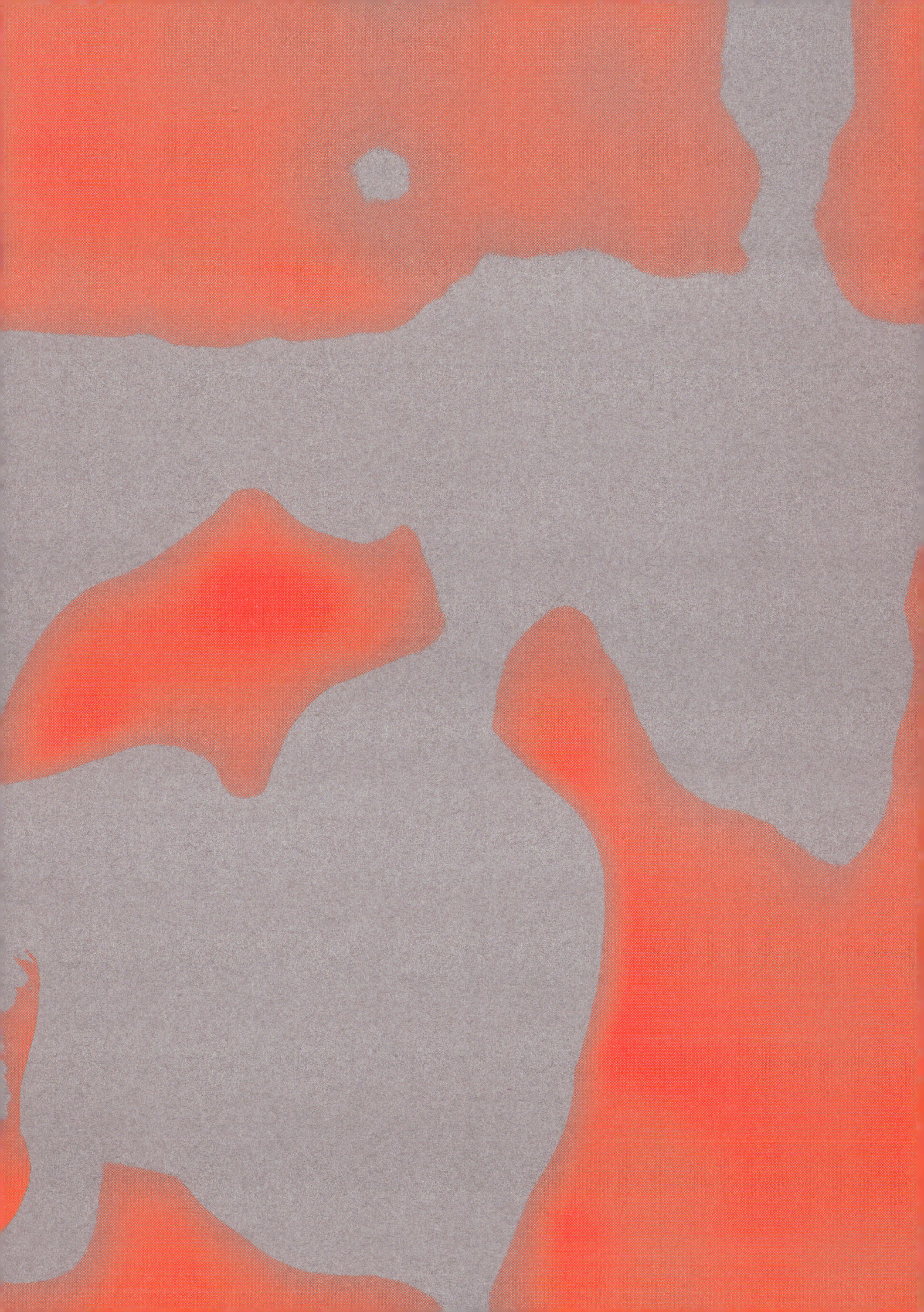

Olivier Mosset

Before moving to America, the Swiss artist Olivier Mosset (b.1944) was a member of BMPT, the famous Paris group of artists, which took its name from the initials of the artists involved: Buren, Mosset, Parmentier, Toroni. Now based in Tucson, Arizona, Mosset has practiced a form of painting that prioritizes anonymity and de-personalization since the 1960s, using the systematic repetition of his motifs to denounce bourgeois claims to originality, uniqueness, and novelty.

Mosset pursued these ideas in *Untitled (A PAUL CEZANNE)*, which was made for the 10th Swiss Sculpture Exhibition in 2000. We encounter a replica of the plinth made for Aristide Maillol's *Monument à Cézanne*, which stood in the Tuileries Garden in Paris—the sculpture it once supported has, in the meantime, disappeared. For Mosset, the minimalist block of stone and the chiseled dedication to the painter, who is regarded as the most important precursor of Cubism, combine to produce a work of art which is entirely valid in spite of its accidental emergence. By duplicating it and placing it in a new context, Mosset releases Maillol's remnant from a state of incompleteness and elevates it to the level of a self-sufficient work. The absence of the sculpture itself opens up new possibilities for the public use of the plinth: as a bench, a skateboarding prop, or indeed a pedestal for living bodies.

Der in Tucson, Arizona, lebende Schweizer Künstler Olivier Mosset (geb.1944) pflegt seit den 1960er-Jahren eine Form von Malerei, die das Anonyme und Entindividualisierte in den Vordergrund stellt. Durch die systematische Repetition seiner Motive prangert er unter anderem die bürgerlichen Ansprüche auf Originalität, Einzigartigkeit und Neuartigkeit an. Vor seiner Übersiedlung nach Amerika war Mosset Mitglied der renommierten Pariser Künstlergruppe BMPT, deren Name für die Anfangsbuchstaben der beteiligten Künstler steht: Buren, Mosset, Parmentier, Toroni.

Mit der Skulptur *Untitled (A PAUL CEZANNE)* entwickelte Mosset seine Ideen im Jahr 2000 im Rahmen der 10. Schweizerische Plastikausstellung weiter. Wir begegnen der Replik des Sockels von Aristide Maillols Figur *Monument à Cézanne,* der in den Gärten der Tuilerien in Paris steht – die dazugehörige Skulptur ist inzwischen verschwunden. Die Kombination aus minimalistischem Quader und gemeisselter Widmung an den Maler, der als wichtigster Wegbereiter des Kubismus gilt, ist für Mosset – wenn auch zufällig – ein gültiges Kunstwerk. Durch die Reduplikation und Rekontextualisierung löst er Maillols Relikt aus einem Zustand des Unfertigen heraus und erhebt den beschrifteten Sockel zum autarken Kunstwerk. Das Fehlen der Skulptur eröffnet neue Möglichkeiten der öffentlichen Nutzung: als Sitzbank, Skaterrampe oder kurzum: als Podest für lebendige Körper.

L'artiste suisse Olivier Mosset (né en 1944) vit à Tucson, Arizona. Depuis les années soixante, il cultive une forme de peinture qui met au premier plan l'anonymat et la désindividualisation. Grâce à la répétition systématique de ses motifs, il dénonce, entre autres, les prétentions bourgeoises à l'originalité, à l'unicité et à la nouveauté. Avant son départ pour l'Amérique, Mosset fut membre d'un groupe renommé d'artiste parisiens, le BMPT, acronyme composé des initiales des participants : Buren, Mosset, Parmentier, Toroni.

Avec la sculpture *Untitled (A PAUL CEZANNE)*, réalisée pour la 10ème édition de l'ESS–SPA en 2000, ses idées font un pas de plus : nous sommes en présence d'une réplique du socle qui, au Jardin des Tuileries de Paris, servait de base au *Monument à Cézanne* d'Aristide Maillol. Entre-temps, la sculpture en question a disparu. La combinaison d'un parallélépipède minimaliste et d'une dédicace ciselée à ce peintre considéré comme le pionnier le plus important du cubisme est pour Mosset – malgré son caractère fortuit – une authentique œuvre d'art. Grâce à la duplication et à la recontextualisation, il libère la relique de Maillol de son état d'inachèvement et élève le socle, avec son inscription, au niveau d'œuvre d'art autonome. L'absence de sculpture ouvre à cette œuvre des possibilités nouvelles d'usage public : ce peut être un banc pour s'asseoir, une rampe pour planche à roulettes – bref, un piédestal pour corps vivants.

Alex Cecchetti

If pataphysics is "the science of imaginary solutions", as Alfred Jarry said, the practice of the Italian, Paris-based artist Alex Cecchetti (b. 1976) is pataphysical insofar as it is often driven by a logic that is at once imaginary and associative. Influenced by literature as much as by contemporary dance and performance, Cecchetti's work is deeply entrenched in a tradition of storytelling which is as likely to take the shape of performance, dance, and plastic objects (with narrative origins) as that of writing itself. Cecchetti presents *Summer is Not the Prize of Winter* (2012–ongoing) in conjunction with Olivier Mosset's contribution to the 10th Swiss Sculpture Exhibition, *Untitled (A PAUL CEZANNE)* (2000)—a recreation of a concrete plinth for a sculpture by Aristide Maillol in the Tuileries Garden in Paris and which now resembles a concrete bench. *Summer is Not the Prize of Winter* is a choreographed solo performance which accompanies a story with a panoply of gestures, and works with two senses of duration. The performance is itself time-based, and will also be continued, in the spirit of a game of Chinese Whispers, by a series of performers throughout the two months between Mouvement I and Mouvement II. The first performer will watch Cecchetti's own performances, which will be made once a day for three consecutive days, and then re-enact the piece from memory. The next performer in the sequence will do the same based on the previous performance, and so on throughout the whole extended event. This allows the work to become a temporary, living, and mutable monument to the community it creates and articulates in public space.

Wenn Pataphysik wirklich „die Wissenschaft von den imaginären Lösungen" ist, wie ihr Gründer Alfred Jarry behauptete, kann man die Arbeit des in Paris lebenden italienischen Künstlers Alex Cecchetti (geb. 1976) als pataphysisch bezeichnen, denn sie ist häufig von einer zugleich imaginären und assoziativen Logik angetrieben. Der ebenso von der Literatur wie von der Tanz- und Performancekunst beeinflusste Cecchetti ist ein leidenschaftlicher Geschichtenerzähler. Dies zeigt sich nicht nur in seinen Texten, sondern auch in seinen Aktionen, Choreografien und plastischen Objekten (narrativen Ursprungs). Im Dialog mit Olivier Mossets Beitrag zur 10. Schweizerischen Plastikausstellung – *Untitled (A PAUL CEZANNE)* (2000), scheinbar eine simple Betonbank, tatsächlich aber die Replik eines Sockels, der in den Pariser Tuilerien steht und eine Skulptur von Aristide Maillol trägt – präsentiert Cecchetti die choreografische Soloperformance *Summer is Not the Prize of Winter* (2012–ongoing). Die von vielfältigen Gesten begleitete Erzählung, gehorcht einem strengen Protokoll, das ihrer Zeitlichkeit eine zusätzliche Schicht hinzufügt. Erstens ist die Performance selbst zeitgebunden, zweitens wird sie durch weitere Performer auch in den zwei Monaten zwischen Mouvement I und II von einem Akteur zum nächsten weitergereicht (wie im Kinderspiel „Stille Post"). Zunächst führt der Künstler sein Werk selbst drei Tage lang einmal täglich auf. Der nächste Performer schaut ihm zu und versucht dann das, was er gesehen hat, aus dem Gedächtnis zu wiederholen, und so weiter. Die Performance wird so zu einem lebendigen, beweglichen und vergänglichen Denkmal für eine Gemeinschaft, die sie im öffentlichen Raum sowohl inszeniert als auch schafft.

Si la pataphysique est «la science des solutions imaginaires», comme le voulait son fondateur Alfred Jarry, alors la pratique de l'artiste italien Alex Cecchetti (né en 1976), qui vit à Paris, est pataphysique, dans la mesure où elle est souvent guidée par une logique à la fois imaginaire et associative. Influencée autant par la littérature que par la danse et la performance contemporaines, l'œuvre de Cecchetti est profondément enracinée dans la tradition du conte. À ce titre, elle est susceptible de se manifester dans la performance, la danse, les objets d'arts plastiques (aux origines narratives) et l'écriture elle-même. Associé à la contribution d'Olivier Mosset à la 10ème édition de l'ESS–SPA, *Untitled (A PAUL CEZANNE)* (2000) – la recréation d'un socle de béton qui supporte une sculpture d'Aristide Maillol aux Tuileries à Paris, et qui ressemble à un banc – Cecchetti présente sa performance *Summer is Not the Prize of Winter* (2012–ongoing). Cette œuvre chorégraphique en solo, qui consiste en une histoire accompagnée d'une panoplie de gestes, est gouvernée par un protocole spécifique, qui l'affecte d'une double temporalité. Non seulement la performance réelle occupe un certain temps, mais elle va être poursuivie pendant deux mois, entre le premier et le second mouvement de l'exposition, par une série de performeurs, dans l'esprit du téléphone arabe. Elle est initialement exécutée une fois par jour pendant trois jours par l'artiste lui-même. Le performeur suivant, après avoir assisté à la prestation de Cecchetti, la répétera de mémoire, et le performeur qui lui succède, à son tour, se basera sur ce qu'il aura vu; et ainsi de suite, tout au long de l'ensemble de la performance évolutive. Celle-ci devient ainsi un monument temporaire, vivant et muable, offert à la communauté qu'il joue et crée tout à la fois, dans l'espace public.

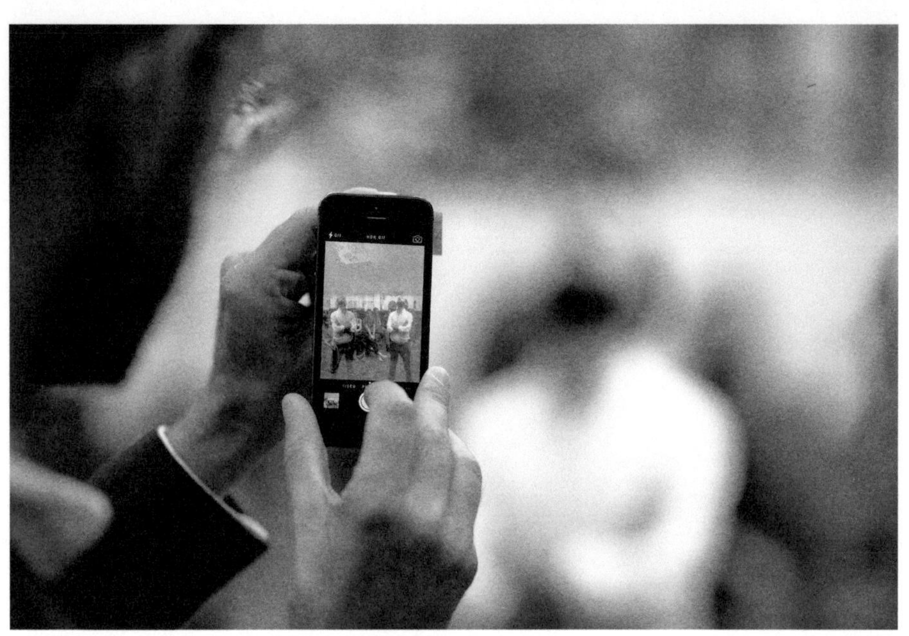

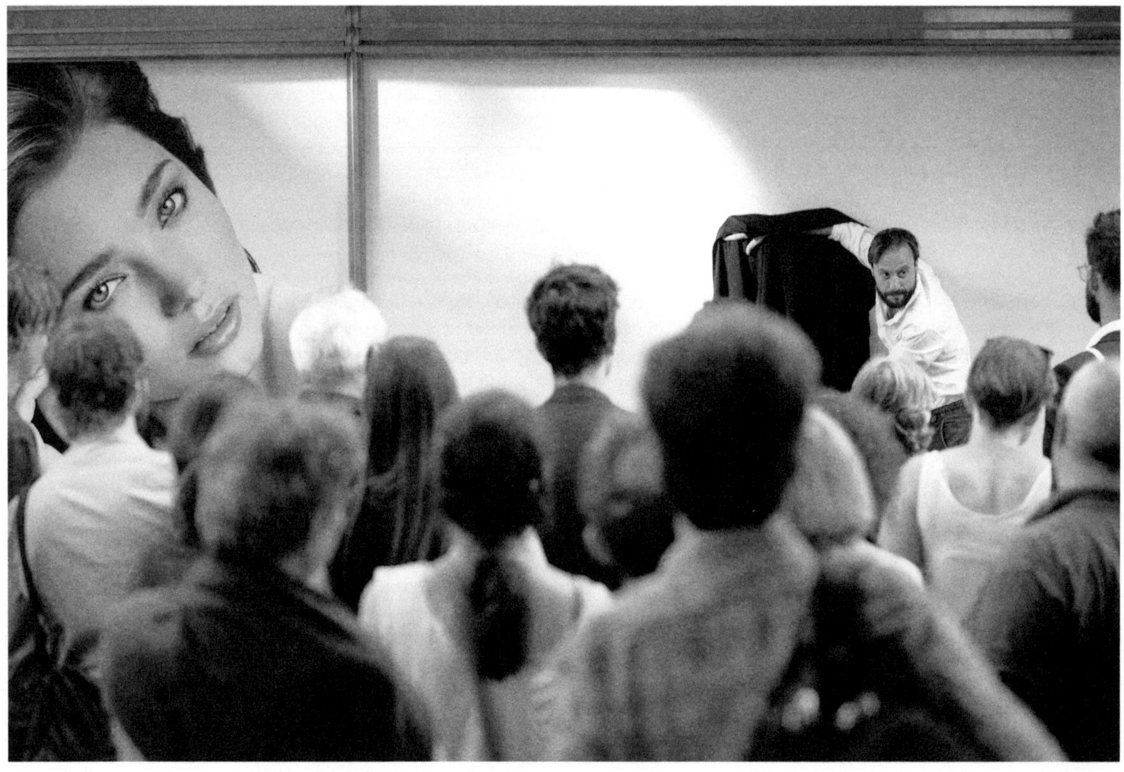

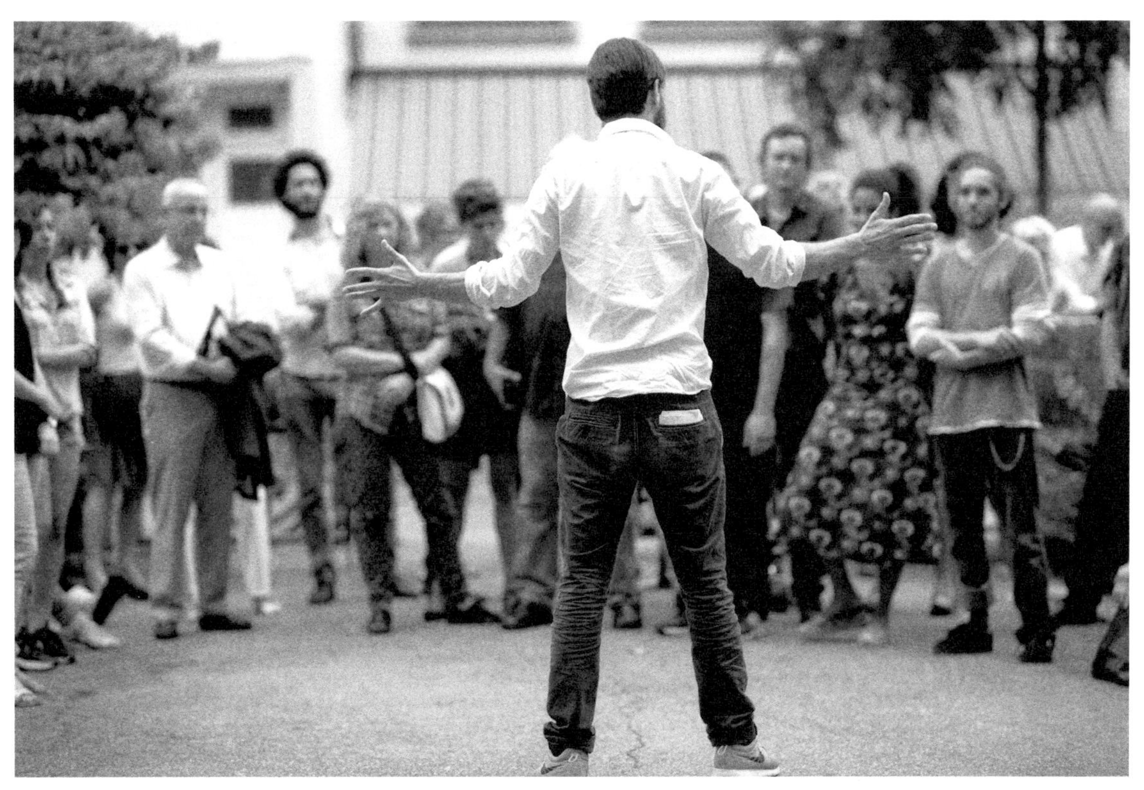

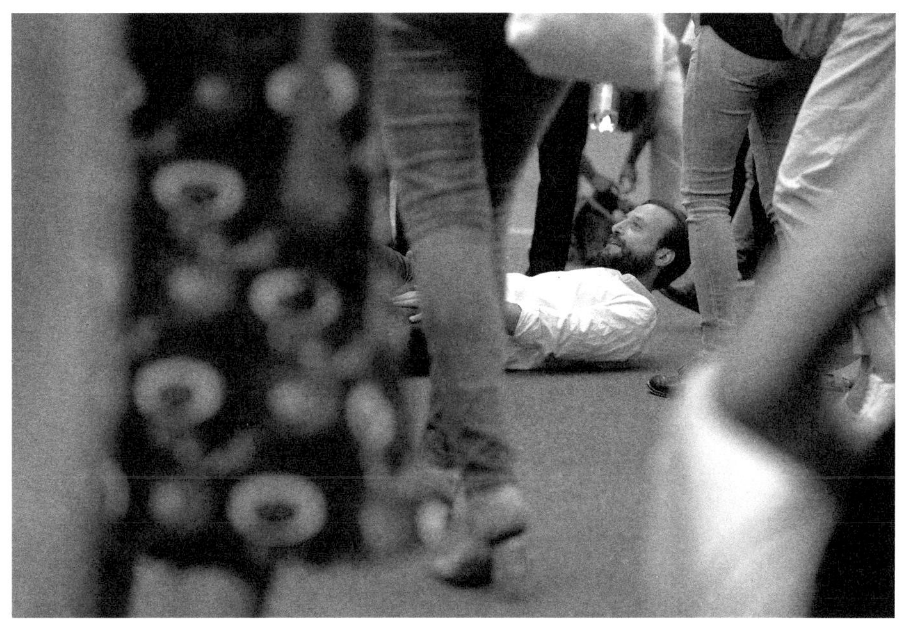

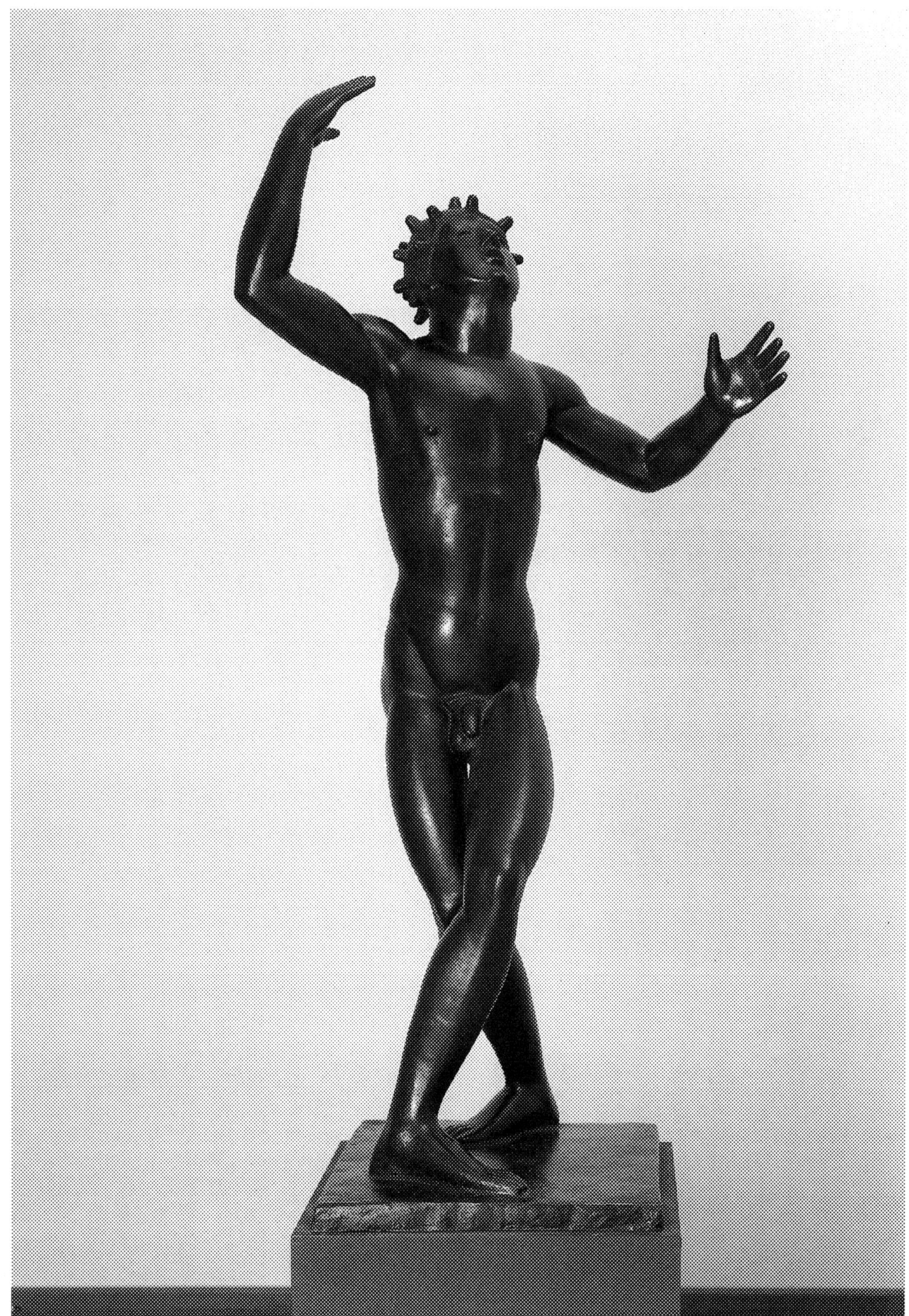

Carl Burckhardt
Der Tänzer, 1920–1922
1st Swiss Sculpture Exhibition, 1954

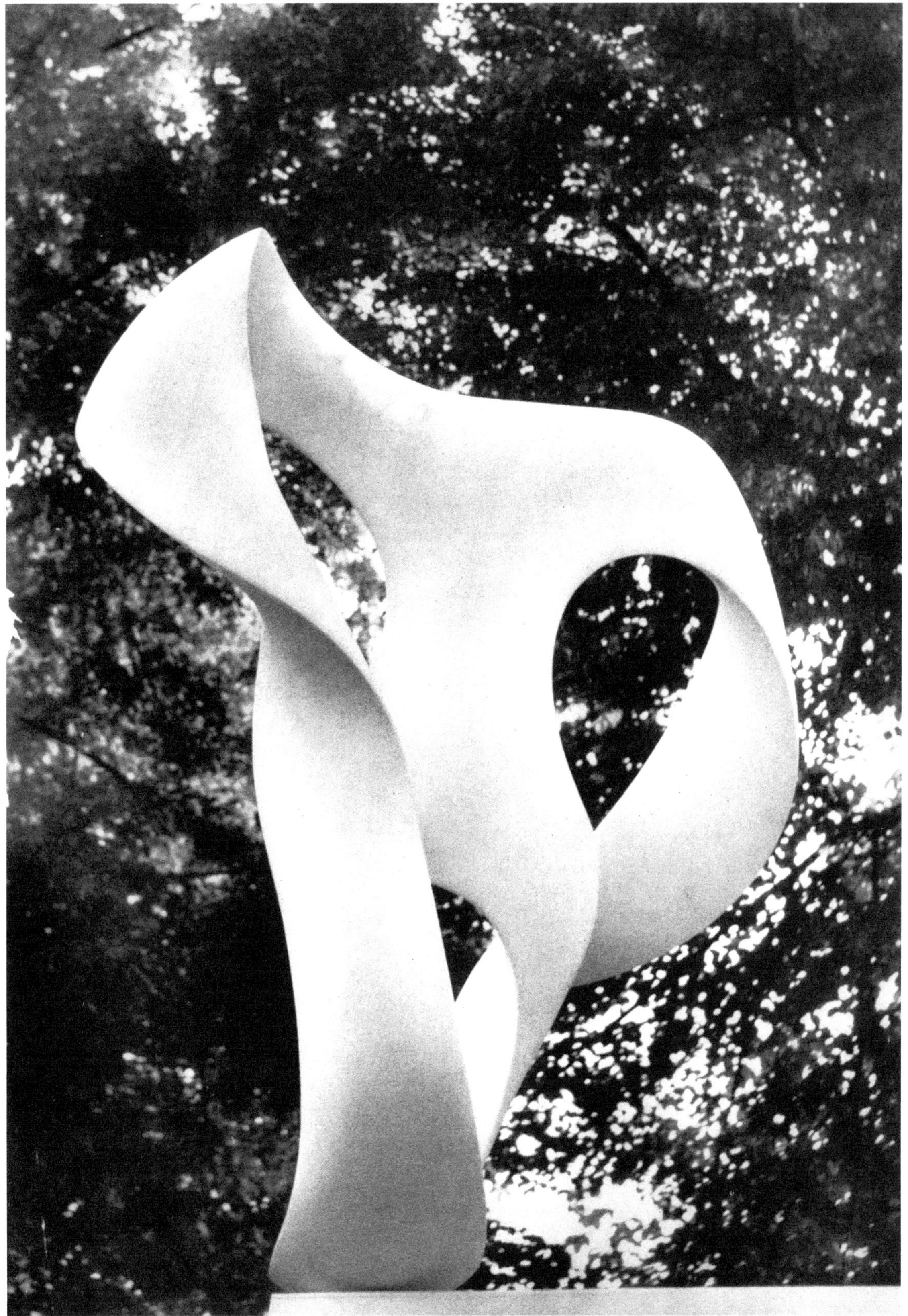

Max Bill
rhythmus im raum, 1947/48
1st Swiss Sculpture Exhibition, 1954

Ariana Reines
Mortal Kombat

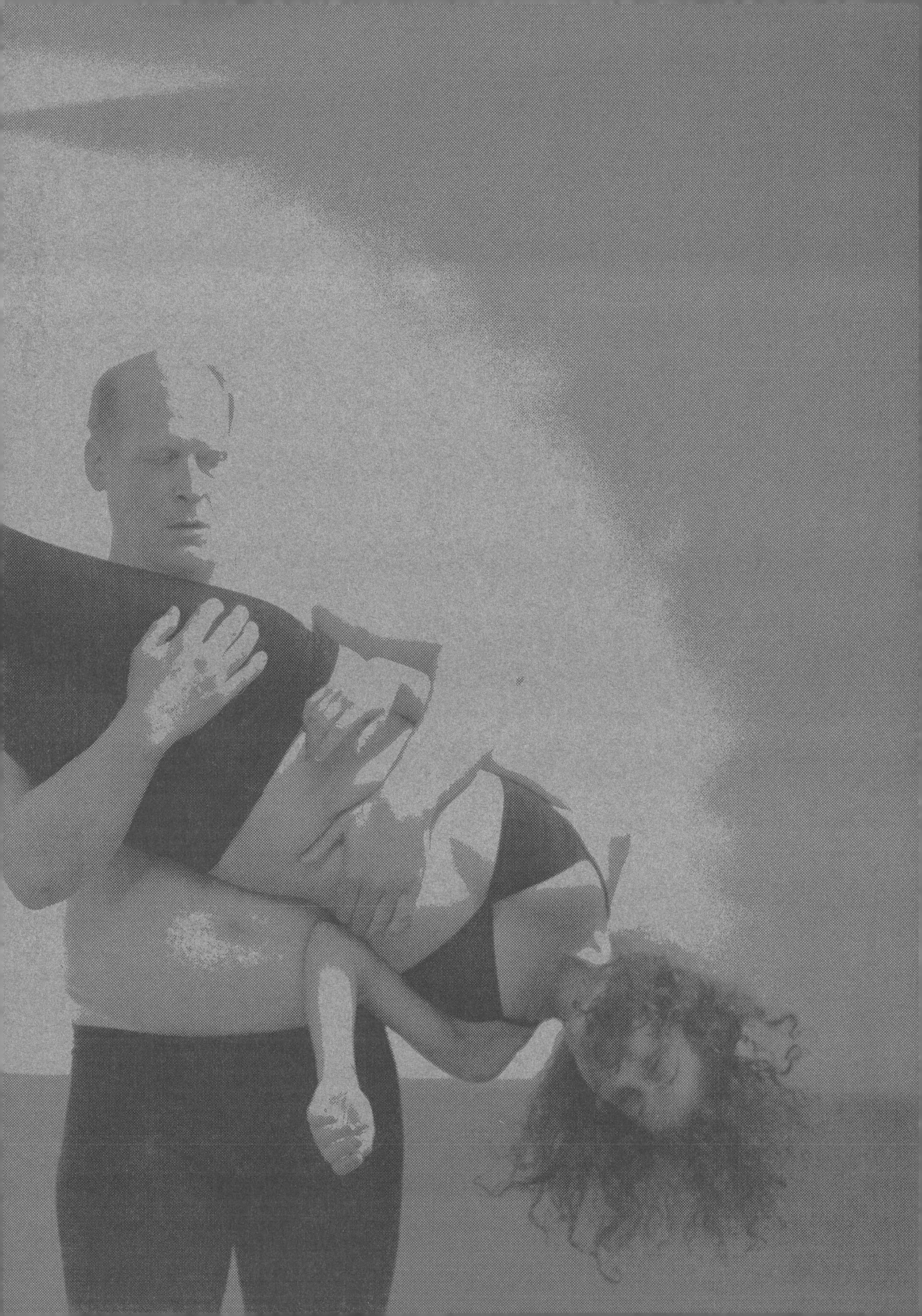

Carl Burckhardt

Carl Burckhardt (1878–1923) trained as a painter in Munich, but turned to sculpture during a visit to Rome in 1899. His intense exchanges with Auguste Rodin gave him an early insight into the possibilities of an unrestrained, liberated way of dealing with sculpture. Rather than focusing on the pure beauty of the body, Burckhardt's work foregrounds the interplay of matter and light, movement and balance, surface and scale. He expressed this commitment to dynamics by confining himself to the use of basic stereometric forms such as cubes, cylinders, and spheres.

For *Der Tänzer* (1920–1922), created in the last years of his life and integrated posthumously into the very first Swiss Sculpture Exhibition in 1954, Burckhardt chose the motif of a youth totally enraptured by dance. Well aware of the sculptural challenges posed by such a fluid subject, the work was much admired by the critics of the day for its ability to convince, in spite of its nostalgic elements. Because of the focus Burckhardt found in his later years, the great fluency with which *Der Tänzer* evokes movement ensures that the work remains convincing to this day.

Der in München zum Maler ausgebildete Basler Künstler Carl Burckhardt (1878–1923) wendet sich bereits 1899 während einer Romreise der Bildhauerei zu. Seine intensive Auseinandersetzung mit Auguste Rodin eröffnet ihm früh die Möglichkeit eines uneingeschränkten beziehungsweise befreiten Umgangs mit der Skulptur. Bei seiner Suche steht nicht die reine Schönheit des Körpers im Vordergrund, sondern das Zusammenspiel von Material und Licht, Bewegung und Gleichgewicht, Reduktion und Oberflächen. Dazu beschränkt er sich auf stereometrische Grundformen wie Kubus, Zylinder und Kegel, um seinem Anspruch nach Dynamik nachzukommen.

Für die Skulptur *Der Tänzer* (1920–1922), die in seinen letzten Lebensjahren entstand und posthum in die allererste Schweizerische Plastikausstellung 1954 integriert wurde, wählte er das Motiv eines im Tanze begeisterten Jünglings. Die zeitgenössische Kritik war sich bereits bewusst, dass ein solch auf Bewegung basierendes Sujet für die Plastik kein dankbares Thema sein konnte, und bewunderte umso mehr die überzeugende, wenn auch tendenziell etwas nostalgische Darstellung. Durch die neu gewonnene Fokussierung des späten Burckhardt überzeugt *Der Tänzer* auch heute noch durch die Leichtigkeit, mit der er Bewegung evoziert.

L'artiste bâlois Carl Burckhardt (1878–1923) suivit à Munich une formation de peintre. Dès 1899, lors d'un voyage à Rome, il se tourna vers la sculpture. Sa confrontation soutenue avec l'œuvre d'Auguste Rodin lui donna très tôt la possibilité de pratiquer une sculpture libérée, affranchie de ses limites. Dans sa quête, ce n'est pas la pure beauté du corps qui compte, mais le jeu de la matière et de la lumière, du mouvement et de l'équilibre, de la simplification et des surfaces. À cette fin, il se limite à des formes stéréométriques de base, comme le cube, le cylindre ou le cône, pour faire droit à son exigence de dynamisme.

Pour la sculpture *Der Tänzer* (1920–1922), qu'il réalisa durant les dernières années de son existence, et qui fut intégrée à titre posthume dans la toute première Exposition suisse de sculpture (ESS–SPA) en 1954, il choisit le motif d'un jeune homme saisi par l'extase de la danse. La critique de son temps était déjà consciente qu'un sujet fondé ainsi sur le mouvement ne pouvait être très gratifiant pour une sculpture. Elle admira d'autant plus à quel point cette représentation était convaincante, malgré sa tendance à la nostalgie. Grâce à cette concentration acquise par Burckhardt dans ses denières années, *Der Tänzer* continue de nous convaincre aujourd'hui, car il évoque le mouvement avec une grande légèreté.

Max Bill

The interests of the Swiss concrete artist Max Bill (1908–1994) extended beyond painting and sculpture to encompass architecture, communication, and a broad notion of design. As a theorist, Bill formulated his ideas about concrete art as early as 1936. In 1949 he published "die mathematische denkweise in der kunst unserer zeit", in which he promoted mathematics as the basis for all artistic work to the exclusion of the pictorial and the purely emotional. Bill's sculptural work took three forms: single surfaces, columns, and spheres. The first, of which *rhythmus im raum* (1947/48) is an example, works with the spatial relations of the infinite loop and the hollow forms created by the relationship between static and dynamic surfaces: in each case the internal borderline of the three overlapping circles becomes the outer boundary. Symmetrically arranged, the circular bands thus make a movement that travels into itself. Bill overcomes the weight by creating a curving movement, which makes it look as light as a feather.

Das Interesse des Schweizer konkreten Künstlers Max Bill (1908–1994) galt neben der Malerei und der Plastik auch der Architektur, dem Design im weitesten Sinn sowie der künstlerischen Vermittlung. Bereits 1936 formuliert Bill als Theoretiker seine Gedanken über Konkrete Kunst und 1949 erscheint das Traktat „die mathematische denkweise in der kunst unserer zeit", in dem er die Mathematik zur Grundlage jeglicher künstlerischen Arbeit erklärt und die Abkehr von der abbildenden und auf dem reinen Gefühl basierenden Kunst begründet. Das plastische Werk von Bill weist drei Formen auf: Einflächen-, Säulen- und Kugelplastik. Erstere, wie *rhythmus im raum* (1947/48), arbeitet mit der Endlosschleife, die räumliche Verhältnisse aufweist, und zwar unter Einbeziehung von Hohlformen statischer und dynamischer Flächenrapporte: Die innere Begrenzungslinie der drei sich überlappenden Kreisbänder wird jeweils zur äußeren Begrenzungslinie. Die symmetrisch angeordneten Kreisbänder vollziehen somit eine Bewegung, die in sich selber übergeht. Bill überwindet die Schwere des Materials, indem er ein geschwungenes, optisch federleichtes Gebilde schafft.

Le Suisse Max Bill (1908–1994), artiste concret, s'intéressait à la peinture et la sculpture, mais également à l'architecture, au design dans son sens le plus large, ainsi qu'à la médiation artistique en général. Dès 1936, il formule en théoricien ses idées sur l'art concret; en 1949 paraît son traité «Die mathematische denkweise in der kunst unserer zeit»; dans cet ouvrage, il fait de la mathématique le fondement de tout travail artistique et renonce à un art de la reproduction du réel, fondé sur le sentiment pur. L'œuvre plastique de Bill présente trois séries de formes fondamentales: surfaces, colonnes, sphères. *rythmus im raum* (1947/48) en représente les premières. Cette sculpture propose un ruban sans fin, qui met en évidence les relations spatiales, tout en incluant des rapports de surfaces statiques et dynamiques grâce à des formes creuses: la limite interne des trois rubans qui se chevauchent devient une limite externe. Les rubans ordonnés symétriquement accomplissent ainsi un mouvement qui se transforme en lui-même. Max Bill transcende la pesanteur du matériau, en créant une structure pleine d'élan, et qui, pour l'œil, est légère comme une plume.

Ariana Reines

The award-winning American, New York-based poet and playwright Ariana Reines (b.1982) makes performances, which draw on the basic elements of theatricality. For Le Mouvement, she has been paired with two works from the very first Swiss Sculpture Exhibition in 1954: Carl Burckhardt's *Der Tänzer* (1920) and Max Bill's *rhythmus im raum* (1954). Both works depict movement: the former is a figurative bronze casting of a male nude dancing, while the latter is one of Bill's most iconic abstract works, a triple moebius strip originally made out of gypsum and re-cast in bronze in 2008. In response to this pair of sculptures, Reines has worked with the actor and writer Jim Fletcher to create *Mortal Kombat* (2014), a kung fu drama inspired by the 1992 video game once so popular with teenage boys. *Mortal Kombat* slows down, exaggerates, and intensifies choreographies of aggression. The compulsive nature of the game and the male adolescent boredom on which it draws allow the piece to test a certain kind of symmetry. Like the sculptures from which this performance comes, Reines and Fletcher are asymmetrical, or asynchronous twins of a kind: both were born on the same day, but in different years, and could hardly look more distinct. Is it possible to play a game without wanting to win? *Mortal Kombat* becomes a literal, if ironic, representation of the kind of adversarial conflict said by philosophers such as Chantal Mouffe and Ernesto Laclau to be the very basis of democracy.

Die Performances der in New York lebenden, preisgekrönten US-amerikanischen Dichterin und Dramatikerin Ariana Reines (geb.1982) unterstreichen Grundelemente des Theatralischen. Im Rahmen von Le Mouvement nimmt sie den Dialog mit zwei Werken auf, die Teil der ersten Schweizerischen Plastikausstellung von 1954 waren: Carl Burckhardts *Der Tänzer* (1954) und Max Bills *rhythmus im raum* (1954). Beide setzen sich mit dem Phänomen Bewegung auseinander. Das erste Werk ist die Bronzestatue eines nackten Tänzers, das zweite ist abstrakt und zählt zu den bekanntesten Schöpfungen Bills – ein dreifaches Möbiusband aus Gips, das 2008 in Bronze gegossen wurde. Als Reaktion auf diese beiden Skulpturen schuf Reines in Zusammenarbeit mit dem Schauspieler und Autor Jim Fletcher das Kung-Fu-Drama *Mortal Kombat* (2014). In Anlehnung an das gleichnamige, unter (männlichen) Teenagern äusserst beliebte Videospiel aus dem Jahr 1992, verlangsamt, übertreibt und verschärft *Mortal Kombat* die Choreografien der Aggression und vollzieht sowohl die Idee des Spiels – des Spielens – als auch die Qualen der pubertären Langeweile noch einmal nach. Im Grunde handelt es sich um eine Überprüfung von Symmetrien: Wie das als Ausgangspunkt dienende Skulpturenpaar sind Reines und Fletcher eine Art asymmetrische, asynchrone Zwillinge. Zwar wurden beide am 24. Oktober geboren, aber nicht im selben Jahr. Vom Aussehen her könnten sie verschiedener nicht sein. Kann man ein Spiel spielen, ohne gewinnen zu wollen? Mit seinen vielfältigen Asymmetrien und Konflikten liefert dieses Stück vielleicht eine nur allzu buchstäbliche, wenn auch ironische Darstellung jenes Widerstreits, der – laut agonistischen Denkern wie Chantal Mouffe und Ernesto Laclau – letztlich das Fundament jeder Demokratie ist.

Ariana Reines (née en 1982), poétesse et dramaturge américaine couronnée de nombreuses récompenses, réalise des performances qui donnent tout leur poids aux rudiments de la théâtralité. Pour Le Mouvement, elle a été associée à deux œuvres de la toute première édition de l'Exposition suisse de sculpture, en 1954 : *Der Tänzer* de Carl Burckhardt (1920) et *rhythmus im raum* de Max Bill (1954). Toutes deux dépeignent le mouvement. La première, figurative, est le moulage en bronze d'un nu masculin dansant, tandis que la seconde, abstraite, est l'une des œuvres les plus emblématiques de Bill, un triple ruban de Möbius originellement réalisé en plâtre, et refondu en bronze en 2008. En réponse à cette paire de sculptures, Ariana Reines a créé *Mortal Kombat* (2014), un drame kung-fu, en partenariat avec l'acteur et écrivain Jim Fletcher. Inspiré par le jeu vidéo de 1992 qui fut un temps si populaire parmi les adolescents, *Mortal Kombat* ralentit, exagère et exacerbe des chorégraphies d'agression, remettant en scène à la fois la notion de jeu (du joueur comme de l'acteur) et le lancinant ennui de l'adolescent (mâle). *Mortal Kombat* réalise des séries de tests de symétrie : à l'image de la paire de sculptures à partir desquelles la performance a été générée, Ariana Reines et Jim Fletcher sont des sortes de jumeaux asymétriques ou asynchrones. Tous deux sont nés un 24 octobre, mais pas la même année. Ils ne pourraient être plus différents physiquement. Est-il possible de jouer à un jeu sans vouloir y gagner ? Avec les multiples genres de conflit et d'asymétries qui y surgissent, *Mortal Kombat* devient peut-être la représentation la plus littérale, quoiqu'ironique, du conflit et de la contradiction, que des philosophes agonistiques comme Chantal Mouffe et Ernesto Laclau considèrent comme la véritable base de la démocratie.

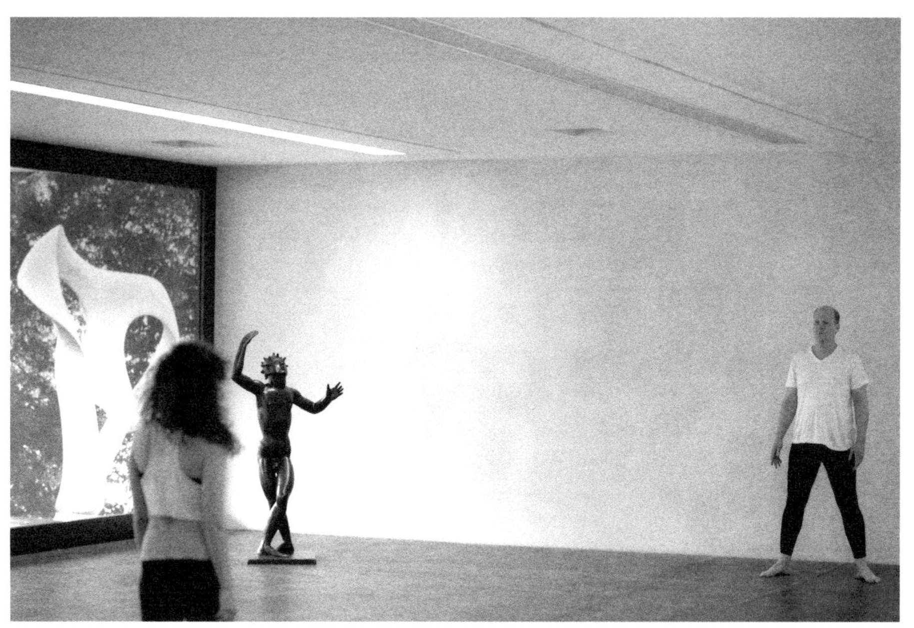

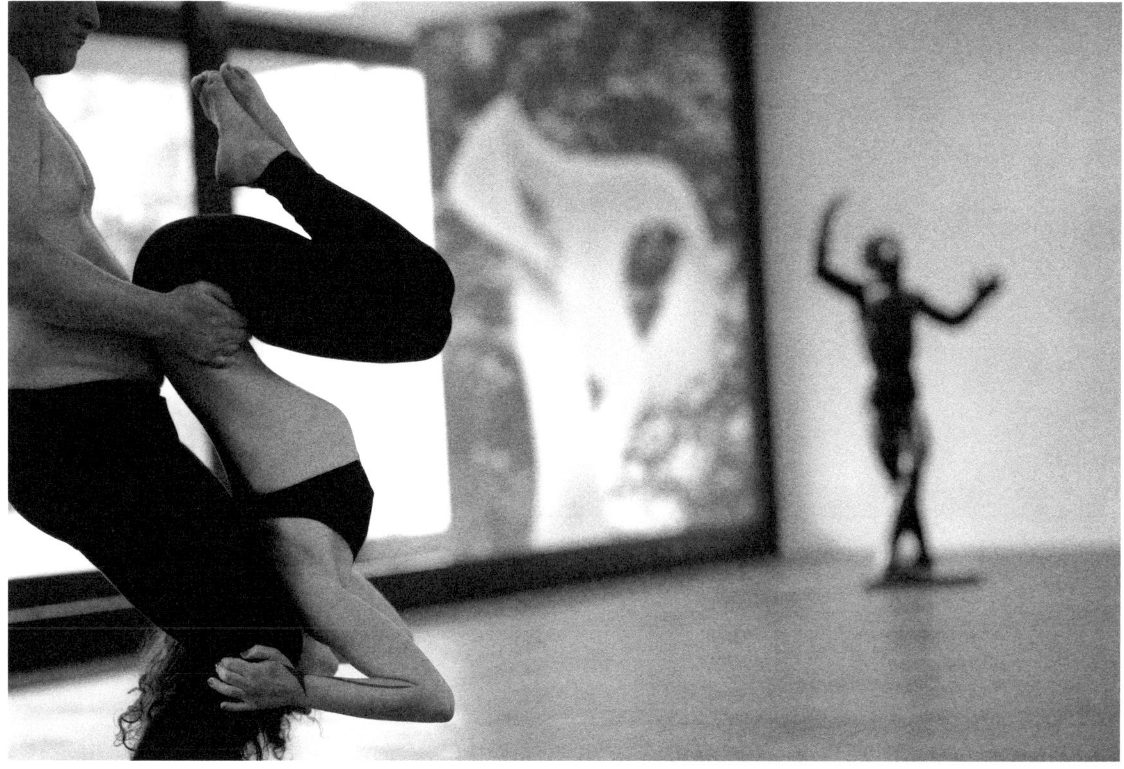

Bojana Cvejić

How has the position of the self changed in terms of the division between the public and private spheres in the various designations of twenty-first century society—the society of biopolitical control, post-Fordism, the experience and knowledge society? The question calls for a thoroughgoing investigation, and these concise notes will, at best, sketch out one line of enquiry.

Following the decline in the political collective life of citizens since the end of the 19th century—the crisis of the public with which the very notion and term of the public sphere was born as a problem a century ago (Lippman, Dewey)—today the boundaries between private and public are increasingly shifting towards the individual's interests and concerns. While collectivism has been uncritically dismissed since 1989 as a passion of socialism and totalitarianism, contemporary forms of individualism under the post-Fordist regimes of work and life have not yet been qualified and contested. Amidst an immense, confusing, and contentious variety of conceptions and indeed the sheer number of references to the term "individualism" in its brief two-century history, three distinct doctrines hold power to this day: *political* individualism, which maintains the principle of representation as the role of government in protecting individual interests, wherein citizenship is measured by the republican values of life, liberty, and property; *economic* individualism, which reinstates the core institutions of capitalism—private property, free enterprise, and free trade, market competition—as the norms of efficiency and equity conflated with the idea of freedom; *methodological* individualism, which conceals its ontological claims when it reduces the explanation of social phenomena to individual actions and rational choice. In this context it would not be difficult to retrace the genealogy of liberalism from the seventeenth century (Hobbes, Locke) until today, moving through nineteenth-century utilitarianism (Mills) to twentieth-century neoclassical economics and social science (Hayek, Weber, Popper), with a view to historically contextualizing what might qualify as a neoliberal variety of individualism today, which, in the name of creativity, autonomy, and more efficient self-development of the individual, continues the process of dismantling public services and state institutions with ever greater vigour.

Counter-positions to the mighty all-encompassing conception of liberal individualism also exist, and are historically familiar too, first and foremost in the form of Marxist critique. A hybrid approach from a biopolitical perspective that has come to the fore more recently seeks to dissolve the opposition between the individual and the collective in the notion of "transindividuality". Building upon Simondon's conception of an open-ended process of individuation, as well as on Balibar's and Virno's theories of subjectivity, Jason Read has argued for a social ontology that replaces the concept of the individual as an abstract given by the notion of the individual as an effect of an unavoidably social process of individuation. While Read's account might do well to show that the conditions of individuation are pre-individual, generic, and shared collectively—as sensations, language, and habits are—the philosophical reasoning against the ontological

grounds for individualism has no purchase on its ideological power. Hence, although I agree with the view that individuation provides a more complex and nuanced set of relationships between the individual and the collective, the singular and the plural, I shall not repeat the arguments that dispute individualism on political, economic, ethical, or epistemological grounds. There is abundant literature on this issue and I would not have scope to address it in this essay. Within the modesty of the points I can tackle here, I am more compelled to consider *how* individualism operates as an ideology today, as describing how it functions might explain its power of persuasion, in other words, why it persists with a different quality of intensity nowadays. The quality that distinguishes individualism today can be attributed to the role played by performance of the self in care of the self and in the self's concern with itself, in particular its aestheticising corporeal techniques, transferred from dance as an artistic practice into the everyday realm. In a word, individualism is denied as an ideology because it is taken to be ontological and methodological in current post-Fordist capitalism. The claim I would like to advance here is that it should be re-examined as an ideology, albeit with a different mode of functioning: performative and aesthetic.

Ideology in general is difficult to discern today, not for the reasons claimed by conservative liberals—its putative demise in the wake of the collapse of real socialist regimes in Eastern Europe in the 1990s and the victory of liberal democracy based on capitalism—but rather due to a shift in its functioning from an Althusserian conception of hailing to embodiment. Dance is particularly relevant in accounting for this shift, as it offers the aesthetic ideal of social order in the organization of bodies and in their expression—a score, so to speak, for performing ideology as a mere ritual without belief or distorted consciousness. The psychosocial component of embodiment endows dance with the power of persuasive expression, which, thanks to vitalist fixation, reifies the self as the body, a physical experience of transcendental subjectivity that suppresses the social and political contingencies that structure experience. The absorption of individuals in creative auto-affection nowadays reveals the prominence of dancing movement and bodily techniques appropriated from the field of dance, which are incorporated into daily exercise, physiotherapy, the entertainment industry, and social media.

In contrast with the institutionalization of psychoanalysis and other variants of psychotherapy that have sprung from it throughout the twentieth century, contemporary corporeal praxes are fashioned as another kind of a "truth game" in the Foucauldian legacy of the term, which designates a mode of action that individuals exercise upon themselves and use to produce their subjectivity. Linking the knowledge of the self to bodily sensation and affect appears as a *more real*, more efficient and more aesthetically pleasing technology of the self, which corresponds most closely to Foucault's "idea of the bios as a material for an aesthetic piece of art". However, Foucault's originary conviction from the 1980s about the aestheticised notion of self-transformation and resistance appears problematic when confronted with spectacular commodification and New-Age consumerism that co-opts a wide variety of bodywork techniques into daily exercise. Self-techniques based on shaping one's own body are not confined to the private sphere of an individual withdrawn from the public realm but are verified in performance, in the sense of "showing doing" that constitutes the self in relation to others. Over and above social media, which are replete with videos of all sorts of dancing and bodily movement as a protocol by which individuals communicate and demonstrate their self-realization in virtual space, the popular reality- TV show "So You Think You Can Dance" connects the spectacle of virtuosity to flexible and versatile specialization in styles and, most importantly, to a competition in which the winners are individuals voted for by individuals.

What I am suggesting here is the following: if we observe solo dance through a global yet primarily Euro-American genealogy, its poetical principles propose technologies of individualization, the cult of the personal, self-expression, auto-affection, virtuosity, flexibility and creativity, projective self-ownership and entrepreneurship. On that account, *solo dance* is both an aesthetic and social mode of production and an intensive expression of individualist ontology. The coincidence of the body that is simultaneously the source, the material, and the instrument of movement binds the subject to her or his sense of self-identity through physical, emotional, spiritual (etc.) experience. The most abundant format in dance performance, a mandatory test of artistry in education as well as a fetish item in a choreographer's œuvre, it is also often the most inexpensive commodity traded in the art world nowadays. However it is, moreover, the form in which many bodily systems and techniques are instructed and exercised in everyday life, ideologically framing the daily practice of care of the self through embodiment.

I would like to conclude by indicating the direction that this enquiry would pursue if developed further. If today's loss of the public as political sphere or the "publicness without a public" (Virno) is partly due to the individual's preoccupation with her or his own well-being and with administration of the good life, solo dance might be considered as both a blueprint of an aesthetic form of individualization and as a source of bodily techniques that inhabit the borderlands between art, therapy, and consumerism. This might not mean that the division between public and private is abolished due to the public sphere's overpopulation by indulgent expressions of individuals, but rather that the divide persists in the disconnection of individuals' performances from the public realm as a political sphere. Furthermore, it might mean that contemporary dance and performance should not so much be considered in their artistic autonomy, but should be viewed more as instruments for critical analysis of the individualist core of performances of the self.

Arendt, Hannah (1998). *The Human Condition.* Chicago: University of Chicago Press.

Beck, Ulrich and Beck-Gernsheim, Elisabeth (2002). *Individualization: Institutionalized Individualism and its Social and Political Consequences.* London: Sage.

Balibar, Etienne (1997). *Spinoza: From Individuality to Transindividuality.* Rijnsburg: Eburon.

Dewey, John (1999). *Individualism Old and New.* New York: Prometheus Books.

Foucault, Michel (1986). *The History of Sexuality. Volume Three: The Care of the Self*, translated from the French by Robert Hurley. New York: Pantheon Books.

Hayek, Friedrich Von (1955). *The Counter-Revolution of Science.* New York: Free Press.

Hobbes, Thomas (1949). *De Cive, or the Citizen.* New York: Appleton-Century-Crofts.

Mills, John Stuart (2002). *On Liberty.* London: Dover.

Lippman, Walter (1922). *Public Opinion.* New York: MacMillan.

Locke, John (1988). *Two Treatises of Government.* Cambridge: Cambridge University Press.

Popper, Karl (1966). *The Open Society and Its Enemies.* London: Routledge & Kegan Paul.

Read, Jason (2010). "The Production of Subjectivity: From Transindividuality to the Commons." *New Formations*, Number 70, Winter 2011, pp. 113–131.

Simondon, Georges (1989). *L'individuation psychique et collective.* Paris: Aubier.

Virno, Paolo (2008). *Multitude: Between Innovation and Negation.* Trans. B. Boringhieri. Los Angeles: Semiotext(e).

Weber, Max (1968). *Economy and Society*, ed. Guenther Roth and Claus Wittich, Berkeley: University of California Press.

Wie hat sich die Stellung des Selbst vor dem Hintergrund der Trennung zwischen öffentlicher und Privatsphäre in den unterschiedlichen Gesellschaftsbezeichnungen des 21. Jahrhunderts – der Gesellschaft der biopolitischen Kontrolle, dem Postfordismus, der Erlebnis- und Wissensgesellschaft – verändert? Die Frage verlangt nach einer gründlichen Untersuchung, und im günstigsten Fall geben diese knappen Anmerkungen die Richtschnur für diese Untersuchung vor.

In Folge des Niedergangs des politischen Gemeinschaftslebens der Bürger seit dem Ende des 19. Jahrhunderts – der Krise der Öffentlichkeit, mit der vor einem Jahrhundert der eigentliche Begriff der öffentlichen Sphäre als Problem aufkam (Lippman, Dewey) – verschiebt sich die Grenze zwischen Privatem und Öffentlichem heute weiter in Richtung der Interessen und Belange des Individuums. Während der Kollektivismus seit 1989 kritiklos als eine Vorliebe des Sozialismus und des Totalitarismus abgetan wurde, müssen zeitgenössische Formen von Individualismus unter den postfordistischen Arbeits- und Lebenssystemen erst noch näher bestimmt und hinterfragt werden. In der kurzen zweihundertjährigen Geschichte des Begriffs „Individualismus" haben sich, innerhalb einer riesigen, verwirrenden und umstrittenen Vielfalt von Konzepten und Referenzen, drei verschiedene Doktrinen bis zum heutigen Tag durchgesetzt: *politischer* Individualismus, bei dem das Prinzip der Repräsentanz als Aufgabe der Regierung zum Schutz der individuellen Rechte bewahrt wird, wobei sich die Staatsbürgerschaft nach den republikanischen Werten Leben, Freiheit und Besitz bemisst; *ökonomischer* Individualismus, der die wesentlichen Einrichtungen des Kapitalismus – Privatbesitz, freie Marktwirtschaft und freier Handel, Wettbewerbsmarkt – als mit dem Begriff der Freiheit verschmolzene Normen für Effizienz und Gerechtigkeit wieder herstellt; *methodischer* Individualismus, der seine ontologischen Forderungen verschleiert, wenn er die Erklärung für soziale Phänomene auf individuelle Handlungen und rationale Entscheidungen reduziert. In diesem Kontext wäre es nicht schwierig, die Genealogie des Liberalismus vom 17. Jahrhundert (Hobbes, Locke) über den Utilitarismus des 19. Jahrhunderts (Mills) bis hin zur neoklassischen Ökonomik und zur Sozialwissenschaft des 20. Jahrhunderts (Hayek, Weber, Popper) bis heute darzustellen, um historisch einzuordnen, was sich heute möglicherweise als neoliberale Variante des Individualismus erweist, die im Namen von Kreativität, Autonomie und effizienterer Selbstentfaltung immer energischer den Prozess des Abbaus von öffentlichen Dienstleistungen und staatlichen Institutionen vorantreibt.

Gegenpositionen zum mächtigen und flächendeckenden Konzept des liberalen Individualismus sind ebenfalls vorhanden und auch historisch bekannt, allen voran die marxistische Kritik. Ein jüngerer und bevorzugter hybrider Ansatz aus biopolitischer Perspektive verfolgt das Ziel, unter dem Begriff „Transindividualität" den Gegensatz zwischen Individuum und Kollektiv aufzuheben. Auf der Grundlage von Simondons Konzept eines Individuationsprozesses mit offenem Ausgang sowie den Subjektivitätstheorien von Balibar und Virno plädierte Jason Read für eine soziale Ontologie,

die das Konzept des Individuums als Abstraktum, das mit der Vorstellung des Individuums als Ergebnis eines zwangsläufig sozialen Individuationsprozesses einhergeht, ersetzt. Auch wenn Reads Darstellung vielleicht aufzuzeigen vermag, dass die Bedingungen der Individuation – wie etwa Empfindungen, Sprache und Gepflogenheiten – vorindividuell, generisch und allen gemeinsam sind, hat die philosophische Argumentation gegen die ontologischen Gründe für Individualismus keinen Einfluss auf dessen ideologische Macht. Obgleich ich mit der Sichtweise übereinstimme, dass Individuation einen vielschichtigeren und nuancierteren Komplex von Beziehungen zwischen Individuum und Gemeinschaft, zwischen Singular und Plural mit sich bringt, werde ich daher nicht die Argumente wiederholen, die den Individualismus aus politischen, ökonomischen, ethischen oder erkenntnistheoretischen Gründen anfechten. Die Literatur darüber ist zu umfangreich, als dass ich es hier mit ihr aufnehmen könnte. Da ich hier nur bescheidene Andeutungen machen kann, möchte ich lieber darüber nachdenken, *wie* Individualismus heute als Ideologie funktioniert, denn das Beschreiben seiner Funktionsweise liefert möglicherweise eine Erklärung für seine Überzeugungskraft, das heißt dafür, warum er heute mit solcher Intensität fortbesteht. Die Qualität, die den Individualismus heute ausmacht, lässt sich der Rolle zuschreiben, die die Selbstdarstellung (performance of the self) bei der Sorge des Selbst für und um sich selbst (care of the self and concern of the self with itself) spielt – insbesondere seine ästhetisierenden Körpertechniken, die vom Tanz als Kunstform auf den Alltag übertragen wurden. In einem Wort, Individualismus wird als Ideologie verleugnet, denn er wird im gegenwärtigen postfordistischen Kapitalismus als ontologisch und methodologisch aufgefasst. Ich möchte hier gern die Forderung aufstellen, dass er noch einmal als Ideologie – wenn auch mit anderer, nämlich performativer und ästhetischer Funktionsweise – untersucht wird.

Die Gründe dafür, dass Ideologie heute ganz allgemein schwer zu erkennen ist, sind nicht, wie konservative Liberale behaupten, ihr vermeintliches Ende, das in den 1990er-Jahren mit dem Zusammenbruch der realsozialistischen Regierungssysteme in Osteuropa und dem Sieg der auf Kapitalismus beruhenden liberalen Demokratie erreicht wurde, sondern eine Verschiebung seiner Funktion vom althusserianischen Konzept der Anrufung hin zur Verkörperlichung. Tanz spielt eine besonders wichtige Rolle beim Erklären dieser Verschiebung, denn er bietet das ästhetische Ideal der Gesellschaftsordnung in der Organisation von Körpern und in deren Ausdruck – gewissermaßen eine Filmmusik, mit der sich die Ideologie als reines Ritual ohne Glaube oder verzerrtes Bewusstsein interpretieren lässt. Die psychosoziale Komponente der Verkörperlichung verleiht dem Tanz die Macht des überzeugenden Ausdrucks, der, dank vitalistischer Fixierung, das Selbst als Körper verdinglicht, eine physische Erfahrung von transzendentaler Subjektivität, die die soziale und politische Kontingenz aufhebt, durch die Erfahrung strukturiert wird. Die heutige Vereinnahmung von Individuen durch kreative Autoaffektion zeigt, welche Bedeutung Tanzbewegung und Körpertechniken haben, die vom tänzerischen Bereich auf das tägliche Bewegungsprogramm, auf Physiotherapie, Unterhaltungsindustrie und soziale Medien übertragen wurden.

Im Gegensatz zur Institutionalisierung der Psychoanalyse und anderer Varianten von Psychotherapie, die im Laufe des zwanzigsten Jahrhunderts daraus hervorgegangen sind, sind moderne Körperübungen angelegt als eine andere Art von „Wahrheitsspiel" („truth game") in der Foucault'schen Überlieferung des Begriffs, die eine Form von Handlung bezeichnet, die ein Individuum an sich selbst ausübt und dazu verwendet, um seine Subjektivität herzustellen. Das Wissen vom Selbst mit körperlichem Empfinden und Affekt zu verknüpfen wirkt wie eine *realere,* effizientere und ästhetisch ansprechendere Technologie des Selbst, die am besten mit Foucaults „Vorstellung vom Bios als einem Material für ein ästhetisches Kunstwerk" („idea of the bios as a material for an aesthetic piece of art") korrespondiert. Doch Foucaults originäre Überzeugung hinsichtlich der ästhetisierten Vorstellung von Selbsttransformation und Resistenz aus den 1980er-Jahren erscheint problematisch, wenn man sie spektakulärer Kommodifizierung gegenübergestellt und dem New-Age-Konsumismus, der eine große Vielfalt an Techniken der Körperarbeit für das tägliche Übungsprogramm zweckentfremdet. Selbsttechniken, die auf dem Gestalten des eigenen Körpers basieren, beschränken sich nicht auf die Privatsphäre des aus der Öffentlichkeit zurückgezogenen Individuums, sondern bestätigen sich erst mit der Darbietung, nach dem Motto „zeigen, was man tut", das das Selbst im Bezug zu den anderen erst konstituiert. Abgesehen von den sozialen Medien, in denen Videos von allen möglichen Arten von Tanz und Körperbewegung im Überfluss gezeigt werden, wie ein Protokoll, durch das Individuen im virtuellen Raum miteinander kommunizieren und ihre Selbstverwirklichung demonstrieren, verbindet die beliebte Reality-TV-Show „So You Think You Can Dance" virtuoses Spektakel mit flexibler und vielfältiger, stilistischer Spezialisierung und – was am wichtigsten ist – mit einem Wettbewerb, bei dem die Gewinner Individuen sind, die von Individuen gewählt wurden.

Ich mache hier folgenden Vorschlag: Wenn wir Solotanz in seiner globalen und doch vorrangig euroamerikanischen Genealogie betrachten, dann warten seine poetischen Prinzipien mit Technologien der Individualisierung, mit Persönlichkeitskult, Selbstdarstellung, Autoaffektion, Virtuosität, Flexibilität und Kreativität, projizierendem Selbsteigentum und Unternehmertum auf. Aus diesem Grunde ist Solotanz sowohl eine ästhetische als auch eine soziale Produktionsweise und ein intensiver Ausdruck individualistischer Ontologie. Die Koinzidenz, dass der Körper sowohl Quelle als auch Material und Bewegungsinstrument ist, verbindet das Subjekt mit seinem Sinn für Selbstidentität durch physische, emotionale und spirituelle (etc.) Erfahrung. Diese häufigste Form der Tanzperformance, die sowohl ein obligatorischer Test für die Kunst des Unterrichtens als auch ein Fetisch im Werk eines Choreografen ist, stellt oftmals auch die preisgünstigste Ware dar, die heutzutage in der Kunstwelt gehandelt wird. Doch sie ist darüber hinaus auch die Form, in der viele Körper-

systeme und -techniken im Alltag unterrichtet und praktiziert werden und prägt ideologisch die täglich praktizierte Pflege des Selbst durch Verkörperlichung.

Ich möchte enden mit einem Hinweis auf die Richtung, die diese Untersuchung einschlagen würde, wenn sie weiter vorangetrieben würde. Wenn der heutige Verlust der Öffentlichkeit als politische Sphäre oder das „Öffentlichsein ohne Öffentlichkeit" („publicness without a public", Virno) teilweise auf die individuelle Sorge um das eigene Wohlergehen und darum, ein gutes Leben zu führen zurückgehen, dann kann Solotanz sowohl als Blaupause für eine ästhetische Form von Individualisierung als auch als Quelle von Körpertechniken betrachtet werden, die sich auf der Grenze zwischen Kunst, Therapie und Konsumismus bewegen. Das bedeutet nicht unbedingt, dass die Unterscheidung zwischen Öffentlichem und Privatem beseitigt ist, indem wohlwollende Darbietungen von Individuen die öffentliche Sphäre übervölkern, sondern vielmehr, dass die Trennung in der fehlenden Verbindung zwischen den Darbietungen von Individuen und der Öffentlichkeit als politische Sphäre fortbesteht. Darüber hinaus kann es bedeuten, dass zeitgenössischer Tanz und Performance nicht so sehr in ihrer künstlerischen Autonomie betrachtet werden sollten, sondern vielmehr als Instrumente, die der kritischen Analyse des individualistischen Kerns von Selbstdarstellungen dienen.

Arendt, Hannah, *The Human Condition [Vita activa oder vom tätigen Leben]*, Chicago 1998.

Beck, Ulrich und Beck-Gernsheim, Elisabeth, *Individualization: Institutionalized Individualism and its Social and Political Consequences [Riskante Freiheiten: Individualisierung in modernen Gesellschaften]*, London 2002.

Balibar, Etienne, *Spinoza: From Individuality to Transindividuality,* Rijnsburg 1997.

Dewey, John, *Individualism Old and New,* New York 1999.

Foucault, Michel, *The History of Sexuality. Volume Three: The Care of the Self [Sexualität und Wahrheit, Bd. 3: Die Sorge um sich]*, in der französisch-englischen Übersetzung von Robert Hurley, New York 1986.

Hayek, Friedrich Von, *The Counter-Revolution of Science [Missbrauch und Verfall der Vernunft]*, New York 1955.

Hobbes, Thomas, *De Cive, or the Citizen [De Cive / Vom Bürger]*, New York 1949.

Mills, John Stuart, *On Liberty [Über die Freiheit]*, London 2002.

Lippman, Walter, *Public Opinion [Die öffentliche Meinung]*, New York 1922.

Locke, John, *Two Treatises of Government [Zwei Abhandlungen über die Regierung]*, Cambridge 1988.

Popper, Karl, *The Open Society and Its Enemies [Die offene Gesellschaft und ihre Feinde]*, London 1966.

Read, Jason, „The Production of Subjectivity:
From Transindividuality to the Commons", in:
New Formations, Nummer 70, Winter 2011,
2010, S. 113–131.

Simondon, Georges, *L'individuation psychique
et collective,* Paris 1989.

Virno, Paolo, *Multitude: Between Innovation
and Negation,* englische Übersetzung von
B. Boringhieri, Los Angeles 2008.

Weber, Max, *Economy and Society
[Wirtschaft und Gesellschaft]*, hrsg. von
Guenther Roth und Claus Wittich,
Berkeley 1968.

Comment la position du soi par rapport à la division des sphères publique et privée a-t-elle changé dans les diverses désignations de la société du vingt-et-unième siècle – la société du contrôle biopolitique, du post-fordisme, la société de l'expérience et du savoir? La question requiert un examen approfondi et ces brèves notes ne feront qu'esquisser un axe de recherche.

Depuis la fin du XIXème siècle qui annonça le déclin de la vie collective politique des citoyens – la crise du public qui avait donné naissance, un siècle auparavant, au problème de la notion même de sphère publique (Lippman, Dewey) – les limites entre le privé et le public s'orientent aujourd'hui de plus en plus vers les intérêts et les préoccupations de l'individu. Alors que le collectivisme, vu comme une passion du socialisme et du totalitarisme, fait l'objet d'un rejet inconditionnel depuis 1989, des formes contemporaines d'individualisme dans les modes de travail et de vie postfordistes restent à déterminer. Au cours des deux siècles qui font sa brève histoire, le terme d'«individualisme» a fait l'objet d'une variété immense, déroutante et controversée de conceptions et de références. A ce jour, trois doctrines distinctes détiennent le pouvoir: l'individualisme *politique*, qui maintient le principe de représentation en tant que rôle du gouvernement dans la protection des intérêts individuels et fonde la citoyenneté sur les valeurs républicaines de vie, de liberté et de propriété; l'individualisme économique, qui rétablit les institutions centrales du capitalisme – la propriété privée, la libre entreprise et le libre-échange, la concurrence du marché – en tant que normes d'efficacité et d'équité assimilées à l'idée de liberté; l'individualisme *méthodologique* qui, en ramenant l'explication des phénomènes sociaux à des actions individuelles et à un choix rationnel, dissimule ses revendications ontologiques. Il ne serait pas difficile, ici, de retracer la généalogie du libéralisme du XVIIème siècle à nos jours (Hobbes, Locke) depuis l'utilitarisme du dix-neuvième siècle (Mills) en passant par l'économie néoclassique et les sciences sociales du vingtième siècle (Hayek, Weber, Popper) pour attribuer un contexte historique à ce qui pourrait être considéré comme une variété néolibérale de l'individualisme d'aujourd'hui qui poursuit avec toujours plus de force le processus de démantèlement des services publics et des institutions étatiques au nom de la créativité, de l'autonomie et d'un développement personnel plus efficace de l'individu.

D'autres exemples viennent s'opposer à la puissante conception universelle de l'individualisme libéral, et l'histoire les a rendus familiers: en premier lieu, la critique marxiste. Plus récemment et dans une perspective biopolitique, une approche hybride est privilégiée, qui vise à dissoudre l'opposition entre l'individu et le collectif dans la notion de «transindividualité». En se basant sur la conception de Simondon d'un processus indéterminé d'individuation, ainsi que sur les théories de la subjectivité de Balibar et de Virno, Jason Read plaide en faveur d'une ontologie sociale qui remplace le concept d'individu en tant qu'abstrait donné par l'individu en tant qu'effet d'un processus d'individuation inévitablement social. Si l'explication de Read peut se révéler utile

pour montrer que les conditions de l'individuation sont pré-individuelles, génériques et partagées collectivement – tout comme le sont les sensations, le langage, les habitudes – le raisonnement philosophique effectué à l'encontre des fondements ontologiques de l'individualisme n'a aucun impact sur son idéologie, qui demeure individualiste. Par conséquent, bien que j'adhère à la perception selon laquelle l'individuation fournit un ensemble de relations plus complexe et plus nuancé entre l'individu et le collectif, le singulier et le pluriel, je ne vais pas reprendre les arguments qui contestent l'individualisme sur des fondements politiques, économiques, éthiques ou épistémologiques. Il existe une abondante littérature à ce sujet et il me serait impossible, ici, de l'égaler. Habité d'un objectif plus modeste, je me dois plutôt de réfléchir à *la façon dont* l'individualisme œuvre aujourd'hui en tant qu'idéologie, car décrire sa fonction pourrait en expliquer le pouvoir de persuasion, c'est-à-dire la raison pour laquelle il persiste de nos jours avec une qualité d'intensité différente. La qualité qui distingue l'individualisme aujourd'hui peut s'attribuer au rôle de la performance du soi dans le souci de soi et dans la façon dont le soi se préoccupe de lui-même, notamment dans l'esthétisation de ses techniques corporelles qui sont transférées de la danse en tant que pratique artistique vers le quotidien. En un mot, l'individualisme est né en tant qu'idéologie, car il est considéré comme ontologique et méthodologique dans le capitalisme postfordiste actuel. Mon propos, ici, serait de le réexaminer en tant qu'idéologie, mais avec un mode de fonctionnement différent, qui soit performatif et esthétique.

De nos jours, ce qui rend généralement l'idéologie difficile à discerner n'est pas ce qu'affirment les libéraux conservateurs – la fin qu'elle est supposée avoir connue avec l'effondrement des régimes de socialisme réel en Europe de l'Est dans les années 90 et la victoire de la démocratie libérale basée sur le capitalisme – mais un changement de son fonctionnement, qui est passé d'une conception althussérienne de l'interpellation à l'incarnation (en anglais, «embodiment»). La danse est particulièrement appropriée pour expliquer ce changement, car elle propose l'idéal esthétique de l'ordre social dans l'organisation des corps et dans leur expression – une partition, pour ainsi dire, qui permet d'interpréter l'idéologie comme un simple rituel, sans croyance ni conscience biaisée. La composante psychosociale de l'incarnation dote la danse d'un pouvoir d'expression persuasif qui, par un processus vitaliste, réifie le soi en tant que corps, dans une expérience physique de subjectivité transcendantale qui supprime les contingences sociales et politiques structurant l'expérience. L'absorption des individus dans des quotidiens d'auto-affection créative montre l'importance du mouvement dansé et des techniques corporelles prélevées dans la danse et introduites dans les pratiques du quotidien, la physiothérapie, l'industrie du divertissement et les médias sociaux.

Contrairement à l'institutionnalisation de la psychanalyse et d'autres variantes de la psychothérapie qui en sont nées tout au long du vingtième siècle, les pratiques corporelles contemporaines sont façonnées comme une autre sorte de «jeux de vérité». Ce terme, hérité de Foucault, désigne le mode d'action qu'un individu exerce sur lui-même et utilise afin de générer sa subjectivité. Relier la connaissance du soi à la sensation et à l'affect corporels apparaît comme une technologie du soi *plus réelle*, plus efficace et plus esthétique, qui correspond parfaitement à l'«idée du bios comme matériau d'une œuvre d'art esthétique» de Foucault. Cependant, la conviction initiale adoptée par Foucault dans les années 80 au sujet de la notion esthétisée de la transformation de soi et de la résistance s'avère problématique dès lors qu'elle est confrontée à la marchandisation spectaculaire et au consumérisme New-Age qui introduit une large variété de techniques de travail corporel dans l'exercice quotidien. Les techniques personnelles basées sur le façonnage de son propre corps ne sont pas confinées à la sphère privée de l'individu en retrait du public, elles sont vérifiées dans la performance, dans le sens d'un «montrer faire» qui constitue le soi par rapport aux autres. Outre les médias sociaux qui abondent en vidéos de danses et de mouvements corporels de toutes sortes, comme un protocole par le biais duquel des individus communiquent et manifestent leur réalisation personnelle dans l'espace virtuel, la populaire émission de télé-réalité «So you think you can dance» associe le spectacle de la virtuosité à une spécialisation flexible et polyvalente dans divers styles et, plus important encore, à une compétition dont les vainqueurs sont des individus choisis par des individus.

Je suggère ici la chose suivante : si nous observons le solo de danse à travers une généalogie globale mais essentiellement euro-américaine, ses principes poétiques proposent des technologies d'individualisation, le culte du personnel, l'expression personnelle, l'auto-affection, la virtuosité, la flexibilité et la créativité, la propriété de soi projective et le concept d'entrepreneur en soi. A ce titre, le *solo de danse* constitue à la fois un mode esthétique et social de production et une expression intense d'ontologie individualiste. La coïncidence du corps qui est à la fois la source, le matériel et l'instrument du mouvement relie le sujet au sens qu'il a de sa propre identité par le biais d'une expérience physique, émotionnelle, spirituelle (etc.). Format le plus riche dans la performance de la danse, examen obligatoire de l'art d'enseigner et élément fétiche de l'œuvre d'un chorégraphe, il s'agit aussi souvent de la marchandise la moins onéreuse qui est commercialisée dans le monde des arts aujourd'hui. Mais c'est, en outre, la forme sous laquelle de nombreux systèmes et techniques corporels sont enseignés et pratiqués au quotidien, donnant une structure idéologique à la pratique quotidienne du souci de soi par le biais de l'incarnation.

Je vais conclure sur la direction que cette recherche pourrait prendre par la suite. Si la perte du public en tant que sphère politique qui est constatée aujourd'hui, ou le «caractère public sans public» (Virno), est en partie due à la préoccupation de l'individu pour son propre bien-être et le fait de bien vivre, le solo de danse pourrait être considéré à la fois comme le schéma d'une forme esthétique d'individualisation et comme une source de techniques corporelles qui peuplent la frontière entre l'art,

la thérapie et le consumérisme. Cela pourrait signifier non pas que la division entre le public et le privé est abolie parce que les expressions indulgentes des individus sur-peuplent la sphère publique, mais que le clivage persiste dans la déconnexion des performances des individus par rapport au public en tant que sphère politique. En outre, cela pourrait signifier que la danse et la performance contemporaines doivent être moins considérées dans le cadre de leur autonomie artistique, et plus comme des instruments destinés à analyser d'un œil critique les tendances individualistes des performances du soi.

Arendt, Hannah (1998). *The Human Condition. [Condition de l'Homme moderne]* Chicago : University of Chicago Press.

Beck, Ulrich and Beck-Gernsheim, Elisabeth (2002). *Individualization: Institutionalized Individualism and its Social and Political Consequences.* Londres : Sage.

Balibar, Etienne (1997). *Spinoza: From Individuality to Transindividuality. [Individualité et transindividualité chez Spinoza]* Rijnsburg : Eburon.

Dewey, John (1999). *Individualism Old and New.* New York : Prometheus Books.

Foucault, Michel (1986). *The History of Sexuality. Volume Three: The Care of the Self*, [Histoire de la Sexualité, Volume trois: Le Souci de soi], traduit du français par Robert Hurley, New York : Pantheon Books.

Hayek, Friedrich Von (1955). *The Counter-Revolution of Science.* New York : Free Press.

Hobbes, Thomas (1949). *De Cive, or the Citizen [Du Citoyen].* New York : Appleton-Century-Crofts.

Mill, John Stuart (2002). *On Liberty [De la Liberté].* Londres : Dover.

Lippman, Walter (1922). *Public Opinion.* New York : MacMillan.

Locke, John (1988). *Two Treatises of Government. [Le Traité du Gouvernement civil]* Cambridge : Cambridge University Press.

Popper, Karl (1966). *The Open Society and Its Enemies [La Société ouverte et ses Ennemis].* Londres : Routledge & Kegan Paul.

Read, Jason (2010). «The Production of Subjectivity : From Transindividuality to the Commons.» *New Formations*, Numéro 70, hiver 2011, p. 113–131.

Simondon, Georges (1989). *L'individuation psychique et collective.* Paris : Aubier

Virno, Paolo (2008). *Multitude: Between Innovation and Negation.* Trad. B. Boringhieri. Los Angeles : Semiotext(e).

Weber, Max (1968). *Economy and Society [Economie et Société]*, ed. Guenther Roth et Claus Wittich, Berkeley : University of California Press.

Given the increasing
regulation of every aspect of
urban life, can public space
still be said to exist?

Kann man angesichts der
zunehmenden Regulierung
des öffentlichen Raums
überhaupt noch von einem
solchen sprechen?

Avec la régulation croissante
de tous les aspects de
l'espace public, peut-on
présumer que celui-ci existe
encore?

Artists

The Palpable Impermanence of Public Space
A Conversation between
Gianni Jetzer and Chris Sharp

CS   If Mouvement I of Le Mouvement could be seen as the initiation of a gesture to at once animate and abandon, so to speak, the tradition of public sculpture, then Mouvement II is the fulfilment of that gesture, in that we have no sculptures here, just human, living bodies carrying out performances. We have sought to reduce public space, and what constitutes it, to its most fundamental components: space and human bodies. Although a highly politically charged subject, we have elected not to approach it in these terms, which is not to say that our exhibition is not political (all art, as everybody knows, is political), but, for instance, Le Mouvement features no activism.

GJ   That's right. Activism has a claim, a narrative, and that's something we wanted to avoid in Le Mouvement. Consequently, we do not reference political movements at all, but relate much more to everyday movements, which are nevertheless constitutional for public life in an almost archaic way. How much can be expressed by physical presence and simple movements? How can you break through the wall of normative behaviour and bring in a type of body language that works differently? Those were questions at the very beginning of our research.
        The passerby is a typical example of a passive use of public space. As the name indicates, he or she only passes by. There is an ongoing trajectory that leads the person through and out of public space, which results, more importantly, in a lack of interest in using this space in any other way than as a zone of transit. Most active and passive movements in public space are highly codified and easy to decipher: passing by, shopping, jogging, hanging out, waiting. There is very little room for non-codified or unscripted movement.

CS   Indeed, our eschewal of activism has as much to do with the repudiation of narrative as with the repudiation of instrumentalisation. Our reluctance to instrumentalise is foundational and manifold, going back to our initial renunciation of public sculpture by virtue of its tendency to use and determine the meaning of public space. That being said, a distinction should be made here: while we and our exhibition take no pains to conceal our general uneasiness with public sculpture, we do not necessarily feel the same way, generally speaking, about activism— only within the context of this exhibition.
        For—to apparently contradict myself—despite our criticism of the tradition of sculpture in public space, we are still interested in investigating some of its essential elements, if not in maintaining these: material, volume, and plasticity, but this time, in the form of the human body, and how that plasticity might reciprocally extend to and create the plasticity of public space itself, thereby disclosing, stretching, putting pressure on and ultimately unsettling the codifications mentioned above.
        This plasticity is also one of the reasons we discouraged the use of costumes in Le Mouvement as much as possible: to prevent those bodies from becoming not only the instruments of a given narrative, but also extraordinary (as opposed to ordinary) through spectacle, and as such, removed from the everyday.

GJ   The inhabitants of Biel, the art public and the passersby share the same ground with the performers of Le Mouvement—they are all on the same level. It might even be difficult in some cases to distinguish performers from non-performers; the whole city eventually comes under suspicion for six full days. Which movements are genuine and by contrast which ones are rehearsed? This insecurity leads to an increased awareness of the people around you. Accordingly we decided not to announce individual performances with a precise date and time in order to avoid a situation of spectacle. There is a very thin line between making something happen and getting into this show-time mode of triggering clichés and déjà-vu, leading people to spontaneously applaud the performer. That would be the worst-case scenario for me.

The performances in Le Mouvement have a phantom-like quality. They only emerge temporarily through the presence of the performer's body. In some cases they are hardly perceptible at all, for example in the performances of Köppl/ Začek, Prinz Gholam, Jérôme Leuba, and San Keller. Our decision to invite artists to intervene in public space, instead of furbishing it with art objects gave rise to a lot of controversial discussions. San Keller reproached us for adding more rules and regulations to public space in defence of our concise curatorial concept. Working in the streets triggers questions regarding the context of production and consequently a discourse of power. We are not dealing with things here; we are dealing with legal persons.

CS   And yet the parameters we set forth are very basic, discouraging but never outright forbidding costumes and the use of props—with the basic intention of emphasizing and focusing upon the everyday, pedestrian body as opposed to the spectacular or theatrical body. Additionally, it should be stated that if we did not forbid these things, it was because, in most cases, we did not need to, as most of the artists' practices intrinsically lent themselves to such a structure.

Having said all that, we are indeed dealing with legal persons and not things. Unless someone moves them, things have a tendency to remain where you put them. People do not. In accordance with the very nature of public space, they are unstable, moving, continually in-flux, ultimately (and ideally) as indomitable as they are dynamic, or even still. This is an essential feature of their materiality, or the materiality of the body—a materiality that naturally and inevitably extends to public space itself. I would argue that it is precisely for this reason that, contrary to what one might expect, public space is not a noun—not a stable, static, fixed thing—but rather a verb, wholly and entirely contingent upon the corporeal whims, the singular and collective ebbs and flows of the human anatomies that inhabit it.

GJ   The term "public space" is ultimately very slippery, maybe an almost utopian entity, which has never been fully achieved, but which nowadays seems further than ever before from the current political reality. We consciously avoid the term in the title or subtitle of Le Mouvement and use "city" instead. Although "city" stems from the word "*civis*", which means citizen in Latin, it is today commonly used in an almost utilitarian way with very limited social connotations. "City" is probably the most successful term to describe urban communities at the beginning of the 21st century. It reflects a strong administrative grip and managerial approach. As a consequence the term "city marketing" has been incredibly popular. On the web-page of Biel/Bienne we are listed as top event in the *Leisure* category. It will be interesting to see the clash between the city administration's expectations re-garding the entertainment value of Le Mouvement and its complete lack of narrative and representation.

To come back to the etymology of the city: the individual citizen is no doubt the main protagonist of Le Mouvement. Basically, we are asking him or her to commit, to achieve a temporary identification with the other by turning the pave-ment into a social place. These encounters could constitute Le Mouvement as something comparable to what ideally constitutes public space in theory.

CS   I think you're right to point out that what we are dealing with, like all political
systems, is more of an ideal than an actual, practical reality. There is one image
that keeps coming back to me from Rosalyn Deutsche's text, "Agoraphobia" it is
when she quotes the radical, democratic, agonistic French philosopher Claude
Lefort's characterization of democracy as an image of "empty space" (in so far as,
in order to remain democratic, it must never, be permanently occupied by a given
ideology). For me, this image is quite crucial to Le Mouvement. It is not that we are
trying to fabricate some kind of perfect representation of (agonistic) democracy,
but that rather we are trying to embody the essence of public space—and when I say
"embody" public space, I mean to literally incarnate it by way of its most fundamental constitutive elements: the human body.
        Lefort's emptiness is not only intrinsic to public space, but to the body
itself—although it would perhaps be more accurate to speak in terms of absence
or even better, withdrawal. I am thinking in particular of André Lepecki's justly
celebrated essay, "Inscribing Dance", in which he re-evaluates the historically negative estimation of the self-erasing nature of movement in dance, valorizing it
less as a handicap to be mourned than a quality intrinsic to and uniquely constitutive of its ontology. Thus when I say that we are trying to *embody* the essence
of public space, I mean this in all its paradoxical splendour: to at once fill it up and
empty it out. Or in other words, to populate it with bodies and their specific
movements as much as with the emptiness and absence that inevitably succeed
them, like shadows, and which, by the same token, ensure their ontological ve-
racity—their wholesome tendency toward disappearance and vacancy—as much as
the mythical dearth of shadows and reflections betray the supernatural status
of the undead. Just like the contents of public space, it is the palpable impermanence of the human body that guarantees it its humanity.

Die spürbare Unbeständigkeit des öffentlichen Raums
Ein Gespräch zwischen Gianni Jetzer und Chris Sharp

CS   Wenn man Mouvement I als Beginn einer Geste betrachtet, mit der die Tradition der öffentlichen Skulptur gleichzeitig sozusagen mit Leben erfüllt und aufgegeben wird, so ist Mouvement II die Ausführung dieser Geste, da wir es hier nicht mit Skulpturen zu tun haben, sondern mit lebendigen menschlichen Körpern, die Performances ausführen. Wir haben uns bemüht, den öffentlichen Raum und das, was ihn ausmacht, auf seine wesentlichsten Bestandteile zu reduzieren: Raum und menschliche Körper. Obwohl dies ein politisch hochbrisantes Thema ist, haben wir beschlossen, es nicht als solches anzugehen, was nicht bedeutet, dass unsere Ausstellung nicht politisch wäre (jegliche Kunst ist politisch, wie jeder weiss), nur zeigen wir in Le Mouvement beispielsweise keinen Aktivismus.

GJ   Das ist richtig. Aktivismus hat einen Anspruch, eine Erzählung, und das ist es, was wir in Le Mouvement vermeiden wollten. Folglich nehmen wir gar keinen Bezug auf politische Bewegungen, sondern stellen vielmehr eine Verbindung zu alltäglichen Bewegungen her, die dennoch auf beinahe archaische Weise für das öffentliche Leben wichtig sind. Wie viel lässt sich durch physische Präsenz und einfache Bewegungen ausdrücken? Wie kann man die Mauer des normativen Verhaltens durchbrechen und eine Art Körpersprache hineinbringen, die anders funktioniert? Derlei Fragen standen ganz am Anfang unserer Erkundung.

    Der Passant ist ein typisches Beispiel für die passive Nutzung des öffentlichen Raums. Wie der Name schon sagt, geht er oder sie nur vorbei. Es gibt einen fortlaufenden Weg, der die Person durch den öffentlichen Raum und wieder hinausführt und der zur Folge hat, dass, was noch wichtiger ist, kein Interesse daran besteht, diesen Raum auf irgendeine andere Weise als in seiner Eigenschaft als Transitbereich zu nutzen. Die meisten aktiven und passiven Bewegungen im öffentlichen Raum sind hochgradig kodifiziert und einfach zu entschlüsseln: Vorbeigehen, Einkaufen, Joggen, Rumhängen, Warten. Es gibt sehr wenig Raum für nicht kodifizierte oder spontane Bewegung.

CS   Genau. Unser Verzicht auf Aktivismus resultiert sowohl aus der Ablehnung einer Erzählung als auch aus der Ablehnung von Instrumentalisierung. Unsere Abneigung gegenüber Instrumentalisierung ist grundlegend und vielfältig und geht zurück auf unseren anfänglichen Verzicht auf öffentliche Skulptur, weil diese dazu neigt, die Bedeutung des öffentlichen Raums zu benutzen und zu bestimmen. Gleichwohl muss man hier unterscheiden: Obgleich wir und unsere Ausstellung nicht darauf abzielen, unser generelles Unbehagen gegenüber der öffentlichen Skulptur zu verbergen, empfinden wir, allgemein gesprochen, nicht notwendigerweise das Gleiche im Bezug auf Aktivismus – nur im Rahmen dieser Ausstellung.

    Denn – auch wenn ich mir damit scheinbar widerspreche – trotz unserer Kritik an der Tradition von Skulptur im öffentlichen Raum sind wir noch immer daran interessiert, einige ihrer wesentlichen Elemente – Material, Volumen und Plastizität – wenn nicht aufrechtzuerhalten, so doch zu untersuchen, diesmal jedoch in Form des menschlichen Körpers, und wie sich diese Plastizität möglicherweise reziprok zur Plastizität des öffentlichen Raums auswächst und diese selbst erschafft, wobei sie die zuvor genannten Kodifizierungen aufdeckt, ausdehnt, unter Druck setzt und schliesslich destabilisiert.

    Diese Plastizität ist auch einer der Gründe dafür, dass wir in Le Mouvement den Rückgriff auf Gewohnheiten weitestgehend zu unterbinden versuchten: um nämlich zu verhindern, dass diese Körper nicht nur zu Instrumenten einer vorgegebenen Geschichte, sondern durch das Schauspiel auch aussergewöhnlich (im Gegensatz zu gewöhnlich) und damit dem Alltag entrückt werden.

GJ   Die Einwohner von Biel, das Kunstpublikum und die Passanten teilen sich
mit den Darstellern von Le Mouvement ein gemeinsames Terrain – sie befinden
sich alle auf derselben Ebene. In manchen Fällen wird es vielleicht sogar schwierig
sein, zwischen Darstellern und Nicht-Darstellern zu unterscheiden, so dass die
ganze Stadt letztlich sechs Tage lang unter Verdacht steht. Welche Bewegungen
sind echt, welche hingegen einstudiert? Diese Ungewissheit führt zu einer er-
höhten Aufmerksamkeit der Menschen um einen herum. Wir haben daher beschlossen, keine Einzelperformances mit genauem Datum und genauer Zeit anzu-
kündigen, um eine Situation wie im Theater zu vermeiden. Es ist nur ein sehr
schmaler Grad, auf dem man etwas initiieren kann, ohne dabei in den Show-
Time-Modus zu verfallen und Klischees und Déjà-vu-Erlebnisse auszulösen, so
dass die Menschen dem Darsteller spontan Beifall spenden. Das wäre für mich
das schlimmste Szenario.
        Die Performances von Le Mouvement haben eine phantomartige Qualität.
Sie entstehen nur zeitweilig durch die physische Präsenz des Darstellers.
In einigen Fällen sind sie überhaupt nur schwer auszumachen wie zum Beispiel in
den Performances von Köppl/Začek, Prinz Gholam, Jérôme Leuba und San Keller.
Mit unserer Entscheidung, Künstler dazu aufzufordern, im öffentlichen Raum zu
intervenieren, statt diesen mit Kunstobjekten aufzupolieren, lösten wir eine Vielzahl kontroverser Diskussionen aus. San Keller warf uns vor, zum Schutze unseres
konzisen kuratorischen Konzepts dem öffentlichen Raum nur noch mehr Regeln
und Vorschriften aufzuzwingen. Auf der Strasse zu arbeiten löst Fragen zum Kontext einer Produktion und in der Folge einen Diskurs über Macht aus. Wir haben es
nicht mit Dingen, sondern mit juristischen Personen zu tun.

CS   Und dennoch sind die Parameter, die wir aufstellen, sehr einfach. Sie raten
von Gewohnheiten und dem Einsatz von Requisiten ab, verbieten diese jedoch
nie vollständig – und dies in der grundlegenden Absicht, den alltäglichen Körper
des Fussgängers im Gegensatz zum aufsehenerregenden oder theatralischen
Körper hervorzuheben und in den Blick zu nehmen. Ausserdem sollte erwähnt
werden, dass wir diese Dinge deshalb nicht verboten haben, weil es in den
meisten Fällen gar nicht nötig war, denn die meisten Künstlerpraktiken boten sich
im Grunde genommen für solch eine Struktur an.
        Somit haben wir es tatsächlich mit juristischen Personen und nicht mit
Dingen zu tun. Dinge bleiben, sofern sie nicht von anderen Menschen versetzt
werden, in aller Regel dort, wo man sie hinstellt. Menschen nicht. Sie sind
gemäss der eigentlichen Natur des öffentlichen Ortes instabil, beweglich und in
stetigem Wandel und letzten Endes (idealerweise) ebenso unbezwingbar wie
dynamisch oder eben regungslos. Das ist eine wesentliche Eigenschaft ihrer Materialität oder der Materialität des Körpers – einer Materialität, die sich natürlich
und unabdingbar auf den öffentlichen Raum selbst ausdehnt. Aus eben diesem
Grund und entgegen dem, was man möglicherweise erwartet, ist der öffentliche Raum meines Erachtens nach nicht ein Nomen – kein stabiles, statisches,
fixiertes Ding – sondern vielmehr ein Verb, das ganz und gar von den körperlichen Launen, den einzelnen und kollektiven Schwankungen der menschlichen
Anatomien, die ihn bevölkern, abhängig ist.

GJ   Die Bezeichnung „öffentlicher Raum" ist im Grunde sehr schwer zu fassen
und vielleicht eine beinahe utopische Grösse, die niemals vollständig erreicht
wurde, doch die heutzutage weiter denn je von der aktuellen politischen Realität
entfernt zu sein scheint. Im Titel oder Untertitel von Le Mouvement vermeiden

wir bewusst diesen Begriff und verwenden statt dessen „City". Obwohl „City" von
dem Wort „civis" abstammt, was auf Latein „Bürger" bedeutet, wird es heute
üblicherweise beinahe zweckmässig mit sehr begrenzter sozialer Konnotation verwendet. Mit dem Begriff „City" lassen sich wahrscheinlich am besten die
städtischen Gemeinschaften zu Beginn des 21. Jahrhunderts beschreiben. In ihm
kommen ein starker administrativer Zugriff und ein unternehmerischer Ansatz
zum Ausdruck. Folglich hat sich der Begriff „City marketing" unglaublich verbreitet.
Auf der Website von Biel / Bienne erscheinen wir als „Top-Event" in der Rubrik
Freizeit. Es wird interessant sein zu beobachten, wie die Erwartungen der Stadt-
verwaltung hinsichtlich des Unterhaltungswerts von Le Mouvement und das
Fehlen von Erzählung und theatralischer Darstellung aufeinander prallen.

      Um noch einmal auf die Etymologie von „City" zurückzukommen: Der einzel-
ne Bürger ist in Le Mouvement der wichtigste Protagonist. Im Grunde bitten wir
ihn oder sie, sich einzubringen, sich zeitweilig mit dem anderen zu identifizieren,
indem er oder sie den Gehweg in einen sozialen Ort verwandelt. Diese Begegnungen
könnten Le Mouvement zu etwas machen, das vergleichbar ist mit dem, was in
der Theorie idealerweise den öffentlichen Raum ausmacht.

CS   Ich glaube, Du weist zu Recht darauf hin, dass das, womit wir es zu tun haben,
wie alle politischen Systeme eher ein Ideal als eine tatsächliche konkrete
Realität ist. So wie ein Bild in Rosalyn Deutsches Text „Agoraphobia", das mir
immer wieder in den Sinn kommt, wo sie den radikalen, demokratischen,
agonistischen französischen Philosophen Claude Lefort zitiert, der die Demokratie
als Abbild eines „offenen Raumes" charakterisiert (insofern als er, um demokratisch zu bleiben, niemals dauerhaft von einer bestimmten Ideologie okkupiert
werden darf). Für mich ist dieses Bild ganz entscheidend für Le Mouvement.
Nicht dass wir versuchen würden, eine Art perfekter Darstellung von (agonistischer)
Demokratie zu schaffen, wir versuchen vielmehr, dem Wesen des öffentlichen
Raums konkrete Form zu geben – und wenn ich sage, dem öffentlichen Raum „eine
konkrete Form geben", dann meine ich damit, ihm sprichwörtlich mit Hilfe
seiner fundamentalsten Bestandteile Gestalt zu verleihen: dem menschlichen Körper.
      Leforts Leere ist nicht nur dem öffentlichen Ort, sondern dem Körper
selbst immanent – obwohl es vielleicht treffender wäre, von Fehlen oder noch
besser von Wegnahme zu sprechen. Ich denke da im Besonderen an André
Lepeckis zu Recht gefeierten Essay „Inscribing Dance", in dem er die historisch
negative Einschätzung der selbstauslöschenden Natur von Bewegung im Tanz
neu evaluiert und sie weniger als bedauerliches Hindernis bewertet, als vielmehr
als intrinsische und einzigartige konstitutive Qualität ihrer Ontologie. Wenn ich
daher sage, dass wir versuchen dem Wesen des öffentlichen Raums *eine konkrete
Form zu geben,* so meine ich das in all seinem paradoxen Glanz: um ihn gleichzeitig anzufüllen und zu entleeren. Oder anders gesagt, um ihn ebenso mit Körpern
und deren spezifischen Bewegungen zu bevölkern wie mit der Leere und
Abwesenheit, die ihnen zwingend folgen, wie Schatten, und die zugleich ihre
ontologische Wahrhaftigkeit garantieren – ihre gesunde Neigung zum Ver-
schwinden und zur Leere – so wie der mythische Tod der Schatten und Spiegelun-
gen den übernatürlichen Status der Untoten verrät. So wie der Inhalt des
öffentlichen Raumes ist es die spürbare Unbeständigkeit des menschlichen Körpers,
die dessen Menschlichkeit garantiert.

La fugacité palpable de l'espace public
Conversation entre
Gianni Jetzer et Chris Sharp

CS   Si Mouvement I peut être considéré comme l'amorce d'un geste destiné
à animer et abandonner en même temps, pour ainsi dire, la tradition de la sculpture
publique, alors Mouvement II constitue l'accomplissement de ce geste, car nous
n'avons ici aucune sculpture, mais juste des corps humains et vivants qui exécutent
des performances. Nous avons voulu réduire l'espace public et ce qui le constitue
à ses éléments les plus fondamentaux : l'espace et les corps humains. Bien qu'il
s'agisse d'un sujet à forte teneur politique, nous avons choisi de ne pas l'appréhender
en tant que tel, ce qui ne veut pas dire que notre exposition n'est pas politique
(tout art, comme chacun le sait, est politique) mais, par exemple, Le Mouvement
ne se caractérise pas par l'activisme.

GJ   C'est exact. L'activisme comporte une revendication, un récit, et c'est ce
que nous voulions éviter dans Le Mouvement. Par conséquent, nous ne nous
référons à aucun mouvement politique, mais bien plus aux mouvements quotidiens,
qui sont néanmoins constitutionnels pour la vie publique, dans un sens quasiment archaïque. Quelle est la puissance d'expression d'une présence physique et
de simples mouvements ? Comment peut-on briser le mur du comportement
normalisé et apporter un type de langage corporel qui fonctionne différemment ?
Ces questions ont accompagné le tout début de nos recherches.
        Le passant est un exemple typique de l'usage passif de l'espace public.
Comme son nom l'indique, il ne fait que passer. Une trajectoire continue guide la
personne à travers et hors de l'espace public, ce qui explique surtout que l'on
songe peu à utiliser cet espace autrement que comme une zone de transit. La plupart des mouvements actifs et passifs dans l'espace public sont extrêmement
codifiés et faciles à déchiffrer : passer, faire du shopping, faire du jogging, se donner
rendez-vous, attendre. Il y a très peu de place pour le mouvement non codifié
ou improvisé.

CS   En effet, notre désir d'éviter l'activisme est lié au rejet du récit autant que de
l'instrumentalisation. Notre réticence à instrumentaliser est fondamentale et
multiple, elle remonte à notre renoncement initial à la sculpture publique du fait
de sa tendance à utiliser et à déterminer la signification de l'espace public.
Ceci dit, il convient d'effectuer une distinction à cet endroit : si nous et notre exposition ne dissimulons guère le malaise global que nous inspire la sculpture
publique, notre position n'est pas nécessairement la même, en général, en ce
qui concerne l'activisme − seulement dans le cadre de cette exposition.
        Car − pour sembler me contredire moi-même − en dépit de notre critique
de la tradition de la sculpture dans l'espace public, il importe toujours, sinon
de maintenir, en tous cas d'en analyser certains des éléments essentiels : la matière,
le volume et la plasticité, mais cette fois sous la forme du corps humain, ainsi que
la façon dont cette plasticité peut s'étendre réciproquement à la plasticité de
l'espace public et la créer, ce qui aurait pour effet de révéler et d'assouplir ces
codifications, de les mettre sous pression et, pour finir, de les déstabiliser.
        Cette plasticité est en outre l'une des raisons pour lesquelles nous avons
déconseillé autant que possible l'usage de costumes dans Le Mouvement :
pour empêcher ces corps de devenir non seulement les instruments d'un récit
donné, mais aussi d'un extraordinaire (en opposition à l'ordinaire) par le biais
du spectacle, qui les exclurait en tant que tels du quotidien.

GJ   Les habitants de Bienne, le public d'art et le passant partagent le même
terrain que les performeurs dans Le Mouvement − ils sont tous au même niveau.

Il pourrait même être difficile, dans certains cas, de distinguer les performeurs des
non performeurs, la ville tout entière finit par faire l'objet de soupçons durant
six jours. Quels mouvements sont authentiques et, en revanche, lesquels ont été
répétés? Cette insécurité mène à une prise de conscience accrue des gens autour de soi. Nous avons donc décidé de ne pas annoncer la date et l'horaire précis
de chaque performance, afin d'éviter la situation d'un spectacle. Il est difficile
de réaliser quelque chose sans tomber dans ce mécanisme guidé par un horaire de
début de spectacle, qui amène des clichés et du déjà-vu et conduit les gens à
applaudir le performeur spontanément. Pour moi, il ne pourrait rien arriver de pire.

     Les performances dans Le Mouvement ont un côté fantomatique. Elles
ne font qu'émerger temporairement par le biais de la présence du corps du performeur. Dans certains cas, elles sont à peine perceptibles, comme par exemple
dans les performances de Köppl/Začek, Prinz Gholam, Jérôme Leuba et San Keller.
Notre décision d'inviter des artistes à intervenir dans l'espace public, au lieu
de le moderniser à coups d'objets d'art, a provoqué de nombreuses controverses.
San Keller a émis le reproche selon lequel nous allions, pour défendre notre
bref concept de commissaires, ajouter encore plus de règles et de règlementations
à l'espace public. Travailler dans la rue soulève des questions sur le contexte de
production et génère par conséquent un discours de pouvoir. Nous ne sommes pas,
ici, face à des choses, mais face à des personnes morales.

CS   Et pourtant, les paramètres que nous présentons sont très rudimentaires,
ils déconseillent l'usage de costumes et d'accessoires mais ne les interdisent pas
complètement – et ce dans l'intention de souligner et de se concentrer sur le
corps piétonnier quotidien, en opposition au corps spectaculaire ou théâtral. En
outre, il convient de préciser que, si nous n'avons pas interdit ces éléments,
c'est parce que, dans la plupart des cas, ce n'était pas nécessaire, car la plupart
des pratiques des artistes se prêtaient intrinsèquement à une telle structure.

     Cela dit, nous avons effectivement affaire à des personnes morales et non
à des choses. A moins qu'elles ne soient déplacées par d'autres personnes, les
choses ont tendance à rester là où elles ont été mises. Pas les personnes. Conformément à la nature même de l'espace public, elles sont instables, en mouvement,
en évolution continuelle, finalement (et idéalement) aussi indomptables que
dynamiques, ou même immobiles. Ceci est une caractéristique essentielle de leur
matérialité, ou de la matérialité du corps, une matérialité qui s'étend naturelle-
ment et inévitablement à l'espace public lui-même. C'est précisément pour cette
raison que, contrairement à quoi l'on pourrait s'attendre, l'espace public, à mon
avis, n'est pas un nom, ni une chose fixée, statique et stable, mais plutôt un verbe,
une contingence pleine et entière des caprices du corps, des fluctuations individuelles et collectives des anatomies humaines qui l'habitent.

GJ   Le terme d'«espace public» est finalement très fuyant et constitue peut-être
une entité presqu'utopique qui n'a jamais été entièrement atteinte mais semble,
de nos jours, plus éloignée que jamais de la réalité politique actuelle. Nous
l'évitons délibérément dans le titre ou le sous-titre de l'exposition Le Mouvement
et utilisons «city» («ville») à la place. Bien que le mot «city» provienne du mot
civis, qui signifie citoyen en latin, il est communément utilisé de nos jours d'une
façon quasiment utilitaire, et les connotations sociales en sont très limitées.
Le terme de «city» est certainement le plus approprié pour décrire en anglais les
communautés urbaines du début du XXIème siècle. Il reflète une puissante
approche administrative et gestionnaire. En conséquence, le terme de «city mar-

keting» («marketing de ville») est devenu incroyablement populaire. Nous figurons comme manifestation de premier ordre sur la page web de Bienne dans la catégorie *Loisirs*. Il sera intéressant d'observer le conflit entre les attentes de l'administration municipale au sujet de la valeur de divertissement proposée par Le Mouvement et le manque de récit et de représentation de celui-ci.

Pour revenir à l'étymologie de la «city»: le citoyen individuel est, sans aucun doute, le protagoniste principal dans Le Mouvement. Nous lui demandons essentiellement de s'engager, d'accomplir une identification temporaire avec l'autre en faisant du trottoir un lieu social. Ces rencontres pourraient faire de l'exposition Le Mouvement quelque chose de comparable à ce qui constitue idéalement l'espace public en théorie.

CS   Je pense que tu as raison de souligner que ce à quoi nous avons affaire tient plus, comme tous les systèmes politiques, d'un idéal que d'une réalité pratique et authentique. Tout comme il est une image du texte «Agoraphobia» de Rosalyn Deutsche qui ne cesse de me revenir en mémoire, lorsqu'elle cite le philosophe français agoniste, démocratique et radical Claude Lefort; ce dernier caractérise la démocratie comme l'image d'un «espace vide» (dans la mesure où, pour demeurer démocratique, il ne doit jamais être occupé de façon permanente par une idéologie donnée). Pour moi, cette image est d'une importance cruciale pour Le Mouvement. Cela ne signifie pas que nous tentions de fabriquer une sorte de représentation parfaite de la démocratie (agoniste), mais plutôt que nous essayons d'incarner l'essence de l'espace public – et quand je dis «incarner» l'espace public, je parle de l'incarner littéralement, par le biais de ses éléments constitutifs les plus fondamentaux: le corps humain.

Le vide de Lefort n'est pas seulement intrinsèque à l'espace public, mais au corps lui-même – bien qu'il soit peut-être plus exact de parler en termes d'absence ou, mieux encore, de retrait. Je songe en particulier à l'essai, célébré à juste titre, d'André Lepecki, «Inscribing Dance», dans lequel il reconsidère l'évaluation historiquement négative de la nature auto-effaçable du mouvement dans la danse et la conçoit moins comme un handicap à déplorer que comme une qualité intrinsèque et exclusivement constitutive de son ontologie. Ainsi, lorsque je dis que nous tentons d'*incarner* l'essence de l'espace public, c'est dans toute sa splendeur paradoxale: pour la remplir et la vider en même temps. Ou dans d'autres termes, pour la peupler de corps et de leurs mouvements spécifiques tout autant que du vide et de l'absence qui leur succèdent inévitablement, comme des ombres, et qui, du même coup, garantissent leur véracité ontologique – leur saine tendance à disparaître et à être vacants – tout comme la mort mythique des ombres et des reflets trahit le statut surnaturel des morts-vivants. Tout comme les contenus de l'espace public, c'est la fugacité palpable du corps humain qui en garantit l'humanité.

luciana achugar

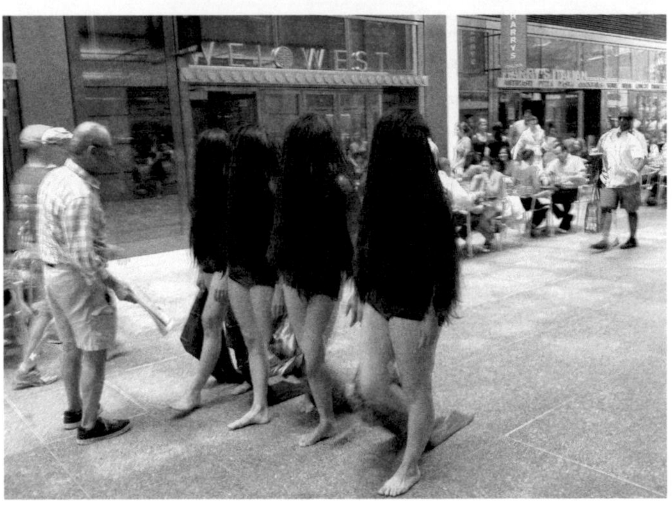

Die in Uruguay geborene, heute in New York lebende Choreografin luciana achugar (geb. 1970) setzt sich mit Fragen auseinander wie: Was bedeutet es, im eigenen Körper zu sein? Was ist ein Körper? Und welche Regeln schreiben in der westlichen Gesellschaft vor, was man mit diesem Körper tun darf und was nicht? Ihre Werke – sinnlich, todernst und humorvoll zugleich – erforschen die Grenzen dessen, was der Körper leisten kann. So stellt *FEELingpleasuresatisfactioncelebrationholyFORM* (2012) vier nackte Frauen mit zottigen schwarzen Perücken vor die Aufgabe, sich Jeans anzuziehen, ohne die Hände zu benutzen. Die Choreografie ihrer vereinten Anstrengungen – sie wackeln mit den Zehen, schütteln die Beine, lassen die Hüften kreisen – führt uns ein erfrischendes Bild der Möglichkeiten und Grenzen des Körpers vor Augen.

Das ebenso erotische wie witzige Werk kann als adäquater wenn auch verblüffender Vorgänger von *The Pleasure Project* (2014) gelten, das achugar im Rahmen von Le Mouvement zeigt: Termin und Ort einer Tanzvorführung sind festgelegt, doch zum gegebenen Zeitpunkt geschieht zunächst nichts. Erst nach einiger Zeit beginnen sich die im Publikum verteilten Tänzer bemerkbar zu machen, indem sie beispielsweise gegen architektonische Elemente und Zuschauer stossen. achugars Projekt setzt die höflich-kultivierte Haltung des aufmerksamen Publikums einer harten Belastungsprobe aus und legt es bewusst darauf an, die ungeschriebenen Gesetze des Verhaltens im öffentlichen Raum zu durchkreuzen und aufzubrechen.

La pratique de luciana achugar (née en 1970), originaire d'Uruguay et vivant à New York, s'organise autour de ce que signifie être dans un corps, ce qu'est un corps, et quelles sont les normes socialement acceptables (ou inacceptables) qui gouvernent le corps dans la société occidentale. Intensément sensuelle, terriblement sérieuse et pleine d'humour, son œuvre est aussi connue pour explorer les limites de ce dont le corps est capable.

Ainsi, *FEELingpleasuresatisfactioncelebrationholyFORM* (2012) présente quatre femmes nues coiffées d'immenses perruques noires, unies chorégraphiquement par le défi d'enfiler une paire de jeans sans recourir à leurs mains. Les moyens qu'elles en viennent à utiliser, mouvements des orteils, secousses des jambes, torsion des hanches, engendrent une conscience rafraîchissante des contours et capacités de leurs corps.

Étrangement érotique autant qu'amusante, l'œuvre apparaît comme un précurseur approprié, quoique légèrement étrange, de la contribution de l'artiste pour Le Mouvement, qui s'intitule *The Pleasure Project* (2014). Travaillant avec un groupe de danseurs, luciana achugar programme un temps et un lieu pour la performance. Cependant, au moment prévu, rien, apparemment, ne se passe. Après quelques instants toutefois, les danseurs, qui sont dissimulés dans le public, commencent à faire sentir leur présence performatrice en s'engageant dans des activités qui consistent à se frotter contre des bâtiments, mais aussi contre d'autres spectateurs. Mettant sous pression la position polie et civilisée de ceux qui écoutent et observent, l'œuvre de luciana achugar vise ostensiblement à déciviliser et perturber les lois qui, de manière implicite, gouvernent l'espace public.

The practice of the Uruguayan born, New York-based choreographer luciana achugar (b. 1970) revolves around what it means to be in one's body, what the body is, and the question of what socially acceptable norms (and notions of unacceptable behavior) govern it within Western society. Intensely sensual, deadly serious, and full of humor, her work is also known for its explorations of the limits of the body's capacities. achugar's *FEELingpleasuresatisfactioncelebrationholyFORM* (2012) consists of four nude women in oversized black wigs united by the choreographic challenge of putting on jeans without using their hands. The measures they go to, such as wiggling their toes, shaking their legs, and gyrating their hips, engender a refreshing awareness of the body's contours and capacities. Strangely erotic and funny too, this work functions as an appropriate, if slightly improbable precursor to the artist's contribution to Le Mouvement, entitled *The Pleasure Project* (2014). Working with a group of dancers, achugar schedules a time and place for the performance to take place. Nothing seems to happen at the appointed time. But after a few moments, the dancers, who are planted in the audience, begin to make their performative presence felt by engaging in such activities as rubbing up against buildings and members of the audience. Putting pressure on the polite and civilized distance from which the audience looks on, achugar's work has the specific aim of disrupting the unwritten laws that govern public space.

Alexandra Bachzetsis

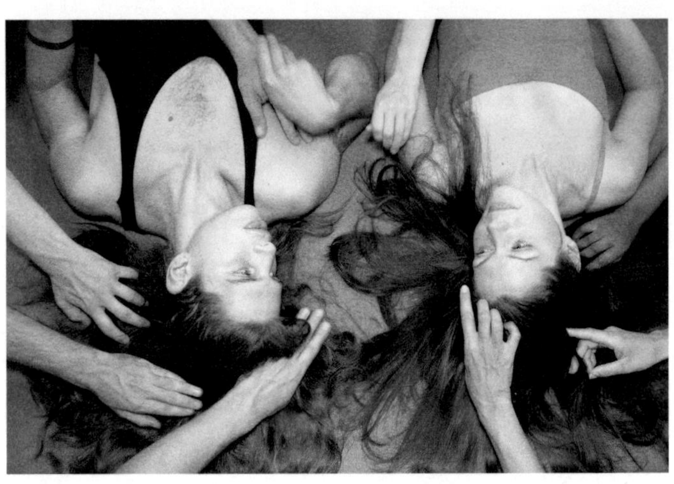

Die Schweizer Künstlerin, Performerin und Choreografin Alexandra Bachzetsis (geb. 1974) untersucht in ihrer Arbeit extreme Formen von Bewegung. Sie interessiert sich besonders für Genres, die spezifischen Codes folgen wie etwa Pole Dance, Tecktonik, Clubbing, Voguing, R&B oder Stepptanz. Eine weitere Konstante im Werk von Alexandra Bachzetsis ist die Untersuchung weiblicher Stereotypen in Popkultur und Showbusiness. Auch profane Bewegungen aus verschiedenen Kulturen finden Eingang in ihre Stücke. Bachzetsis arbeitet sowohl im Kunstraum als auch auf der Bühne, daher realisiert sie ihre Arbeiten oft in zwei Versionen.

Die im Rahmen von Le Mouvement präsentierte Performance *Undressed* (2005/2014) ist einzigartig für das Werk dieser Künstlerin: sie baut auf die Partizipation des Publikums und schafft dafür eigens ein Event. Nach der Vernissage stösst man im Hinterhof auf eine Bar mit Musik. Das Angebot zur Party wird gerne genutzt. Nach und nach entpuppen sich Eigentümlichkeiten im Verhalten mancher „Gäste". Ein kurioser Tauschhandel verbreitet sich weitgehend unbemerkt, als ob er ein natürliches Verhalten darstellte.

Bachzetsis appropriiert in *Undressed* das Ritual des Partymachens, um es im nächsten Schritt als Vehikel für eine Guerilla-Performance zu nutzen. Durch ambivalente Situationen, die für das Publikum zwar schwer zu deuten, aber dafür umso einfacher nachzuahmen sind, entsteht eine erhöhte Form der Wahrnehmung. Die Trennung zwischen Performer und Publikum wird obsolet.

L'artiste, performeuse et chorégraphe suisse Alexandra Bachzetsis (née en 1974) explore dans son travail les formes extrêmes du mouvement. Elle s'intéresse particulièrement au concept de genre en suivant des codes spécifiques tels que la pole dance, la tectonik, le clubbing, le vogueing, le R&B, ou les claquettes. Une autre constante dans le travail d'Alexandra Bachzetsis est l'étude des stéréotypes féminins dans la culture pop et l'industrie du spectacle. Même les mouvements profanes de différentes cultures trouvent leur place dans ses performances. Elle intervient aussi bien dans des salles de spectacle que dans des lieux d'exposition : ses œuvres sont souvent réalisées en deux versions.

La performance *Undressed* (2005/2014), programmée dans le cadre de Le Mouvement, est unique dans l'œuvre d'Alexandra Bachzetsis : elle s'appuie sur la participation du public et cela crée un événement ; après le vernissage, on se retrouve dans la cour face à un bar avec de la musique. C'est une invitation à la fête couramment utilisée. Peu à peu se révèlent des particularités dans le comportement de certains «invités». Un curieux échange se répand alors de façon imperceptible comme s'il s'agissait d'un comportement naturel.

Bachzetsis s'approprie dans *Undressed* le rituel de la fête, elle l'utilise dans l'étape suivante comme un véhicule pour une performance de guérilla. A travers des situations ambivalentes difficilement interprétables pour le public, mais d'autant plus faciles à imiter, se dégage une forme de perception plus riche. La frontière entre l'artiste et le public devient obsolète.

The Swiss artist, performer, and choreographer Alexandra Bachzetsis (b. 1974) is based in Basel. She explores extreme forms of movement in her work, and has a special interest in genres, which follow particular codes, such as pole dancing, tecktonics, clubbing, vogueing, R&B, and tap dancing. The exploration of female stereotypes in popular culture and show business is a constant theme of her work, in which profane forms of movement from various cultures also find their place. Bachzetsis operates in both exhibition spaces and on stage, often making two versions of her works. *Undressed* (2005/2014), the performance Bachzetsis will carry out for Le Mouvement, is the only one of her works, which creates an event on the basis of audience participation. Encountering an opening reception, one then moves into a courtyard to find music, a bar, an invitation to party. Gradually, some "guests" start behaving in peculiar ways, and a curious exchange begins to unfold, barely noticed, as if it was quite normal behavior. *Undressed* appropriates the rituals of partying and uses them as a vehicle for guerrilla performance. Heightened states of perception emerge from the ambivalent situations they produce—states that the audience finds hard to interpret but correspondingly easy to imitate. The line between performer and audience is undone.

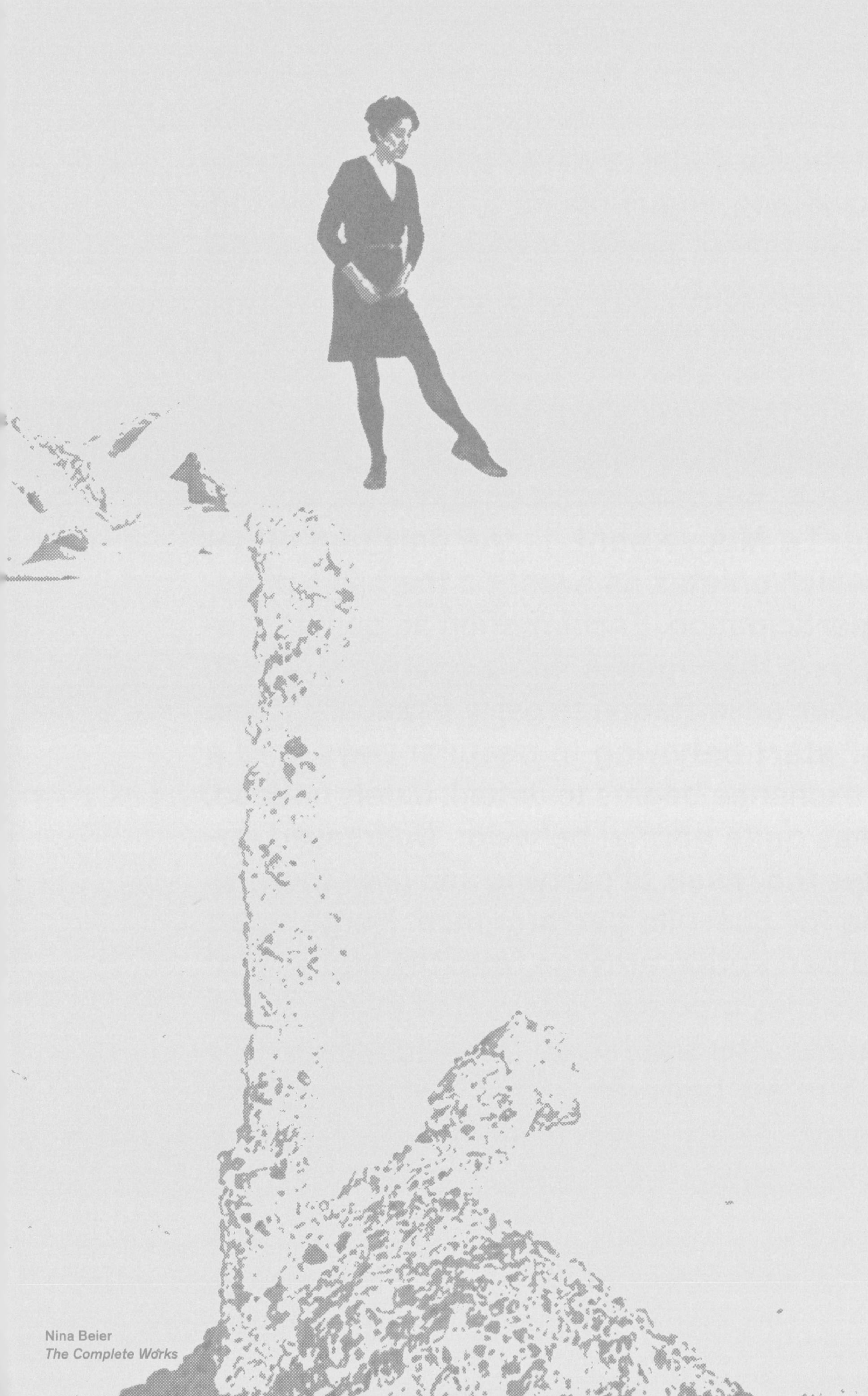

Nina Beier
The Complete Works

Nina Beier

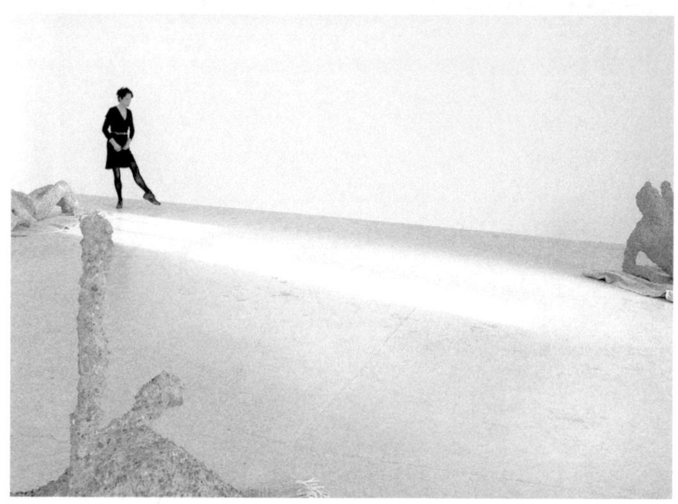

Weit davon entfernt, sich auf ein einziges Medium zu beschränken, spielt die Künstlerin Nina Beier (geb. 1975) mit Materialien, Bildern, Wahrnehmungen und Kommunikationsformen, um Meinungen ins Wanken zu bringen, allgemein anerkannte Vorstellungen zu hinterfragen und damit subtile begriffliche Widersprüche zu schaffen. Das Erfassen von Objekten, deren Entwicklung in der Zeit sowie ihre Bedeutung im jeweiligen Kontext sind häufig wiederkehrende Themen im Werk der dänischen Künstlerin. Zurzeit lebt Nina Beier in Berlin. Ihre künstlerische Tätigkeit folgt dem Prinzip, die Wahrnehmungsgewohnheiten des Publikums zu unterlaufen. Für die Ausstellung Le Mouvement hat die Künstlerin eine ehemalige Berufstänzerin gebeten, sämtliche Choreografien, die sie im Lauf ihrer Tanzkarriere einstudiert hat, auf improvisatorische Weise durchzuspielen. Während die Tänzerin ihr Repertoire durchläuft, entfaltet sich ein Wechselspiel zwischen dem intimen Aspekt der Aufführung und ihrem öffentlichen Kontext. Indem *The Complete Works* (2009) – so der Titel der Performance – das Körpergedächtnis in der Bewegung sichtbar macht, entpuppt es sich als eigentliche Erzählung über den Körper und sein physisches und moralisches Erscheinungsbild. Obwohl das Werk sehr privat zu sein scheint, ist es letztlich höchst tiefgründig und widersprüchlich, da Körper und Gedächtnis, zwei apriori intime Dinge, in einem depersonalisierten Kontext erforscht werden. Trotz seines introspektiven Charakters hat die Arbeit etwas ausgesprochen Allgemeingültiges und Extrovertiertes.

Loin de se limiter à un unique média, l'artiste Nina Beier (née en 1975) joue des matériaux, des images, des perceptions et des modes de communication, afin de troubler les opinions, remettre en cause de idées communément admises, et ainsi créer de subtils paradoxes conceptuels. La perception d'objets, leur évolution dans le temps et leur signification dans la relation à leur contexte sont des sujets récurrents dans l'œuvre de cette artiste danoise. Vivant actuellement à Berlin, Nina Beier a développé une pratique artistique dans laquelle elle a pour principe de bousculer les habitudes de perception du public. Ainsi, pour l'exposition Le Mouvement, l'artiste a demandé à une ancienne danseuse professionnelle de parcourir de manière improvisée, toutes les chorégraphies apprises au long de sa carrière. Un jeu entre l'aspect intimiste de la performance et son contexte public prend forme au fur et à mesure que la danseuse parcourt son répertoire. En donnant à voir la mémoire du corps à travers le mouvement, la performance de Nina Beier, intitulée *The Complete Works* (2009), s'avère être une réelle histoire sur le corps, son apparence physique et morale. Enfin, bien que d'apparence personnelle, cette œuvre est profonde et pleine de paradoxes, dans la mesure où le corps et la mémoire, a priori deux choses intimes, sont questionnés dans un contexte dépersonnalisé. Toutefois, quoique introspective par sa nature, cette œuvre a aussi quelque chose de très public, et extraverti.

Far from confining herself to a single medium, the Danish artist Nina Beier (b. 1975) plays with materials, images, perceptions, and means of communication in order to unsettle opinions, challenge generally accepted ideas, and create subtle conceptual paradoxes. The ways in which perceptions and meanings of objects change over time and in different contexts are amongst her recurring themes, and she has developed an artistic practice in which she makes a point of upsetting the patterns of perception to which her audiences are accustomed. For Le Mouvement, Beier has asked a retired professional dancer to improvise around all the choreographies she has learnt in the course of her career. An interplay between the intimate nature of the performance and its public context emerges as the dancer runs through her repertoire. Rendering the body's memory visible through movement, *The Complete Works* (2009) proves to be a real story about the body and its physical and moral appearance. The work is full of paradoxes. It is highly personal, but brings the body and memory, two very private things, into question in a depersonalized context. And although it is an introspective work, it also has an extrovert and highly public face.

Pablo Bronstein

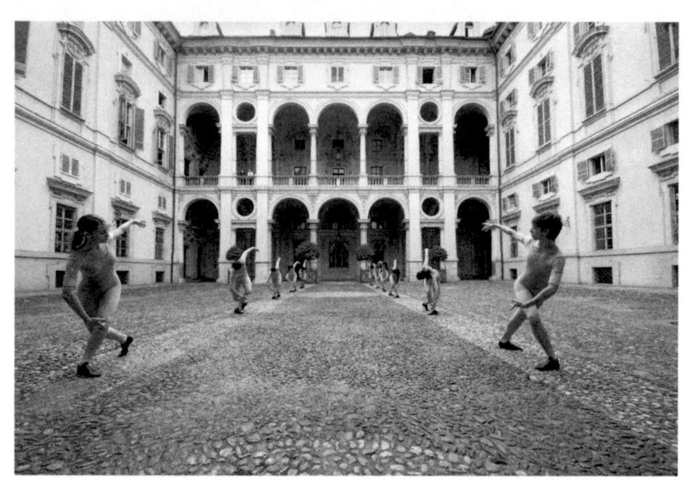

Der aus Buenos Aires, Argentinien, stammende Künstler Pablo Bronstein (geb. 1977) kam als Kind mit seinen Eltern nach London, wo er noch heute lebt. Der Künstler schöpft seine Inspiration aus dem 18. Jahrhundert und arbeitet in verschiedenen Medien. Mittels Gouache und Bildhauerei lotet Bronstein die barocke und klassische Architektur aus. 2006 realisierte er seine ersten Performance-Auftritte, meistens in Zusammenarbeit mit klassischen Tänzern. Die Beziehung zwischen dem architektonischen Dekor und der Bewegung ist ein Thema, das ihm am Herzen liegt. In Le Mouvement präsentiert der argentinische Künstler die Performance *Girl on a Late-19th-Century Swiss Balcony* (2014), in der man einen Tänzer auf einem Balkon an einer sehr klassisch anmutenden Häuserfassade tanzen sieht. Angesichts der Distanz, der Höhe und des vom Gebäude vorgegebenen Hintergrundes sieht der Zuschauer nur einen winzigen Teil der Bewegungen, die der Tänzer ausführt. Durch die Nutzung eines bestehenden Rahmens, erzeugt Pablo Bronstein eine zeitliche Diskrepanz, die den Zuschauer dazu bringt, seine Umgebung neu zu entdecken: der öffentliche Raum wird zum sozialen Raum. Die Arbeit des Künstlers ist also weder Bild noch Inszenierung. Sein Ansatz ist innovativ, konzeptuell und hinterfragt kontinuierlich und auf vielfältige Art und Weise die Beziehung zwischen Mensch und Raum, genauer: seine Beziehung zur urbanen Stadt.

Né à Buenos Aires, en Argentine, en 1977, Pablo Bronstein déménage très jeune avec sa famille à Londres, où il réside encore actuellement. Puisant son inspiration dans le XVIIIème siècle, cet artiste travaille avec une grande variété de médias. A l'aide du dessin, d'installations de grand format, de la peinture et de la sculpture, il explore l'architecture et l'ornementation néo-classique et baroque. En 2006, il réalise ses premières performances, le plus souvent en coopération avec des danseurs classiques. La relation entre le décor architecturale et le mouvement est un sujet qui lui tient à cœur. Ainsi, pour Le Mouvement, l'artiste argentin propose la performance *Girl on a Late-19th-Century Swiss Balcony* (2014), dans laquelle on découvre un danseur perché sur le balcon d'une façade aux allures très classiques, en train de danser. Avec l'éloignement, la hauteur et l'arrière-plan suggéré par le bâtiment, le spectateur ne perçoit qu'une partie infime des mouvements réalisés par le danseur. En investissant un cadre donné, Pablo Bronstein crée un contraste temporel qui pousse le spectateur à remettre en question son environnement – un questionnement qui transforme ainsi l'espace public en espace social, saturé et gouverné par un ensemble distinct de codes et de conventions esthétiques. Ainsi, la performance de Bronstein pousse inévitablement à se demander où s'arrête l'espace privé et où commence l'espace public. Le balcon est-il toujours privé ? Ou devient-il public à partir du moment où il est occupé par un corps humain ? Ou est-ce finalement les deux ?

The Argentinian artist Pablo Bronstein (b.1977) moved with his family to London at a very young age, and is based there to this day. Drawing his inspiration from the 18th century, Bronstein uses a variety of media, including drawing, large-scale installations, painting, and sculpture to explore Baroque and neoclassical architecture and ornamentation. In 2006 he produced his first performances, mostly in conjunction with classical dance, and the relationship between architecture and movement lies close to his heart. For Le Mouvement, Bronstein presents *Girl on a Late-19th-Century Swiss Balcony* (2014), in which a dancer performs on the balcony of a classical façade overlooking Zentralplatz in Biel/Bienne. The height and scale of the building mean that the audience can see only a little of the dancers' movements, which at once harmonize with the architecture of the building and at the same time make a sharp contrast with 21st century Biel/Bienne. This creates a kind of gap in time, which encourages the audience to take a new look at the environment and so insists that public space is also social space. The work is neither an image nor a staging, but an interrogation of the relationship between the city and its inhabitants. Is the balcony a private space? Or does it become public the moment it is occupied by a human body? Or is it both at once?

Trisha Brown

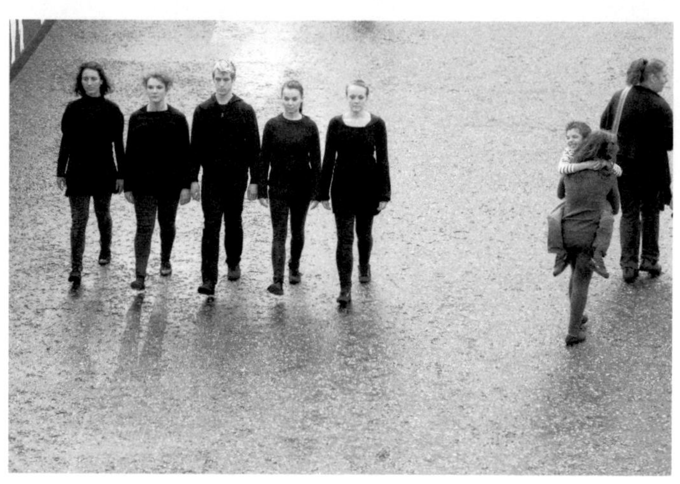

Die in New York lebende US-amerikanische Choreografin und Tänzerin Trisha Brown (geb. 1936) bedarf keiner besonderen Einführung mehr. Als Mitbegründerin und Pionierin des postmodernen Tanzes in den USA einerseits und des historischen Judson Dance Theater andrerseits hat sie die Erforschung und den Einbezug der prosaischen Gesten in der Tanzkunst vorangetrieben. Berühmt wurde Brown auch dafür, dass sie diese flüchtige Kunstform aus dem Theater auf die Strasse brachte, nicht zu reden von Dächern, Mauern und anderen unüblichen Schauplätzen. Zu ihren bekannteren Freilichtstücken zählen *Man Walking Down the Side of the Building* (1970), in welchem ein Tänzer mithilfe eines Seils genau dies tut, oder *Woman Walking Down Ladder* (1973), wo eine Frau eine ähnliche Aufgabe an einem Wasserturm in Manhattan bewältigt.

Das vergleichsweise unbekannte Werk *Drift* (1974) baut direkt auf Browns tänzerischen Befragungen des Alltags auf, bleibt dabei jedoch streng choreografisch. Eine Phalanx von fünf Tänzerinnen und Tänzern stehen zunächst Schulter an Schulter und bewegen sich dann scheinbar geradeaus vorwärts. Da sie jedoch bei jedem Schritt ein klein wenig nach rechts abweichen, ziehen sie eine praktisch nicht wahrnehmbare Diagonale durch den städtischen Raum. Diese entwaffnend simple Arbeit kann als stille Würdigung einer Einheit verstanden werden, die imstande ist, den Verkehrsfluss im öffentlichen Raum zu stören und zu verzaubern.

La chorégraphe et danseuse Trisha Brown, née aux USA en 1936, et vivant à New York, n'a guère besoin d'être présentée. Connue comme l'une des figures fondatrices et pionnières de la danse post-moderne américaine, de l'historique Judson Dance Theater, et de l'exploration et de la valorisation du geste prosaïque qui leur sont associées, Brown l'est également pour avoir fait sortir du théâtre expérimental cette forme éphémère, et l'avoir introduite dans la rue, sans parler des toits des maisons, des murs, et d'autres sites hétérodoxes. Parmi quelques-unes de ses œuvres d'extérieur les plus connues, on trouve *Man Walking Down the Side of the Building* (1970), dans laquelle un danseur, à l'aide d'une corde, fait précisément cela, ou *Woman Walking Down Ladder* (1973), dans laquelle une femme réalise une tâche semblable le long d'un château d'eau à Manhattan.

Drift (1974), relativement peu connu, est construit directement sur les interrogations dansantes que Trisha Brown adresse au quotidien, même si elles restent hautement chorégraphiques. Dans cette œuvre, un mur de cinq danseurs soudés épaule contre épaule et avancent dans ce qui semble être une progression directe et simple. Cependant, ils déplacent leurs pieds de quelques centimètres sur la droite à chaque pas, si bien que leur avancée va de biais, révélant subtilement une sorte de diagonale imperceptible, qui traverse l'espace urbain. Cette œuvre, d'une simplicité désarmante, peut être vue comme une discrète célébration de l'unité qui est susceptible à la fois de perturber, et d'enchanter, les lieux de circulation dans l'espace public.

The American, New York-based choreographer and dancer Trisha Brown (b. 1936) needs little introduction. One of the pioneers of American postmodern dance and a founding figure of the historic Judson Dance Theater, Brown has been key to the exploration and validation of the prosaic, pedestrian gestures associated with them both. She is also famous for taking these transient forms out of the theater and into the street, not to mention onto rooftops, walls, and other unorthodox sites. Some of her better known outdoor works include *Man Walking Down the Side of the Building* (1970), in which a dancer, with the help of a rope, does just that, or *Woman Walking Down Ladder* (1973), in which a woman performs a similar task on a water tower in downtown New York. The comparatively little known *Drift* (1974) builds directly on Brown's dancerly interrogations of the quotidian, while nevertheless remaining highly choreographic. In this work, a wall of five dancers standing shoulder-to-shoulder advance in what would seem to be a direct, straightforward progression. But by moving their feet a fraction to the right with each step, their progress runs askew, subtly manifesting itself as a virtually imperceptible diagonal across urban space. This disarmingly simple work can be seen as a silent celebration of an entity capable of both disrupting movement through public space and attracting the attention of passersby.

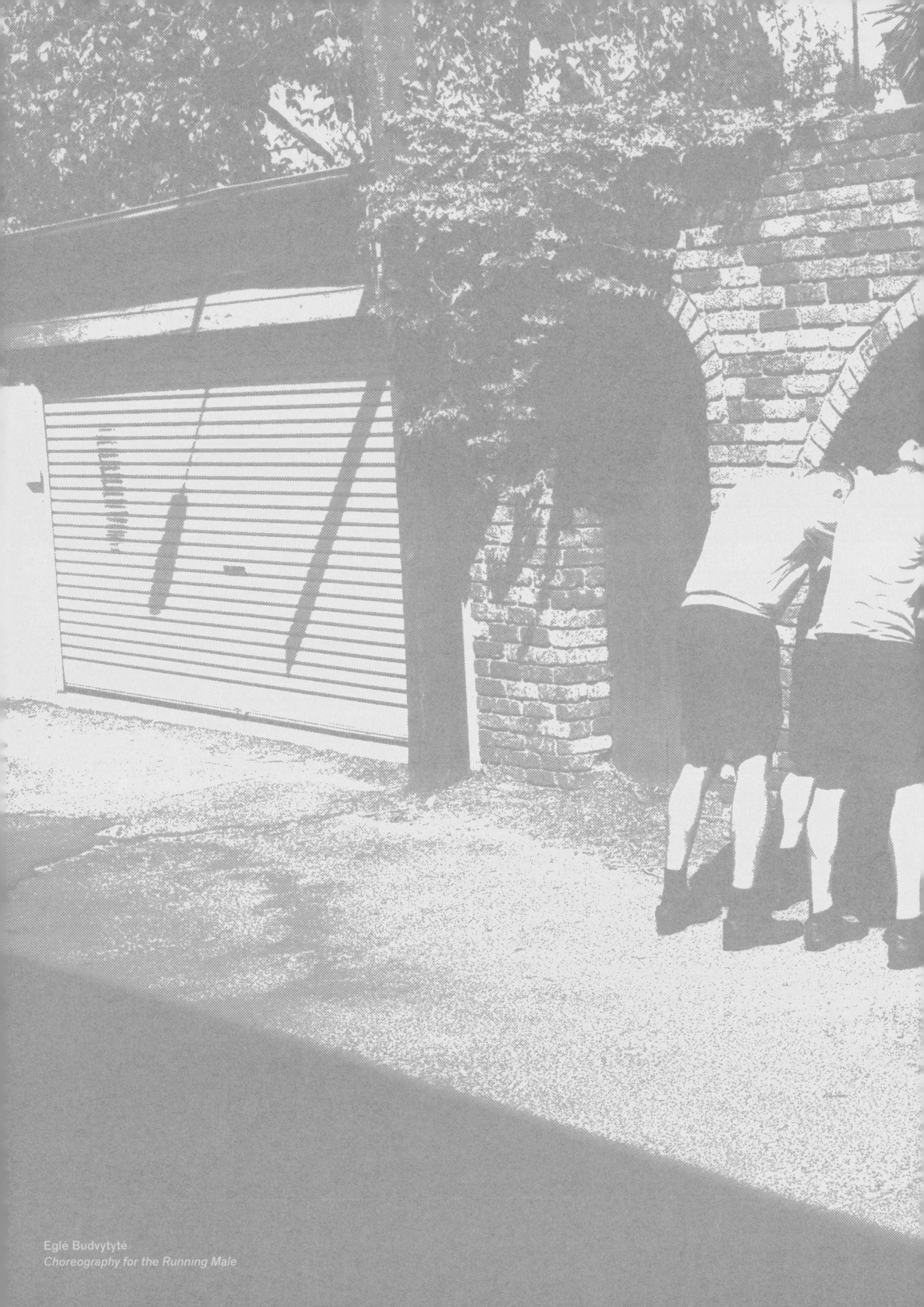

Eglė Budvytytė
Choreography for the Running Male

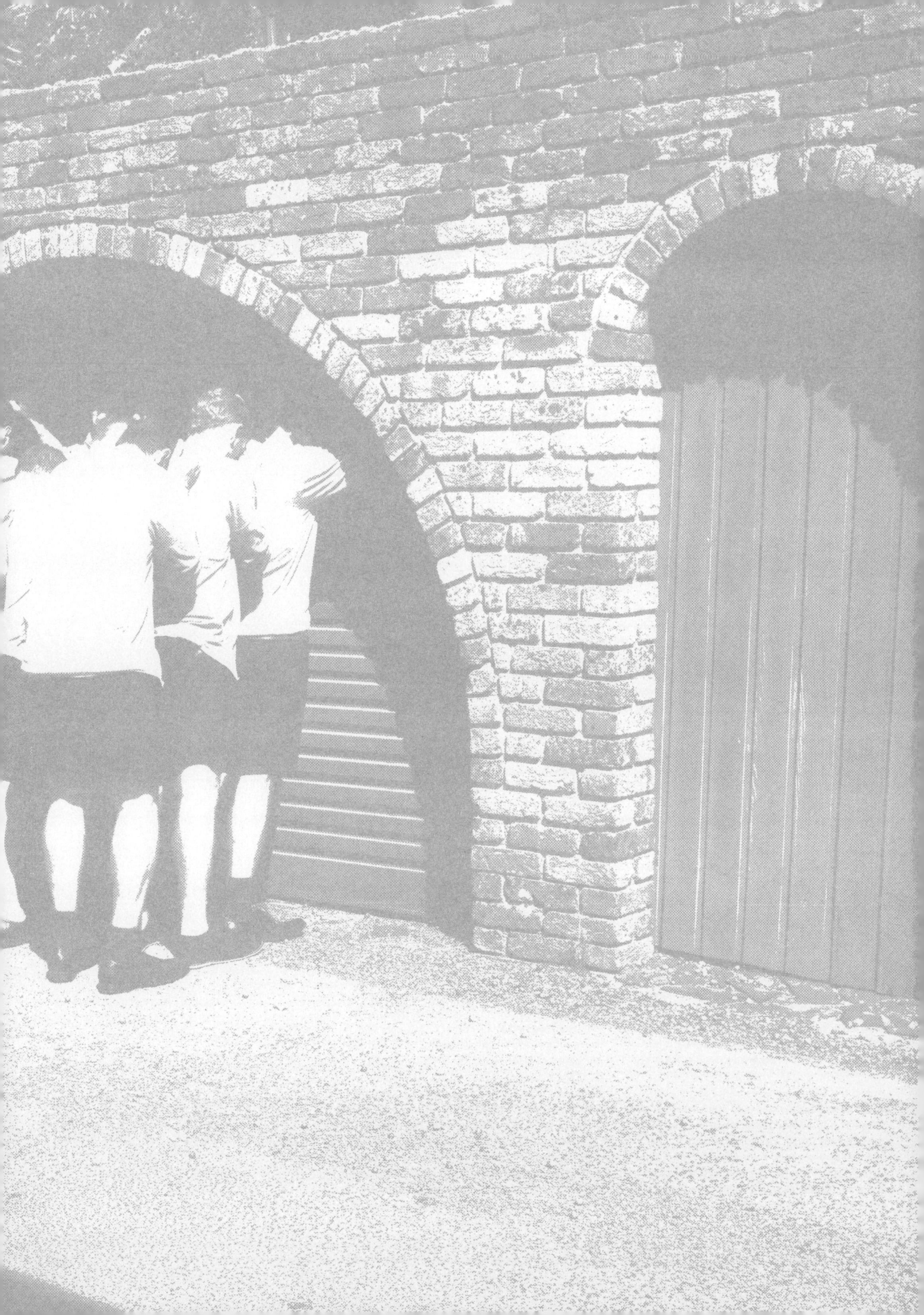

Eglė Budvytytė

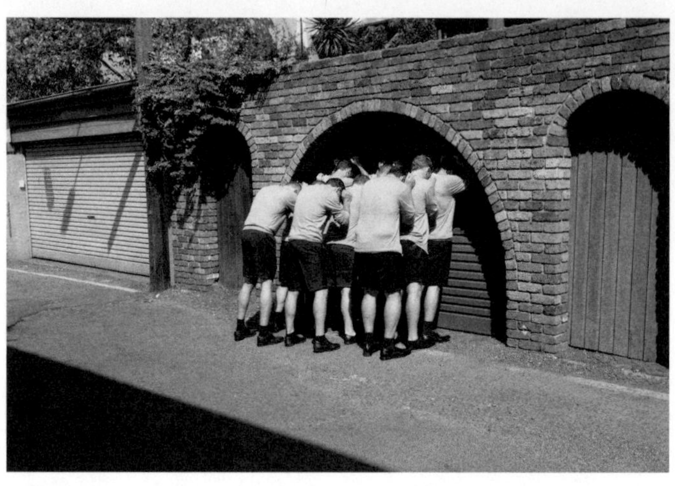

Die litauische Künstlerin Eglė Budvytytė (geb. 1982) lebt in Amsterdam. Sie untersucht anhand unterschiedlichster Medien, darunter Video, Radio und Performance, wie die Codes und Konventionen, die unsern Alltag implizit regeln, durch bestimmte Gesten unterlaufen werden können. Dabei begnügt sie sich nicht damit, diese Codes und Konventionen näher zu bestimmen. Vielmehr befreit sie diese von der ihnen fest zugewiesenen Rolle innerhalb der menschlichen Kommunikation und der Medien (Radio, Dokumentarfilm), in der Hoffnung, dadurch ein anderes Verständnis der Welt und ihrer mutmasslichen Funktionsweise zu entwickeln. So verarbeitet etwa das Video *Leap* (2009) Filmmaterial von jugendlichen Parcoursläufern zu einer fantastischen Dokumentation, *Magicians* (2011) hingegen ist eine Neuinterpretation von J. L. Austins Buch *How to Do Things with Words.* Die Performance *Choreography for the Running Male* (2012–2014) hinterfragt das westliche Verständnis von Männlichkeit, beschäftigt sich mit Fragen der Geschlechterdifferenzierung überhaupt und damit, dass diese, laut Judith Butler, nicht angeboren, sondern sozial bedingt ist und im gesellschaftlichen Rollenspiel gefestigt wird. In diesem bewegungsintensiven Werk joggen neun männliche Protagonisten in militärisch und feminin zugleich anmutenden Uniformen durch die Stadt. Unterwegs führen sie verschiedene Handlungen aus. Sie verbergen das Gesicht in den Händen, als würden sie weinen, sie machen paramilitärische Übungen auf einem Teppichrasen oder sitzen einfach ganz „unmännlich" herum, kurz sie verhalten sich nicht so, wie es traditionell von (einer Gruppe von) Männern im öffentlichen Raum erwartet wird.

L'artiste lithuanienne Eglė Budvytytė (née en 1982), vit à Amsterdam. Elle travaille avec une grande variété de médias, comprenant la vidéo, la radio et la performance. Elle s'intéresse à la manière dont certains gestes peuvent défier les codes et conventions qui gouvernement implicitement la quotidienneté. Une grande part de sa pratique vise non seulement à identifier ces codes et conventions, mais à les évincer de leur position stable dans l'interaction humaine, ainsi que dans les médias (radio, films documentaires), dans l'espoir de générer une manière différente de percevoir le monde et son fonctionnement supposé. Dans la vidéo *Leap* (2009), l'enregistrement d'adolescents durant un parcours sportif devient un documentaire presque fantastique, alors que *Magicians* (2011) est une réinterprétation de l'ouvrage de J. L. Austin, *How to Do Things with Words.* La performance intitulée *Choreography for the Running Male* (2012–2014), qui interroge les conventions occidentales sur la masculinité, s'articule largement autour des questions du genre, et sur la façon dont, comme le dit Judith Butler, il n'est pas inné, mais bien plutôt conditionné et construit socialement. L'œuvre, itinérante, met en scène 9 acteurs masculins vêtus d'uniformes qui sont à la fois militaires et efféminés, faisant leur jogging au travers de la ville tout en accomplissant une série d'actions. Ces actions, qui consistent à prendre subitement leurs têtes dans leurs mains, à crier, à exécuter des exercices pseudo-militaires sur une parcelle d'herbe, pour finir par s'asseoir d'une manière qui n'est pas normalement associée aux notions traditionnelles de masculinité, cherchent à renverser les attentes qu'éveillent les hommes (ou les groupes d'hommes) dans l'espace public.

The Lithuanian artist Eglė Budvytytė (b. 1982) is based in Amsterdam, and works in a variety of media including video, radio, and performance. She is interested in gestures that might challenge the unspoken codes and conventions that govern the everyday. Much of her practice concerns the identification of these codes and the destabilization of the roles they play in human interactions and the media (radio, documentary film) in order to change perceptions of the world and how it supposedly functions. The video *Leap* (2009), for example, transforms footage of teenagers doing parcours into a quasi-fantastical documentary, while *Magicians* (2011) plays with J. L. Austin's *How to Do Things with Words*. *Choreography for the Running Male* (2012–2014) interrogates Western conventions of masculinity and considers how, in Judith Butler's terms, gender is socially conditioned and performed. This itinerant work features nine male performers clad in uniforms that are both military and effeminate, jogging through the city while performing a series of actions such as suddenly taking their heads in their hands, as if crying, carrying out pseudo-military exercises on a patch of grass, or sitting in ways that are not normally associated with traditional notions of masculinity. These actions seek to upset expectations about the behavior of (a group of) men in public space.

Willi Dorner

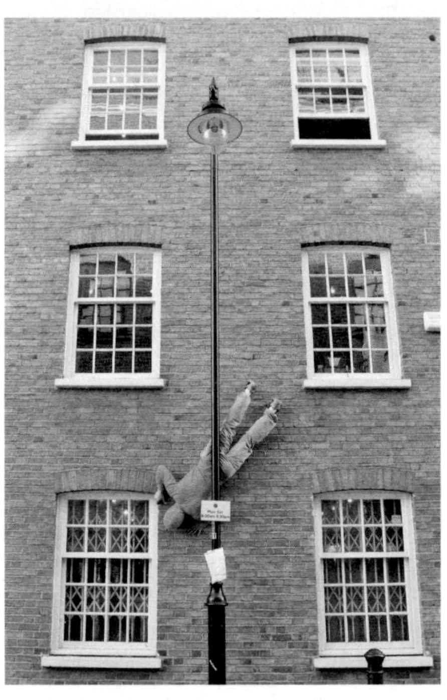

Der österreichische Kurator und Videokünstler Willi Dorner (geb. 1959) lebt und arbeitet in Wien. 1999 gründete er das Firma Cie. Willi Dorner. In seiner Kunst geht es um die skulpturalen Qualitäten menschlicher Körper in Alltagssituationen in Innen- oder Stadträumen, die durch seine Interventionen eine vorübergehende Verwandlung erfahren. Die 2007 erstmals aufgeführte Performance *Bodies in Urban Spaces* ist ein Klassiker seines Repertoires. In der in laufender Entwicklung begriffenen Performancereihe plant Dorners Truppe jeweils eine Route durch einen bestimmten Stadtteil, teilt sich in kleine Gruppen auf und legt unterwegs laufend skulpturale Zwischenhalte ein. Während eine Gruppe einen Durchgang blockiert und ihre Körper zu einer Mauer aufschichtet, besetzt die andere eine Parkbank und verknäuelt sich so darauf, dass diese überraschend zum Sockel einer Skulptur mutiert. Dorners Truppe verändert das Stadtbild mit einem Schlag, indem sie typische Merkmale und vergessene Ecken und Winkel gleichermassen zur Geltung bringt und kurzfristig zweckentfremdet. Dabei werden bestehende Nutzungsmuster und Verkehrsströme gestört und unterlaufen. Dorner konfrontiert die harte, angeblich unverrückbare Materialität der Stadt mit der fliessenden, beweglichen Materialität des menschlichen Körpers und überprüft dabei fortwährend das Verhältnis zwischen beiden.

Willi Dorner, chorégraphe, curateur et vidéaste autrichien, est né en 1959 et vit à Vienne. Il a fondé en 1999 la compagnie Cie. Willi Dorner. Son œuvre s'organise autour des qualités sculpturales des corps, seuls ou en groupes, dans des cadres quotidiens, à la fois intérieurs et urbains, temporairement transformés par ses interventions. *Bodies in Urban Spaces*, qu'il a présentée pour la première fois en 2007 avec sa compagnie, est un classique de son répertoire. Dans cette exploration de la fabrique urbaine, qui évolue sans cesse, les danseurs de Dorner tracent un chemin au travers d'une zone urbaine donnée, et, se divisant en petits groupes, marquent des étapes sculpturales tout au long de leur trajet. Tandis qu'un des groupes est chargé de bloquer l'entrée d'un site à l'aide d'une muraille humaine, les corps s'entassant les uns sur les autres devant une porte, un autre groupe prend possession d'un banc de parc, en s'amoncelant sur celui-ci de manière experte, si bien que ce banc accède au rang jusque là insoupçonné de piédestal de sculpture. C'est ainsi que la troupe de Dorner altère la perception de la ville, valorisant et redéfinissant de façon éphémère ses caractéristiques les plus fondamentales comme ses recoins négligés. En même temps, elle défie et perturbe les pratiques et les usages courants. À la matérialité dure et supposée rigide de l'urbain, elle ajoute la matérialité fluide et changeante du corps humain, mettant sans cesse à l'épreuve la relation de l'une à l'autre.

The Austrian, Vienna-based choreographer, curator, and video artist Willi Dorner (b.1959) formed the company Cie. Willi Dorner in 1999. His practice addresses the sculptural qualities of bodies singly and together in everyday settings, both interior and urban, which are temporarily transformed through his interventions. *Bodies in Urban Spaces* (2007– ongoing) is a classic of his repertoire. In this ever evolving exploration of the urban fabric, Dorner's dancers map out a route through a zone of a given city, and break into small groups to make sculptural pit stops as they go. One group blocks a passage by piling on top of each other in a doorway to make a human wall, while another takes over a park bench by crowding onto it with an expertise that allows it to attain the previously unsuspected status of a sculptural pedestal. As such, Dorner's troupe alters the perception of the city, validating and reconfiguring both its basic elements and its overlooked nooks and crannies, and disrupting their designated uses and flows. Dorner brings the fluid and shifting materiality of the human body to bear on the hard and supposedly unyielding materiality of the urban, continually testing the relationship between the two.

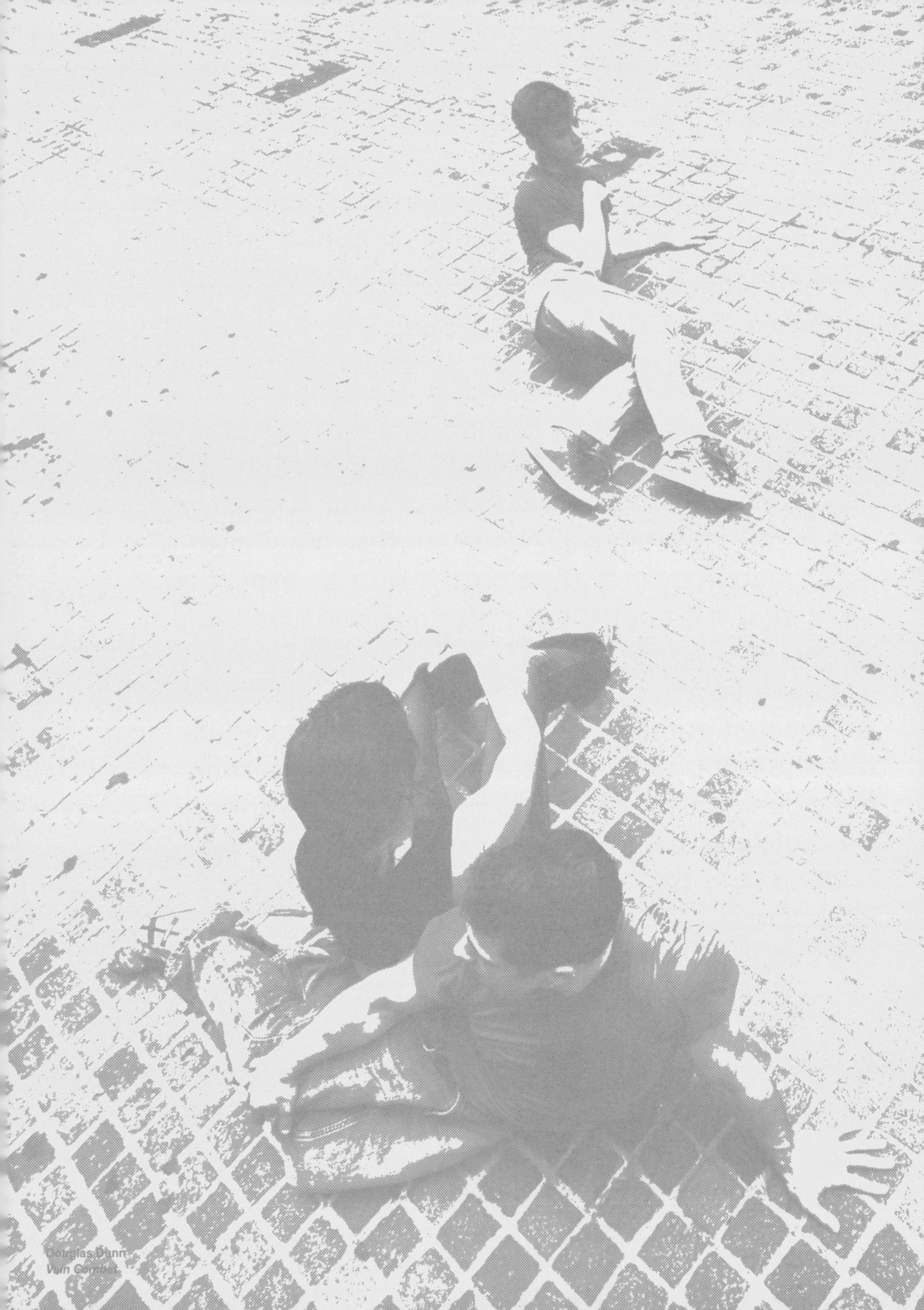

Douglas Dunn
Vain Combat

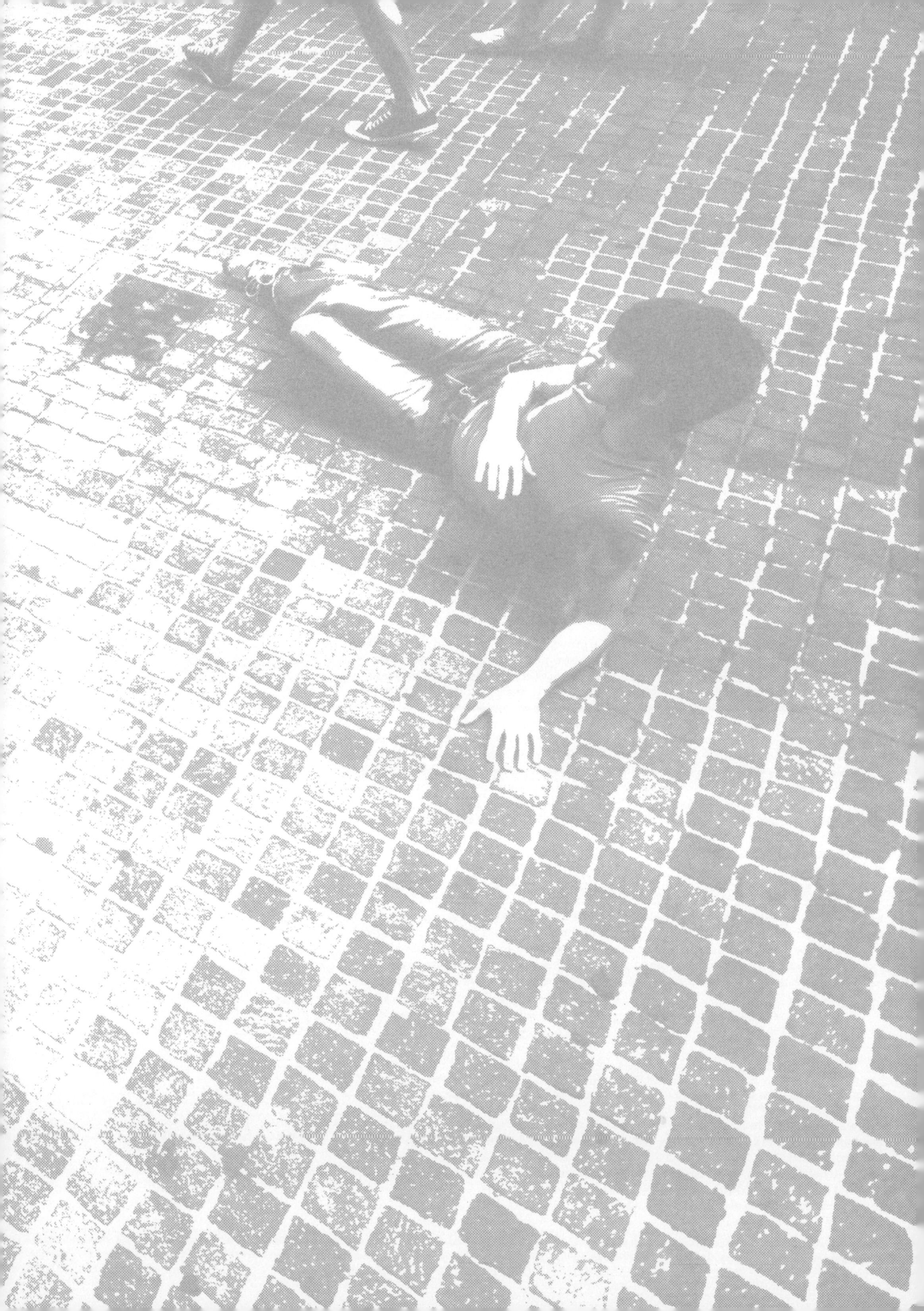

Douglas Dunn

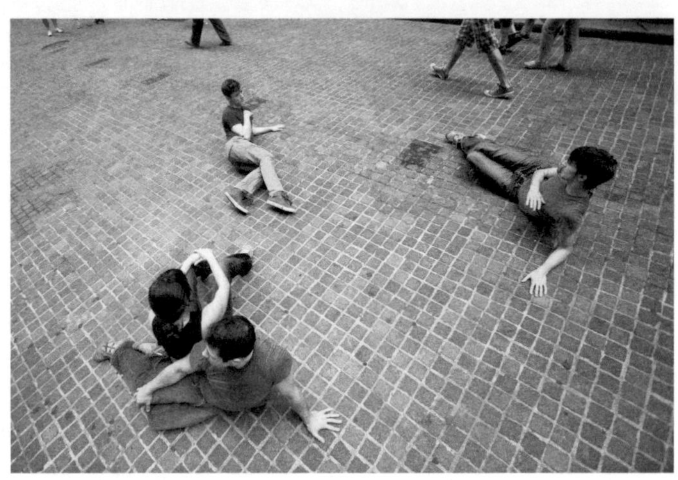

Der in New York lebende US-amerikanische Choreograf Douglas Dunn (geb. 1942) kann auf eine bewegte künstlerische Laufbahn zurückblicken. Er studierte bei Merce Cunningham, mit dem er später zusammenarbeitete. Als Tänzer wirkte er in postmodernen Meisterwerken wie Yvonne Rainers *Continuous Project Altered Daily* (1969) und Trisha Browns *Roof Piece* (1971) mit. Zudem schuf er auch Werke für das Ballett der Pariser Oper. Im Jahr 1976 gründete er sein eigenes Ensemble und hat seine Tanzstücke seither weltweit an unzähligen Orten gezeigt. Im Rahmen von Le Mouvement präsentieren Dunn und sein Ensemble den Streetdance *Vain Combat* (2010). Der Künstler bezeichnet dieses Werk als „Ode an Konfliktsituationen" – vom ungewollten Rempler im Gedränge der Passanten bis zur Tötung durch staatlich organisierte Kriegsmaschinerien. Obwohl ursprünglich für die Strasse gedacht, bedient sich dieses Stück der Kontaktimprovisation (von Körper zu Körper) und anderer postmoderner Tanztechniken, um eine komplexe und manchmal geradezu verblüffend ballettartig choreografierte Begegnung zwischen Tänzern und urbanem Raum zu organisieren. Das Werk verkörpert in mancherlei Hinsicht die Leitidee von Le Mouvement, die – gestützt auf die Theorie eines agonistischen Pluralismus – Demokratie und öffentlichen Raum als Orte versteht, die nicht von Konsens und Harmonie, sondern von Dissens und Konflikten bestimmt sind. Tatsächlich wird der öffentliche Raum durch die Notwendigkeit, einer Vielfalt von Stimmen und Bedürfnissen Rechnung zu tragen, zum Schauplatz von (respektvoll ausgetragenen) Konflikten und Unbeständigkeiten.

Le chorégraphe Douglas Dunn (né en 1942), vit à New York. Sa trajectoire d'artiste est étonnante. Il a étudié puis travaillé avec Merce Cunningham, et s'est produit dans des chefs-d'œuvre postmodernes comme *Continuous Project-Altered Daily* (1969) d'Yvonne Rainer ou *Roof Top Piece* de Trisha Brown (1971). Mais il a aussi composé des œuvres pour le ballet de l'Opéra de Paris. Il a fondé sa propre compagnie en 1976, et présenté depuis des spectacles de danse en d'innombrables occasions, dans le monde entier. Pour Le Mouvement, sa compagnie et lui-même vont interpréter le spectacle de rue intitulé *Vain Combat* (2010), «un hymne aux contradictions», comme le dit Dunn, qui va du choc capricieux d'une épaule dans une foule urbaine jusqu'au meurtre par la machine de guerre des gouvernements. Conçue à l'origine pour la rue, cette œuvre fait appel au «contact improvisation» (corps à corps) et à d'autres techniques de danse postmoderne pour orchestrer une rencontre chorégraphiée pleine de grâce, complexe et parfois improbable, entre ses danseurs dans l'espace public. L'œuvre incarne à beaucoup d'égards les enjeux essentiels de Le Mouvement, qui prend acte de la théorie du pluralisme agonistique et se construit sur elle, voyant dans la démocratie et l'espace public non pas le lieu du consensus et de l'harmonie, mais plutôt celui du «dissensus» et du conflit. De fait, dans son obligation d'héberger une multitude de voix et de besoins, l'espace public devient un site de conflit (respectueux) et d'instabilité.

The American choreographer Douglas Dunn (b. 1942), who is based in New York, has had quite a trajectory as an artist. Studying and later working with Merce Cunningham, and performing in such postmodern masterpieces as Yvonne Rainer's *Continuous Project-Altered Daily* (1969) and Trisha Brown's *Roof Top Piece* (1971), he has also composed work for the Paris Opera Ballet. He started his own company in 1976, and has since presented dances in innumerable venues around the world. For Le Mouvement, Dunn and his company perform the street piece *Vain Combat* (2010), "an ode to cross-purposes", in Dunn's words, from the jostlings of the urban crowd to military killing machines. Originally conceived for the street, this piece draws on contact improvisation (body to body) and other postmodern dance techniques to orchestrate a complex, and sometimes improbably balletic choreographed encounter between his dancers in urban space. In many respects, the work embodies the central themes of Le Mouvement, which considers democracy and public space in terms of an agonistic pluralism in which they are characterized not by consensus and harmony, but rather by conflict and dissent. To the extent that it accommodates a multitude of voices and demands, public space becomes a site of (respectful) conflict and unrest.

Simone Forti

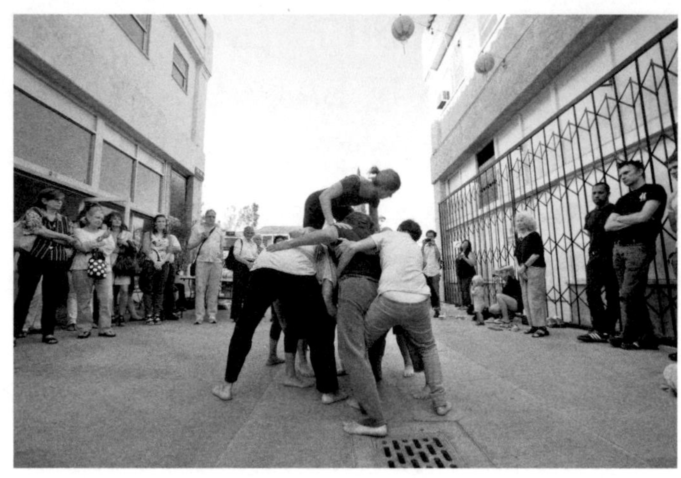

Die in Los Angeles lebende italienische Choreografin Simone Forti (geb. 1935) ist eine Schlüsselfigur des „postmodernen" Tanzes. Nachdem sie in den 1950er-Jahren mit Trisha Brown und Yvonne Rainer bei Anna Halprin studiert und sich deren radikale Improvisationsmethoden angeeignet hatte, zog sie von San Francisco nach New York. Dort traf sie den Musiker Robert Ellis Dunn, der stark von John Cages Zufallstheorie beeinflusst war. Dunns eigener Kompositionsunterricht wiederum übte einen nachhaltigen Einfluss auf die Keimzelle jener New Yorker Künstlergruppe aus, die als Judson Dance Theater berühmt werden sollte. Das Improvisationswerk *Huddle* (1961), unverkennbar von Halprins problemlösungsorientierten Improvisationen inspiriert, gehorcht sowohl einem einfachen choreografischen Prinzip als auch dem Zufall. Eine Gruppe von Tänzern bildet eine dicht verknotete Masse, jeder umarmt jeden – ein einziger Haufen, aus dem ein Einzelner ausbricht und über das Körperknäuel klettert. Um das Gewicht des Kletternden tragen zu können, ohne den Zusammenhalt zu verlieren, gerät die Truppe in eine Art wogende Bewegung. Und auf dem Weg durch die Strassen von Biel/Bienne wird *Huddle* zu einer kollektiven lebenden Skulptur.

La chorégraphe italienne Simone Forti (née en 1935), vit à Los Angeles. Elle est l'une des figures clés de ce que l'on connaît sous le nom de danse «postmoderne». Après avoir étudié, au cours des années cinquante en compagnie de Trisha Brown et d'Yvonne Rainer, les méthodes radicales d'improvisation d'Anna Halprin, elle a quitté San Francisco pour s'installer à New York. Là, elle a rencontré le musicien Robert Dunn, profondément influencé par les théories aléatoires de John Cage, et dont les classes de composition, à leur tour, exercèrent un grande influence sur le noyau de ce qui allait devenir la Judson Dance Church à New York. *Huddle* (1961) est une œuvre essentiellement improvisée, dans l'esprit des improvisations d'Anna Halprin, et orientée sur une tâche à accomplir. Elle est gouvernée à la fois par un unique principe chorégraphique et par le hasard. Dans cette pièce, un groupe de danseurs forme une masse extrêmement dense; on s'étreint réciproquement, on se blottit les uns contre les autres, tandis qu'un membre se détache du groupe et grimpe au-dessus de la masse. On voit alors que le groupe bouge et forme une sorte d'amoncellement, pour maintenir son intégrité structurelle tout en supportant le poids du danseur qui l'escalade. C'est ainsi que l'œuvre devient pratiquement une espèce de sculpture vivante collective, qui se meut dans les rues de Bienne.

Born in Italy, the Los Angeles-based choreographer Simone Forti (b.1935) is one of the key figures of postmodern dance. After studying alongside Trisha Brown and Yvonne Rainer with Anna Halprin in the 1950s, and developing her radical methods of improvisation in San Fransisco's Bay Area, she moved to New York and met Robert Dunn, a musician deeply influenced by John Cage's ways of working with chance. Cage's composition classes had an enormous influence on the core group of what would be known as the Judson Dance Theater in New York. Essentially an improvisatory work in the spirit of Anna Halprin's task-oriented improvisations, *Huddle* (1961) is governed both by a single choreographic principle and by chance. A group of dancers huddles together to form a close-knit mass, from which one breaks out to climb over the rest. The group moves in a kind of drift in an effort to maintain its structural integrity while supporting the weight of the dancer scaling it. This turns the piece into a kind of collective living sculpture as it moves through the streets of Biel/Bienne.

Alicia Frankovich

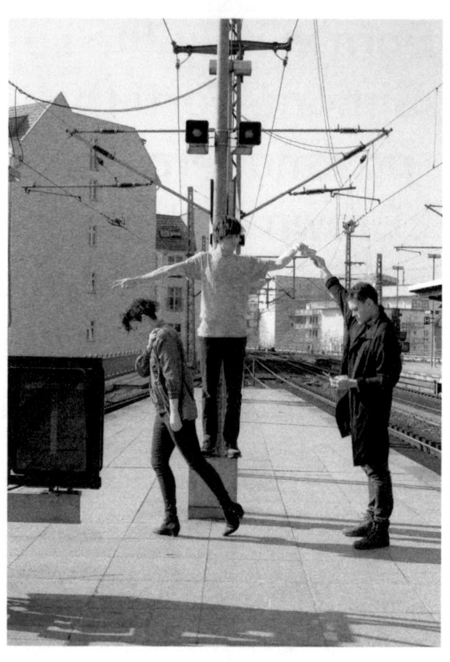

Die in Neuseeland und Berlin lebende Neuseeländerin Alicia Frankovich (geb.1980) beschäftigt sich vorwiegend mit der Kunst der Performance und deren Überlappungen mit dem Alltag. Sie interessiert sich für die choreografischen Aspekte gesellschaftlicher Mechanismen, für Gemeinschaftlichkeit, Koexistenz und postfordistische Arbeitspraktiken und untersucht in ihren Werken, wie der Körper diese Mechanismen und Praktiken einzeln oder als Gruppe internalisiert, speichert und ausdrückt. Für Le Mouvement konzipierte die Künstlerin das Projekt *Sisyphus Now* (2014), das sowohl auf Gesten der täglichen Arbeit als auch auf firmeninterne Gruppenaktivitäten zur Förderung von Kameradschaft und Teamgeist Bezug nimmt. Die Performance mit sechs Akteuren – Berufs- und Amateurtänzer in gewöhnlicher Arbeitskleidung – findet auf dem Bahnsteig statt, einem Ort, der für die Zeit unmittelbar *vor* und *nach* der Arbeit steht. In dieser Übergangszone verwandeln sich die Bewegungen der täglichen Arbeit und fügen sich in Verbindung mit Teamübungen zu einer komplexen, repetitiven Choreografie. Indem sie die Gesten aus ihrem Zusammenhang reisst und isoliert, macht Frankovich deutlich, dass sich Gesellschaft und Choreografie heute, wo die Arbeit immer stärker im Gesellschaftlichen aufgeht, mehr denn je wechselseitig prägen und bedingen.

La pratique de l'artiste néo-zélandaise Alicia Frankovich (née en 1980), qui vit à Berlin, s'articule largement autour de la performance : comment celle-ci peut-elle s'imbriquer dans la vie quotidienne ? Intéressée par la chorégraphie des mécanismes sociaux, par la collectivité et la coexistence, ainsi que par les pratiques de travail post-fordiennes, l'œuvre d'Alicia Frankovich examine comment le corps, isolé ou en groupe, enregistre, exprime et se trouve colonisé par ces mécanismes et ces pratiques. Pour Le Mouvement, l'artiste a chorégraphié une œuvre intitulée *Sisyphus Now* (2014), basée sur des gestes du travail de tous les jours, aussi bien que sur des activités de groupe visant à bâtir une camaraderie et un esprit d'équipe dans des environnements d'entreprise. Mettant en scène six acteurs, à la fois des danseurs professionnels et des amateurs, qui sont habillés comme ils le seraient pour aller au travail, la performance a lieu sur un quai de gare, lieu propice à cette œuvre de l'*avant* et de l'*après*. Ici, dans l'espace transitoire de la gare ferroviaire, les acteurs réalisent une performance où les gestes de leur labeur quotidien sont transformés et combinés à des activités visant à souder une équipe, dans un morceau chorégraphique complexe et répétitif. C'est au travers de la décontextualisation et de l'isolation de ces gestes qu'Alicia Frankovich démontre comment, aujourd'hui plus que jamais, avec la dissolution du travail dans le social, le social est informé et formé par le chorégraphique, et vice-versa.

The practice of the New Zealand artist Alicia Frankovich (b. 1980) is primarily concerned with performance and the extent to which it is part of the fabric of everyday life. Based in Berlin, Frankovich is interested in the choreography of social mechanisms, collectivity and co-existence, and post-Fordist labor practices. Her work investigates the ways in which bodies, both singly and together, store, express, and are colonized by these mechanisms and practices. For Le Mouvement, Frankovich has choreographed *Sisyphus Now* (2014), which is based on everyday working gestures as well as the kind of group activities designed to foster team spirit in corporate environments. Featuring six performers, both professional dancers and amateurs dressed in whatever they would normally wear for work, the performance takes place on the station platform, a space of *before* and *after* work. Here in the transitional space of the railway station, the performers combine their everyday working gestures with team building exercises to produce a complex and repetitive piece of choreography. By isolating and decontextualizing these movements, Frankovich shows how the social and the choreographic are increasingly related as labor merges with social life.

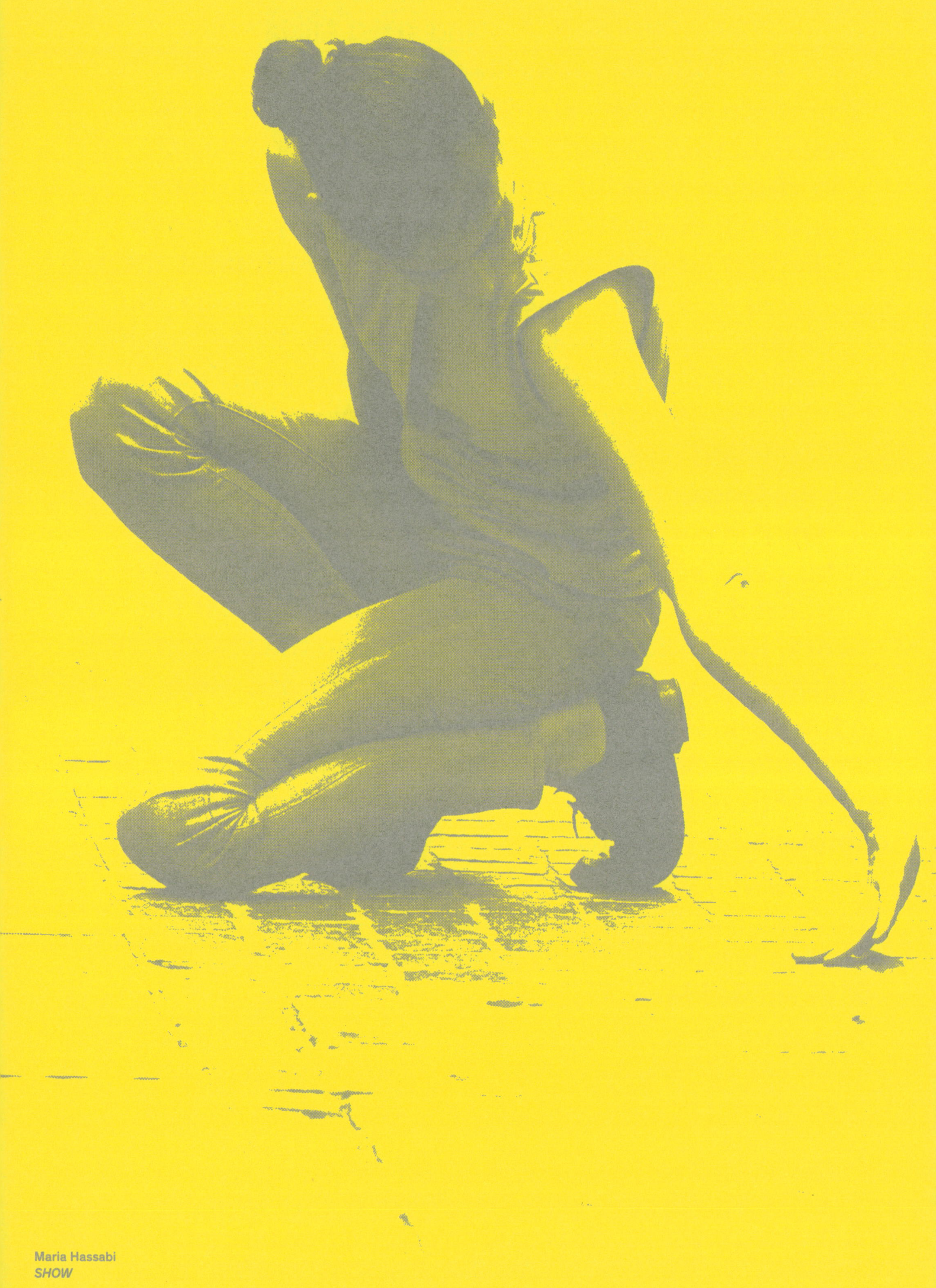

Maria Hassabi
SHOW

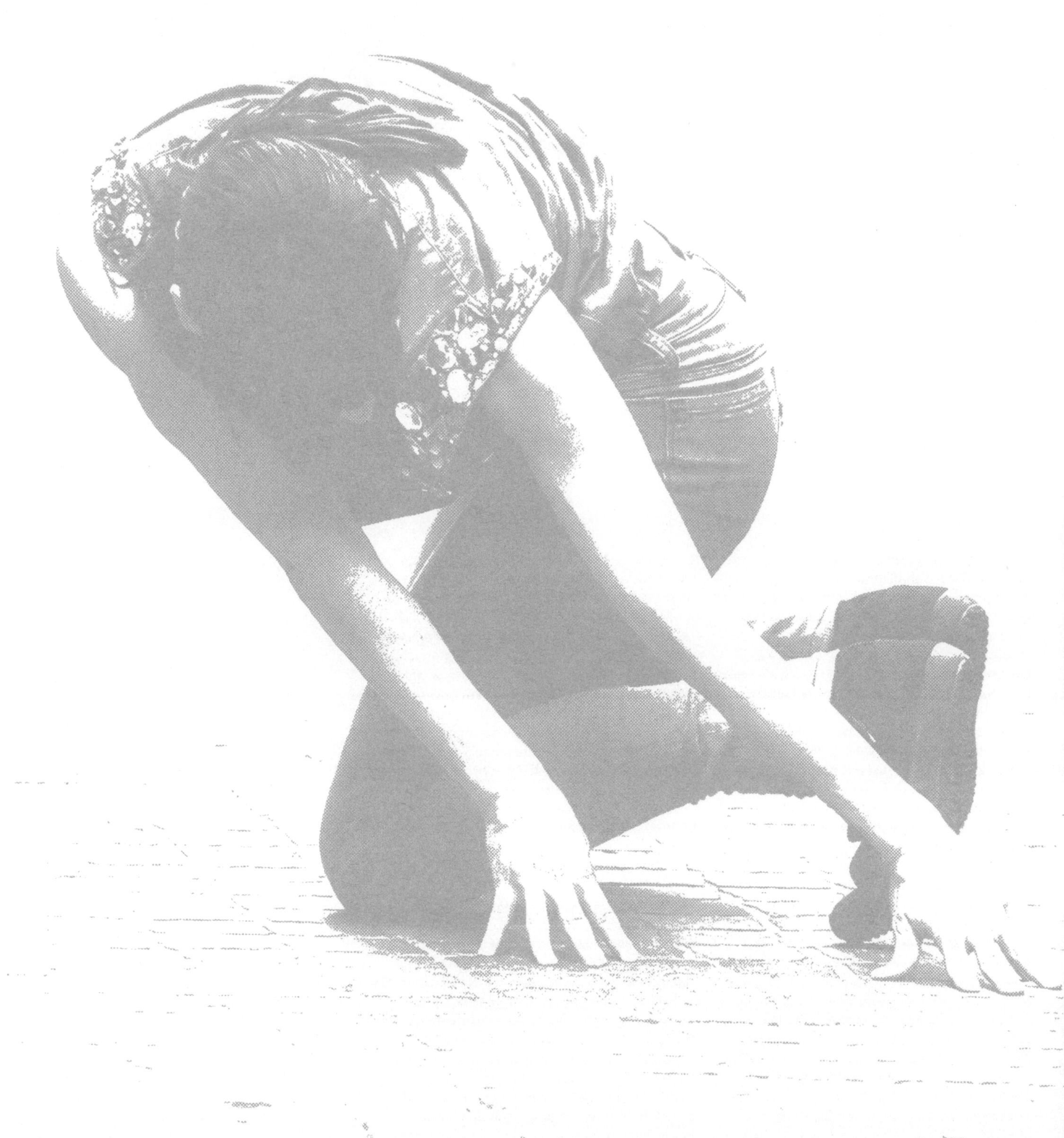

Maria Hassabi

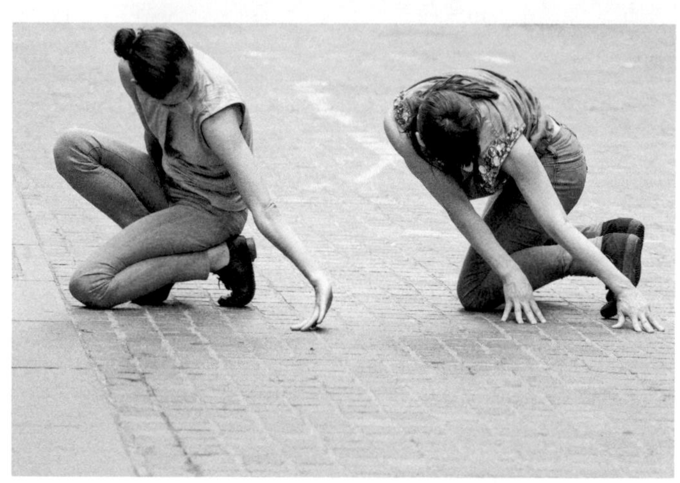

Die aus Griechenland stammende, in New York lebende Choreografin Maria Hassabi (geb. 1973) ist eine Virtuosin des Tempos. Allerdings nicht im Sinne der Beschleunigung, wie man erwarten würde, sondern im Gegenteil, der Verlangsamung. Hassabis zentrale Anliegen sind Langsamkeit, radikale Körperlichkeit, die reine Materialität unseres Leibes sowie Detailgenauigkeit. Indem sie sich selbst und ihre Tänzer zwingt, die Bewegung auf ein kaum noch wahrnehmbares Mass zu reduzieren (man denke an Tai Chi, jedoch mit noch stärkerem Zeitlupeneffekt), zeigt sie den Körper in seinem verletzlichsten, man könnte auch sagen unnatürlichsten Zustand. Dadurch rückt nicht nur die immense Anstrengung, die den Tänzern abverlangt wird, ins Zentrum der Aufmerksamkeit, sondern auch der darstellende Körper selbst, und zwar bis ins letzte noch sichtbare Detail.

SHOW (2011) ist ein Duett der Künstlerin mit der Tänzerin Hristoula Harakas. In einem komplexen Zusammen- und Gegenspiel scheinen die beiden Körper sanft aufeinanderprallen zu wollen, ohne sich je zu berühren. Die meist fest auf dem Boden verankerten Bewegungen gewinnen eine unheimlich skulpturale Qualität, während die beiden Akteurinnen gemeinsam die Drehungen und Wendungen von Hassabis ausserordentlich plastischer Choreografie ausführen. Selten schien die menschliche Gestalt von derart greifbarer Materialität, selten war sie so sichtbar der Schwerkraft unterworfen. Dem Betrachter wird bewusst, was er im Trubel des Stadtlebens nur zu oft für selbstverständlich hält: Der Aufmerksamkeit und Detailgenauigkeit höchster Lohn liegt in ihr selbst.

La chorégraphe grecque Maria Hassabi (née en 1973), vit à New York. Elle est une virtuose de la vitesse. Mais pas de la vitesse au sens où normalement on l'entend, comme une accélération ; mais plutôt dans le sens contraire, celui d'une décélération. Au cœur de la pratique de Maria Hassabi, la préoccupation de la lenteur, de la corporalité radicale de notre corps, de sa pure matérialité, et du détail. S'obligeant elle-même, et obligeant ses danseurs, à ralentir leur danse presque jusqu'à la paralysie (quelque chose comme le T'ai Chi, mais à un rythme encore bien plus lent), son travail révèle le corps dans sa plus grande vulnérabilité, et, pourrait-on même dire, dans son plus grand manque de naturel. Ce type d'action ne met pas seulement en évidence les efforts épuisants que demande l'exécution de ses chorégraphies, mais elle magnifie aussi tous les détails visibles du corps en action, qui, loin d'être négligés, deviennent le centre de l'attention.

SHOW (2011) est un duo dansé par Maria Hassabi et Hristoula Harakas, où leurs deux corps sont comme des ombres engagées l'une dans l'autre, et en même temps détachées ; ils semblent vouloir se heurter délicatement, mais en réalité ne se touchent jamais. Presque toujours proches du sol, leurs mouvements assument une troublante qualité sculpturale, dans une mutuelle négociation des torsions et des rotations exigées par la chorégraphie hautement plastique de Maria Hassabi. Rarement la silhouette humaine a paru aussi palpable dans sa matérialité, aussi sujette à la pesanteur, nous rappelant au souvenir de ce que notre expérience urbaine stressée nous enjoint souvent de tenir pour acquis : l'attention, et la conscience du détail qui en jaillit, sont souvent la forme la plus gratifiante de leur propre rédemption.

The Greek, New York-based choreographer Maria Hassabi (b.1973) is a virtuoso of velocity. This is not the velocity of speed and acceleration, but rather one of deceleration: at the core of Hassabi's practice are preoccupations with slowness, and the radical corporeality or materiality of the body and its elements. Dancing so slowly that their movements can barely be perceived, (one thinks of T'ai Chi, but this is slower still), her work reveals the body at its most vulnerable, perhaps even in its most unnatural state. This foregrounds both the enormous demands made on the dancers, as well as every last detail of the performing body. *SHOW* (2011) is a duet featuring Hassabi and the dancer Hristoula Harakas, a complex game of cat and mouse in which their bodies seem to want to come together but never actually touch. Working close to the ground, their movements assume an uncannily sculptural quality as they negotiate the twists and turns of Hassabi's highly plastic choreography. Seldom does the human figure seem so palpable, so material, and so under pressure from gravity. We are reminded of something we often take for granted in the midst of urban life: that an eye for detail and attention is often its own reward.

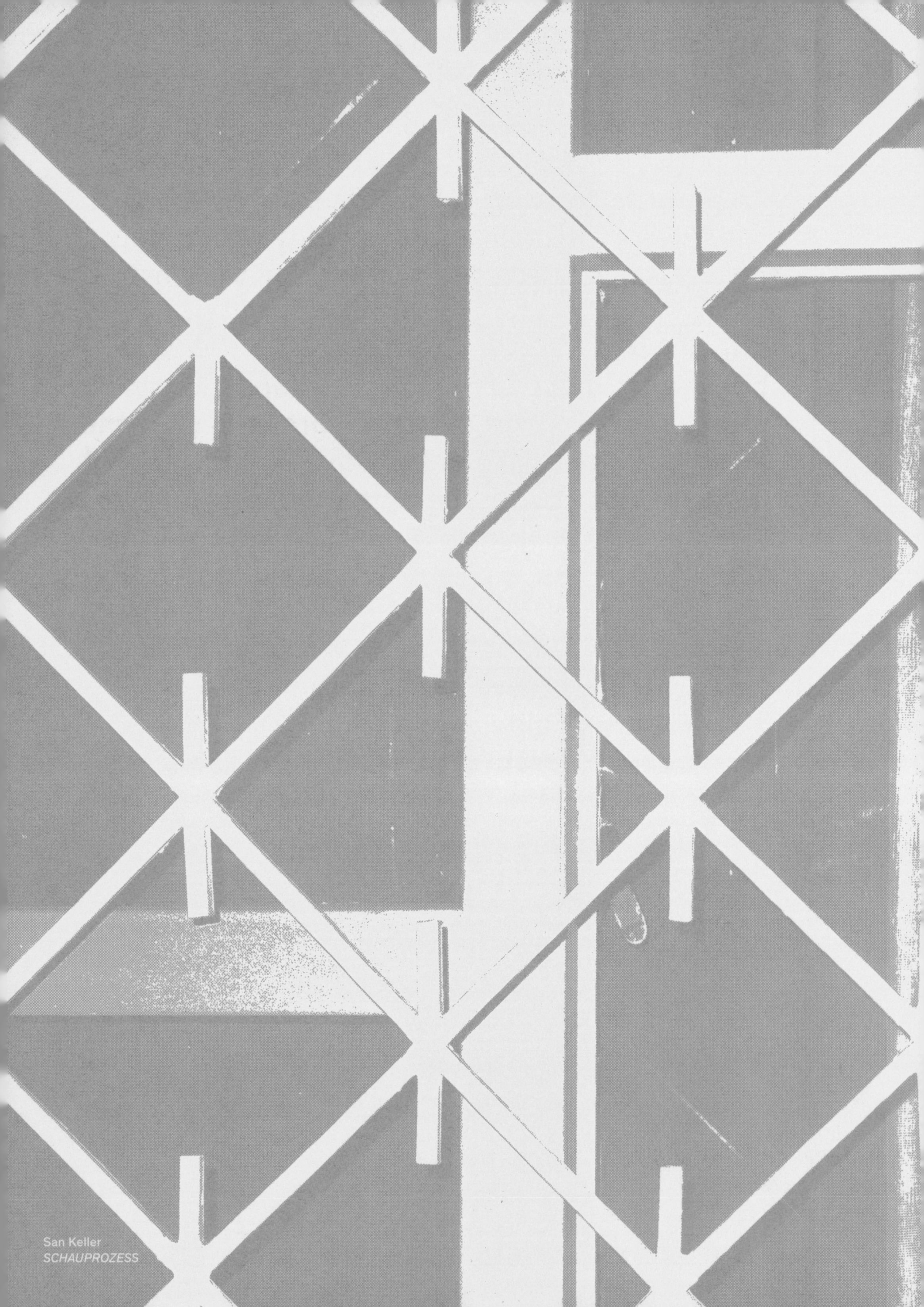
San Keller
SCHAUPROZESS

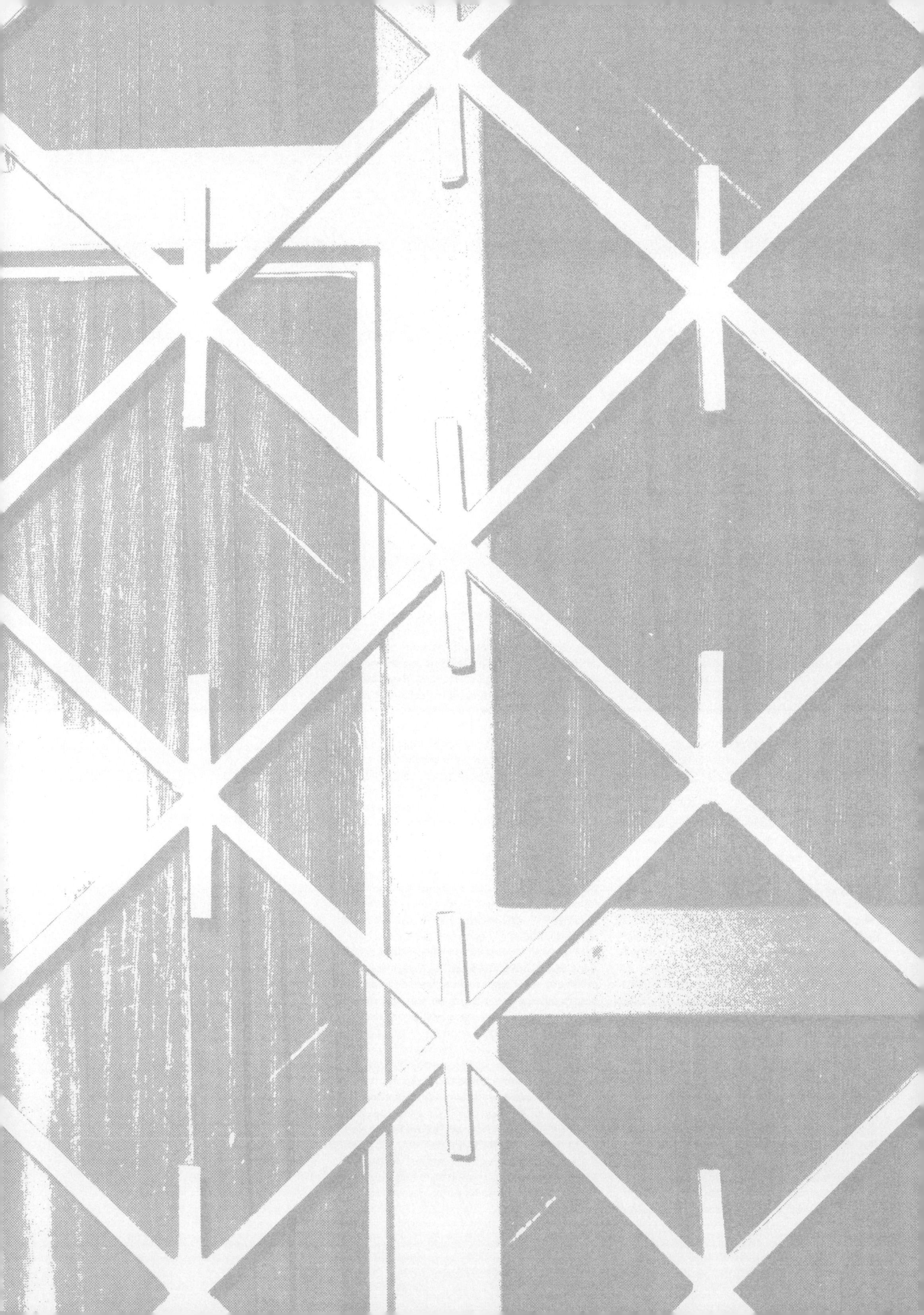

San Keller

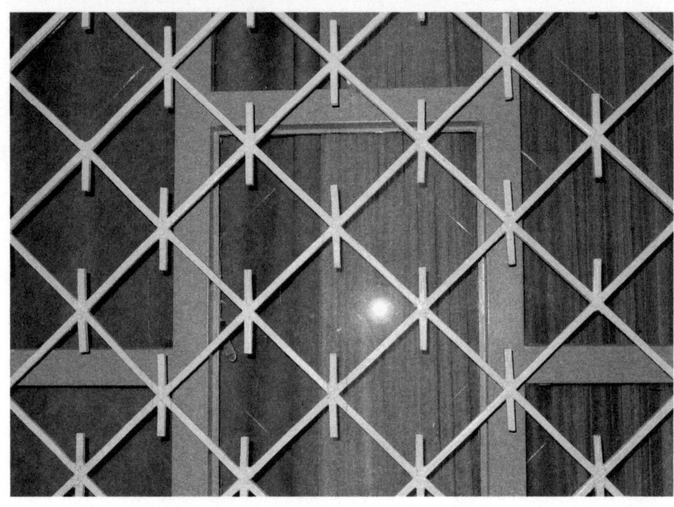

Der Schweizer Künstler San Keller (geb. 1971) hat sich seit den späten 1990er-Jahren mit Aktionen einen Namen gemacht, die, obschon ernsthaft ausgeführt, von ironischer Leichtigkeit sind. Oft handelt es sich um Angebote oder gar echte Dienstleistungen, die auf der Kooperation mit seinen Mitmenschen aufbauen.

Wiederholt hat San Keller den Kunstraum verlassen, um in der Öffentlichkeit zu agieren. So hat er etwa als Dienstleistung Menschen eine Treppe hochgetragen oder sich – für *San Keller Homeless in Luzern* (2001) – eine Woche lang ohne Dach über dem Kopf als Gast in einer ihm fremden Stadt aufgehalten. Ja, er wartete sogar beharrlich auf Unbekannte: *San Keller wartet auf Sie* (2000).

„Jedes Kunstwerk ist eine abgedungene Untat", schrieb einst der Philosoph Theodor W. Adorno. Dass Kunst Grenzen (und damit möglicherweise Gesetze) überschreiten soll, ist heute eine schier anachronistisch anmutende Forderung. Seit geraumer Zeit hat der Künstler bekanntlich seine Position am Rande der Gesellschaft eingebüsst. San Kellers SCHAU-PROZESS (2014) zeigt die Widersprüchlichkeit der heutigen Rezeption von Gegenwartskunst auf: Was wird öffentlich als Kunst toleriert, im Rahmen einer Ausstellung in einer Schweizer Stadt, die Performance wissentlich als Form von *City Marketing* instrumentalisiert?

Während der Dauer von Mouvement II wird San Keller an einem der Austragungsorte (Elfenaupark, Nidaugasse, Kongresshaus, Rue de Bourg, Zentralplatz, Wartsaal Bahnhof, Robert Walser Platz) gegen das Gesetz verstossen. Die beiden Kuratoren der Ausstellung verpflichten sich ihrerseits, ihn vor Gericht zu verteidigen, sollte sein Vergehen aufgedeckt werden.

Depuis la fin des années nonante, l'artiste suisse San Keller (né en 1971) s'est fait un nom avec des interventions qui, bien que menées sérieusement, n'en possèdent pas moins une légère ironie ; il s'agit souvent d'offres, ou même de services réels, qui s'appuient sur des partenariats avec les autres.

A plusieurs reprises, il a quitté le musée pour intervenir dans l'espace public : Il a ainsi aidé des gens à monter des escaliers, il a séjourné pendant une semaine sans toit audessus de sa tête, en tant qu'invité dans une ville étrangère : *San Keller Homeless in Luzern (2001)*, et il a même attendu obstinément un inconnu : *San Keller wartet auf Sie* (2000).

Le philosophe Theodor W. Adorno a écrit : chaque œuvre d'art est un crime qui n'a pas été commis. Que l'art doive traverser les frontières (et donc peut-être enfreindre les lois), c'est aujourd'hui une revendication apparemment anachronique. Depuis un certain temps, l'artiste a perdu sa position en marge de la société. Avec *SCHAUPROZESS* (2014), San Keller montre le caractère contradictoire de la compréhension de l'art contemporain aujourd'hui : quel genre de performance artistique peut être tolérée dans le cadre d'une manifestation artistique publique dans une ville suisse ? Quelle performance sera délibérément instrumentalisée comme une forme de marketing citadin ?

Pour Mouvement II, San Keller va contrevenir à la loi dans un des lieux de l'exposition (parc de l' Elfenau, Rue de Nidau, Palais des Congrès, Rue de Bourg, Place Centrale, salle d'attente de la gare, Place Robert Walser). De leur côté, Les deux commissaires de l'exposition s'engagent à le défendre devant les tribunaux si besoin est.

Since the late 1990s, the Swiss, Zurich-based artist San Keller (b.1971) has developed a reputation for actions, which are made with serious intent but are also staged with a light and ironic touch. They often involve services being offered or even delivered to collaborative participants. San Keller continually abandons artistic spaces in order to work in public. He has, for example, spent a week carrying people up stairs; he has sojourned as a homeless guest in a foreign city *San Keller Homeless in Luzern* (2001); and he has doggedly waited to meet up with an unknown person in *San Keller wartet auf Sie* (2000). "Every work of art is an uncommitted crime", in the words of Theodor Adorno. That artistic—and also legal—boundaries should be broken is by now a commonplace, almost a quaint claim from another era. Artists have long since lost their place on the edge of society. San Keller's *SCHAUPROZESS* (2014) demonstrates the contradictions at work in the reception of contemporary art today by exploring the question: what can be publicly tolerated as art in the context of an exhibition in a Swiss city, which knowingly uses performance as a marketing exercise? For Le Mouvement, San Keller will be breaking the law at one of the exhibition venues (Elfenaupark, Nidaugasse, the Kongresshaus, Rue de Bourg, Zentralplatz, the railway station waiting room, Robert Walser Platz). Should his actions be discovered, the curators have a contractual commitment to defend him in court.

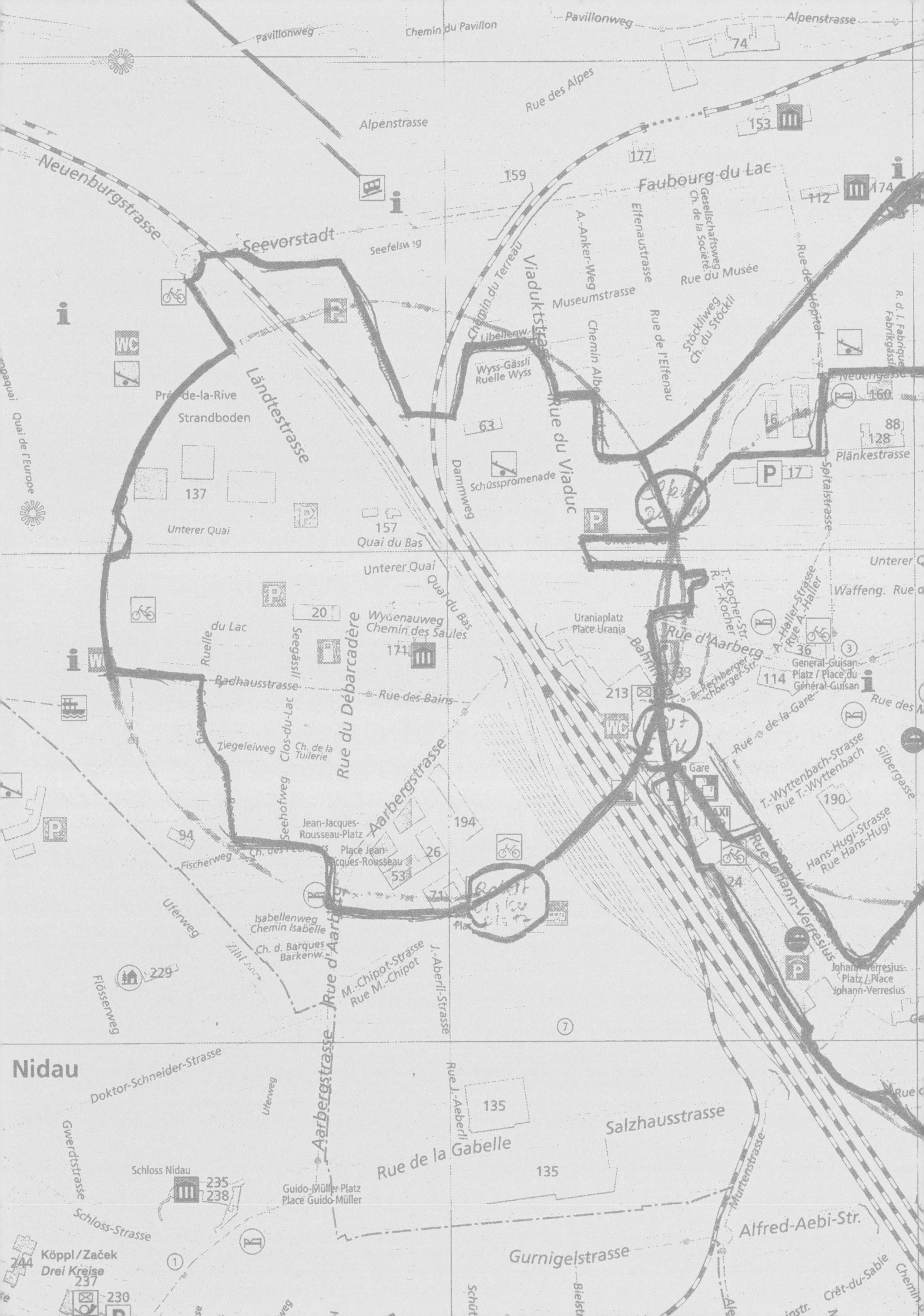

Pavillonweg
Chemin du Pavillon
Pavillonweg
Alpenstrasse
74
Rue des Alpes
153
Alpenstrasse
177
112
174
159
Faubourg du Lac
Neuenburgstrasse
A.-Anker-Weg
Elfenaustrasse
Gesellschaftsweg
Ch. de la Société
Rue de l'Hôpital
Seevorstadt
Seefelsweg
Chemin du Terreau
Museumstrasse
Rue du Musée
R. d. l. Fabrique
Fabrikgässli
Viaduktstrasse
Libellenw.
Chemin Albe
Stöckliweg
Ch. du Stöckli
Neuergasse
Wyss-Gässli
Ruelle Wyss
Rue de l'Elfenau
160
Pré-de-la-Rive
16
Strandboden
63
88
128
Ländtestrasse
Rue du Viaduc
Plänkestrasse
P
17
137
Schüsspromenade
Spitalstrasse
Dammweg
157
Unterer Quai
Quai du Bas
Quai de l'Europe
Unterer Quai
Uranaquai
Unterer Quai
T.-Kocher-Str.
R. T.-Kocher
A.-Haller-Strasse
Rue A.-Haller
Waffeng. Rue
20
Quai du Bas
Uraniaplatz
Place Urania
Rue d'Aarberg
36
Ruelle
du Lac
Wydenauweg
Chemin des Saules
3
Seegässli
171
Bahn
B.-Rechberger-
chberger-Str.
114
General-Guisan-
Platz / Place du
Général-Guisan
Badhausstrasse
Rue des Bains
213
Rue de la Gare
Rue des
Clos-du-Lac
Ch. de la
Tuilerie
WC
Gare
Ziegeleiweg
Aarbergstrasse
T.-Wyttenbach-Strasse
Rue T.-Wyttenbach
Silbergasse
Seehofweg
Rue du Débarcadère
190
Jean-Jacques-
Rousseau-Platz
194
Hans-Hugi-Strasse
Rue Hans-Hugi
94
Fischerweg
Ch. des Pêcheurs
Place Jean-
Jacques-Rousseau
26
53
24
Isabellenweg
Chemin Isabelle
Rue d'Aarberg
Plac
Uferweg
Ch. d. Barques
Barkenw.
M.-Chipot-Strasse
Rue M.-Chipot
J.-Aberli-Strasse
Rue Johann-Verresius
Johann-Verresius-
Platz / Place
Johann-Verresius
Flössenweg
229
7
Nidau
Doktor-Schneider-Strasse
Uferweg
Rue J.-Aberli
135
Salzhausstrasse
Gwerdtstrasse
Rue de la Gabelle
135
Alfred-Aebi-Str.
Schloss Nidau
235
238
Guido-Müller-Platz
Place Guido-Müller
Gurnigelstrasse
Schloss-Strasse
Köppl / Začek
Drei Kreise
244
1
237
230
Crêt-du-Sable

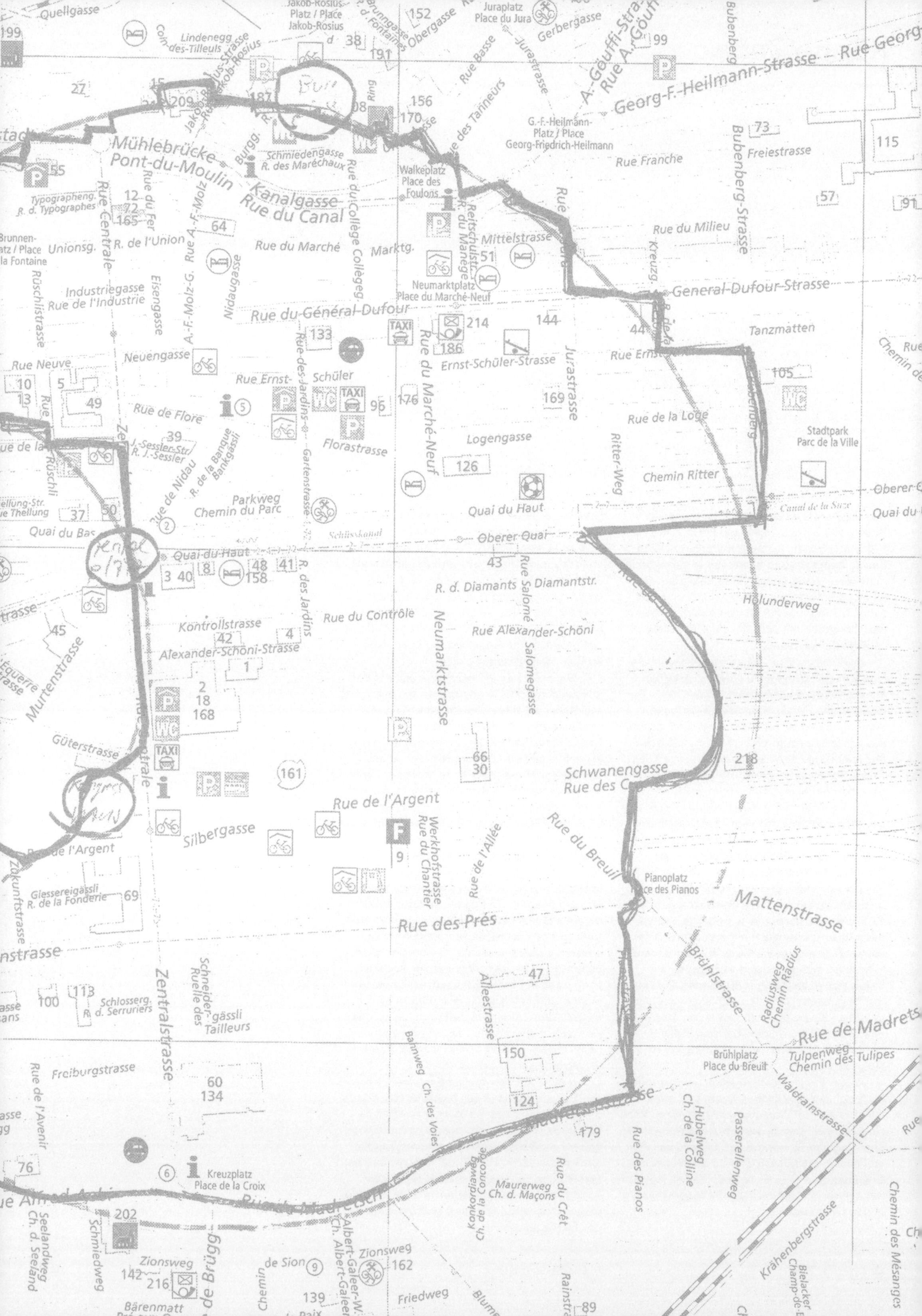

Quellgasse
Lindenegg
Coin-des-Tilleuls
199
27
Jakob-Rosius-Platz / Place Jakob-Rosius
Jakob-Rosius-Strasse
Rue Jakob-Rosius
209
187
Mühlebrücke
Pont-du-Moulin
Burgg.
Schmiedengasse
R. des Maréchaux
Kanalgasse
Rue du Canal
55
Typographeng.
R. d. Typographes
12
72
165
Rue du Fer
Rue A.-F.-Molz
64
Rue Centrale
A.-F.-Molz-G.
Nidaugasse
Rue du Marché
Marktg.
Brunnen-platz / Place la Fontaine
Unionsg.
R. de l'Union
Industriegasse
Rue de l'Industrie
Eisengasse
Neuengasse
Rüschlistrasse
Rue Neuve
10
13
5
49
Rue de Flore
39
J.-Sessler-Str.
R. J. Sessler
Rue de Nidau
R. de la Banque
Bankgässli
Zentral
Rüschli
Rue de la
Parkweg
Chemin du Parc
Gartenstrasse
37
50
Quai du Bas
Thellung-Str.
e Thellung
45
Murtenstrasse
Équerre
Quai-du-Haut
3 40
8
48
158
41
R. des Jardins
Kontrollstrasse
42
4
Alexander-Schöni-Strasse
1
2
18
168
Güterstrasse
Rue Centrale
161
Rue de l'Argent
Silbergasse
Rue de l'Argent
Giessereigässli
R. de la Fonderie
69
Zukunftstrasse
strasse
nstrasse
113
100
Schlosserg.
R. d. Serruriers
Zentralstrasse
Schneider-gässli
Ruelle des
Tailleurs
Freiburgstrasse
Rue de l'Avenir
60
134
76
Kreuzplatz
Place de la Croix
6
202
Seelandweg
Ch. d. Seeland
Zionsweg
142
216
Schmiedweg
de Brügg
Zionsweg
de Sion
9
139
Bärenmatt
Paix
Jakob-Rosius-Platz / Place
Jakob-Rosius
d 38
191
Obergasse
152
Brunngasse
d. Fontaines
156
170
208
Ring
Schmiedengasse
Rue du Collège Collège
Rue du Marché-Neuf
Rue des Tanneurs
Rue Basse
Jurastrasse
Gerbergasse
Juraplatz
Place du Jura
A.-Gouffi-Stra.
Rue A.-Gouffi
99
Georg-F.-Heilmann-Strasse
Rue Georg
Bubenberg-Strasse
73
Freiestrasse
115
G.-F.-Heilmann-Platz / Place
Georg-Friedrich-Heilmann
Rue Franche
57
91
Walkeplatz
Place des Foulons
Reitschulstr.
R. du Manège
Mittelstrasse
51
Neumarktplatz
Place du Marché-Neuf
Rue du Milieu
General-Dufour-Strasse
Rue du Général-Dufour
133
214
186
144
Ernst-Schüler-Strasse
Schüler
Rue Ernst-
Rue des Jardins
176
169
Jurastrasse
Rue Ernst
44
Tanzmatten
105
Rue de la Loge
Logengasse
126
Stadtpark
Parc de la Ville
Florastrasse
Parkweg
Chemin du Parc
Schlüsskanal
Quai du Haut
Chemin Ritter
Ritter-Weg
Oberer Quai
Canal de la Suze
Oberer
Quai du
43
Rue Salomé
R. d. Diamants Diamantstr.
Rue du Contrôle
Rue Alexander-Schöni
Salomegasse
Holunderweg
Neumarktstrasse
66
30
218
Schwanengasse
Rue des C
Rue de l'Allée
Rue du Breuil
Werkhofstrasse
Rue du Chantier
F
9
Rue des Prés
Pianoplatz
Place des Pianos
Mattenstrasse
47
Alleestrasse
Bahnweg
Ch. des Voies
Brühlstrasse
Radiusweg
Chemin Radius
Rue de Madrets
150
Brühlplatz
Place du Breuil
Tulpenweg
Chemin des Tulipes
124
179
Madretschstrasse
Rue des Pianos
Hubelweg
Ch. de la Colline
Passerellenweg
Waldrainstrasse
Kreuzplatz
Place de la Croix
Maurerweg
Ch. d. Maçons
Konkordiaweg
Ch. de la Concorde
Rue du Crêt
Rainstrasse
89
Krähenbergstrasse
Bielacker
Champ-de
Chemin des Mésanges
Albert-Galée-W.
Ch. Albert-Galée
162
Friedweg
Blum

Köppl / Začek

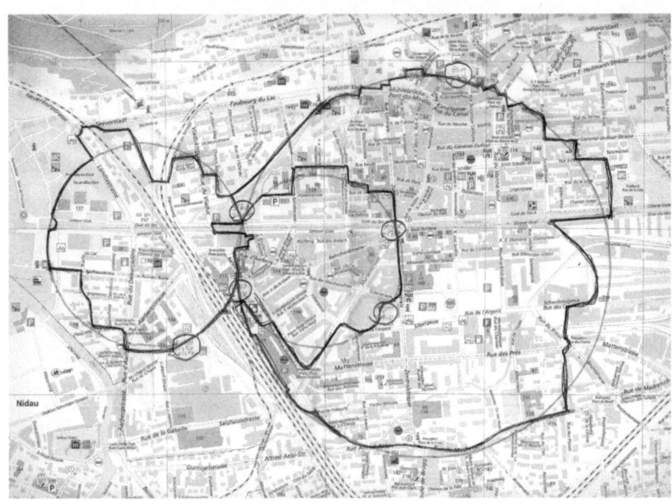

Seit 1997 arbeiten die beiden Schweizer Künstler Jörg Köppl (geb. 1964) und Peter Začek (geb. 1962) zusammen. In ihrem multidisziplinären Ansatz benutzen und kombinieren sie verschiedene Medien wie Audio, Video, Skulptur, Installation oder Performance; dabei treten sie oft selbst als Akteure auf. Neben Ausstellungen in Kunstinstitutionen arbeiten sie immer wieder im öffentlichen Raum.

Als Rückgrat ihrer Arbeit fungiert stets ein konzeptueller Zugang zu gesellschaftlichen Fragen. Mit Hilfe von Formen (Würfel, Kreis, Papierstreifen), Handlungen (Beantworten von Fragen, Bewegungsabläufe, Spiel) und manchmal unter Einbezug von technischen Mitteln (Aufzeichnung und Wiedergabe) kreieren Köppl/ Začek Regelwerke, die an der Grenzlinie zwischen Alltag und Kunst operieren.

Für Le Mouvement haben Köppl/Začek eine neue Performance mit dem Titel *Drei Kreise* (2014) entwickelt. Jeder der Kreise repräsentiert eine bestimmte Berufsgruppe (Künstler, Prostituierte, Asylbewerber) und wird pausenlos von jeweils einem Vertreter/einer Vertreterin derselben abgelaufen. Die Gesamtdauer beträgt 72 Stunden. Obschon eine zufällige Begegnung unwahrscheinlich ist, kreuzen sich die Wege an gewissen Punkten. Wie ein Uhrwerk verzahnen sich die Kreise ineinander und halten sich gegenseitig in Bewegung. Die Performance geht letztlich von der Skulptur aus und erweitert bewusst deren Definition. Das Periphere, unsichtbare oder aber verdinglichte Körper reflektieren Machtausübung bis hin zur Ausgrenzung.

Köppl/Začek eröffnen einen unerwarteten Blick auf den öffentlichen Raum und seine Funktionsweise: „Was uns im Kreis gehen lässt, sind weniger Verbote und Einschränkungen als ökonomische Bedingtheiten. Es geht uns darum, eine Parallelgeschichte zu etablieren, die erst über die Zeit oder zu bestimmten Tageszeiten hervortritt und die über die vorgegebenen Plätze hinausweist."

Les deux artistes suisses Jörg Köppl (né en 1964) et Peter Začek (né en 1962) travaillent ensemble depuis 1997. Dans leur approche multidisciplinaire, ils utilisent et combinent différents médias: audio, vidéo, sculpture, installation ou performance, dans lesquelles ils interviennent aussi en tant qu'acteurs. En parallèle aux expositions dans des institutions culturelles, ils font régulièrement des interventions dans l'espace public.

L'épine dorsale de leur travail est une démarche conceptuelle en réponse aux questions sociétales. A l'aide de formes (cube, cercle, bande de papier), d'actions (réponse à des questions, enchaînements de mouvements, jeux), et parfois grâce à des moyens techniques (enregistrements sonores et reproductions), Köppl/Začek créent des référentiels qui opèrent à la frontière entre l'art et la vie quotidienne.

Pour Le Mouvement, Köppl/Začek ont développé une nouvelle performance intitulée *Drei Kreise* (2014). Chacun des cercles est représenté par un groupe spécifique (artistes, prostituées, demandeurs d'asile) qui tourne en rond pendant 72 heures, la durée totale de la performance. Bien qu'une rencontre aléatoire soit peu probable, leurs chemins se croisent à certains points. Les cercles s'emboîtent comme les rouages d'une horloge et s'entraînent les uns les autres. La performance est finalement une sculpture et élargit délibérément la définition de ce que peut être une sculpture. Le corps périphérique, invisible, réifié, reflète le droit d'exercer le pouvoir jusqu'à l'exclusion.

Köppl/Začek ouvrent une vue inattendue sur l'espace public et son mode de fonctionnement: «Ce qui nous fait tourner en rond, ce sont moins les restrictions et les interdictions que les conditionnements économiques. Ce que nous voulons, c'est établir une histoire parallèle qui n'apparaisse que de temps en temps, ou à certains moments de la journée, et qui transcende la nature prédéterminée de chaque place.»

The Swiss artists Jörg Köppl (b. 1964) and Peter Začek (b. 1962) have worked together since 1997. Their multidisciplinary approach combines various media including audio, video, sculpture, installation, and performances. The backbone of Köppl/Začek's work is a conceptual approach to social questions. Using forms (cubes, circles, strips of paper), actions (answering questions, sequences of movements, games), and sometimes technical media (recording and playback), they create frameworks that operate in the boundaries between art and everyday life. For Le Mouvement, Köppl/Začek have developed a new performance entitled *Drei Kreise* (2014) in which three different social groups walk 24 hours a day in circles. Each circle is represented by a particular group (artists, prostitutes, asylum seekers), who walk in shifts for 72 hours, the total duration of the performance. Like the workings of a clock, the circles dovetail into each other and keep each other in motion. The performance is ultimately a piece of sculpture and a conscious extension of what sculpture can be. Peripheral, invisible, and reified bodies reflect the exercise of power right to the point of exclusion. Köppl/Začek open up an unexpected perspective on public space and its modus operandi: "What makes us walk in circles are less restrictions and prohibitions than economic conditions. What we want to establish is a parallel story that can only emerge over time or at certain times of the day and transcends the predetermined nature of a place."

Jiří Kovanda

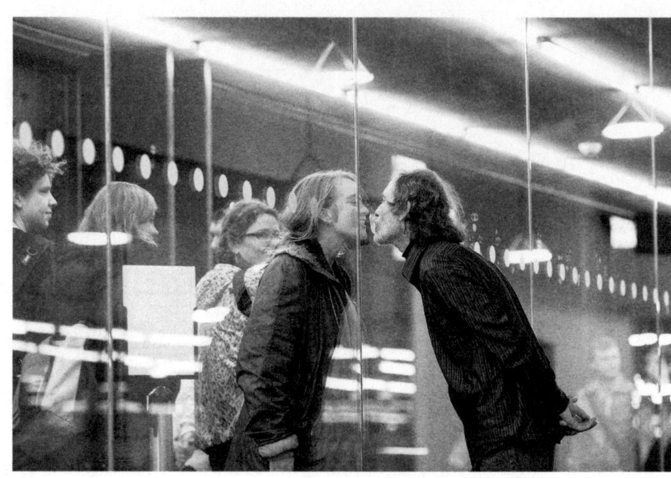

Jiří Kovanda (geb. 1953) begann in den 1970er-Jahren Performances zu zeigen. Diese lassen stets die zurückhaltende, subtile und konzeptuelle Handschrift des Künstlers erkennen. Der aus Prag stammende Jiří Kovanda nimmt den öffentlichen Raum in Beschlag und nutzt dabei seine bereits vorhandenen Elemente. Er schafft keine Objekte, sondern spielt vielmehr mit dem, was ihn umgibt. Zu Beginn galt Jiří Kovanda als Amateurkünstler, weil er Autodidakt war, aber auch, weil seinem Werk jegliche politische Begrifflichkeit abging. In einer entsetzlich repressiven Kunstszene fanden die Auftritte von Kovanda an öffentlichen, nicht institutionalisierten Orten statt. Die meisten dieser Performances wurden fotografisch festgehalten. Das im Rahmen von Le Mouvement gezeigte Werk *Kissing Through Glass* wurde erstmals 2007 für die Tate Modern realisiert. Der Künstler steht hinter einer Vitrine und eine Tafel informiert die Passanten darüber, dass er durch die Glaswand hindurch Küsse verteilt. Auch hier wird die Interaktion mit dem Publikum gesucht, ja, sie ist für das Gelingen der Performance sogar entscheidend. Die minimalen Interventionen dieses tschechischen Künstlers sind immer flüchtiger Natur und nehmen die nonverbale Kommunikation und unerwartete Begegnungen unter die Lupe.

Basé à Prague, l'artiste tchèque, Jiří Kovanda (né en 1953), commence à réaliser des performances dans les années 70. C'est grâce à celles-ci, toujours discrètes, subtiles et conceptuelles, que se fait connaître l'artiste. Il ne crée pas d'objet mais exploite les éléments de son environnement, à la manière d'une fabrique urbaine de places ou d'éléments aléatoires. En réponse à l'occupation terriblement oppressante du régime soviétique, les actions de Jiří Kovanda, qui incluaient des actes de la vie quotidienne, comme le fait de chercher à rencontrer une fille, ou à quitter brusquement un groupe d'amis en courant, étaient présentées au public de manière clandestine et dans des endroits non-institutionnels, souvent pour un auditoire fermé et très restreint, ou seulement pour le photographe qui gardait une trace de ces actions. L'œuvre intitulée *Kissing Through Glass*, présentée pour l'exposition Le Mouvement, a été réalisée pour la première fois à la Tate Modern, à Londres, en 2007. Alors que l'artiste est posté derrière une vitrine, une inscription informe les passants que ce dernier distribue des baisers à travers la paroi vitrée. Encore une fois, l'interaction avec le public est ici recherchée, voire nécessaire au bon déroulement de l'œuvre. Toujours éphémères, les interventions minimales de cet artiste tchèque questionnent la communication non-verbale et les rencontres inopinées.

Kissing Through Glass, 2007   Public Performance

The Czech artist Jiří Kovanda (b. 1953) is based in Prague, where he began to make actions in the 1970s. Once regarded as an amateur, not least because he was self-taught as an artist and lacked a sophisticated political language, Kovanda has become known for these invariably discreet, subtle, and conceptual gestures, which create no objects but instead exploit the natural contours and found elements of his environment. In the context of a thoroughly oppressive regime, Jiří Kovanda's actions, which included everyday acts such as trying to meet a girl or suddenly running away from a group of friends, were made clandestinely in public and informal spaces, often for very small and select audiences or only for the photographer documenting them. *Kissing Through Glass* (2007), initially developped for Tate Modern in 2007 and presented in Le Mouvement, pursues the artist's aesthetic strategy of extreme economy, but also requires the collusion of a participating audience. Again exploiting the given fabric of the urban environment, Kovanda waits on one side of a window pane and offers to share a kiss through the glass with anyone who passes by. This supremely simple collaborative intervention says as much about connections between bodies as about the basic, urban elements that keep them apart. Rife with paradox, it shows just how little can separate us and demonstrates the ways in which the materiality of the city divides and connects with that of bodies themselves.

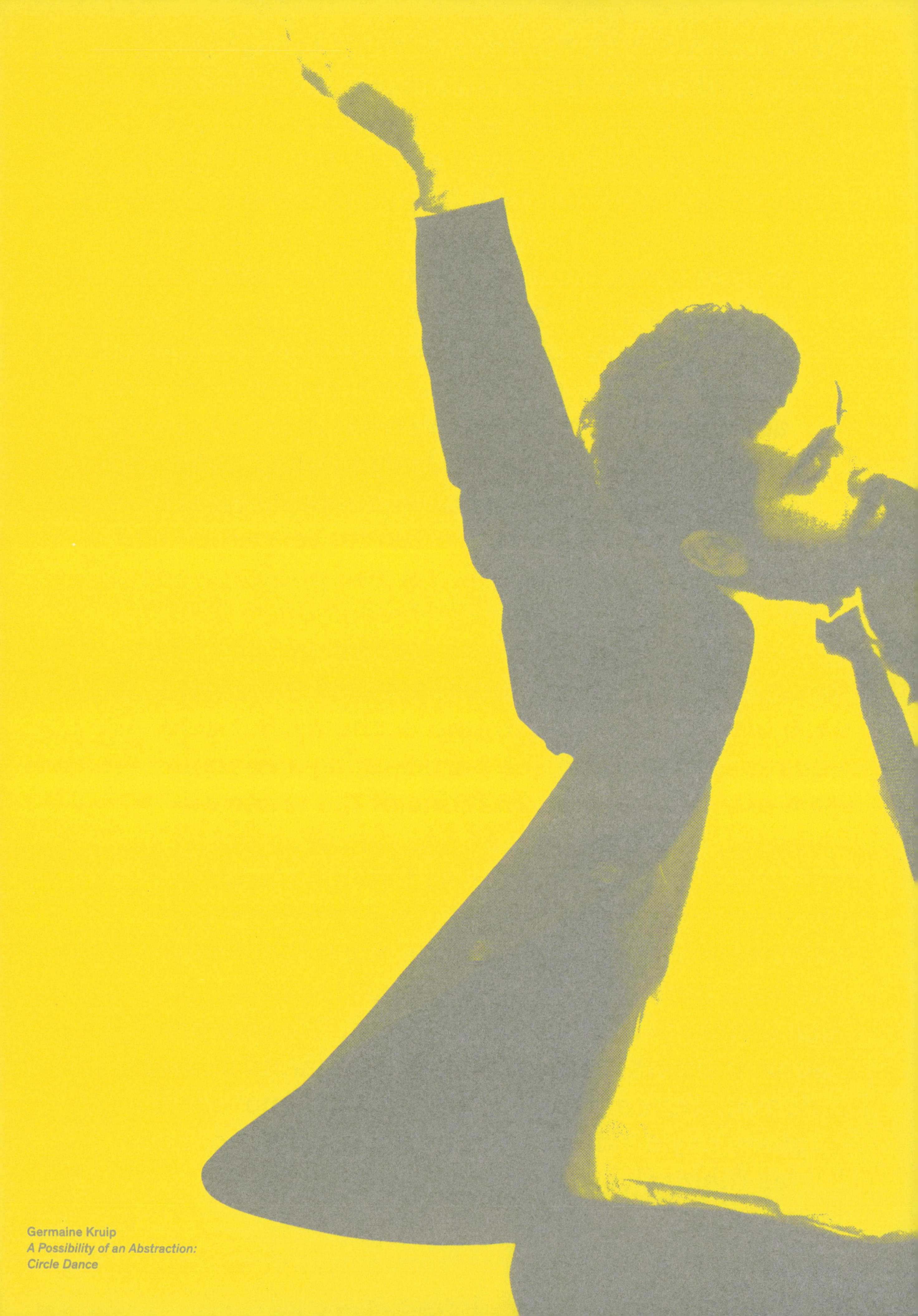

Germaine Kruip
*A Possibility of an Abstraction:
Circle Dance*

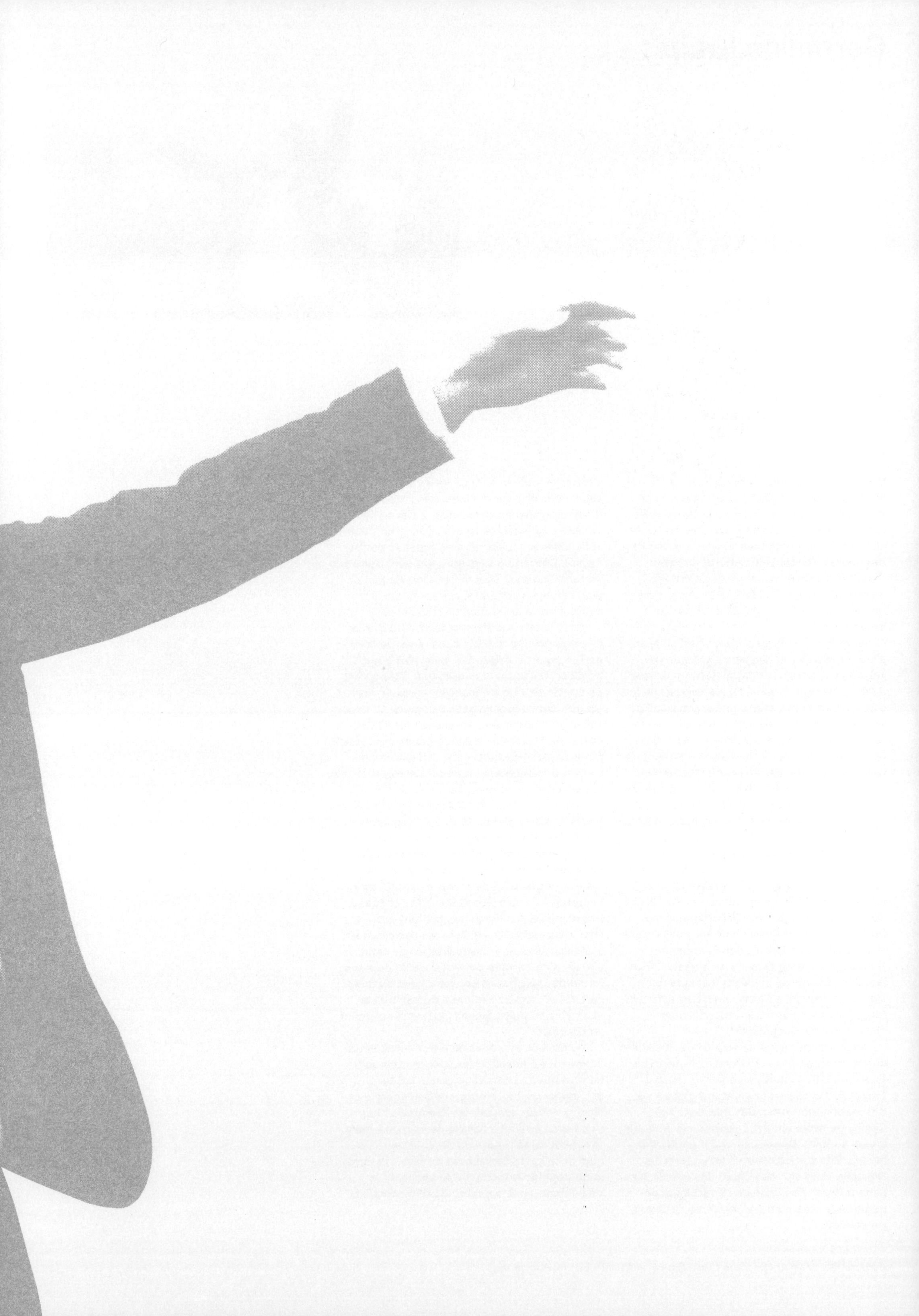

Germaine Kruip

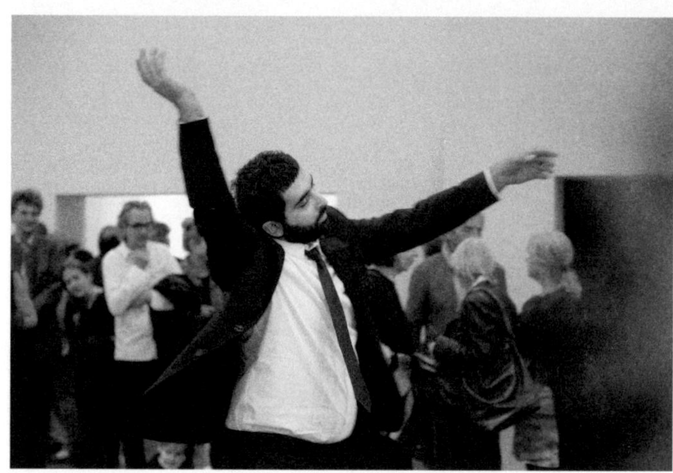

Das Werk von Germaine Kruip (geb.1970) manifestiert sich in vielfältiger und komplexer Weise: Abfeuern von Feuerwerk, Bereitstellen von Beobachtungsplattformen, Spiel mit Licht und Schatten, kinetischen Skulpturen, und Performances. Tendenziell entfernt sich die Künstlerin immer mehr von der Herstellung materieller Dinge. Statt Objekte zu produzieren, arbeitet sie lieber am Erschaffen von Situationen.

In ihrer Arbeit *Point of View* (2002) integriert sie Schauspieler in das Strassenleben von Tucuman, Argentinien. Deren Auftrag besteht darin, ganz gewöhnliche Passanten zu spielen. Obschon die Performance vorher angekündigt wurde, bleiben die gespielten Szenen inkognito. Dadurch gerät ein Teil des öffentlichen Lebens unter Verdacht. Was ist hier überhaupt echt und was gespielt? Die künstlerische Intervention unterminiert auf subtile Weise das, was gewöhnlich gegeben und daher unsichtbar ist.

Für die Performance *A Possibility of an Abstraction: Circle Dance* (2012) kooperiert Germaine Kruip mit Derwischen. Der ekstatische Kreistanz gilt als eine der körperlichen Methoden, um in religiöse Ekstase zu verfallen und Kontakt mit dem Universum aufzunehmen. Statt der traditionellen Tracht mit Hut tragen die Derwische simple, dunkle Anzüge, dazu weisse Hemden. Dies erschwert den Passanten die Kontextualisierung dieser unerwarteten Manifestation. Scheinbar aus dem Nichts tauchen sie auf und beginnen einen Kreistanz aufzuführen. Ist es eine Form von Protest? Oder einfach nur ein Spektakel?

Nach wenigen Minuten beginnt der Kreistanz den Betrachter in seinen Bann zu ziehen. Das Publikum bildet intuitiv einen Kreis um den Tänzer. Er kanalisiert Energie und gibt sie den Zuschauenden weiter. Das Interesse von Germaine Kruip gilt der untrüglichen Wirkung dieser simplen Bewegung und ihrer Wiederholung. Wie stark diese sein kann, zeigt die Tatsache, dass sich das Chaos des öffentlichen Lebens durch den Bann des Kreistanzes unbemerkt in eine gemeinschaftliche Ordnung verwandelt.

L'œuvre de Germaine Kruip (née en 1970) prend des formes diverses et complexes: mise à feu d'objets pyrotechniques, mise à disposition de plates-formes d'observation, jeu avec l'ombre et la lumière, sculptures cinétiques et performance. Elle tend à s'éloigner toujours plus de la présentation de choses matérielles. En lieu et place d'objets concrets, elle préfère s'atteler directement à la création de situations.

Dans son travail *Point of View* (2002), elle a infiltré des comédiens dans la vie de la rue de Tucuman en Argentine. Leur rôle étant de jouer des passants ordinaires. Bien que la performance ait été annoncée au début, les scènes jouées sont restées incognito. Le soupçon s'est immiscé dans la vie publique. Qu'est-ce qui était la réalité et qu'est-ce qui était joué? L'intervention artistique mine de façon subtile ce qui est habituellement perçu comme la norme et par conséquent invisible.

Dans la performance *A Possibility of an Abstraction: Circle Dance* (2012), Germaine Kruip s'associe avec des derviches. La danse extatique en cercle est l'une des méthodes physiques permettant de tomber dans une extase religieuse et de prendre contact avec l'univers. Au lieu du costume et du chapeau traditionnels, les derviches portent des costumes sobres et sombres sur des chemises blanches. Ainsi, la contextualisation de cette situation inattendue devient difficile pour les passants: surgissant apparemment de nulle part, les artistes se mettent à danser. Est-ce une forme de protestation? Ou tout simplement un spectacle?

Au bout de quelques minutes, cette danse commence à envoûter les spectateurs qui, intuitivement, forment un cercle autour des danseurs. Le cercle canalise l'énergie et la transmet aux spectateurs. Germaine Kruip s'intéresse à l'effet infaillible de ce mouvement simple et de sa répétition; elle démontre à quel point cette danse peut de façon presque imperceptible transformer le chaos de la vie publique en une espèce d'ordre complice.

The work of the Dutch, Brussels-based artist Germaine Kruip (b.1970) is varied and complex. She sets off fireworks, erects observation platforms, plays with light and shadows, makes kinetic sculptures, and makes performances. Her work moves ever further from the production of material things, preferring to work directly with the creation of situations rather than the fabrication of objects. In *Point of View* (2002), Kruip infiltrated the street life of Tucuman, Argentina with actors who played at being ordinary passersby. Although the performance was initially announced, the actual scenes to be acted were unknown. As such, an element of public life was thrown under suspicion: what was actually genuine here, and what was being acted out? To create *A Possibility of an Abstraction: Circle Dance* (2012), Kruip has worked with dervishes for whom the ecstatic circle dance is a physical means of falling into religious ecstasy and making contact with the universe. Instead of wearing their traditional clothes and hats, these dervishes are dressed in simple dark suits and white shirts. It is difficult for passersby to make sense of such an improbable sight. The dervishes appear as if from nowhere. After a few minutes, the circle dance begins to work its spell and draw its onlookers in. The audience intuitively forms a circle around the dancers. Germaine Kruip is interested in the unfailing charm of this simple movement and its repetition. That the circle dance can conjure a collective order from the chaos of public life shows how potent this effect can be.

Myriam Lefkowitz

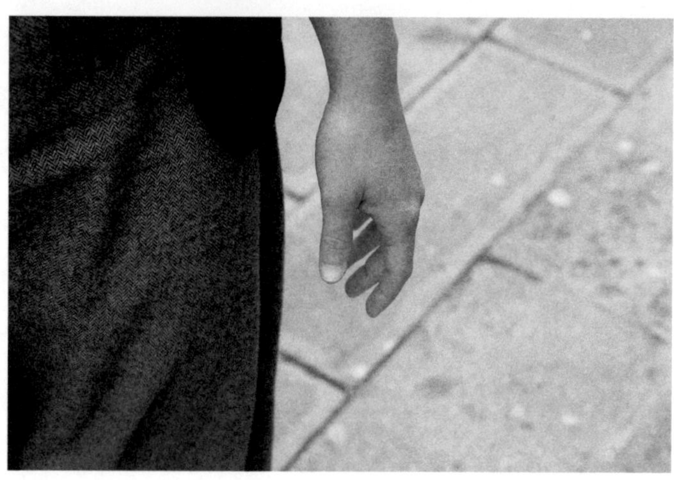

Die in Paris lebende französisch-amerikanische Künstlerin Myriam Lefkowitz (geb. 1980), ursprünglich Tänzerin und Choreografin, wandte sich in den letzten Jahren immer mehr der zeitgenössischen Kunst zu, ohne jedoch ihre Wurzeln zu verleugnen. Das Hauptthema ihrer Arbeit ist die Beziehung zwischen Bewegung und Blick beziehungsweise das Fehlen derselben. Dies führte zu ihrem laufenden Projekt *Walk, Hands, Eyes (Biel/Bienne)* (2014), bei dem der sogenannte Betrachter – oder besser „Erleber" – mit einem Performer ein Treffen an einem bestimmten Ort vereinbart. Bei dieser Begegnung bittet der Performer den Erleber, während der einstündigen Aktion die Augen zu schliessen und jeweils nur auf Anweisung kurz zu öffnen. Der Erleber wird nun von den beredten Händen des Performers, die ihm mit einfachen Gesten den Weg weisen, durch die Stadt geleitet. Diese durch und durch phänomenologische Aktion verlagert das Erleben und Wahrnehmen der Stadt auf eine komplett andere Ebene. Von einer sinnlichen Erfahrung der Stadt zu sprechen, wäre eine Untertreibung, denn dieses Erlebnis stellt unsere Wahrnehmungsmuster radikal auf den Kopf. Damit erzeugt dieses Sinnesabenteuer ein unnachahmliches Gefühl von Verletzlichkeit und ein geschärftes Bewusstsein für den öffentlichen Stadtraum.

D'abord danseuse et chorégraphe, l'artiste franco-américaine Myriam Lefkowitz (née en 1980), qui vit à Paris, s'est impliquée de plus en plus, ces dernières années, dans les arts plastiques d'aujourd'hui, sans pour autant renoncer à son ancrage dans le monde de la danse contemporaine. De manière générale, son œuvre s'est d'abord préoccupée de la relation entre mouvement et regard, ou de l'absence de cette relation. Cela s'est manifesté dans les investigations qu'elle mène actuellement avec *Walk, Hands, Eyes (Biel/Bienne)* (2014). Dans cette œuvre, celui qu'on appelle «spectateur» a rendez-vous avec un performeur dans un endroit donné. Les deux personnes se rencontrent; à ce moment, le performeur demande au spectateur, ou pour mieux dire, à l'expérimentateur, de fermer les yeux pour la durée d'une performance d'une demi-heure, et de ne les ouvrir brièvement que sur prescription du performeur. Pour le reste, l'expérimentateur est sans cesse guidé au travers de la ville par les mains précises du performeur, qui fournissent comme une succession de directives concises. Phénoménologique au plus haut point, cette œuvre déplace sur un registre complètement différent le type d'expérience et de connaissance qu'on peut faire d'une ville. À vrai dire, décrire cette œuvre comme une expérience sensuelle de la ville a quelque chose d'une litote: l'expérience réorganise radicalement nos modèles perceptifs. Et dès lors, cette entreprise sensorielle engendre un sens inimitable de la vulnérabilité tout en intensifiant notre conscience de l'espace public, urbain.

Originally a dancer and choreographer, the past few years have seen the French-American, Paris-based artist Myriam Lefkowitz (b.1980) increasingly engaged with the world of contemporary art while at the same time keeping her footing in the world of contemporary dance. Her work has been largely focused on the relationship between movement and the gaze, or lack thereof, which manifests itself in the ongoing investigations she makes in *Walk, Hands, Eyes (Biel/Bienne)* (2014). In this work, the so-called "viewer" makes an appointment with a performer at a given location. When they meet, the performer asks the viewer, or rather the "perceiver", to shut their eyes for the duration of the one-hour performance, briefly opening them only at the performer's behest. Otherwise, the perceiver is steadily guided through the city by the simple gestures of the performer's articulate hands. This thoroughly phenomenological work shifts one's way of experiencing and knowing the city into a whole other register. Indeed, it is something of an understatement to describe this work in terms of a sensual experience of the city: the work entirely reconfigures our patterns of perception. Lefkowitz's explorations heighten our awareness of public space and the sense of vulnerability it can induce.

Jérôme Leuba

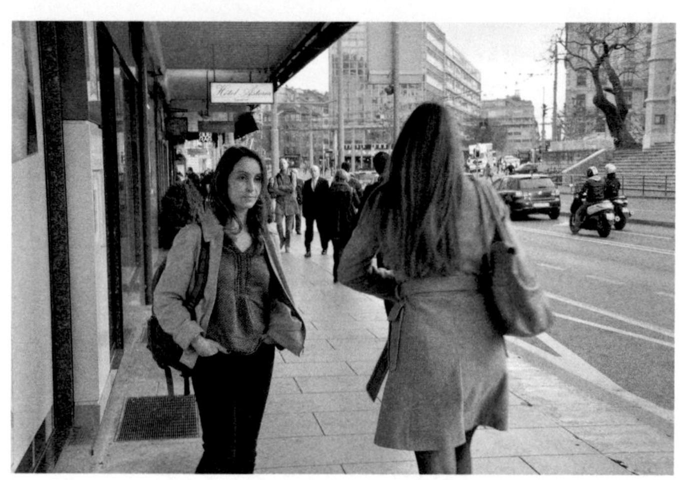

Seit 2004 arbeitet der in Genf lebende Schweizer Künstler Jérôme Leuba (geb. 1970) an einer Serie von Arbeiten mit dem Titel *battlefield*, für die er diverse Trägermedien verwendet. Jedes einzelne Bild trägt den Serientitel und erhält eine Nummer. Die oft als „lebende Skulpturen" bezeichneten Werke von Jérôme Leuba zeigen Männer und Frauen in unterschiedlichen, eindeutig identifizierbaren, öffentlichen Räumen. Durch die häufig ziemlich ausgefallenen Attitüden, Handlungen, Verhaltensweisen und Attribute der Akteure gelingt es dem Künstler, einen Raum sozialer Verwirrung und Unsicherheit zu erzeugen, der Fragen aufwirft. Die Tatsache, dass die so geschaffenen Situationen ohne weiteres echt und real sein könnten, ist ein zentrales Merkmal der lebenden Skulpturen von Jérôme Leuba. Indem er mit dem Sichtbaren und Unsichtbaren spielt oder die Wahrnehmung subtil manipuliert, kommt Leuba seinem Publikum auf halbem Weg entgegen und packt es bei seinem sozialen, moralischen und ethischen Empfinden. Seine Kunst wirft einen kritischen Blick auf die heutige Gesellschaft, spielt jedoch bewusst mit der Grenze zwischen dem privaten und öffentlichen Bereich und ruft damit Reaktionen hervor, die typisch sind für Menschen, die alle denselben Konditionierungsprozessen unterworfen sind. Anlässlich von *Le Mouvement* präsentiert Leuba das unveröffentlichte Werk *battlefield #95/gaze* (2014). Es handelt sich um eine Performance, für die sich drei Frauen und drei Männer auf einen Gehsteig der Stadt Biel begeben. Mit dem Rücken gegen die Wand gelehnt, beobachten sie die Passanten, ohne ein Wort zu verlieren. Die Eindringlichkeit ihrer Blicke verschiebt das Ziel der Performance von den Performern auf die Passanten. Damit erzeugt Jérôme Leuba ein weiteres reales Spannungsfeld, wie der Titel der Werksserie andeutet: Verwirrung, Wahrnehmung und Sichtbarkeit sind integrale Bestandteile seines Werks. Wer ist der Akteur dieser Performance? Wer sind diese Personen? Was betrachten sie, und weshalb? Ein Schlachtfeld der Interpretation.

Depuis 2004, Jérôme Leuba (né en 1970), artiste suisse vivant à Genève, réalise une série de travaux nommée *battlefield*, qu'il décline sur différents supports. Chaque œuvre a ce titre, puis est numérotée. Souvent désignées comme étant des sculptures vivantes, les œuvres de Jérôme Leuba mettent en scène des hommes et des femmes dans des espaces publics distincts. De par les attitudes des performeurs, leurs actions, comportements ou attributs souvent à la limite du remarquable, l'artiste réussit à créer un espace de désorientation sociale, d'incertitude et de questionnement. L'aspect toujours réel et possible des situations développées est une facette majeure des sculptures vivantes de Jérôme Leuba. Grâce à un jeu sur le visible et l'invisible, et grâce à un subtil maniement des perceptions, l'artiste va à la rencontre du public et intrigue ses sens sociaux, moraux et éthiques. Si sa pratique se veut critique de la société actuelle, il joue délibérément sur la frontière entre le domaine personnel et collectif en activant ainsi des réactions propres à l'être humain, soumises aux conditionnements communs. Pour *Le Mouvement*, Jérôme Leuba présente une nouvelle production intitulée *battlefield #95/gaze* (2014). Cette performance présente trois femmes et trois hommes sur un même trottoir de la ville de Bienne. Dos au mur, ces personnes observent les passants de manière appuyée, sans dire un mot. L'insistance de leur regard renverse l'objet de la performance, qui passe des performeurs aux passants. Jérôme Leuba crée avec cette œuvre. un nouveau véritable champ de tension, comme l'indique le titre de la série, où confusion, perception et visibilité sont parties intégrantes de l'œuvre. Qui est l'acteur de la performance? Qui sont ces individus? Que regardent-ils, et pourquoi? Un champ de bataille d'interprétation.

Since 2004, Jérôme Leuba (b.1970), a Swiss artist living in Geneva, has been making a series of works called *battlefield*, which he produces in a variety of media. The works have consecutive numbers and titles which indicate what kind of images they are. Often described as being living sculptures, Jérôme Leuba's works feature men and women in clearly recognizable locations. Using the attitudes of the performers, their actions, behavior, or attributes, which are often barely perceptible, the artist succeeds in creating a space of social disorientation, uncertainty, and scrutiny. The fact that such situations really could occur at any time is a defining feature of Leuba's living sculptures. By playing on the visible and the invisible and subtly manipulating their reactions, the artist undermines the expectations of the audience and puts their social, moral, and ethical senses to the test. For Le Mouvement, Leuba presents *battlefield #95/gaze* (2014). This new performance places three women and three men on the same street in Biel/Bienne. With their backs to a wall, the performers stare silently at people passing by. The intensity of their gaze displaces the object of the performance, which passes from the performers to the passersby. With this piece Jérôme Leuba creates another genuine tension, as the title of the series indicates: confusion, perception, and visibility are integral elements of his work. Who is the actor in the performance? Who are these individuals? What are they looking at, and why? A battlefield of interpretation.

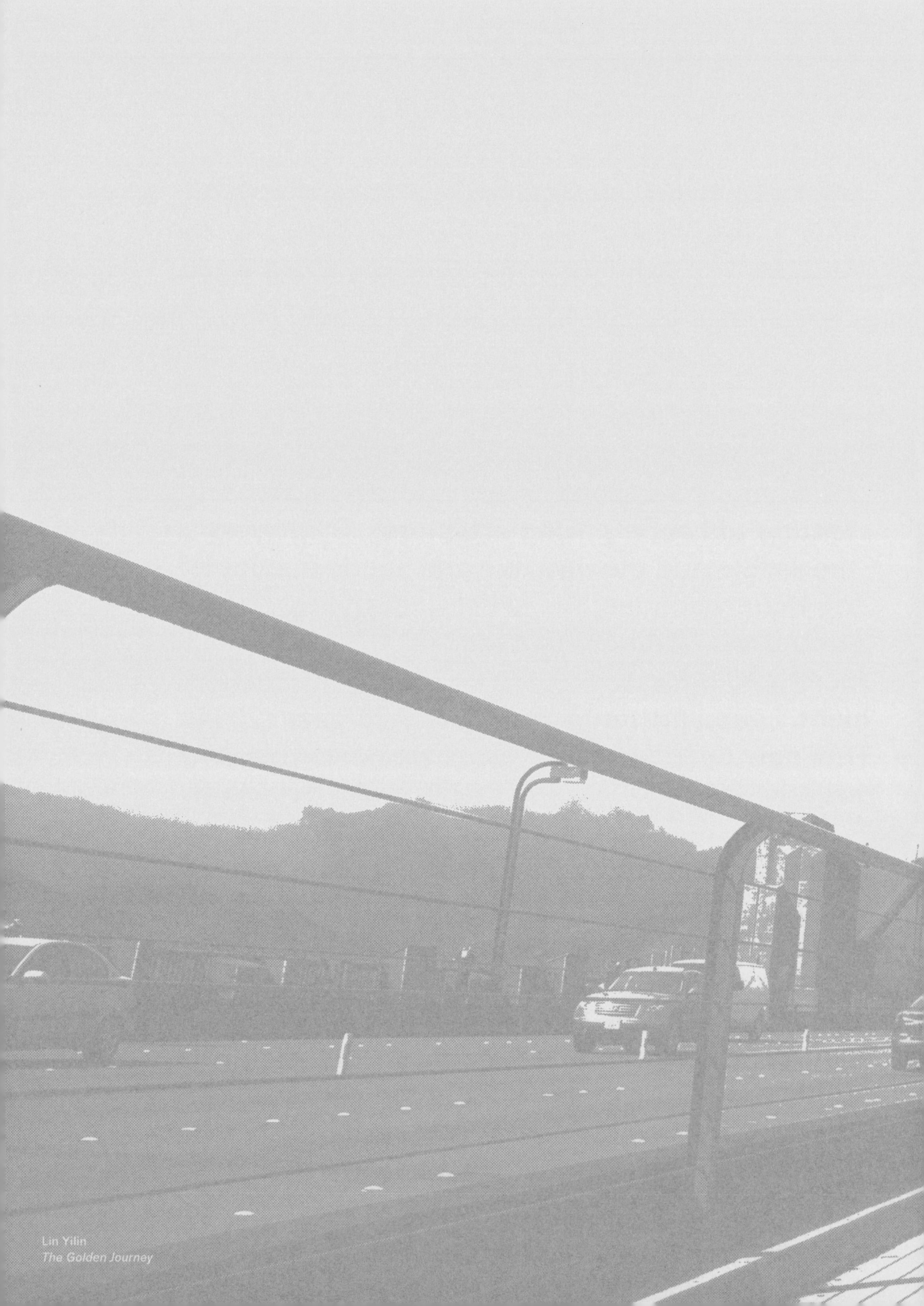
Lin Yilin
The Golden Journey

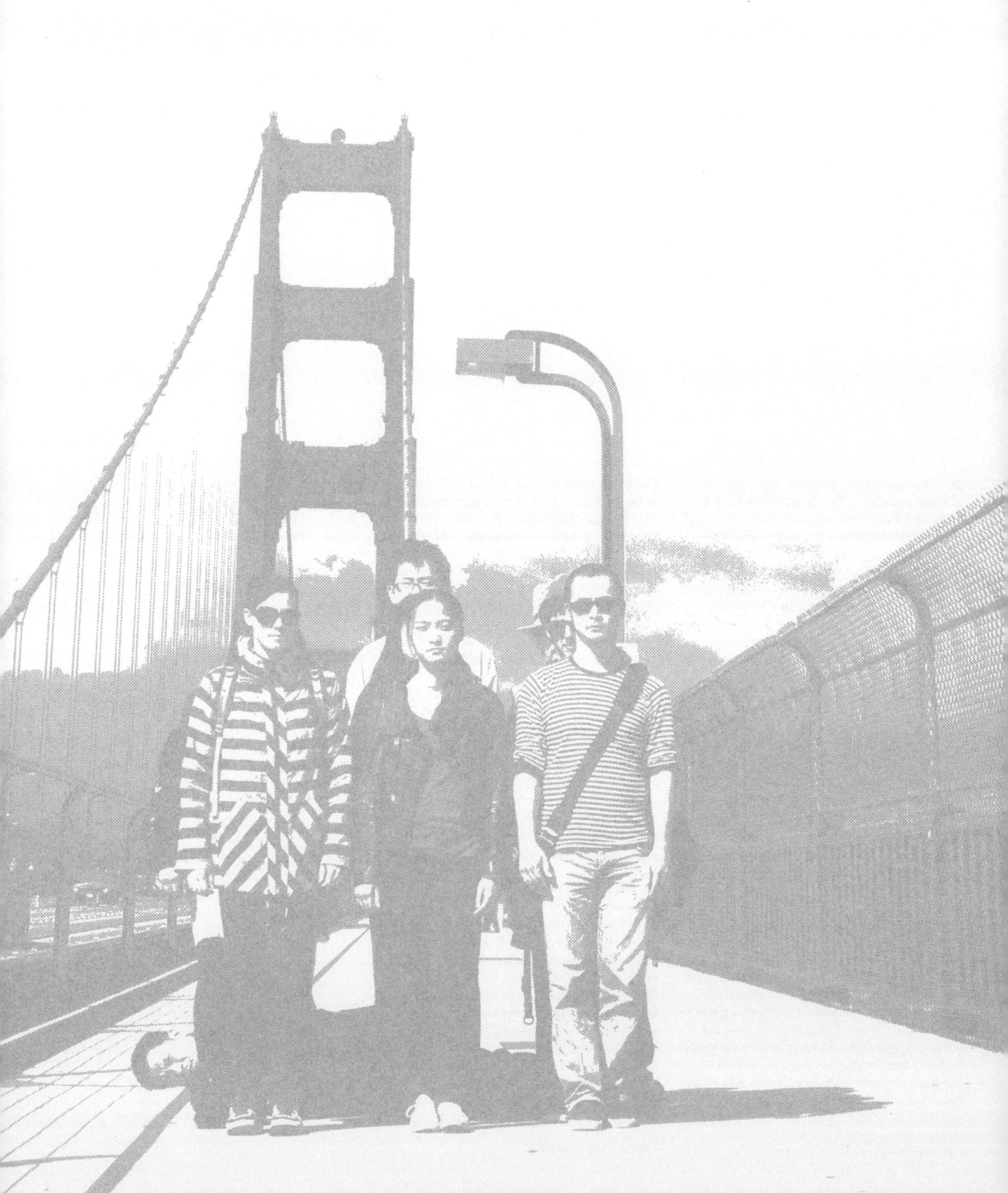

Lin Yilin

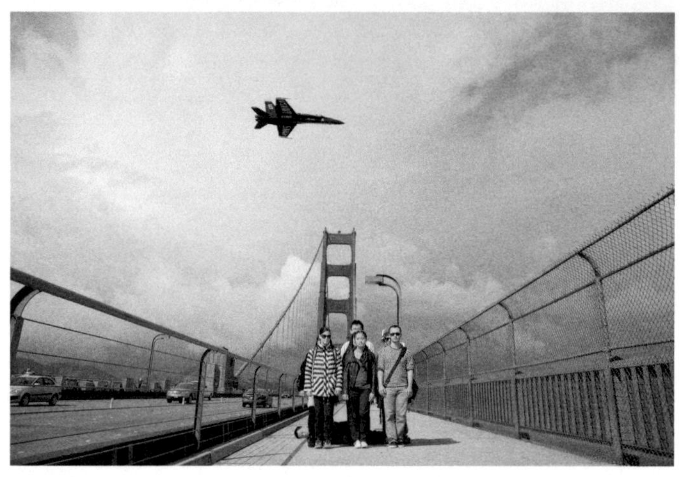

Der chinesische Künstler Lin Yilin (geb. 1964) lebt und arbeitet in Peking und New York. Er spielt eine Schlüsselrolle in Chinas erst jüngst vollzogenem Eintritt in die zeitgenössische Mainstream-Kunstszene. Nach dem Studium der Bildhauerei wandte sich Lin Yilin der Performance, der Architektur sowie – angesichts der rapiden Urbanisierung im China der 1990er-Jahre – der Problematik des Stadtlebens zu. Ein zentrales Frühwerk, das viele dieser Anliegen aufgreift, ist die Performance *Safely Maneuvering Across Lin He Road* (1995). Der Künstler unternahm den wenig praktischen Versuch, eine Wand aus Betonblocksteinen abzubauen, Stein für Stein über eine verkehrsreiche Strasse in Guangzhou zu tragen und auf der anderen Seite wieder aufzubauen. Lins Beitrag zu Le Mouvement basiert auf seiner Performance *The Golden Journey* (2012), bei der er sich an bekannten, oft malerischen Schauplätzen in San Francisco auf dem Boden wälzte: In *The Departure From Her Feet* (2014) rollt sich der Künstler ausgehend von drei verschiedenen Punkten in Biel/Bienne zum Rathaus. Am ersten Tag beginnt er beim Gerechtigkeitsbrunnen, am zweiten in der Fussgängerzone und am dritten beim Centre-PasquArt. Bei dieser anstrengenden und nicht ungefährlichen Aktion nutzt der Künstler den öffentlichen Raum auf eine Weise, die normalerweise alles andere als zulässig ist: Er rollt auf dem Boden. Dadurch verweist er auf ein unausgesprochenes Tabu, das für die moderne Stadt und ihre Bürger genauso gilt wie für die griechische Polis: Solange man nicht darauf steht, gehört es einem nicht.

L'artiste chinois Lin Yilin (né en 1964), vit et travaille à Pékin et New York. C'est l'une des figures clés de l'art contemporain chinois, qui fait partie du mouvement général de l'art depuis une date relativement récente. Il a d'abord étudié la sculpture, puis s'est concentré sur la performance, l'architecture et l'expérience du monde urbain, dans le contexte de l'urbanisation rapide des années 1990. Une performance ancienne et fondatrice, qui incarne beaucoup de ses préoccupations, est *Safely Maneuvering Across Lin He Road* (1995) : l'artiste transporte et rempile péniblement un mur de parpaings, un par un, en travers d'une rue très fréquentée de Canton. La contribution de Yilin pour Le Mouvement est fondée sur *The Golden Journey* (2012), qui montrait le corps de l'artiste roulant sur le sol en partant de sites connus et souvent pittoresques de San Francisco. Cette contribution, intitulée *The Departure From Her Feet* (2014), montre l'artiste roulant depuis trois sites biennois différents, et le trajet se termine toujours à la mairie. Le premier jour le voit partir de la fontaine de la Justice ; le deuxième jour, de la zone piétonne ; et le troisième, du CentrePasquArt. Dans cette œuvre, qui est un défi physique, et non sans danger, Yilin utilise l'espace public d'une manière qui est tout sauf normale, et qui fait perdre à l'usager tout droit à l'occuper : en roulant sur le sol. De fait, une telle action de Yilin met en évidence l'un des tabous premiers, implicites, dont on pourrait dire que la *polis* moderne et ses citoyens le partagent avec la *polis* grecque : si vous n'êtes pas debout dans cet espace, il ne vous appartient pas.

The Chinese artist Lin Yilin (b.1964) is based in Beijing and New York. He has been a key figure in China's recent endeavours to increase its international profile in the world of contemporary art. Having first studied sculpture, Yilin turned his attention to performance, architecture, and, in response to the rapid urbanization of the 1990s, to urban experience too. A crucial early performance embodying many of these concerns is *Safely Maneuvering Across Lin He Road* (1995) in which the artist takes on the virtually impossible task of dismantling a breeze block wall, carrying the bricks one by one across a busy street in Guangzhou, and rebuilding it on the other side. Yilin's contribution to Le Mouvement builds on his work *The Golden Journey* (2012) in which the artist rolls along the ground at famous and often picturesque locations in San Francisco. Entitled *The Departure From Her Feet* (2014), the work sees the artist rolling from three different sites in Biel/Bienne towards the town hall, where he stops. On day one he starts from the Fontaine de la Justice; on day two from the pedestrian zone; and on day three, from Le CentrePasqu-Art. In this physically challenging and potentially dangerous work Yilin uses public space in a way that would normally lead to a loss of any real right to it: by rolling on the ground. In so doing, Yilin foregrounds an unspoken rule of the modern city and its citizens, which was doubtless rehearsed even in the Greek polis: to claim a place, you have to stand on it.

Liz Magic Laser

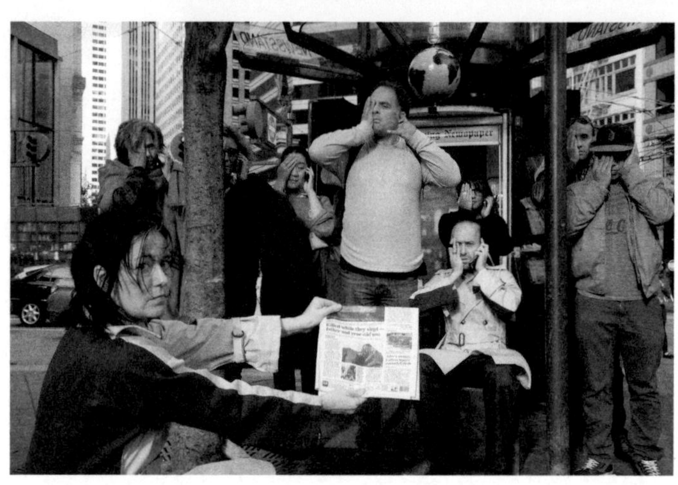

Die Performance-Praxis der in New York lebenden, US-amerikanischen Künstlerin Liz Magic Laser (geb.1981) konzentriert sich auf die sprachlichen, gestischen und theatralischen Codes und Mechanismen, die der Kommunikation in Medien, Politik und Alltag zugrunde liegen. Magic Lasers analytische Dekontextualisierung oder theatralische Dekonstruktion dieser Codes und Mechanismen enthüllt deren Wirkung auf bewusster und unbewusster Ebene. Dadurch will sie zeigen, wie eng die darstellenden Künste mit unserem täglichen Leben verwoben sind und wie sehr sie unsere Leidenschaften und Entscheidungen beeinflussen können. Die Zweikanal-Video-Performance *The Digital Face* (2012) etwa setzt rhetorische Gesten aus Ansprachen internationaler Politiker zu einem choreografischen Werk um, das von einem professionellen Tänzer aufgeführt wird – eine analytische Umdeutung des Klischees „politisches Theater".

Das für Le Mouvement konzipierte Werk *Like You* (2014) verkörpert und verfolgt die zentralen Anliegen der Künstlerin aufs Anschaulichste. Als Anregung dienten ihr einerseits Oliver Sacks' Schilderung einer Frau mit Tourette-Syndrom, die auf der Strasse Passanten nachäfft, und andrerseits Bertolt Brechts Gedanken über die Bedeutung der Spontaneität für ein wirksames Theater. Magic Laser wählte für ihre Arbeit eine der ältesten und provokantesten Formen des Strassentheaters, die Pantomime, und bat die Tänzerin Cori Kresge, eine Methode zur Nachahmung der Bewegungen argloser Passanten auf den Strassen von Biel / Bienne zu entwickeln. So hinterfragt *Like You* unweigerlich Authentizität und Verhaltensregeln des Banalsten, was man in einer Stadt tun kann: die Strasse entlang gehen.

L'artiste américaine Liz Magic Laser (née en 1981) vit à New York. Elle pratique un genre de performance largement inspiré par les codes et mécanismes linguistiques, gestuels et théâtraux qui sous-tendent la communication dans les médias, le théâtre politique et la vie quotidienne. Magic Laser décontextualise analytiquement ou déconstruit théâtralement ces codes et mécanismes. Elle examine leur fonction, à la fois en-deçà et au-delà du seuil de conscience. Son action vise à révéler à quel niveau de profondeur les arts théatraux et chorégraphiques sont tissés dans le quotidien ; dans quelle mesure ils peuvent exercer leur emprise sur nos passions et influencer nos prises de décisions. La performance vidéo bi-canal, *The Digital Face* (2012), par exemple, transforme les gestes oratoires propres aux discours des politiciens internationaux en une œuvre chorégraphique exécutée par un danseur professionnel, détournant ainsi analytiquement le cliché du «théâtre politique».

La contribution de Magic Laser pour Le Mouvement s'intitule *Like You* (2014). Elle incarne et explore ses centres d'intérêts habituels sous leur forme la plus prosaïque. Inspirée autant par le récit d'Oliver Sacks sur le témoignage d'une femme atteinte du syndrome de La Tourette, et qui imite les passants dans la rue, que par les réflexions de Bertolt Brecht sur l'importance de la spontanéité pour un théâtre efficace, elle a décidé de travailler à l'aide de l'une des formes les plus anciennes et les plus provocatrices du théâtre de rue : le mime. Pour Le Mouvement, elle a invité la danseuse Cori Kresge à développer une méthode d'imitation du comportement d'individus qui, dans les rues de Bienne, ne se doutent de rien : ainsi défie-t-elle fatalement l'authenticité et met-elle à l'épreuve les codes de la plus banale des activités urbaines : marcher dans la rue.

The performative practice of the American, New York-based artist Liz Magic Laser (b. 1981) engages with the linguistic, gestural and theatrical codes and mechanisms that underpin communication in the media, political theater, and the everyday. Subjecting these codes to analysis or historical deconstruction, Laser examines how they function, even below the threshold of awareness. She seeks to show how deeply theater and dance are woven into the quotidian and the extent to which they can be used to sway our minds and influence our decisions. Giving a radical twist to the notion of "political theater", the two-channel video performance *The Digital Face* (2012) transforms oratorical flourishes taken from the speeches of international politicians into a choreographic work carried out by trained dancer. *Like You* (2014), Magic Laser's contribution to Le Mouvement, is a work, which embodies and explores these concerns in a prosaic form. Inspired by Oliver Sacks' account of a woman with Tourette's Syndrome who mimics people on the street, as well as by Bertolt Brecht's reflections on the importance of spontaneity for effective theater, Magic Laser works with one of the oldest and most provocative forms of street theater: mime. She has invited dancer Cori Kresge to develop a method of mimicking the ways in which unsuspecting passersby carry themselves on the streets of Biel/Bienne. *Like You* tests the authenticity and rules of conduct associated with the most ordinary of urban activities: making one's way through a city's streets.

Ieva Misevičiūtė

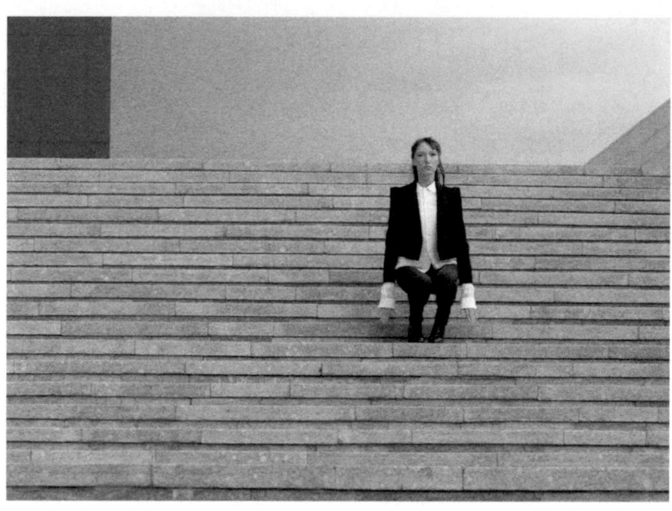

Die litauische, in New York lebende Künstlerin und Performerin Ieva Misevičiūtė (geb. 1982) bezeichnet sich selbst als „ehemalige litauische Clownin und Anhängerin einer unproduktiven Gymnastik". (Sie besuchte in ihrer Jugend tatsächlich eine Clownschule.) Misevičiūtė schöpft aus einer Vielzahl von Quellen und Traditionen der darstellenden Kunst, vom japanischen Butoh über die zeitgenössische Tanzkunst und Choreografie zum experimentellen Theater von Jerzy Grotowski bis hin zur Komödie.

Im Rahmen von Le Mouvement zeigt Misevičiūtė die von ihr selbst ausgeführte Soloperformance *SSSSSSSSSSSS* (2014). Der Titel bezieht sich auf den Low-Budget-Horrorfilm *Sssssss* (1973), der unter Science-Fiction-Fans Berühmtheit erlangte, weil er zum ersten Mal detailliert die Verwandlung eines Menschen in ein Tier zeigte. Ausgehend von der Überzeugung, dass der öffentliche Raum Teil eines lebendigen Ganzen ist, eines sozialen Organismus, der Substanzen und Strukturen aller Art in sich vereint (menschliche / nichtmenschliche, organische / anorganische, statische / bewegte usw.), nutzt die Performerin ihren Körper gleichsam als Vergrösserungsglas für diese Beziehungen und Rhythmen, das dessen Umgebung in Echtzeit aufzeichnet. Das Bewegungsvokabular beruht auf der Idee, dass jeder Punkt des Körpers (Ellbogen, Zungenspitze, Hüfte, Ohrmuschel usw.) eine in Gift getauchte Federspitze ist, die Karikaturen der unmittelbaren Körperumgebung zeichnet. Das Werk wird so zu einem fliessenden, wenn auch flüchtigen Bild der Lebenswelt, in dem die Grenze zwischen Menschlichem und Nichtmenschlichem verschwimmt.

L'artiste et performeuse lithuanienne Ieva Misevičiūtė (née en 1982) vit à New York. Elle se décrit elle-même comme «une ancienne clown lithuanienne, et une praticienne de gymnastiques improductives». (Dans sa jeunesse, elle a effectivement suivi une formation de clown et s'est produite dans un cirque). Ieva Misevičiūtė recourt à toute une variété de sources et de traditions performatives, depuis le butō japonais jusqu'à la danse et la chorégraphie contemporaines, ainsi qu'au théâtre expérimental de Jerzy Grotowski, et même à la comédie, pour créer ses performances ésotériques.

Pour Le Mouvement, l'artiste présente une performance intitulée *SSSSSSSSSSSS* (2014): un solo qu'elle exécute elle-même. Le titre se réfère à un film d'horreur à petit budget, remontant à 1973, et plébiscité par la communauté de la science-fiction comme le premier film à dépeindre en détail la transformation d'un humain en animal. Dans la conviction que l'espace public fait partie d'un ensemble vivant – un organisme social constitué de substances matérielles et de structures de toutes sortes (humain / non-humain, organique / inorganique, statique / mouvant, etc.), la performeuse utilise son corps comme un moyen d'intensifier ces relations et ces rythmes, réalisant comme une traduction en temps réel de ce qui l'entoure. Le vocabulaire de ses mouvements se fonde sur l'idée que chaque point du corps (le coude, le bout de la langue, la hanche, l'intérieur de l'oreille, etc.) est une sorte de plume trempée dans le venin, et qui dessine des caricatures de l'environnement immédiat de la performeuse. À ce titre, l'œuvre devient un sorte de témoignage fluide, éphémère, du monde vécu, où la distinction entre ce qui est humain et ce qui ne l'est pas devient floue.

The New York-based artist and performer Ieva Misevičiūtė (b. 1982) describes herself "a former Lithuanian clown, and a practitioner of unproductive gymnastics". (In her youth in Lithuania, she really did train and work as a clown in the circus). Misevičiūtė draws on a variety of sources and performative traditions, from Butoh to contemporary dance and choreography, the experimental theater of Jerzy Grotowski, and even to comedy. For Le Mouvement, the artist presents a performance entitled *SSSSSSSSSSSS* (2014), a solo which she herself performs. The title refers to the 1973 low-budget horror film, highly acclaimed by the science fiction community as the first film to give a detailed depiction of a human turning into an animal. In the belief that the public space is part of a living whole, a social organism built of material substances and all sorts and combinations of structures (human/non-human, organic/inorganic, static/moving, and so on), the performer projects these relationships and rhythms onto her body and so makes an immediate transformation of its environment. The work has a lexicon of movement based on the idea that each of the body's points (elbow, tip of tongue, hip, inside of ear, etc.) is the nib of a pen dipped in poison, which draws caricatures of the performer's immediate environment. This makes the work a fluid and fleeting portrayal of a lived world in which distinctions between the human and non-human become blurred.

Alexandra Pirici
Tilted Arc

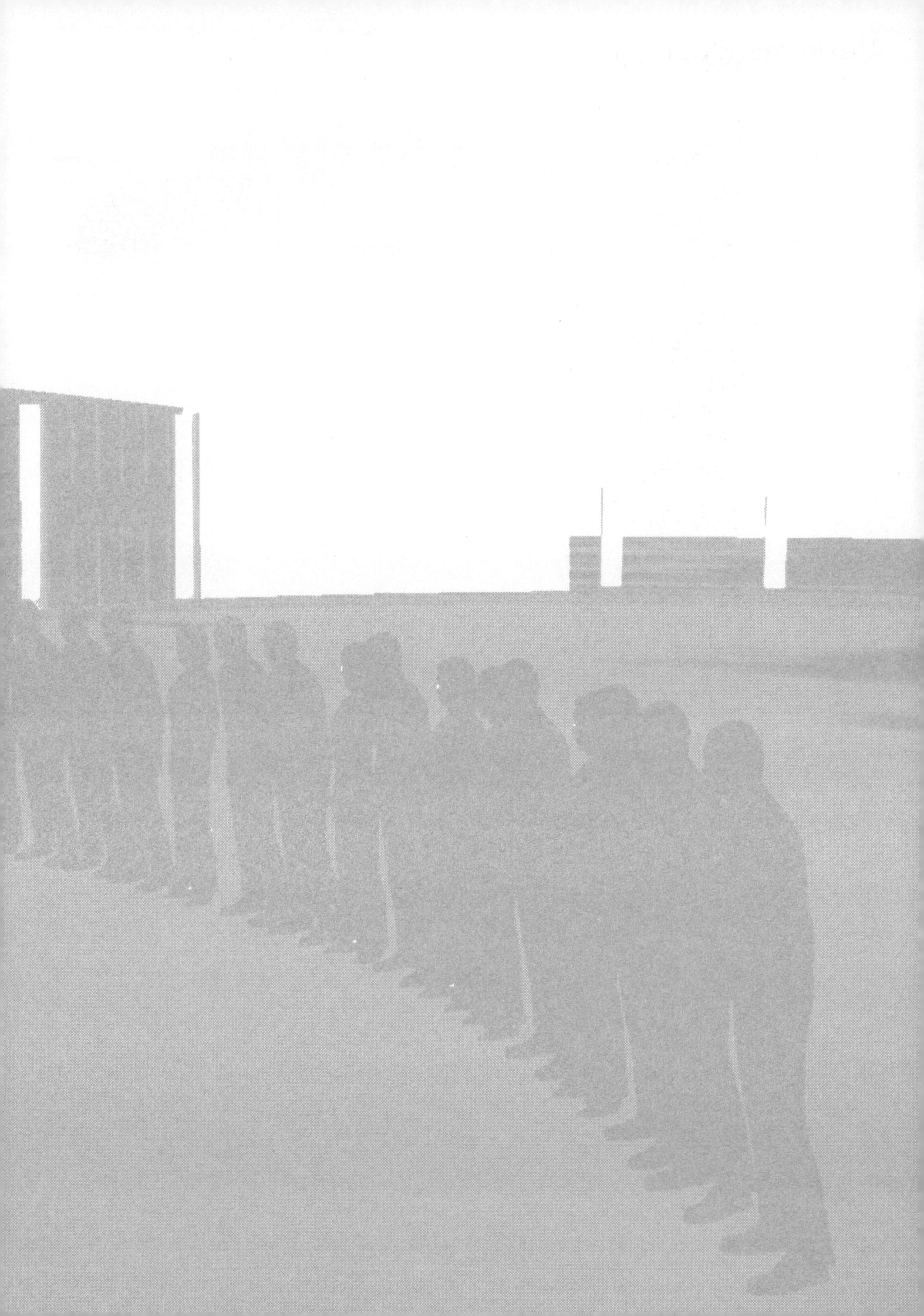

Alexandra Pirici

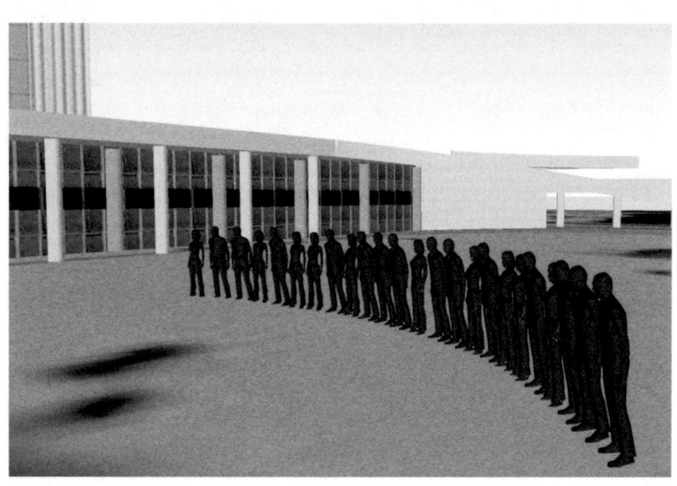

Die ausgebildete Choreografin Alexandra Pirici (geb. 1981) lebt in Bukarest und verlagert ihre Tätigkeit zunehmend in den Bereich der zeitgenössischen Kunst. So hat sie etwa im rumänischen Pavillon auf der Biennale Venedig 2013 in Zusammenarbeit mit Manuel Pelmuş ein Werk mit dem Titel *An Immaterial Retrospective of the Venice Biennale* präsentiert: Eine Art historischer Überblick über die hundert wohl symbolträchtigsten Kunstwerke in der Geschichte der Biennale, die ausschliesslich mithilfe des menschlichen Körpers zu neuem Leben erweckt wurden. Eine ähnlich ökonomische Art der Übertragung zeichnet auch ihren Beitrag zu Le Mouvement aus. Inspiriert von der Polemik rund um die umstrittene Platzierung von Richard Serras *Tilted Arc* (1981) auf der Foley Federal Plaza in New York, die schliesslich auf Druck der Öffentlichkeit hin wieder entfernt wurde, rekonstruiert Alexandra Pirici ebendiese Skulptur. Das Interesse Piricis an der Materie und der physischen Präsenz im Raum war zentral für ihre Entscheidung, diese Skulptur durch den menschlichen Körper zu neuem Leben zu erwecken. Aufrecht Seite an Seite stehend, bilden die am Projekt Beteiligten einen Bogen und stören damit die ungehinderte Zirkulation am jeweiligen Standort, so dass das Publikum sich seinen Weg selbst suchen und bahnen muss. Indem sie die Umrisse von Richard Serras Werk symbolisch aufnimmt, spielt Pirici mit der Verhandelbarkeit des öffentlichen Raums, seiner konkreten Besetzung und der Frage, wie der menschliche Körper den Raum definiert.

Chorégraphe de formation vivant à Bucarest, Alexandra Pirici (née en 1981) s'affirme aujourd'hui dans le domaine de la performance dans l'espace public. Ainsi, pour le pavillon roumain de la Biennale de Venise de 2013, l'artiste présente, en collaboration avec Manuel Pelmus, l'œuvre intitulée *An Immaterial Retrospective of the Venice Biennale* : une sorte de panorama historique des projets artistiques emblématiques de la Biennale, réanimés grâce aux seuls corps humains. Inspirée de la polémique autour de l'emplacement et de la raison d'être de l'œuvre *Tilted Arc* de Richard Serra réalisée en 1981 à New York City au Foley Federal Plaza, Alexandra Pirici reconstitue pour Le Mouvement cette sculpture. Intéressée par la matière et la présence physique dans l'espace, cette artiste remplace la pierre par le corps humain. Ainsi l'aspect sculptural de sa performance devient flexible, modelable et négociable. Debout et côte à côte, les participants du projet d'Alexandra Pirici forment un arc, obstruant ainsi une circulation fluide. Le public doit alors négocier son passage. Pouvant être toutefois traversée, interrompue, démantelée et déplacée, cette sculpture humaine est par conséquent éphémère. En reprenant les facteurs de controverse de l'œuvre de Richard Serra, l'artiste bucarestoise joue sur la négociation de l'espace public, sur son occupation matérielle, et sur la manière dont l'espace est défini par le corps humain.

Trained as a choreographer, Romanian, Bucharest-based artist Alexandra Pirici (b.1981) works more and more in the world of contemporary art. For the Romanian pavilion in the 2013 Venice Bienniale, Pirici collaborated with Manuel Pelmuș on *An Immaterial Retrospective of the Venice Biennial*: a kind of historical panorama of 100 works supposedly emblematic of the Venice Biennial's entire history, which were re-created using the human body alone. Her contribution to Le Mouvement is inspired by the controversial placement of Richard Serra's *Tilted Arc* in 1981 in Foley Federal Plaza, New York, and its subsequent removal by public demand, Pirici reconstructs the sculpture in order to articulate her interests in the physical presence of matter in space. The use of the human body gives the sculpture a performative quality, which makes it far more flexible, modifiable, and negotiable than its predecessor. Placed side-by-side, the participants in the work form an obstructive arc through which the audience has to find a way. Capable of being traversed, interrupted, dismantled, and displaced, this is an ephemeral human sculpture, which takes on the conflicts implicit in Richard Serra's work and plays with negation of public space, its material appropriation, and the ways in which space is defined by the human body.

Prinz Gholam

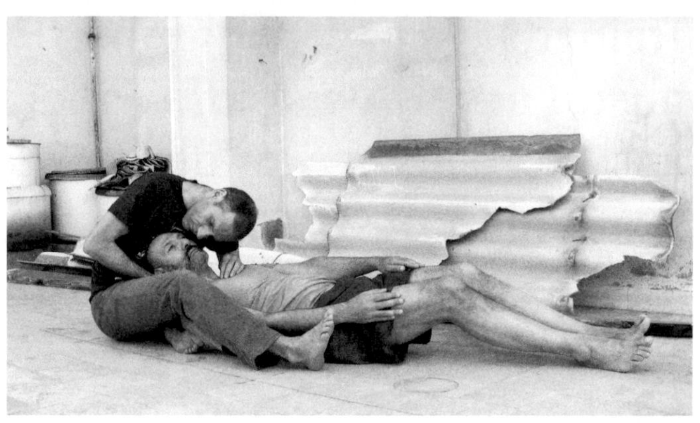

Das Berliner Künstlerduo Prinz Gholam, bestehend aus Wolfgang Prinz (geb. 1969) und Michel Gholam (geb. 1963), entwickelt seit 2001 eine Performancekunst, die sich mit dem optischen Unbewussten und dessen immensem Bildarchiv auseinandersetzt. Um es zum Leben zu erwecken, veranstalten die Künstler Performance-Aktionen, die formal an Tableaux vivants erinnern und solche unbewussten Inhalte darstellen. In ihrem Beitrag zu Le Mouvement führen Prinz Gholam ihre Recherche in erweiterter Form fort. Der Titel ihrer Arbeit, *Nastagio's Itinerary* (2014), bezieht sich auf das zweite Gemälde aus Botticellis Zyklus *Nastagio degli Onesti* (1483). Das Sujet stammt aus der gleichnamigen Erzählung in Boccaccios *Decamerone*, in der es um den Fluch der Wiederholung geht. Im Rahmen ihrer Untersuchung, was eine Performance ist, wo sie anfängt und aufhört, erklären Prinz Gholam ihren gesamten sechstägigen Aufenthalt in Biel / Bienne zur Performance. Allerdings ist diese für das Publikum nur in einem begrenzten Zeitfenster sichtbar. Und passend zum Fluch der Wiederholung, der das Werk inspirierte, geschieht dies an jedem der sechs Tage zur selben Uhrzeit am selben Ort. Ergreifend und absurd zugleich ist dieses subtile, offene Werk auch eine Reflexion darüber, wie sehr Performance mit unserem Alltag verflochten ist.

Wolfgang Prinz (né en 1969) et Michel Gholam (né en 1963) forment un duo d'artistes qui vivent à Berlin. Ils travaillent ensemble depuis 2001, et ils ont développé une pratique performative dont on pourrait dire qu'elle s'articule autour de l'inconscient optique et de la vaste archive d'images qu'il contient. Dans une tentative de faire surgir ces images, ils créent des performances qui sont formellement des réminiscences des «tableaux vivants», et qui cherchent à représenter les contenus de l'inconscient optique. Dans l'œuvre présentée pour Le Mouvement, Prinz Gholam continuent l'exploration de cette archive, mais sur un mode élargi. Intitulé *Nastagio's Itinerary* (2014), d'après le *Nastagio degli Onesti* (1483) de Botticelli, deuxième partie, et le conte éponyme du *Décaméron* de Boccace, l'œuvre se construit sur la malédiction de la répétition, qui est au centre du conte. Interrogeant la nature de la performance, lorsqu'elle commence et finit, Prinz Gholam ont décidé que la totalité des six jours qu'ils passeront à Bienne pour Le Mouvement sera une performance, mais que celle-ci ne sera visible au public que dans une fenêtre temporelle précise. Mieux encore, au cours de ces six jours, l'exposition publique de la performance se produira, telle la malédiction qui l'inspire, au même moment et au même endroit chaque jour. À la fois poignante et absurde, cette œuvre subtile et indéfinie reflète dans quelle mesure la performance est tissée dans notre vie quotidienne.

The Berlin-based duo Prinz Gholam consists of the German artist Wolfgang Prinz (b. 1969) and the Beirut-born artist Michel Gholam (b. 1963). Working together since 2001, they have developed a performative practice involving actions reminiscent of tableaux vivants to represent the visual unconscious and the vast archive of images it contains. In the work they present for Le Mouvement, Prinz Gholam pursue these interests on a broader footing. Entitled *Nastagio's Itinerary* (2014), after Botticelli's *Nastagio degli Onesti* (1483), and the eponymous tale in Boccaccio's *Decameron,* the work builds upon the curse of repetition at the center of the tale. Interrogating the nature of performance, and where it begins and ends, Prinz Gholam have declared the entire six days they will spend in Biel/ Bienne for Le Mouvement to be a performance which will, however, only be visible to the public at a specific time and place on each of the six days. At once poignant and absurd, this is a subtle and open work, which shows just how closely performance is woven into our everyday lives.

André Lepecki

Despite their apparently insurmountable differences, dance and architecture share a common problem: both must deal with the practical, ethical, aesthetic, and political questions of how to place themselves on a terrain. This is to say that for both, as Paul Carter so astutely suggested in his book *The Lie of the Land*,[1] a topographical analysis must first take place before either dance or architecture can *take (a) place*. However, such topographical analysis soon reveals itself to be much more than the mere analytic endeavor of determining surface gradients or accounting for the composition of a terrain. Since its explicit goal is directed towards a taking possession, topography must essentially be understood as the ethical-political precondition of possibility for *any* taking place. Understood now as an act, rather than as a scientific discipline, the ethical-political question posed by topography becomes the following: how, under which modes, through which means, and with what goals do dance (or the mobile) and architecture (or the immobile) *take* (possession of a) *place*? Given that every act of possession is always troubled by a kind of dispossessive force "such as the subject seems to be possessed—infused, deformed—by the object it possesses"[2], a counter-question immediately erupts: how does a *place* take possession of (but also receive, and in receiving, reverberate throughout) dance and architecture?

Taking place. Being taken by a place. This twofold movement is the unifying choreo-political problematic co-determining dance and architecture. I would propose that this co-determination gains particular relevance once materialized in that very specific place known as a "city". Once re-founded in their essential dialectics, dance and architecture may offer solutions for imagining and enacting how to live a city, how to make a city live.

Despite the apparent mobility of one, and the apparent immobility of the other, the topographic act that precedes dance and architecture irrevocably casts them into the space of the *polis*, in other words, into the inter-actional, relational, place of the political. Thrown into the political dynamics of the *polis*, dance and architecture start to have much more in common than meets the eye. In order to find this common ground, we must embrace alternative logics of sense and of sensation, non-reified modes of attributing and distributing aesthetic identities and functions across differing artistic practices and objects. By sidestepping properly assigned functions and regimes of perception and meaning that define and reify them as separate disciplines, dance and architecture become free agents for the coproduction of new possibilities for imagining how *political movements* (movements of the *polis*, movement of the political) may take place in the space of contemporary cities.

Co-composed as fundamental elements of what Kenneth Frampton, writing about an "architecture of resistance", once called "a place-conscious poetic"[3], dance and architecture have the potential to release the *polis* back to its truly political nature—that of resonating, supporting, amplifying, remembering, and co-initiating the three essential aspects of political action: ephemerality of means (acts, actions), unpredictability of outcome (an action always exceeds intentions), ethical fusion between

initiating a movement (even if the movement to be initiated is to be still) and following that movement's topo-political impetus (without meek submission) to its limits.

Could it be that the reification of dance and architecture's putative aesthetic antagonism as "the art of the mobile" on one hand, and "the art of the immobile" on the other, may be the requisite repression that enables immediate foreclosure, mockery, and dismissal of a certain domesticated and docile political unconscious for conceiving and living the city as *the place where the political takes place and changes places*?

In an intriguing essay from the early 1980s, titled "Choreographies", Jacques Derrida has already reminded us of the political-subjective contiguity between dance and political revolution by also addressing the topo-choreo-graphic problematic of how dance relates to place. Observing that the questions of placing, displacing, and re-placing are indeed *the* questions that a revolutionary mode of dancing (and indeed any revolution) must always address, Derrida offered a short formulation, whose simplicity is only apparent: "dance changes place and above all changes *places*".[4] With this deceptively prosaic observation, which only seems to be a facile play on words, Derrida reveals a fundamental *pouissance* in certain dances that could also be extended to certain architectures—a *pouissance* that would reinforce the co-constitutive link between dance and architecture in the space of the political, through their common concern with making or creating a place which dis-places and re-places the grounds of the political normative.

How to escape from the reified docility and constricted aesthetic roles both dance and architecture have been forced to play, particularly in the space of the urban, the *polis*? How to initiate a taking possession of the political not as filling up of generic space with generic bodies, but instead in terms of taking over a particular, singular place, where actions and things resonate and are made with so many improbable compositions between the mobile and the immobile? If we agree with Derrida that dance would indeed "change places", we would still need to investigate whether this capacity to change would be exclusive of dance (an ontological question), and, secondly, whether such capacity, by itself, would lead to necessary, adequate, or consequent changes—as opposed to inadequate, inconsequential alterations (the political question). Answering the first point, it seems obvious that every intervention in a place inevitably changes it— and thus, one could say, emphatically or not, as Derrida did with regards to dance, that architecture *changes places* as well. That is a truism. Derrida must therefore be suggesting we look for changes that actually produce a change that matters, particularly a critical transformation or reclamation of "the ubiquitous placelessness of our modern environment" where "the bulldozing of an irregular topography into a flat site is clearly a technocratic gesture which aspires to a condition of absolute placelessness".[5]

In order to locate what these changes that actually effect change (these changes which, by taking place, change places), might be, one must attend to the apparently irrelevant segment in Derrida's sentence, "dance changes place". This obvious indication of dance's nomadic mobility and its capacity to go places, virtually as much as actually, but also its capacity to ground itself in place, in potent still-acts, is what radically differentiates it from architecture.[6] However, once dance and architecture are allied and enter into assemblage in order to address how to change a place without wiping out its historical resonances and aesthetic singularities, the question posed by the co-composition of dance and architecture in a topo-political alliance might be articulated in the following terms: could dance activate architecture towards another idea of movement, which does not adhere to the false antinomy "fixed" versus "in motion", but rather to a more affective notion of intense mobilization, an idea that could indeed initiate unpredictable choreographies for actions, even if those choreographies require apparent stillness? This would take us back to a choreo-political proposition of a renewed pairing up of dance and architecture, within which the political nature of cities would be perhaps rescued from the spectacle of endless agitation that seems to characterize the global megalopolis (endless streams of cars, busy pedestrians, fashionable *flâneurs*, packed subways) and would be redirected towards an altogether different logic of kinetic relations. Decades of self-reflection since the late 1950s were necessary for dance to discover that it need not be condemned to movement—this discovery was its emancipation towards a closer relation to both life and thought; maybe it is time for architecture to redefine its own task in dismantling the kinetic unconscious of globalized capitalism—just as dance is not condemned to self-represent itself as "the art of movement", perhaps architecture may not be the art of keeping the order of things in place.

We can now move closer to the space of the political, of the topo-archi-choreo-political question set up by the urban, or the *polis*. "Topo" as in "place", as the "expressive density and resonance"[7] of the grounds; "archi", as in "*arkhe*", i.e. taking initiative; "choreo" as in "movement", i.e. the actualization of taking initiative; "political" as in "*polis*", in other words, a system of inter-personal relationality predicated on the awareness that actions are ephemeral, yet are the necessary, indeed only, way in which a political subject may appear in order to move in non-conformity.

In approaching the specific placing of political action and political movement, it may be useful to remember how politics and the *polis* are both understood in certain political philosophies to share a dynamic with some similarities to the one between dance and architecture that we have been defining. Here we may recall Hannah Arendt's chapter on "Action" in *The Human Condition*, particularly when, in order to define the political as the ethics of taking initiative in the face of the unpredictability of results, Arendt must start her argument by reminding us how, in the Greek political imaginary, architecture preceded but also secured and grounded the possibility of the truly political to take place. The interesting point is the way in which this precedence also entails affirmation of a co-constitutive difference between "to make" (which is tied to the business of legislating) and "to act" (which is tied to political action):

> "before men began to act, a definitive space had to be secured and a structure built where all subsequent actions could take place, the space being the public realm of the polis and its structure the law; *legislator and architect belonged to the same category*. But those *tangible* entities themselves were not the content of politics."[8]

Thus, for Arendt, the *polis*, the city, and architecture, as things that are *made*, served as a kind of material supplement that could counter the ephemerality, boundlessness, and unpredictability of the element which, in ontological terms, characterized the political: action. Here, political action is like dance, literally, since political action's "peculiarity is that, unlike the spaces which are the work of our hands, it does not survive the actuality of the movement which brought it into being, but disappears not only with the dispersal of men […] but with the disappearance or arrest of the activities themselves".[9] I cannot think of a closer definition of dance than this.

We are now ready to land on the concrete nature of the political challenges in our current topo-archi-choreographic condition. Co-constitutive of each other, dance (which Arendt saw as emblematic of immaterial political action) and architecture (which she saw as allied to material legislative making) would have a new task: to find a new grounding for their historically reverberating and ethical-political placing. Such placing would bring about a movement that would not be a futile spectacle of urban agitation (the endless performance of hyperactive passivity) but instead an intense movement that would direct life towards more potent, joyful, relational modes of existing. We would have to imagine a kind of building and dancing that would radically reject bulldozing of the ground as an unquestioned prerequisite. Alternatively, in the case of places already flattened and made neutral, we would have to devise mechanisms (choreographic, dramaturgical, architectural) to revive the historicity of these places (*including* the historicity of their neutralization and flattening) in order to reveal the operations enacted by this topographic gesture of "neutrality" that is not neutral at all—but instead secures and naturalizes representation and its violence as the natural order of life. We would have to address and attend to what is *already there*—grounded.

Topography would thus become not a technocratic-possessive-colonialist enterprise fostering abstract bodies and abstract buildings and abstract movements for abstract spaces, but a poetic-political-empirical activity, which would occasion grounded bodies for choreo-political dances,[10] and grounded buildings for "an architecture of resistance".[11] These *groundings*, these non-colonialist placings, can be conceived in all sorts of kinetic expressions—even as another name for flying or diving or zigzagging wildly, as long as flying or diving or zigzagging wildly is what is required, demanded, called for by the grooves of those historically reverberating terrains upon which dance and architecture place themselves. No more "anybody at all", disciplined to erase historicity before imperative requirements for proper choreographic composition, proper modes of appearing, and docile reproductions of domesticated visibility. No more "any space at all", flattened for the spectacle of a normative understanding of the built, where architecture preconditions and polices the capacities and imaginations for subjects to conceive and perform their movements.

Topography re-captured—so that a city may become not a thing made for the containment and reification of laws and regulations, a policed space for proper circulations, a backdrop for busybody agitations, but may instead become an activating machine for actualization of all the political potentialities already present in every single urban citizen. So that a grounded choreography may become not a stage for display of the increasingly nauseating theater of agitated circulation of increasingly branded subjectivities in conformity, but a resounding ground where the taking place of dance is the taking place of true politics, a courageous taking of initiative, so that "the unexpected can be expected to perform what is infinitely improbable"[12] by dancing and in dancing as Arendt so beautifully put it.

1   Carter, P. (1996) *The Lie of the Land*, London and Boston, Faber and Faber. For a discussion on Carter's "politics of the ground" and contemporary choreography see Lepecki, A. (2006) *Exhausting Dance: Performance and the Politics of Movement*, London and New York, Routledge.

2   Moten, F. (2003) *In the Break: The Aesthetics of the Black Radical Tradition*, Minneapolis: University of Minnesota, p.1.

3   Frampton, K. (1983) "Towards a Critical Regionalism: Six Points for an Architecture of Resistance." In Foster, H. (Ed.), *The Anti-Aesthetic: Essays on Post-Modern Culture*, Seattle: Bay Press.

4   Derrida, J. and McDonald, C. V. (1982) "Choreographies," *Diacritics*, Vol.12, No.2, (Summer 1982), pp.66–76, p.69.

5   Frampton, p.25.

6   We can obviously think of a mobile or nomadic architecture, whether utopian—as with Archigram's propositions in the 1960s or Jan Kaplicki's early projects—or factual, as with Aldo Rossi's ephemeral *Teatro del Mondo*; just as we can talk of an absolutely grounded dance, as with some sacred dances—but these are very rare exceptions and their sacred, utopian or non-utilitarian nature already betray their lack of place in the general economy of our current neo-liberal, late-capitalist, and essential neo-colonialist political imaginary.

7   Frampton, p.25.

8   Arendt, H. ([1958] 1998) *The Human Condition*, Chicago: University of Chicago Press, pp.194–195. Emphasis added.

9   Arendt, p.199.

10   Lepecki, A. (2013) "Choreopolice and Choreopolitics: or the Task of the Dancer," *TDR: The Drama Review*, Volume 57, Number 4, Winter 2013 (T220), pp.13–27.

11   Frampton, p.25.

12   Arendt, p.178.

Trotz ihrer scheinbar unüberwindbaren Unterschiede haben Tanz und Architektur ein gemeinsames Problem: Beide müssen sich mit der praktischen, ethischen, ästhetischen und politischen Frage auseinandersetzen, wie sie sich auf einem Terrain platzieren sollen. Anders gesagt benötigen beide – wie Paul Carter in seinem Buch *The Lie of the Land*[1] scharfsinnig nahelegt – zunächst eine topografische Analyse, bevor sich Tanz oder Architektur vollziehen und den *Platz einnehmen* können. Eine derartige topografische Analyse erweist sich jedoch bald als erheblich mehr als nur ein Versuch, mittels Analyse die Neigungen einer Oberfläche zu ermitteln oder die Gestaltung eines Geländes zu erläutern. Da das ausdrückliche Ziel der Topografie in der Aneignung besteht, muss sie folglich und grundsätzlich als ethisch-politische Vorbedingung verstanden werden, die *jegliche* räumliche Umsetzung erst möglich macht. Versteht man die von der Topografie aufgeworfene ethisch-politische Frage nun weniger als wissenschaftliche Disziplin denn als Handlung, dann lautet sie folgendermassen: Wie, auf welche Weise, mit welchen Mitteln und mit welchem Ziel *ereignen* sich Tanz (oder das Bewegliche) und Architektur (oder das Unbewegliche) respektive *eignen sich* einen Ort *an*? Und angesichts der Tatsache, dass jeder Akt der Aneignung stets von einer Art enteignender Kraft gestört wird, „so wie das Subjekt scheinbar von dem Objekt, das es besitzt, besessen – durchdrungen, verformt – wird"[2], drängt sich unmittelbar eine Gegenfrage auf: Wie ergreift ein *Ort* Besitz von Tanz und Architektur (nimmt sie aber auch auf und indem er sie aufnimmt, hallt er davon wider)?

An einem Ort stattfinden. Von einem Ort eingenommen werden. Diese doppelte Bewegung ist die verbindende choreo-politische Problematik, die Tanz und Architektur mitbestimmt. Nach meinem Dafürhalten bekommt diese Mitbestimmung besondere Relevanz, sobald sie an dem ganz speziellen Ort konkrete Form annimmt, der unter der Bezeichnung „Stadt" bekannt ist. Sobald sich Tanz und Architektur in ihrer zentralen Dialektik neu erschaffen, können sie Lösungen anbieten, anhand derer sich vorstellen und durchspielen lässt, wie man eine Stadt erleben und wie man eine Stadt selbst zum Leben erwecken kann.

Trotz der offenkundigen Beweglichkeit des einen und der offenkundigen Unbeweglichkeit der anderen werden Tanz und Architektur von dem topografischen Akt, der ihnen vorausgeht, unwiderruflich in den Raum der *Polis* geworfen, das heisst in den interaktionalen und relationalen Raum des Politischen. Wenn Tanz und Architektur in die politische Dynamik der *Polis* geworfen werden, haben sie fortan weit mehr gemeinsam, als man auf den ersten Blick erkennen kann. Um dieses Gemeinsame herauszufinden, müssen wir für Bedeutung und für Wahrnehmung jeweils eine andere Logik anwenden, und zwar nicht-verdinglichte Formen der Zuordnung und Verteilung ästhetischer Identitäten und Funktionen quer durch unterschiedliche künstlerische Praktiken und Objekte. Indem Tanz und Architektur streng zugeordnete Funktionen und Systeme von Wahrnehmung und Bedeutung meiden, die sie als separate Disziplinen definieren und verdinglichen, haben sie die Freiheit, gemeinsam neue Möglichkeiten zu schaffen, um sich vor-

zustellen, wie sich *politische Bewegungen* (die Bewegungen der *Polis*, die Bewegung des Politischen) im modernen städtischen Raum abspielen könnten.

Gemeinsam stellen Architektur und Tanz die fundamentalen Bestandteile dessen dar, was Kenneth Frampton, indem er über eine „Architektur des Widerstands" schrieb, einmal eine „Poetik mit Bewusstsein für den Ort"[3] nannte, und haben das Potential, die *Polis* zu ihrer wahrhaft politischen Natur zurückzuführen – die darin besteht, die drei wesentlichen Aspekte des politischen Handelns nachhallen zu lassen, zu fördern, zu verstärken, in Erinnerung zu rufen und gemeinsam anzustossen. Diese sind: die Kurzlebigkeit der Mittel (Taten, Handlungen), die Unvorhersehbarkeit des Ausgangs (eine Handlung geht stets über die Absichten hinaus), die ethische Verschmelzung zwischen dem Anstossen einer Bewegung (auch wenn die Bewegung, die ausgelöst werden soll, regungslos ist) und dem Folgen des topo-politischen Impetus dieser Bewegung bis an ihre Grenzen (ohne sich jedoch demütig zu unterwerfen).

Könnte es sein, dass die Verdinglichung des vermeintlichen ästhetischen Antagonismus zwischen Tanz und Architektur als „Kunst des Beweglichen" einerseits und als „Kunst des Unbeweglichen" andererseits die notwendige Unterdrückung darstellt, so dass ein gewisses domestiziertes und unterwürfiges politisches Unbewusstsein beim Erfassen und Erleben der Stadt *als dem Ort, an dem das Politische stattfindet und Orte verändert,* möglicherweise sofort verhindert, verlacht und abgelehnt wird?

Jacques Derrida erinnerte uns bereits in einem interessanten Essay mit dem Titel *Chorégraphies* aus den frühen 1980er-Jahren an die politisch-subjektive Nähe zwischen Tanz und politischer Revolution, indem er auch die topo-choreo-grafische Problematik ansprach, die in der Beziehung zwischen Tanz und Ort liegt. Derrida, der beobachtete, dass die Fragen der Platzierung, der Verdrängung und der erneuten Platzierung tatsächlich *die* Fragen sind, mit der sich eine revolutionäre Form des Tanzens stets auseinandersetzen muss (mit der sich in der Tat jede Revolution auseinandersetzen muss), bot eine kurze Formulierung an, deren Schlichtheit ins Auge sticht: „Tanz wechselt den Ort und vor allem verändert er *Orte*."[4] Mit dieser irreführend prosaischen Beobachtung, die sich den Anschein eines simplen Wortspiels gibt, deckt Derrida die fundamentale Kraft („pouissance") gewisser Tänze auf, die auch auf manche Architekturen ausgedehnt werden könnte – eine Kraft, die die beide konstituierende Verbindung zwischen Tanz und Architektur im politischen Raum vermittels ihrer gemeinsamen Frage nach dem Machen oder Erschaffen eines Ortes untermauern würde, der den Boden der politischen Normative verdrängt und neu platziert.

Wie lässt sich der Fügsamkeit der Verdinglichung und jenen begrenzten ästhetischen Rollen entkommen, die sowohl der Tanz als auch die Architektur insbesondere im urbanen Raum, dem Raum der *Polis,* auszufüllen gezwungen wurden? Wie lässt sich eine Besitznahme des Politischen anstossen, nicht als Anfüllen eines gattungstypischen Raums mit gattungs-

typischen Körpern, sondern als Übernahme
eines besonderen und einzigartigen Ortes, an
dem Handlungen und Dinge widerhallen von
und hergestellt sind aus so vielen, fast unmöglich erscheinenden Kompositionen aus Be-
weglichem und Unbeweglichem? Wenn wir nun
also mit Derrida darin übereinstimmen, dass
Tanz tatsächlich *„den Ort wechselt"*, müssten
wir darüber hinaus untersuchen, ob diese
Fähigkeit zur Veränderung ausschliesslich auf
den Tanz zutrifft (eine ontologische Frage),
und zweitens, ob solch eine Fähigkeit aus sich
heraus zu notwendigen, adäquaten oder
folgerichtigen – anstatt zu inadäquaten und
inkonsequenten – Veränderungen führen
würde (die politische Frage). Zum ersten Punkt
lässt sich sagen, dass es offensichtlich
scheint, dass jegliche Intervention an einem
Ort diesen unweigerlich verändert – und so
könnte man mehr oder weniger nachdrücklich
sagen, so wie es Derrida im Hinblick auf
den Tanz getan hat, dass auch Architektur *„Orte
verändert"*. Das ist eine Binsenweisheit. Es
scheint demnach so, als lege uns Derrida nahe,
nach Veränderungen zu suchen, die tatsächlich eine relevante Veränderung nach sich ziehen,
insbesondere eine entscheidende Umwand-
lung oder einen Abbau der „allgegenwärtigen
Ortlosigkeit unserer modernen Umgebung",
in der „das Einebnen einer unebenen Topografie
mit dem Ziel eines flachen Geländes eindeutig
eine technokratische Geste darstellt, die den
Zustand einer absoluten Ortlosigkeit anstrebt."[5]

Um zu ermitteln, welche wohl diese Veränderungen, die tatsächlich Veränderung nach
sich ziehen, sein mögen (diese Veränderungen,
die, indem sie stattfinden, Orte verändern),
muss man sich mit dem scheinbar unbedeuten-
den Teil von Derridas Satz befassen: „Tanz
wechselt den Ort." Dieser deutliche Verweis auf
die nomadische Beweglichkeit des Tanzes,
auf seine Eigenschaft, sowohl virtuell als auch
ganz konkret viel herumzukommen, jedoch
auch auf seine Fähigkeit, sich in wirkungsvollen
unbewegten Darbietungen an einem Ort zu
erden, unterscheidet ihn radikal von der Architektur.[6] Sind sie jedoch einmal miteinander
verknüpft, gehen Tanz und Architektur einmal
eine Verbindung ein, um die Frage zu ergrün-
den, wie ein Ort verändert werden kann, ohne
seine historische Prägung und seine ästhetischen Besonderheiten auszulöschen, könnte
die Frage nach der gemeinsamen Gestaltung von Tanz und Architektur in einer topo-
politischen Verbindung folgendermassen
formuliert werden: Kann der Tanz die Architektur
zu einer anderen Vorstellung von Bewegung
führen, einer, die nicht an dem falschen Gegensatz von „regungslos" versus „in Bewegung"
festhält, sondern an einer eher affektiven Vorstellung von starker Mobilisierung, die tatsächlich unvorhersehbare Choreografien für
Handlungen anstossen kann, auch wenn
diese Choreografien scheinbare Reglosigkeit
erfordern? Das würde uns zurückführen zu
einem choreo-politischen Vorschlag für eine
erneute Verbindung zwischen Tanz und Architektur, bei der vielleicht die politische Natur der
Städte von dem Schauspiel endloser Unruhe,
das für die globale Megastadt scheinbar charakteristisch ist (endlose Verkehrsströme, hekti-
sche Fussgänger, modische Flaneure, überfüllte
U-Bahnen), befreit und zu einer ganz anderen
Logik von kinetischen Beziehungen geführt

würde. Nach den späten 1950er-Jahren war noch
eine jahrzehntelange Selbstreflexion nötig,
bevor der Tanz entdeckte, dass er nicht auf Bewegung festgelegt sein muss – mit dieser
Entdeckung emanzipierte er sich und entwickelte
eine engere Beziehung zum Leben und zum
Denken; vielleicht ist es Zeit, dass nun die Architektur ihre Aufgabe neu definiert und das
kinetische Unbewusste des globalisierten Kapitalismus demontiert – so wie der Tanz nicht
dazu verurteilt ist, sich als „Bewegungskunst"
darzustellen, ist die Architektur möglicherweise auch nicht die Kunst, mit der sich die vorhandenen Dinge in Ordnung halten lassen.

Nun können wir uns eingehender mit dem
Bereich des Politischen befassen, mit der topo-
archi-choreo-politischen Frage, wie sie das
Urbane oder die *Polis* aufwerfen. „Topo" als den
Ort betreffend, als „expressive Dichte und
Resonanz"[7] der Plätze; „archi" wie *arkhe*, also
„die Initiative ergreifend"; „choreo" wie Bewegung, das heisst die Verwirklichung der begon-
nenen Initiative; „politisch" wie *Polis* steht für
das System zwischenmenschlicher Relationalität,
basierend auf dem Bewusstsein, dass Handlungen kurzlebig und doch zugleich der notwendige und im Grunde genommen der einzige
Weg für ein politisches Subjekt sind, in Erschei-
nung zu treten und Nonkonformismus ins
Spiel zu bringen.

In der Auseinandersetzung mit der spezifischen Verortung politischer Aktion und politischer Bewegung kann es nützlich sein, sich
daran zu erinnern, dass in einer gewissen politischen Philosophie die Auffassung besteht,
dass Politik und *Polis* eine Dynamik teilen, die
irgendwie jener ähnelt, die wir zwischen Tanz
und Architektur skizziert haben. Man mag sich
an dieser Stelle an Hannah Arendts Kapitel
über „Das Handeln" in *Vita activa oder Vom
tätigen Leben* erinnert fühlen, besonders wenn,
um das Politische als Ethik zu definieren, die
darin besteht, trotz der Unvorhersehbarkeit des
Resultats die Initiative zu ergreifen, Arendt
ihre Argumentation damit beginnt, dass sie uns
daran erinnert, wie in der politischen Vorstellungswelt der Griechen die Architektur nicht nur
zuerst kam, sondern auch sicherstellte und
die Grundlage dafür bildete, dass sich das wirklich Politische ereignen kann. Interessant ist,
dass mit dieser Vorrangstellung zugleich der für
beide konstitutive Unterschied zwischen
„Machen" (das mit der gesetzgeberischen Tätigkeit in Verbindung steht) und „Handeln" (das
mit politischem Handeln in Verbindung steht)
bestätigt wird:

> „Bevor das Handeln selbst überhaupt begin-
> nen konnte, musste ein begrenzter Raum
> fertig- und sichergestellt werden, innerhalb
> dessen die Handelnden dann in Erscheinung
> treten konnten, der Raum des öffentlichen
> Bereichs der Polis, dessen innere Struktur
> das Gesetz war; der Gesetzgeber und der
> Architekt gehörten in die gleiche Berufskate-
> gorie. Aber der Inhalt des Politischen, das,
> worum es in dem politischen Leben der
> Stadtstaaten selbst ging, war weder die
> Stadt noch das Gesetz […]"[8]

Folglich dienten Arendt Dinge, die – wie die
Polis, die Stadt, wie Architektur – *gemacht* sind,
als materieller Ersatz, der der Kurzlebigkeit,

Schrankenlosigkeit und Unvorhersehbarkeit dessen entgegenwirken konnte, was ontologisch das Politische charakterisierte: Handeln. Hier ist politisches Handeln buchstäblich wie Tanz, denn politisches Handeln ist ein „Entscheidungsraum […]. Ihn unterscheidet von anderen Räumen, die wir durch Eingrenzungen aller Art herstellen können, dass er die Aktualität der Vorgänge, in denen er entstand, nicht überdauert, sondern verschwindet, sich gleichsam in nichts auflöst, und zwar nicht erst wenn die Menschen verschwunden sind […], sondern bereits, wenn die Tätigkeiten, in denen er entstand, verschwunden oder zum Stillstand gekommen sind."[9] Ich kenne keine genauere Definition von Tanz als diese.

Wir sind nun bereit, auf dem gegenständlichen Terrain der politischen Herausforderungen unserer gegenwärtigen topo-archi-choreografischen Bedingtheit zu landen. Sich gegenseitig konstituierend haben Tanz (den Arendt als Sinnbild für immaterielles politisches Handeln betrachtete) und Architektur (die sie als mit dem dinghaften gesetzgeberischen Handeln verwandt erachtete) eine neue Aufgabe: nämlich eine neue Grundlage für ihre historisch nachhallende und ethisch-politische Platzierung zu finden. Eine derartige Platzierung würde eine Bewegung hervorrufen, die kein sinnloses Schauspiel urbaner Betriebsamkeit (dieser endlosen Darbietung hyperaktiver Passivität), sondern eine intensive Bewegung ist, die das Leben hin zu kraft-, freudvolleren und relationaleren Daseinsformen führen würde. Wir müssten uns eine Art des Bauens und Tanzens vorstellen, die sich radikal gegen das Planieren des Bodens als nicht in Frage gestellte Notwendigkeit wehren würde. Oder wir müssten im Fall von Plätzen, die bereits platt gemacht und neutralisiert wurden, (choreografische, dramaturgische oder architektonische) Mechanismen entwickeln, um den historischen Zustand dieser Plätze wiederzubeleben (*einschliesslich* der Geschichte ihrer Neutralisierung und Planierung), um die Operationen aufzudecken, die durch diese topografische Geste der „Neutralität" verfügt wurden, die keineswegs neutral ist – sondern vielmehr die Darstellung und ihre Gewalt als natürliche Ordnung des Lebens sichert und naturalisiert. Wir müssten das ansprechen und behandeln, was *bereits da,* was mit dem Boden verbunden ist.

Dann würde Topografie nicht zu einem technokratisch-possessiv-kolonialistischen Unterfangen, das abstrakte Körper und abstrakte Gebäude und abstrakte Bewegungen für abstrakte Räume fördert, sondern eine poetisch-politisch-empirische Handlung, die geerdete Körper für choreo-politische Tänze[10] und mit dem Boden verbundene Gebäude für „eine Architektur des Widerstands" mit sich bringen würde.[11] Diese *Fundamente,* diese nicht-kolonialistischen Platzierungen lassen sich in allen kinetischen Ausdrucksformen denken – sogar als ein anderer Name für Fliegen, Tauchen oder wilde Zickzackbewegungen, solange Fliegen, Tauchen und Zickzack durch die Spuren jener historisch nachhallenden Terrains nötig, nachgefragt oder verlangt werden, auf denen sich Tanz und Architektur platzieren. Es hat ein Ende damit, dass „jedweder" darauf getrimmt wäre, Historizität auszulöschen zu Gunsten der zwingenden Erfordernisse einer angemessenen choreografischen Komposition, angemes-

sener Erscheinungsformen und artiger Reproduktionen von domestizierter Sichtbarkeit. Es hat ein Ende damit, dass „jedweder Raum" für das Schauspiel eines normativen Verständnisses des Gebauten eingeebnet wird, wobei die Architektur die Fähigkeiten und Vorstellungen der Subjekte konditioniert und überwacht, die ihre Bewegungen planen und ausführen sollen.

Die wiedererlangte Topografie, damit eine Stadt nicht zu einer Sache wird, die zur Eingrenzung und Verdinglichung von Gesetzen und Regulierungen geschaffen wurde, zu einem überwachten Raum mit ordnungsgemässen Kreisläufen, ein Terrain für wichtigtuerische Aufregung, sondern damit eine Stadt zu einer aktivierenden Maschine zur Aktualisierung aller politischen Potentiale werden kann, wie sie bereits in jedem ihrer Bürger angelegt sind. So dass eine fundierte Choreografie nicht zu einer Bühne wird, auf der das immer abstossendere Theater der hektischen Zirkulation von konformen markengeschützten Subjektivitäten gezeigt wird, sondern zu einem mitschwingenden Boden werden kann, auf dem das Sich-Ereignen von Tanz das Sich-Ereignen wahrer Politik ist, die kühn ergriffene Initiative, so dass durch das Tanzen und im Tanzen „das, was […] schlechterdings nicht zu erwarten steht, doch erhofft werden darf"[12], wie Hannah Arendt es so schön formulierte.

1 P. Carter, *The Lie of the Land,* London und Boston 1996. Für eine Auseinandersetzung mit Carters „Politik des Grundes" und zeitgenössischer Choreografie vgl. A. Lepecki, *Exhausting Dance: Performance and the Politics of Movement,* London und New York 2006.

2 F. Moten, *In the Break: The Aesthetics of the Black Radical Tradition,* Minneapolis 2003, S.1.

3 K. Frampton, „Towards a Critical Regionalism: Six Points for an Architecture of Resistance", in: H. Foster (Hrsg.), *The Anti-Aesthetic: Essays on Post-Modern Culture,* Seattle 1983.

4 J. Derrida und C. V. McDonald, „Chorégraphies", in: *Diacritics,* Bd.12, Nr.2, Baltimore 1982, S.66–76, S.69.

5 Frampton, S.25.

6 Wir können uns natürlich eine mobile oder Nomadenarchitektur vorstellen, sei sie utopisch – wie die Vorschläge von Archigram aus den 1960er-Jahren oder die frühen Projekte von Jan Kaplicki – oder faktisch wie Aldo Rossis kurzlebiges *Teatro del Mondo*; ebenso gut können wir von einem absolut geerdeten Tanz sprechen, wie es gewisse sakrale Tänze gibt – doch dies sind sehr seltene Ausnahmen und ihre sakrale oder utopische oder nicht-utilitaristische Natur verraten bereits ihren *fehlenden Platz* innerhalb der allgemeinen Ökonomie unserer gegenwärtigen neoliberalen, spätkapitalistischen und essentiell neokolonialistischen politischen Vorstellungswelt.

7 Frampton, S.25.

8 H. Arendt, *Vita activa oder Vom tätigen Leben,* München und Zürich 1992, S.187 f.

9   Arendt, S.193.

10   A. Lepecki, „Choreopolice and Choreo-
politics: or the Task of the Dancer", in: *TDR:
The Drama Review,* Bd. 57, Nr.4, Winter 2013
(T220), S.13–27.

11   Frampton, S.25.

12   Arendt, S.167.

En dépit de leurs différences apparemment insurmontables, la danse et l'architecture ont un problème commun: elles doivent toutes deux répondre aux questions pratiques, éthiques, esthétiques et politiques de leur placement sur le terrain. Ce qui veut dire que, pour toutes deux, et ainsi que Paul Carter l'a suggéré avec sagacité dans son livre *The Lie of the Land*,[1] une analyse topographique doit être effectuée avant que la danse ou l'architecture puisse *prendre (une) place*. Une telle analyse topographique s'avère cependant être bien plus qu'une simple tentative analytique qui consisterait à déterminer les gradients d'une surface ou à expliquer la composition d'un terrain. Compte tenu du fait qu'elle vise explicitement à prendre possession, la topographie doit dès lors être comprise, dans son essence, comme la condition éthico-politique préalable à *toute* possibilité de prise de place. Désormais considérée comme un acte plutôt qu'une discipline scientifique, la question éthico-politique que pose la topographie devient la suivante: comment, d'après quels modes, par quels moyens, et dans quels buts, la danse (ou le mobile) et l'architecture (ou l'immobile) *prennent-elles* (possession d'une) *place*? Et, puisque tout acte de possession est sans cesse troublé par une sorte de force dépossessive «telle que le sujet semble possédé – imprégné, déformé – par l'objet qu'il possède»,[2] une contre-question surgit immédiatement: comment une *place* prend-elle possession de (mais également reçoit et, en recevant, résonne à travers) la danse et l'architecture?

Prendre place. Être pris par une place. Ce double mouvement constitue la problématique choré-politique unificatrice qui co-détermine la danse et l'architecture. Une fois matérialisée dans cette place extrêmement spécifique connue sous le nom de «ville», cette codétermination revêt, à mon sens, une signification particulière. Dès lors qu'elles sont refondées dans leur dialectique fondamentale, la danse et l'architecture peuvent suggérer des solutions afin d'imaginer et de définir comment vivre une ville, comment faire vivre une ville.

En dépit de l'apparente mobilité de l'une et de l'apparente immobilité de l'autre, la danse et l'architecture sont irrévocablement précipitées par l'acte topographique qui les précède dans l'espace de la *polis*, c'est-à-dire dans la place interactionnelle, relationnelle, du politique.

Propulsées dans la dynamique politique de la *polis*, la danse et l'architecture se mettent à avoir bien plus en commun que ce qu'il n'y paraît. Pour accéder à ce domaine commun, il nous faut alterner des logiques de sens et de sensation, des modes non réifiés d'attribution et de distribution des identités esthétiques et des fonctions parmi des pratiques et des objets artistiques qui diffèrent. En contournant des fonctions et des régimes de perception et de sens bien déterminés qui les définissent et les réifient en tant que disciplines séparées, la danse et l'architecture deviennent des agents libres de coproduire de nouvelles possibilités d'imaginer comment les *mouvements politiques* (les mouvements de la polis, le mouvement du politique) peuvent prendre place dans l'espace des villes contemporaines.

Eléments fondamentaux qui co-composent ce que Kenneth Frampton, évoquant une «archi-tecture de résistance», qualifia de «poétique consciente de la place»[3], la danse et l'architecture ont le potentiel de libérer la *polis* pour la rendre à sa véritable nature politique – celle qui consiste à faire écho à, encourager, amplifier, se rappeler et co-initier les trois aspects essentiels de l'action politique : l'éphémérité des moyens (actes, actions), l'imprévisibilité du résultat (une action va toujours au-delà des intentions), la fusion éthique entre le fait d'initier un mouvement (même si le mouvement à initier doit être immobile) et celui de suivre l'élan topopolitique de ce mouvement (sans soumission docile) jusqu'à ses limites.

Se pourrait-il que la réification de l'antagonisme esthétique supposé de la danse et de l'architecture, qui consiste à séparer «l'art de la mobilité» et «l'art de l'immobilité», constitue la répression nécessaire à ce qu'un certain inconscient politique, docile et domestiqué, qui vise à concevoir et à vivre la ville comme *la place où le politique prend place et change les places,* puisse être immédiatement saisi, raillé, rejeté?

Au début des années 80, dans un fascinant essai intitulé «Chorégraphies», Jacques Derrida nous rappelait la proximité politico-subjective qui existe entre la danse et la révolution politique en évoquant également la problématique topo-choré-graphique du lien de la danse avec la place. Considérant que les questions de placement, de déplacement et de replacement sont en effet *les* questions qu'une façon de danser révolutionnaire doit toujours soulever (que toute révolution doit d'ailleurs soulever), Derrida a proposé une courte formulation dont la simplicité n'est qu'apparente : «la danse change de place, elle change surtout les *places*.»[4] Avec cette observation trompeusement pro-saïque, qui semble n'être qu'un facile jeu de mots, Derrida décèle dans certaines danses une *pouissance* fondamentale qui pourrait aussi s'étendre à certaines architectures – une *pouissance* qui viendrait renforcer le lien co-constitutif entre la danse et l'architecture dans l'espace du politique, à travers leur attache-ment commun à faire ou à créer une place qui déplace et replace les fondements de la norme politique.

Comment échapper à la docilité réifiée, à ces rôles esthétiques confinés que la danse et l'architecture sont toutes deux contraintes de jouer, notamment dans l'espace de l'urbain, la *polis* ? Comment initier une prise de posses-sion du politique, non pour remplir l'espace générique de corps génériques, mais pour s'approprier une place particulière, singulière, où les actions et les choses font écho à, ré-sultent de tant d'improbables compositions entre ce qui est mobile et ce qui est immobile ? Or, si nous convenons avec Derrida que la danse, en effet, «change les places», il nous faudrait encore nous demander si cette capacité à changer appartient exclusivement à la danse (une question ontologique) et, ensuite, si une telle faculté mène d'elle-même à des changements nécessaires, ou appropriés, ou importants – en opposition à des change-ments inappropriés et dénuées de consé-quences (la question politique). Pour répondre au premier point, il semble évident que toute intervention sur une place la change inévitablement – et l'on pourrait donc dire, avec plus ou moins de clarté, ainsi que le fit Derrida par rapport à la danse, que l'architecture *change les places* elle aussi. Ceci est un truisme. Ce doit donc être que Derrida nous suggère de rechercher des changements qui produisent vraiment un changement qui compte, notamment une transformation déterminante ou une réappropriation de «l'absence de place omniprésente dans notre environnement moderne», où «la transformation par les bulldozers d'une topographie irrégulière en un terrain plat constitue clairement un geste technocratique qui aspire à un statut d'absence de place absolue.»[5]

Afin de déterminer ce que pourraient être ces changements qui induisent réellement un changement (ces changements qui, en prenant place, changent les places), nous devons nous pencher sur le segment apparemment hors de propos de la phrase de Derrida, «la danse change de place». C'est cette allusion évidente à la mobilité nomade de la danse, à sa capacité à changer de place, aussi bien virtuellement que réellement, mais aussi à sa capacité à s'ancrer dans une place, dans de puissants moments de respiration, qui la distingue radicalement de l'architecture.[6] Cependant, dès lors que la danse et l'architecture sont alliées et s'essaient ensemble à changer de place sans effacer les réminiscences historiques et les particularités esthétiques de celle-ci, la question de leur co-composition dans une alliance topo-politique pourrait alors s'articuler de la façon suivante: la danse pourrait-elle stimuler l'architecture en direction d'une autre idée du mouvement, qui n'adhère pas à la fausse antinomie du «fixe» en opposition au «en mouvement», au profit d'une notion plus affective d'intense mobilisation, qui pourrait en effet engendrer d'imprévisibles chorégraphies destinées à des actions, quand bien même ces chorégraphies requerraient une apparente immobilité? Ceci nous ramènerait à la proposition choré-politique d'un jumelage renouvelé de la danse et de l'architecture où, peut-être, la nature politique des villes serait sauvée du spectacle de l'incessante agitation qui semble caractériser la mégapole mondiale (flots de voitures incessants, piétons affairés, flâneurs chics, métros bondés) et réorientée vers une logique de relations cinétiques complètement différente. Depuis les années 50, il a fallu à la danse des décennies d'introspection pour découvrir qu'elle n'a pas à être condamnée au mouvement – cette découverte constitua son émancipation vers une relation plus étroite avec la vie et la pensée; peut-être, cette fois-ci, l'architecture redéfinit-elle sa propre tâche en démantelant l'inconscient cinétique du capitalisme mondial – de même que la danse n'est pas condamnée à s'auto-représenter comme «l'art du mouvement», l'architecture ne serait peut-être pas l'art de maintenir l'ordre des choses en place.

Nous pouvons à présent aborder l'espace du politique, la question topo-archi-choré-politique posée par l'urbain, ou la *polis*. «Topo» pour place, pour «la densité et la résonance expressives»[7] des sols; «archi» pour *arkhe*, pour «la prise d'initiative»; «choré» pour mouvement, c'est-à-dire la matérialisation de la prise d'initiative; «politique» pour *polis*, à savoir un système de relationnalité interpersonnelle fondé sur la notion que les actions sont éphémères mais pourtant nécessaires, et sont même les seules à permettre à un sujet politique d'apparaître afin d'évoluer dans la non-conformité.

En abordant le placement spécifique de l'action politique et du mouvement politique, il pourrait être utile de rappeler comment, dans une certaine philosophie politique, la politique et la *polis* sont toutes deux considérées comme partageant une dynamique tout-à-fait similaire à celle que nous avons tracée entre la danse et l'architecture. Ici, nous pouvons nous référer au chapitre sur l'«Action» dans *La Condition de l'Homme moderne* d'Hannah Arendt, notamment lorsque, pour définir le politique comme l'éthique de la prise d'initiative face à l'imprévisibilité des résultats, elle doit commencer son argumentation en nous rappelant que, dans le monde politique grec, l'architecture imaginaire précédait, mais aussi garantissait l'établissement des bases permettant au politique authentique de prendre place. Ce qui est intéressant, c'est la façon dont cette antériorité constitue également l'affirmation d'une différence co-constitutive entre «faire» (qui est associé à l'activité de législation) et «agir» (qui est associé à l'action politique):

> «Avant que les hommes se missent à agir, il fallait un espace défini et une structure où pussent avoir lieu toutes les actions subséquentes, l'espace étant le domaine public de la polis et sa structure la loi; le législateur et l'architecte appartenaient à la même catégorie. Mais ces entités tangibles n'étaient pas en elles-mêmes le contenu de la politique.»[8]

Ainsi, pour Hannah Arendt, les *polis*, la ville, l'architecture en tant que choses qui sont *faites* ont été une sorte de supplément matériel qui a pu s'opposer à la l'éphémérité, à l'infinité et à l'imprévisibilité de ce qui caractérisait, d'un point de vue ontologique, le politique: l'action. Ici, littéralement, l'action politique est comme la danse, puisque la particularité de l'action politique réside dans le fait «qu'à la différence des espaces qui sont l'œuvre de nos mains, [elle] ne survit pas à l'actualité du mouvement qui l'a vu naître: [elle] disparaît non seulement à la dispersion des hommes […], mais aussi au moment de la disparition ou de l'arrêt des activités elles-mêmes.»[9] Il ne me vient pas de définition plus proche de la danse que celle-ci.

Nous pouvons à présent aborder l'aspect concret des défis politiques de notre situation topo-archi-chorégraphique actuelle. Co-constitutives l'une de l'autre, la danse (qu'Hannah Arendt voyait comme un emblème de l'action politique immatérielle) et l'architecture (qu'elle considérait comme associée à la réalisation législative matérielle) auraient une nouvelle tâche: trouver de nouveaux ancrages à leur répercussion historique et à leur placement éthico-politique. Un tel placement entraînerait un mouvement qui n'est pas un vain spectacle d'agitation urbaine (l'éternelle prestation de la passivité hyperactive) mais un mouvement intense qui orienterait la vie vers des modes d'existence plus relationnels, plus gais, plus puissants.

Il nous faudrait imaginer une façon de construire et de danser qui rejetterait radicalement l'action des bulldozers sur le sol en tant que prérequis inconditionnel. Ou, dans le cas de ces places qui ont déjà été aplanies et rendues neutres, il nous faudrait concevoir des mécanismes (chorégraphiques, dramaturgiques, architecturaux) qui permettent de raviver l'historicité de ces places (*y compris* l'historicité de leur neutralisation et de leur aplanissement) afin de révéler les opérations décrétées par ce geste topographique de «neutralité» qui n'est pas neutre du tout – mais qui garantit et naturalise la représentation et sa violence comme l'ordre naturel de la vie. Il nous faudrait alors nous préoccuper de ce qui est *déjà là* – ancré dans le sol.

La topographie ne deviendrait pas, dès lors, une entreprise technocratique, possessive et colonialiste, qui promeut des corps abstraits, des constructions abstraites et des mouvements abstraits pour des espaces abstraits, mais une activité empirique, politique et poétique, qui donnerait naissance à des corps enracinés, permettant des danses chorépolitiques,[10] et à des constructions ancrées dans le sol, pour «une architecture de résistance.»[11] Ces *ancrages*, ces placements non colonialistes, peuvent être conçus dans toutes sortes d'expressions cinétiques – voire comme un autre nom pour le fait de voler, ou de plonger, ou de zigzaguer sauvagement, tant que voler, plonger ou zigzaguer est ce qui est requis, exigé, demandé par les rainures de ces terrains à répercussion historique sur lesquels se placent la danse et l'architecture.

C'est la fin du «n'importe qui», discipliné à gommer l'historicité au profit des exigences impératives d'une composition chorégraphique convenable, de modes d'apparition corrects, et de sages reproductions d'une visibilité domestiquée. C'en est fini du «n'importe quel espace» aplani au profit du spectacle d'une compréhension normative de ce qui est construit, dans laquelle l'architecture pré-conditionne et contrôle les capacités et l'imagination des sujets à concevoir et exécuter leurs mouvements.

La topographie re-capturée – afin qu'une ville puisse devenir non une chose faite en vue d'un confinement et d'une réification des lois et des règles, un espace contrôlé dont les circulations sont appropriées, un décor pour l'agitation des fouineurs, mais une machine stimulante qui permet de réaliser toutes les potentialités politiques déjà présentes dans chacun de ses citoyens. Si bien qu'une chorégraphie ancrée dans le sol ne deviendra pas une scène destinée à exposer le théâtre toujours plus écœurant de la circulation agitée de subjectivités toujours plus étiquetées dans la conformité, mais bien une base retentissante sur laquelle la danse prend place comme la vraie politique prend place, dans une courageuse prise d'initiatives, si bien que, par la danse et dans la danse, «on peut [attendre de l'inattendu qu'il soit] en mesure d'accomplir ce qui est infiniment improbable»,[12] ainsi qu'Hannah Arendt l'a si joliment formulé.

1   Carter, P. (1996) The Lie of the Land, Londres et Boston, Faber et Faber. Voir Lepecki, A. (2006) Exhausting Dance : Performance and the Politics of Movement, London and New York, Routledge, pour une discussion sur la «politique du sol» de Carter et la chorégraphie contemporaine.

2   Moten, F. (2003) In the Break: The Aesthetics of the Black Radical Tradition, Minneapolis : University of Minnesota, p. 1.

3   Frampton, K. (1983) «Towards a Critical Regionalism : Six Points for an Architecture of Resistance.» In Foster, H. (Ed.), The Anti-Aesthetic : Essays on Post-Modern Culture, Seattle : Bay Press.

4   Derrida, J. and McDonald, C. V. (1982) «Chorégraphies,» Diacritiques, volume 12, numéro 2, (été 1982), pp. 66–76, p. 69.

5   Frampton, p. 25.

6   Nous pouvons évidemment songer à une architecture mobile ou nomade, qu'elle soit utopique – comme dans le cas des propositions Archigram dans les années 60, ou des premiers projets de Jan Kaplicki – ou factuelle, comme dans l'éphémère *Teatro del Mondo* d'Aldo Rossi; de la même façon, nous pouvons évoquer des danses profondément ancrées, comme c'est le cas pour certaines danses sacrées – mais celles-ci constituent de très rares exceptions et leur nature sacrée, ou utopique, ou non utilitaire, trahit déjà leur *manque de place* dans l'économie générale de notre imaginaire politique actuel, néo-libéral et essentiellement néo-colonialiste, basé sur le capitalisme moderne.

7   Frampton, p. 25.

8   Arendt, H. ([1958] 1998) The Human Condition [La Condition de l'Homme moderne], Chicago : University of Chicago Press, p. 194–195.

9   Arendt, p. 199.

10   Lepecki, A. (2013) «Choreopolice and Choreopolitics : or the Task of the Dancer,» TDR: The Drama Review, volume 57, numéro 4, hiver 2013 (T220), pp. 13–27.

11   Frampton, p. 25.

12   Arendt, p. 178.

Jan Verwoert

What do bodies recall when they perform in the public eye? They remember what they were trained to do. This is because when you perform, before people, in the face of their expectations, there is never time to think. The mind goes blank. It must do so for what is performed to find a succinct form of timing. Only the body can do this. Conscious thinking will add split seconds of delay, which makes a performance go out of synch—with itself and its surroundings. Thinking produces mental echoes, which, like echoes on the phone during long-distance conversations, destroy any lucid sense of presence. But for being right on-cue, this sense of presence is key. You need to be in the moment. "You" is your body. Because your body knows best. How does it acquire its knowledge? It is a matter of muscle memory. The muscles involved are those which dancers, musicians or athletes exercise so they can execute complex sequences of moves (with their body, hips, limbs, fingers…) when they perform a piece, routine, jump, or vault—without having to think about what they are doing while doing it. However, it is not only about the muscles that move bones but also those that control breathing, the motion of the larynx and hence the way in which the vocal cords vibrate. To address a public, using your voice, is a muscular affair, and in this respect it makes no difference if you speak or sing. Unless you get your body to give the voice the corporeal amplification it needs (even and especially if you speak silently), you will not be able to make what you say or sing acquire the presence a listener conventionally associates with an eventful experience. In practice, it is as cruel and simple as that. This extends not only to *how* you enunciate but also to *what* you say or sing. Memory too, is a muscle of sorts, and its motions are governed by rhythm and rhyme (among many other things). Song lyrics and poetry are the *mnemonic* devices by means of which the so-called 'passive', and why not call it *muscular*, part of the mind has traditionally been trained so it can pour forth words fluently in patterns that are easy enough to grasp and remember. The same applies to writing. When writing begins to flow, it is the muscle of the mind that puts the words on the page, not reason or will (or whatever you want to call the faculty that generates conscious intent).

Simple and cruel, which means: infinitely joyful and enjoyable once the muscles are sufficiently trained to work smoothly, so they can contract and relax at their own leisure. Any pressure to perform then loses its coercive quality, as the trained muscle will work its magic, freely. The treatment the muscle has subjected itself to, during its training, has *already* been infinitely crueller than anything that it could possibly be confronted with afterwards. So demands bear no threat. The trained muscle surpasses and suspends them, with the exultation of an experienced masochist who might only giggle when pinched. "Frei ist, wer in Ketten tanzen kann" ("Free is he who can dance in shackles"). That is Nietzsche's now proverbial take on autonomy gained through the self-inflicting torture of the mental muscle. It clearly exposes the masochistic ethos that arguably underpins most insubordinate artistic projects in modernity, even and especially those which outwardly promote a spirit of free amateurism—or wild hedonism. *Punk* is a case

in point. "This is one chord. This is another. This is a third. Now form a band": frequently quoted instructions for founding a punk band. Conventionally, they are understood as a celebration of unfettered amateurism and the total rejection of trained musicianship. While this promise surely served as a powerful call to arms, exciting enough for people to seize the means of musical production without asking for permission, it actually gives you only half of the truth. Rejecting virtuosity is one thing. You simply do not waste time soloing. In order to teach their muscles to exert the raw power that it takes to make a song sound like a shot to the brain, a band must however train itself to operate like a military platoon. When the group hits the stage, all the members must know how to perform as one body, with unforgivingly tight timing. The sheer ballistic force that makes a punk band powerful is the outcome of a process that surpasses musical training because it resembles a military drill. Look at the Ramones: Johnny Ramone (guitar) was a staunchly conservative Republican who played the role of counterpart to the more bohemian Joey (vocals) and Dee Dee (bass). The latter supplied the emotional material, wrote the lyrics and most songs, while Johnny reportedly ran the band like a sadistic drill sergeant. To a large extent, he can take the credit for creating the brutally numbskull mechanical force of the Ramones' sound, identified as quintessentially punk.

There is no lack of further examples. The legend surrounding the birth of Joy Division's signature sound of ultra-tight robotic beats offsetting haunted vocals involves a similar scenario of near sadistic regimentation. In this case (as the biopic *Control*, 2007 shows), it was Martin Hannett, the producer of the band's debut album *Unknown Pleasures* (1979), who forced drummer Stephen Morris to rehearse his beats for hours and hours on end, until this torturous procedure rendered his playing style as numb and mechanical as the movements of a worker exhausted and anesthetized by overtime shifts on an assembly line. The existential irony that could thus be shown to inhere in a particular history of insubordinate styles is therefore twofold: Firstly, these styles produce the excessive corporeal energy that sets them apart as "raw", because performers go beyond traditional modes of artistic training and embrace routines akin to a military drill. Secondly, these styles acquire the power to address the brutal alienation of society, viscerally, because, by internalizing it, they generate that selfsame brutality and alienation *galore* in a most painfully pointed form. Performers of these styles can throw society's maladies into relief, because they speak from a place where things could not possibly get any worse: a hell of their own making, in which they keep rendering their bodies volatile, by (over-)charging them with the negative energy, the poison, accumulated from the social surroundings. Breakdown would seem inevitable in the long run. This is why using performance-enhancing or pain-suppressing drugs, cocaine and heroin, becomes a standard means for sustaining the artistic unit that is operating as a sadomasochistic drill squad. One drug boosts the brutality, the other buffers the pain.

A dramatic sea-change in the retraining of the muscular subconscious probably occurred when 1990s dance culture (re-)discovered that the motor for counter-cultural performances did not have to be socially/chemically enhanced pain and brutality, but that it could instead simply be: fun (a knowledge alive in any scene celebrating groove-related, soulful music, be it the All Night Dance event around which the culture of Northern Soul was built, as Mark Leckey recalls in *Fiorucci Made Me Hardcore*, 2009). The implications of this major discovery are still somewhat unclear, yet it is undeniable that an alternative to the model of sadomasochistic drill and internalized alienation now exists. You do not have to inflict pain on yourself to create socially powerful, contagious forms of visceral culture, not least because the body can enter into a new relation to the means of cultural production. The player's corporeal coordination, energy, and sensitivity must enter the production process at every stage in order to play traditional instruments (drums, guitars, keyboard). Not so with electronic music. The machine can coordinate, remember, and execute the performance for you. And it sometimes sounds best if you simply let it do so. The mother of Acid House and Techno, for instance, is a little bass synthesizer-cum-sequencer in a book-sized silver box, the *Roland tb-303* (released in 1982), originally designed as a device to provide home-organ players with bass accompaniment. Production of the machine was discontinued after two years, most probably because the *tb-303* is infuriatingly difficult to programme. The pitch and value of a note must be entered separately into the machine's limited memory by typing them in like numbers into a calculator. During this procedure there is no way to check whether you are really programming the tune and rhythm you have in mind. You will only know once you finish the calculation and press "play". If you have not mastered the art of breaking tunes down into mathematical values, chances are high that what the machine will play back to you is anything but what you intended it to play. It is frustrating—so most units ended up in jumble sales, where they were picked up by a new generation of musicians. Luckily, they realized that failing to control the machine was not a problem at all, because the sequences and sounds the *tb-303* produces after some random button-pushing and twiddling its cheap screechy filter are way more exciting and groovy than anything you could arrive at intentionally.

When the dance-music makers of the future picked up them up, those silver boxes were already pieces of *obsolete technology*. Digital equipment that gave you better control over the programming was already available. Over and above budgetary reasons, opting for imperfect technology instead also meant opting out of the system of expectations created by a capitalist culture which promises new things to provide greater satisfaction. Obsolete and obstinate as it was, the *tb-303*, by chance, taught people to desire differently: without expectations, without intent, rejoicing in the involuntary superfunk the silver box spat out from its electronic peabrain when you doodled around on its (otherwise highly user-unfriendly) plastic interface. What was born in this moment was not solely a new genre of music built around irreverently erratic hook-lines, but also a new politics of *un-training* the muscles of dancers and producers: Dancers/producers do not have to internalize the structures of a culture in order to operate in (for or against) them. The machine has these structures built in; in such a crude form, in the early days of computing, that they invite intuitive manipulation. Instead of exercising and rehearsing, electronic producers dance to the machine, while fiddling around with its controls to feel out possibilities for altering sounds and sequences that will make their bodies move differently. Instead of being subjected to a drill, muscles are brought into a feedback loop in which reacting to and acting upon the instruments of cultural production become practically the same thing: especially when you play for an audience. If an electronic musician or DJ gets people to move, the dancing crowd's motion will in turn spur the musician or DJ to modulate the flow of the music and beats—until it is impossible to tell who leads whom, as the music channels the energies of the dancers, and vice-versa. In good moments, a collective body, which freely modulates its own motion, forms around the interface of the deck, sequencer, and tone controls. No need to internalize or torture your muscles. You just keep moving and feel out what the machine can do for you to keep the joy coming.

With interfaces getting smarter at an unprecedented pace, the catch, however, is that, intuitive users, un-training themselves in the arts of intentional mastery, risk getting trapped in a net of default options. Smarter interfaces easily trick you into believing that they are giving you exactly what you wanted. The gap between intent and outcome—involuntarily throw open by crude technologies, permitting desire to become undirected—closes once the machine makes you feel like you master it, even though you may just be clicking through a menu that governs your choices, not vice-versa. In learning the protocols of digital choice, consumers retrain their bodies in the lore of consumption and redirect their desire towards the available. The World Wide Web seems to be a horn of plenty with infinite cultural products to access. Money in the cultural field reinforces this illusion, as infinitely higher sum are provided for improving interface intelligence than for supporting content-production. Content could by now be random filler. Producers, meanwhile, are harder pressed than ever to deliver eventful performances, because when music and writing circulate for free, as MP3 and PDF files, the added value of the *live* event is what you still get paid for. It is the delivery, not the preparation that is remunerated. Training or rehearsing is a less and less viable option, because it simply means more unpaid work.

So how do we want our muscles to learn? How can we keep our scope to choose to either train our muscles or explore the possibilities of the production machinery? Where do we find the time and social constellations that allow us to experience experiments and experiment with experiences? Where do we go to rehearse and exercise? How can our use of interfaces facilitate a politics of free intuitive modulation based on the collective feedback loops experienced in dance music—rather than trapping us in menus of pre-choreographed options? Such questions are at stake today in the ways in which bodies are trained and untrained in the field of social performance. How we make our choices, how

we speak, how we dance partakes in the collective process in which the cultural muscle is
taught to memorize and forgets its routines.
The challenge is to intervene, artistically, viscerally, in a moment when a regime of discipline
is supplanted by one of enjoyment. The discon-
tents of either are apparent, but the potentials
of resistance implicit in both would deserve
to be re-articulated; antagonistically, certainly,
but without forgetting that what makes muscles
rejoice in wielding counter-power is also the
sheer force of the irreverent: fun.

Woran erinnern sich Körper, wenn sie auf offener Bühne agieren? Sie erinnern sich an das, was sie einstudiert haben. Das liegt daran, dass man, wenn man vor anderen Menschen und deren Erwartungen auftritt, niemals Zeit zum Nachdenken hat. Das Hirn setzt aus. Das muss so sein, damit die Aufführung möglichst ohne Verzögerung abläuft. Nur der Körper beherrscht das. Bewusstes Denken würde die Aufführung um Sekundenbruchteile verzögern und – in sich, aber auch gegenüber seiner Umgebung – asynchron machen. Denken verursacht mentale Echos, die wie Echos bei Ferngesprächen jedes klare Gefühl für Gegenwart zerstören. Dieses Gefühl für Gegenwart ist jedoch entscheidend dafür, dass man punktgenau agiert. Man muss im Augenblick sein. Mit „man" ist hier der Körper gemeint. Der Körper weiss es am besten. Woher hat er dieses Wissen? Das hat mit dem Erinnerungsvermögen der Muskeln zu tun. Beteiligt sind diejenigen Muskeln, die Tänzer, Musiker oder Athleten trainieren, um, wenn sie ein Stück, ein Programm, einen Sprung oder einen Aufschwung vorführen (mit ihrem Körper, ihren Hüften, ihren Gliedmassen oder Fingern…), komplizierte Bewegungsfolgen ausführen zu können, ohne darüber nachdenken zu müssen, was sie gerade tun. Aber es sind nicht nur die Muskeln beteiligt, die die Knochen bewegen, sondern auch diejenigen, die die Atmung und die Bewegung des Kehlkopfs und in der Folge die Art, in der die Stimmbänder vibrieren, kontrollieren. Will man sich mit der Stimme an ein Publikum wenden, so gebraucht man Muskeln, und dabei macht es keinen Unterschied, ob man spricht oder singt. Entweder gelingt es einem, den Körper so zu steuern, dass er der Stimme die nötige physische Verstärkung gibt (und zwar auch und besonders, wenn man leise spricht), oder man wird nicht in der Lage sein, dem, was man sagt oder singt, die Präsenz zu verleihen, die ein Zuhörer gewöhnlich mit einem bewegenden Erlebnis verbindet. So hart und einfach ist das in der Praxis. Das gilt nicht nur dafür, *wie* man artikuliert, sondern auch für das, *was* man sagt oder singt. Das Erinnerungsvermögen ist auch eine Art Muskel und seine Bewegungen werden (neben vielen anderen Dingen) von Rhythmus und Reim bestimmt. Liedtexte und Dichtung sind *Gedächtnisstützen,* mit deren Hilfe der sogenannte „passive", oder sagen wir *muskuläre* Teil des Gedächtnisses traditionell trainiert wird, so dass es fliessend Wortmuster ausschütten kann, die so einfach sind, dass man sie erfassen und in Erinnerung behalten kann. Dasselbe gilt für das Schreiben. Wenn das Schreiben zu fliessen beginnt, ist es der Gedächtnismuskel, der die Worte auf das Papier bringt, nicht der Verstand oder der Wille (oder wie auch immer man die Fähigkeit bezeichnen möchte, die eine bewusste Absicht hervorbringt).

Einfach, aber hart, das bedeutet: Es ist eine unbändige Freude und ein grenzenloses Vergnügen, wenn die Muskeln ausreichend trainiert sind, um geschmeidig zu arbeiten, so dass sie nach Belieben kontrahieren und entspannen können. Jeglicher Aufführungsdruck verliert dann seine Zwanghaftigkeit, denn der trainierte Muskel wird ganz frei seine Wirkung entfalten. Die Behandlung, der der Muskel beim Training unterzogen wurde, war *bereits* unendlich viel härter als alles, was ihm später noch zustossen könnte. Herausforderungen stellen also keine Bedrohung dar. Der trainierte Muskel übertrifft sie und setzt sie mit der Freude eines erfahrenen Masochisten ausser Kraft, der nur gluckst, wenn man ihn kneift. „Frei ist, wer in Ketten tanzen kann." So lautet Nietzsches, inzwischen sprichwörtlich gewordene, Einstellung zur Autonomie, die durch die Folter erlangt wird, die der Gedächtnismuskel an sich selbst verübt. Diese Ansicht verdeutlicht das masochistische Ethos, das wohl die Grundlage der meisten Künstlerprojekte der Moderne bildet, auch und besonders derjenigen, die nach aussen hin den Geist des freien Amateurismus – oder des wilden Hedonismus – beschwören. *Punk* ist hierfür ein Paradebeispiel. „Hier hast du einen Akkord, hier noch einen und hier einen dritten. Und jetzt kannst du eine Band gründen." So lautet die oft zitierte Anleitung zur Gründung einer Punkband. Gewöhnlich gilt sie als Lobpreis auf den uneingeschränkten Amateurismus und die totale Ablehnung des antrainierten musikalischen Könnens. Auch wenn dieses Versprechen sicherlich ein lautstarker Aufruf war, zu den Waffen zu greifen, und die Menschen so sehr begeisterte, dass sie, ohne um Erlaubnis zu fragen, die Mittel der Musikproduktion an sich rissen, liegt darin nur die halbe Wahrheit. Virtuosität abzulehnen ist das eine. Man verliert so einfach keine Zeit mit dem Solo-Spielen. Um jedoch die Muskeln dahingehend zu trainieren, dass sie die ungebremste Kraft aufbringen, die nötig ist, damit ein Song wie ein Kopfschuss klingt, dafür muss eine Band üben, um wie eine militärische Abteilung zu funktionieren. Sobald die Band die Bühne betritt, müssen alle Mitglieder wissen, wie man als ein Klangkörper auftritt und mit striktem und schonungslosem Timing spielt. Die reine ballistische Kraft, die einer Punkband ihre Stärke verleiht, ist das Ergebnis eines Prozesses, der über musikalisches Üben hinausgeht, denn er kommt einem militärischen Drill gleich. Nehmen wir die Ramones: Johnny Ramone (Gitarre) war ein stramm konservativer Republikaner, der den Gegenpart zu den unkonventionelleren Joey (Gesang) und Dee Dee (Bass) spielte. Letzterer lieferte das emotionale Material, schrieb die Texte und auch die meisten Songs, während Johnny die Band angeblich wie ein sadistischer Zuchtmeister leitete. Die Erfindung der brutal dumpfen, mechanischen Kraft des Ramones-Sounds, die ganz und gar mit dem Punk gleichzusetzen ist, ist in weiten Teilen ihm zuzuschreiben.

Es fehlt nicht an weiteren Beispielen. Die Legende um die Entstehung des charakteristischen Sounds von Joy Division, der zum Ausgleich für die gehetzten Stimmen aus extrem strengen roboterartigen Beats besteht, bietet ein ähnliches Szenario von beinahe sadistischer Reglementierung. In diesem Fall war es (wie in dem Biopic *Control* von 2007 zu sehen) Martin Hannett, der Produzent von *Unknown Pleasures* (1979), dem Debütalbum der Band, der den Schlagzeuger Stephen Morris zwang, stundenlang seine Beats zu proben, bis als Ergebnis dieser qualvollen Prozedur sein Stil schliesslich so dumpf und mechanisch war wie die Bewegungen eines von Überstunden erschöpften und betäubten Fliessbandarbeiters. Die existentielle Ironie, die, wie sich daran verdeutlichen lässt, zur besonderen Geschichte widerspenstiger Stile gehört, ist daher eine zweifache: Erstens produzieren diese Stile die exzessive körperliche Energie, die sie als „roh" auszeichnet, denn die Musiker gehen über die traditionellen Formen des künstlerischen Trainings hinaus und befolgen eine Routine, die militärischem Drill gleichkommt. Zweitens machen sich diese Stile die nötige Kraft zu eigen, um der brutalen Entfremdung der Gesellschaft etwas Irrationales entgegen zu setzen, denn wenn sie diese verinnerlichen, erzeugen sie *im Überfluss* dieselbe Brutalität und Entfremdung und dies noch in äusserst schmerzhaft zugespitzter Form. Interpreten dieser Stile können die Leiden der Gesellschaft hervorkehren, denn sie sprechen von einem Ort aus, an dem die Dinge einfach nicht mehr schlimmer werden können: einer selbstgemachten Hölle, in der sie ihre Körper fortwährend in explosivem Zustand halten, indem sie sie mit der negativen Energie und dem Gift, das sie aus ihrer sozialen Umgebung akkumulieren, auf(über-)laden. Auf lange Sicht scheint ein Zusammenbruch unausweichlich. Aus diesem Grund ist der Gebrauch von leistungssteigernden oder schmerzstillenden Drogen wie Kokain oder Heroin ein gängiges Mittel dafür, dass die Künstlereinheit fortwährend wie ein sadomasochistischer Exerziertrupp funktioniert. Die eine Droge verstärkt die Brutalität und die andere dämpft den Schmerz.

Ein dramatischer Umbruch in der Umschulung des muskulären Unterbewusstseins ereignete sich vermutlich, als die Tanzkultur in den 1990er-Jahren (erneut) entdeckte, dass der Motor für gegenkulturelle Aufführungen nicht sozial / chemisch verstärkter Schmerz oder Brutalität sein müssen, sondern dass es stattdessen schlichtweg Spass machen kann. (Eine Erkenntnis, die in jeder Szene ihre Wirkung entfaltet, die Musik mit Groove und Gefühl zelebriert, wie etwa das All-Night-Dance-Event, aus dem die Kultur des Northern Soul hervorging, wie sich Mark Leckey in *Fiorucci Made Me Hardcore* von 2009 erinnert.) Die Auswirkungen dieser grossen Entdeckung sind noch immer nicht ganz klar. Unbestritten ist jedoch, dass es heute eine Alternative zum Modell des sadomasochistischen Drills und der verinnerlichten Entfremdung gibt. Man muss sich nicht Schmerz zufügen, um sozial starke und ansteckende Formen irrationaler Kultur zu schaffen. Nicht zuletzt weil der Körper in eine neue Beziehung zu den Mitteln der kulturellen Produktion treten kann. Um traditionelle Instrumente (Schlagzeug, Gitarren, Tasteninstrumente) spielen zu können, muss auf jeder Stufe des Produktionsprozesses die Körperkoordination, -energie und -empfindung des Musikers mit einfliessen. Das gilt nicht für elektronische Musik. Das Gerät kann stellvertretend koordinieren, sich erinnern und ausführen. Und manchmal klingt es am besten, wenn man es einfach machen lässt. Die Mutter der Acid-House- und Techno-Musik ist beispielsweise der (1982 herausgekommene) *Roland tb-303*, ein kleiner Bass-Synthesizer-Sequenzer in einem buchgrossen silbernen Kästchen, das ursprünglich als eine Vorrichtung entwickelt wurde, die Heimorgelspielern die Bassbegleitung ersetzen sollte. Die Produktion des Geräts wurde nach zwei Jahren eingestellt. Höchstwahrscheinlich weil der *tb-303* vertrackt schwer zu programmieren ist. Tonlage und Wert einer Note müssen jeweils separat in den begrenzten Speicher des Geräts eingegeben werden, so wie man Zahlen in einen Computer eintippt. Während dieses Prozesses gibt es keine Möglichkeit zu überprüfen, ob man wirklich die Tonfolge und den Rhythmus einprogrammiert, den man haben will. Man findet es erst heraus, wenn die Kalkulation beendet ist und man auf „play" drückt. Wenn man die Kunst, Tonfolgen in mathematische Werte aufzuspalten, nicht beherrscht, ist die Wahrscheinlichkeit gross, dass das, was das Gerät wiedergibt, rein gar nichts mit dem zu tun hat, was man erwartet hatte. Das ist frustrierend, die meisten Anlagen endeten daher schliesslich auf dem Trödelmarkt. Dort wurden sie von einer neuen Generation von Musikern wiederentdeckt, die beglückt feststellte, dass mangelnde Beherrschung des Geräts nicht das geringste Problem darstellt, denn die Sequenzen und Klänge, die der *tb-303* produziert, wenn man wahllos auf Knöpfe drückt und an seinem billigen kreischenden Filter herumspielt, sind bedeutend aufregender und haben weitaus mehr Groove als alles, was man absichtlich erzielen könnte.

Damals, als die künftigen Tanzmusikmacher die silbernen Kisten in die Hand nahmen, war deren *Technologie* bereits *veraltet*. Es gab bereits digitales Equipment, das einem mehr Kontrolle beim Programmieren erlaubte. Sich stattdessen für unvollkommene Technologie zu entscheiden, bedeutete, abgesehen von finanziellen Erwägungen, auch, aus dem System der durch eine kapitalistische Kultur geweckten Erwartungen auszusteigen, die einem verspricht, dass einem neue Dinge noch grössere Befriedigung verschaffen. Obgleich der *tb-303* veraltet und eigenwillig war, lehrte er die Menschen zufälligerweise, anders zu wünschen: ohne Erwartungen, ohne Intention, sich an dem unbeabsichtigten Superfunk zu erfreuen, den die silberne Kiste aus ihrem elektronischen Erbsenhirn ausspuckte, wenn man auf ihrem (im Übrigen hochgradig benutzerunfreundlichen) Plastikinterface herumkritzelte. Was in diesem Moment entstand, war nicht nur ein neues Musikgenre, das um ehrfurchtslos erratische Hooklines herum aufgebaut wurde, sondern auch eine neue Politik der *ent-trainierten* Muskeln von Tänzern und Produzenten: Tänzer / Produzenten müssen nicht die Strukturen einer Kultur verinnerlichen, um in ihnen (zu deren Gunsten oder gegen sie) zu agieren. Diese Strukturen sind in das Gerät eingebaut, in der Anfangszeit des Computerwesens sogar in solch unbearbeiteter Form, dass sie zu intuitiver Manipulation einladen. Anstatt zu üben und zu proben, tanzen die elektronischen Produzenten zur Maschine. Sie spielen dabei mit den Reglern herum und suchen nach möglichen neuen Sounds und Sequenzen, die in ihren Körpern andere Bewegungen auslösen. Statt einem Drill ausgesetzt zu sein, werden die Muskeln in eine Rückkopplungsschleife gebracht, in der die Reaktion auf und das Agieren zu Instrumenten kultureller Produktion praktisch dasselbe geworden ist: insbesondere wenn man für ein Publikum spielt. Wenn ein elektronischer Musiker oder DJ die Menschen in Bewegung versetzt, spornt die Bewegung der tanzenden Menge wiederum den Musiker oder DJ an, den Flow der Musik und der Beats anzupassen – bis sich schliesslich nicht mehr sagen lässt, wer wen führt, da die Musik die Energien der Tänzer kanalisiert und umgekehrt. In gelungenen Augenblicken bildet sich so um die Schnittstelle von Laufwerk, Sequenzer und Tonreglern ein kollektiver Körper, der seine eigene Bewegung frei moduliert. Die Muskeln müssen nichts verinnerlichen und sich auch nicht quälen. Man bewegt sich einfach weiter und erforscht, was die Maschine für einen tun kann, damit der Spass weiter andauert.

Da Interfaces in beispielloser Geschwindigkeit immer ausgeklügelter werden, laufen intuitive Nutzer, die in der Kunst der bewussten Kontrolle ungeübt sind, jedoch Gefahr, sich in einem Netz von Standardoptionen zu verheddern. Klügere Interfaces können einem problemlos vorgaukeln, dass sie einem genau das geben, was man wollte. Die Kluft zwischen Intention und Resultat – wie sie unausgereifte Technologien, die es erlauben, dass ein Wunsch nicht gelenkt wird, unbeabsichtigt offenbaren – schliesst sich, sobald das Gerät einem das Gefühl vermittelt, es zu beherrschen, selbst wenn man nur einmal durch ein Menü klickt, das die eigenen Entscheidungen verwaltet und nicht umgekehrt. Indem die Verbraucher die Protokolle der digitalen Auswahl erlernen, schulen sie ihre Körper auf das Konsumwissen um und richten ihr Begehren fortan auf das Verfügbare. Das World Wide Web erscheint wie ein Füllhorn von unendlichen verfügbaren Kulturprodukten. Geld verstärkt im Bereich der Kultur diese Illusion noch zusätzlich, da unendlich höhere Summen für die Verbesserung der Interface-Intelligenz aufgebracht werden als dafür, die Produktion von Inhalten zu fördern. Inhalt könnte fortan als beliebiges Füllmittel dienen. Die Produzenten stehen inzwischen mehr denn je unter Druck, aufregende Performances zu liefern, denn wenn Musik und Geschriebenes als MP3 und PDF frei verfügbar sind, wird man nur noch für den Mehrwert des *Live*-Events bezahlt. Nicht die Herstellung, sondern die Lieferung wird vergütet. Zu trainieren und zu proben ist eine immer unrealistischere Option, denn es bedeutet schlichtweg mehr unbezahlte Arbeit.

Wie sollen unsere Muskeln nach unserem Ermessen lernen? Wie können wir uns die Entscheidungsfreiheit bewahren, entweder unsere Muskeln zu trainieren, oder die Möglichkeiten der Produktionsmaschinerie zu erforschen? Wo finden wir die Zeit und die sozialen Konstellationen, die es uns erlauben, Experimente zu erleben und mit Erfahrungen zu experimentieren? Wo können wir proben und üben? Wie kann unser Gebrauch der Interfaces eine Politik der freien intuitiven Modulation auf der Grundlage kollektiver Rückkopplungsschleifen ermöglichen, wie wir sie von der Tanzmusik her kennen, statt uns in Menüs vorgefertigter Optionen zu verfangen? Solche Fragen stellen sich heute, wenn es darum geht, wie Körper im Bereich sozialer Darbietungen trainiert oder ent-trainiert werden. Wie wir unsere Entscheidungen treffen, wie wir sprechen, wie wir tanzen ist Teil des kollektiven Prozesses, in dem der kulturelle Muskel abzuspeichern lernt und seine Gewohnheiten vergisst. Die Herausforderung besteht darin, in dem Augenblick künstlerisch und intuitiv zu intervenieren, in dem ein System der Disziplin durch ein System des Vergnügens verdrängt wird. Das Unbehagen beider ist offenkundig, doch ihr jeweils implizites Widerstandspotential müsste neu formuliert werden, zwar antagonistisch, doch ohne zu vergessen, dass das, was Muskeln am Ausüben von Gegendruck erfreut, auch die schiere Kraft des Respektlosen ist: Spass.

Ce que les muscles
retiennent

Sur la politique
d'entraînement des
corps à la
performance

De quoi les corps se souviennent-ils lorsqu'ils se produisent sous l'œil du public? Ils se rappellent ce à quoi ils ont été entraînés. Car lorsque l'on se produit devant des gens, face à leurs attentes, on n'a jamais le temps de penser. L'esprit se vide. C'est ce qu'il doit faire pour insérer son interprétation dans un timing serré. Seul le corps peut faire cela. Une pensée consciente viendra ajouter les fractions de secondes de retard qui désynchronisent une représentation – d'elle-même et de ce qui l'entoure. Penser produit des échos mentaux qui, comme ceux d'une conversation téléphonique longue distance, détruisent tout sens clair de présence. Mais, pour être dans le timing, cette présence est essentielle. Vous devez être dans l'instant. «Vous», c'est votre corps. Car c'est votre corps qui sait. Comment acquiert-il ce savoir? C'est une question de mémoire musculaire. Les muscles impliqués sont ceux qu'exercent les danseurs, les musiciens ou les athlètes afin de pouvoir exécuter de complexes séquences de mouvements (avec leur corps, leurs hanches, leurs membres, leurs doigts…) lorsqu'ils exécutent une pièce, un numéro, un saut, une vrille – sans avoir à songer à ce qu'ils sont en train de faire pendant qu'ils le font. Mais il ne s'agit pas seulement des muscles qui activent les os, il y a aussi ceux qui contrôlent la respiration, le mouvement du larynx et, donc, la façon dont vibrent les cordes vocales. S'adresser à un public en utilisant votre voix est une affaire de muscles et, à cet égard, peu importe si vous parlez ou si vous chantez. Soit vous obtenez de votre corps qu'il donne à votre voix l'amplification corporelle dont il a besoin (même, et surtout, si vous parlez silencieusement), soit vous serez incapable de donner à ce que vous dites ou chantez la présence qu'un auditeur attend normalement d'une expérience mémorable. Dans la pratique, c'est aussi cruel et simple que cela. Cela vaut non seulement pour *la façon dont* vous articulez, mais aussi pour *ce que* vous dites ou chantez. La mémoire est aussi un muscle en tant que tel, et ses mouvements sont régis par le rythme et la rime (parmi tant d'autres choses). Les paroles de chanson et la poésie sont les *instruments mnémotechniques* par le biais desquels la partie soi-disant «passive», et pourquoi ne pas l'appeler *musculaire*, de l'esprit a été traditionnellement entraînée à déverser les mots avec fluidité dans des structures qui sont suffisamment faciles à saisir et à se rappeler. Il en va de même pour l'écriture. Lorsque l'écriture commence à s'épancher, c'est le muscle de l'esprit qui met les mots sur la page, pas la raison ni la volonté (ou toute autre façon de qualifier la faculté de générer une intention consciente).

Simple et cruel, c'est-à-dire infiniment joyeux et agréable, une fois que les muscles sont suffisamment entraînés pour travailler en douceur, et peuvent se contracter et se relâcher à leur gré. Toute pression inhérente à la représentation perd alors son aspect coercitif, car le muscle entraîné va exercer sa magie en toute liberté. Le traitement auquel le muscle s'est soumis au cours de son entraînement a *déjà* été infiniment plus cruel que tout ce à quoi il pourrait bien être confronté par la suite. Les exigences de la représentation ne sont pas une menace pour le muscle entraîné, qui les dépasse et les suspend avec l'exultation d'un masochiste aguerri qui glousserait quand on le pince.

«La liberté, c'est savoir danser avec ses chaînes.» Devenue proverbiale, cette affirmation de Nietzsche affirme l'autonomie obtenue par la torture que le muscle mental s'inflige à lui-même. Elle expose clairement la philosophie masochiste qui sous-tend probablement les projets artistiques les plus insolents de la modernité, y compris et en particulier ceux qui promeuvent en apparence un esprit de libre amateur – ou d'hédonisme sauvage. Le *punk* en est un bon exemple. «Voici un accord, en voici un autre, en voilà un troisième, maintenant monte ton propre groupe», sont les instructions souvent citées pour fonder un groupe punk. Traditionnellement, on les considère comme une célébration de l'amateurisme sans retenue et comme le rejet total de l'entraînement dans la pratique musicale. Si cette promesse a certainement été un appel aux armes suffisamment puissant pour pousser les gens à s'emparer des moyens de production musicale sans en demander la permission, elle ne vous livre en réalité que la moitié de la vérité. Rejeter la virtuosité est une chose. Vous ne perdez tout simplement pas de temps à jouer en solo. Pour apprendre aux muscles à exercer le pouvoir brut qui donnera à une chanson l'effet d'une balle dans le crâne, un groupe doit néanmoins s'entraîner à l'action comme un peloton militaire. Tous les membres doivent savoir jouer comme s'ils ne formaient qu'un seul corps, dans un timing serré et impardonnable, lorsque le groupe monte sur scène. La force toute balistique qui donne sa puissance à un groupe punk est l'issue d'un processus qui va au-delà de l'entraînement musical, car il ressemble à un exercice militaire. Voyez les Ramones : Johnny Ramone (guitariste), républicain résolument conservateur, donnait la réplique à Joey (le chanteur) et Dee Dee (le bassiste), tous deux plus bohèmes. Ce dernier fournissait le matériel émotionnel, écrivait les paroles et la plupart des chansons, tandis que Johnny, à ce que l'on disait, menait le groupe en sadique sergent instructeur. C'est lui qui est à l'origine, en grande partie, de la force brutalement apathique de la musique des Ramones, identifiée comme punk dans son essence.

Les autres exemples ne manquent pas. La légende qui entoure la naissance de la musique caractéristique de Joy Division, faite de rythmes robotiques calés au millimètre venant contrebalancer des chants tourmentés, implique un scénario similaire de dirigisme proche du sadisme. Ici (ainsi que le montre le film biographique *Control,* sorti en 2007), c'est Martin Hannett, le producteur du premier album du groupe, *Unknown Pleasures* (1979), qui força le batteur Stephen Morris à répéter ses battements durant des heures, jusqu'à ce que cette procédure douloureuse rende son jeu aussi engourdi et mécanique que les mouvements d'un ouvrier épuisé et anesthésié par les quarts supplémentaires sur une chaîne de montage. L'ironie existentielle qui pourrait ainsi ressortir de l'histoire particulière de ces styles insolents est donc double: premièrement, ces styles produisent l'énergie corporelle excessive qui en fait des éléments «bruts» à part, car les interprètes vont au-delà des modes traditionnels d'entraînement artistique et adoptent des pratiques proches de l'exercice militaire. Deuxièmement, ces styles acquièrent le pouvoir de s'attaquer viscéralement à l'aliénation brutale

de la société, car ils génèrent cette même brutalité, cette même aliénation, *en abondance*,
d'une façon extrêmement douloureuse, en l'intériorisant. Les interprètes de ces styles peuvent
mettre en évidence les maladies de la société,
car ils parlent depuis un lieu où les choses
ne peuvent pas aller plus mal : un enfer qu'ils ont
fabriqué eux-mêmes, dans lequel ils continuent
d'accumuler l'énergie négative et le poison
de leur environnement social qui (sur-)chargent
leurs corps et les rendent explosifs. A longterme, l'effondrement semble inévitable. C'est
la raison pour laquelle l'usage de la cocaïne
et de l'héroïne, drogues destinées à intensifier
la performance ou à inhiber la douleur, devient
un moyen classique d'alimenter l'unité artistique qui œuvre en brigade d'exercice sadomasochiste. Une drogue fait monter la brutalité,
l'autre amortit la douleur.

Un changement radical du recyclage du
subconscient musculaire s'est probablement
produit lorsque la culture de la danse des années 90 a (re-)découvert que le moteur des
performances contre-culturelles n'avait pas à
être douleur et brutalité intensifiées socialement et chimiquement, mais pouvait se contenter d'être divertissant. (Une constatation
que l'on retrouve dans toute célébration de la
musique expressive et groove, comme par
exemple l'événement All Night Dance, autour
duquel la culture de la northern soul s'est
construite, ainsi que le rappelle Marck Leckey
dans *Fiorucci Made Me Hardcore*, 2009.) Les
implications de cette découverte manquent
toujours quelque peu de clarté. Mais il est indéniable qu'il existe à présent une alternative au
modèle de l'exercice militaire et de l'aliénation
intériorisée. Vous n'avez pas besoin de vous
infliger de douleur pour créer des formes de
culture viscérale contagieuses et socialement
puissantes. Notamment parce que le corps
peut entamer une nouvelle relation avec les
moyens de production culturelle. Pour jouer
des instruments traditionnels (batterie, guitare,
claviers), la coordination corporelle, l'énergie
et la sensibilité du musicien sont les éléments
qui permettent d'accéder à n'importe quelle
étape du processus de production. Il n'en va pas
de même pour la musique électronique. La
machine peut coordonner, se rappeler et exécuter l'interprétation pour vous. Et c'est même
parfois encore mieux si vous la laissez faire
ainsi. La mère de l'acid house et de la techno,
par exemple, est un petit synthétiseur-séquenceur de basse dans une boîte argentée de la
taille d'un livre, la *Roland tb-303* (produite en
1982), conçue à l'origine comme un dispositif
pour servir de basse d'accompagnement aux
organistes qui s'entraînaient seuls. La production de la machine fut interrompue au bout de
deux ans. Très probablement parce que programmer la *tb-303* est d'une difficulté exaspérante. Le ton et la valeur d'une note doivent être
entrés séparément dans la mémoire limitée de
la machine en les tapant, comme des chiffres
dans une calculatrice. Au cours de cette procédure, il n'y a aucun moyen de vérifier si vous
programmez réellement la mélodie et le
rythme que vous avez en tête. Vous ne le saurez que lorsque vous aurez terminé de calculer
et que vous appuierez sur «lecture». Si vous
ne dominez pas l'art de décomposer les mélodies en valeurs mathématiques, vous avez de
fortes chances que ce que la machine jouera en

retour n'ait rien à voir avec ce que vous aviez
l'intention de lui faire jouer. C'est frustrant.
La plupart des unités ont donc fini dans des
brocantes. Où une nouvelle génération de musiciens les récupéra et, heureusement, comprit
que le manque de contrôle de la machine
n'était en rien un problème, car les séquences
et les sons produits par la *tb-303* après avoir
appuyé sur un bouton au hasard et tripoté
son filtre crissant et bas-de-gamme sont bien
plus formidables et stylés que tout ce à quoi
vous pourriez parvenir intentionnellement.

A l'époque où les créateurs de la danse du
futur récupérèrent les boîtes argentées, celles-ci
constituaient déjà des éléments de *technologie
obsolète*. Les équipements numériques, qui
donnaient un meilleur contrôle sur la programmation, faisaient déjà leur apparition. Outre
les raisons budgétaires, opter plutôt pour une
technologie imparfaite signifiait également
choisir de sortir du système d'attentes créé par
une culture capitaliste qui promet de nouvelles
choses pour mieux vous satisfaire. Obsolète
et obstinée qu'elle était, la *tb-303*, par chance,
apprit aux individus à avoir des désirs différents, sans attentes ni intention, à se réjouir du
superfunk involontaire que la boîte argentée
crachait de son cerveau électronique grand
comme un pois quand vous gribouilliez au
hasard sur son interface en plastique (par ailleurs
extrêmement difficile à utiliser). Ce qui naquit
à ce moment-là, ce n'est pas seulement un
nouveau genre de musique construit autour de
lignes musicales irrévérencieusement erratiques, mais aussi une nouvelle politique de
dés-entraînement des muscles des danseurs
et des producteurs : les danseurs / producteurs
n'ont pas à intérioriser les structures d'une
culture pour œuvrer dans (pour ou contre)
celles-ci. Ces structures sont construites dans
la machine et, aux débuts de l'informatique,
sous une forme tellement rudimentaire qu'elles
s'offrent d'elles-mêmes à une manipulation
intuitive. Au lieu de s'exercer et de répéter, les
producteurs électroniques dansent avec la
machine, tout en trafiquant ses contrôles afin
d'explorer les possibilités d'altérer les sons
et les séquences qui font bouger leur corps
différemment. Au lieu d'être soumis à des exercices, les muscles sont pris dans une boucle
de rétroaction au sein de laquelle réagir à et
agir sur les instruments de production culturelle
revient bientôt pratiquement au même, notamment quand vous jouez pour un public. Si
le musicien ou le DJ électronique amènent les
gens à bouger, le mouvement de la foule qui
danse amènera en retour le musicien ou le DJ
à moduler le flux de la musique et des rythmes –
jusqu'à ce qu'il ne soit plus possible de dire qui
dirige qui, car la musique fait passer les énergies des danseurs, et vice versa. Aux moments
adéquats, un corps collectif se forme autour
de l'interface de la table de mixage, du séquenceur et des contrôles de tonalité et module
librement son propre mouvement. Nul besoin
d'intérioriser ou de torturer vos muscles. Vous
continuez juste de bouger et explorez ce que
la machine peut faire pour prolonger votre plaisir.

Le piège, par contre, c'est qu'avec des
interfaces qui deviennent de plus en plus astucieuses, et ce à une vitesse sans précédent,
les utilisateurs intuitifs qui se dés-entraînent
à l'art de la maîtrise intentionnelle risquent
d'être pris dans un filet d'options par défaut.

Les interfaces plus astucieuses vous amènent
facilement à croire qu'elles vous donnent
exactement ce que vous vouliez. Le fossé entre
l'intention et le résultat – que les technologies
rudimentaires, involontairement, ouvrent grand
en permettant un désir non dirigé – se referme
une fois que la machine vous fait croire que
vous la maîtrisez, même si vous ne faites que
cliquer dans un menu qui régit vos choix et
non l'inverse. En apprenant les protocoles du
choix numérique, les consommateurs ré-
entraînent leur corps dans la tradition de la
consommation et redirigent leur désir vers
ce qui est disponible. Le world wide web apparaît comme une corne d'abondance pleine
d'une infinité de produits accessibles. L'argent
dans le secteur culturel met cette illusion en
pratique, car l'amélioration de l'intelligence des
interfaces bénéficie d'infiniment plus de fonds
que le soutien à la production de contenu. A
l'heure qu'il est, le contenu tient lieu de bouche-
trou aléatoire. Pendant ce temps, les producteurs
sont plus que jamais forcés de fournir des
prestations mémorables car, lorsque la musique
et l'écriture circulent gratuitement, en mp3 et
en pdf, ce pour quoi vous continuez d'être payé,
c'est la valeur ajoutée de l'événement en *direct*.
La livraison est payée, mais pas la préparation.
S'entraîner ou répéter constitue de moins en
moins une option viable, car cela signifie simplement moins de travail payé.

   Donc comment voulons-nous que nos
muscles apprennent? Comment pouvons-nous
continuer de décider si nous voulons entraîner
nos muscles ou explorer les possibilités des
appareils de production? Où trouver le temps
et les constellations sociales qui nous permettent de vivre des expériences et d'expéri-
menter ce que nous vivons? Où aller pour
s'entraîner et s'exercer? Comment l'usage que
nous faisons des interfaces peut-il faciliter
une politique de modulation libre et intuitive,
basée sur les boucles de rétroaction collectives
vécues dans la dance plutôt que de nous piéger
dans des menus d'options pré-chorégraphiées?
De telles questions sont en jeu aujourd'hui
dans la façon dont les corps sont entraînés et
dés-entraînés dans le secteur de la performance
sociale. La façon dont nous faisons nos choix,
dont nous parlons, dont nous dansons participe
du processus collectif dans lequel le muscle
culturel est formé à mémoriser et oublie ses
habitudes. Le défi est d'intervenir, artistique-
ment, viscéralement, à un moment où un régime
de discipline est supplanté par un régime de
plaisir. S'ils présentent l'un et l'autre des mé-
contentements manifestes, leurs potentiels
de résistance respectifs gagneraient à les réar-
ticuler ; de façon antagoniste, certes, mais
sans oublier que ce qui permet aux muscles de
prendre du plaisir à exercer un contre-pouvoir
est aussi la force même de ce qui est irrévéren-
cieux : le divertissement.

What factors influence the
relationship between public
space and performance
art in contexts of political
change?

Welche Faktoren beeinflussen
die Beziehung zwischen
öffentlichem Raum
und Performancekunst im
politischen Kontext?

Quels facteurs influencent la
relation entre l'espace public
et l'art de la performance
dans divers contextes
politiques?

Mouvement III   The City Performed

The city of Biel lies in the heart of Switzerland. It is right on the linguistic border between the Francophone and the German-speaking parts of the country. With a population of 52,477, it is the tenth-largest Swiss city. Switzerland is generally considered to be one of the world's most democratic countries, even although Amnesty International regularly reports "police practices that violate human rights".

The controversial Article on Expulsion (Wegweisungsartikel) has been deployed in Biel for over 20 years. The Swiss Police Bill states: "The police may temporarily expel an individual from a particular place if there are substantiated grounds to suspect that the individual in question constitutes a danger to or disturbance of public security and order, or that others from the same assembly constitute such a danger." The police therefore determine what constitutes a disturbance of public order and what does not, how public space may be used, what is appropriate and what should be forbidden. You would be justified in asking whether conflicts can be worked through at all against the backdrop of rules like this.

The performances of Le Mouvement explore public space and its limits in Biel in 2014. The artistic interventions are announced as such and are possibly treated differently under the protective mantle of the Swiss Sculpture Exhibition. Performing the City relates exclusively to Biel, an extremely limited segment of what public space signifies internationally. The urban public realm is always determined by local conditions and is strongly coloured by the political system, the legislation in force, how this legislation is implemented, economic circumstances, moral sensibilities, the influence of grassroots movements, cultural policy etc.

The exhibition The City Performed at the Kunsthaus/CentrePasquArt extends the concept of public space internationally—in both historical-geographical and political terms. It explicitly encompasses artists who have implemented street performances under various circumstances—in some cases at the risk of being arrested and imprisoned. The museum-based exploration at Kunsthaus Centre-PasquArt offers a more in-depth examination of the context of performance. In a nutshell, it is certainly fair to say that public space as a term and concept are different for each of the works exhibited. Considering differences and distinctions is the only way to tackle the complexity of the system of discourse, society, city, and public space.

The two oldest works in the exhibition date from the early sixties; the series *This Way Brouwn* by Stanley Brouwn came into being as a conceptual artist's book, with the artist adding a stamp to descriptions of routes sketched for him by passersby in Amsterdam. Alberto Greco's actions, in which he enclosed passersby within a chalk circle and unceremoniously declared them to be a sculptural group, occurred in various cities—the best-known photo-series is from Madrid. To what extent did the political context influence the *Vivo-Dito* series? Are passersby in Paris in the early sixties to be appraised differently than in Madrid, the capital of Francoist Spain? And what are the hallmarks of the people of Amsterdam who were the co-creators of Stanley Brouwn's urban performances?

Public space is indubitably directed and hence controlled by the state authorities of each country. However art actions such as those of Brouwn and Greco are so ephemeral that they pose scarcely any threat to the powers-that-be. Such actions gently poke at the system, as a quiet provocation and in addition are easily identifiable as art.

Things look different in the case of Ai Weiwei's work *June 1994*, with his future wife lifting her skirt on Tiananmen Square on the anniversary of the massacre there. In this case, the public space in question is adjacent to a national monument, Mao's Mausoleum, and to an unmarked memorial of state violence.

This extreme context breaks out of the confines of simple urban space and primarily evokes a political mode of reading. The same holds true of Sanja Iveković; her 18-minute performance *Triangle*, in which she sat on her balcony drinking whisky, reading a book, and making masturbation-like movements while the Yugoslavian President, Tito, passed by in an official parade, alarmed the security officials, who forced her to desist from such activities immediately. Her actions were perceived to be a real threat.

It is however not always a desire to have an impact in a political context that drives artists out into the street—on the contrary. The urge to abandon the protective walls of the art institution has been omnipresent since the sixties. Parallel to Land Art, which chose the world of nature as exhibition venue, more and more artists turned to the street and used it as a platform, an alternative to art spaces, neutral terrain, not appropriated by official art discourse. The precursors were the Situationists, wandering around in Paris. To be more precise: they let themselves drift "aimlessly" in unfamiliar neighbourhoods, guided by nothing but the whim of the moment and the pull of architecture. "A mode of experimental behaviour linked to the conditions of urban society: a technique of rapid passage through varied ambiances. The term also designates a specific uninterrupted period of dériving": that is the definition of "*dérive*" given years later in the Revue internationale situationniste, the Situationist International's mouthpiece.

The city is viewed as neutral terrain, which is not integrated into an art discourse and is free from the preferences of state art policy. Artists who renounce the context of the exhibition space signal their independence. However, the documentary records of these performances often end up back in the art sphere once again.

Öffentlicher Raum unter
verschiedenen Vorzeichen

Gianni Jetzer   Chris Sharp

Die Stadt Biel liegt im Herzen der Schweiz. Durch sie verläuft die Sprachgrenze zwischen französisch- und deutschsprachiger Bevölkerung. Sie ist mit 52.477 Einwohnern die zehntgrösste Schweizer Stadt. Die Schweiz gilt gemeinhin als Musterdemokratie der Welt, auch wenn Amnesty International immer wieder von „Polizeipraktiken, welche Menschenrechte verletzen" berichtet.

In Biel wird seit über 20 Jahren der umstrittene Wegweisungsartikel angewendet. Das Polizeigesetz besagt: „Die Polizei kann Personen von einem Ort vorübergehend verweisen, wenn der begründete Verdacht besteht, dass sie oder andere, die der gleichen Ansammlung zuzurechnen sind, die öffentliche Sicherheit und Ordnung gefährden oder stören." Es liegt also in der Hand der Polizei zu interpretieren, was eine Störung der öffentlichen Ordnung darstellt und was nicht, wie der öffentliche Raum benutzt werden darf, was opportun ist und was verboten gehört. Berechtigterweise kann man die Frage aufwerfen, ob Konflikte unter solchen Spielregeln überhaupt ausgetragen werden können.

Die Performances von Le Mouvement loten den öffentlichen Raum und seine Grenzen in Biel im Jahre 2014 aus. Die künstlerischen Interventionen sind als solche angekündigt und erfahren möglicherweise unter dem Schutzmantel der Schweizerischen Plastikausstellung eine andere Behandlung. Performing the City bezieht sich ausschliesslich auf Biel, ein äusserst begrenzter Ausschnitt von dem, was öffentlicher Raum international darstellt. Städtische Öffentlichkeit ist immer lokal bedingt und stark eingefärbt von politischem System, geltenden Gesetzen, Handhabung dieser Gesetze, wirtschaftlichen Gegebenheiten, Sittlichkeitsempfinden, Einfluss von Bürgerbewegungen, Kulturpolitik etc.

Die Ausstellung The City Performed im Kunsthaus CentrePasquArt erweitert die Begrifflichkeit von öffentlichem Raum international – sowohl historisch-geografisch als auch politisch. Bewusst werden Künstler integriert, die unter verschiedenartigen Bedingungen Performances auf der Strasse verwirklicht haben – teilweise auf die Gefahr hin verhaftet und eingesperrt zu werden. Die museale Untersuchung im Kunsthaus CentrePasquArt bietet eine eingehendere Untersuchung des Kontexts von Performance. Zusammenfassend lässt sich vorausschicken, dass der Begriff und das Verständnis von öffentlichem Raum für jede einzelne der ausgestellten Arbeiten andere sind. Die Komplexität des Systems von Diskurs, Gesellschaft, Stadt und öffentlichem Raum kann nur durch Differenzen erörtert werden.

Die beiden ältesten Arbeiten in der Ausstellung datieren aus den frühen 1960er-Jahren: die Serie *This Way Brouwn* von Stanley Brouwn entstand als konzeptuelles Künstlerbuch mit gestempelten Skizzen zu Wegbeschreibungen, die ihm Amsterdamer Passanten aufzeichneten. Die Aktionen von Alberto Greco, bei denen er Passanten mit einem Kreidekreis einfing und sie kurzerhand als Skulpturengruppe signierte, fanden in verschiedenen Städten statt – die bekannteste Fotoserie stammt aus Madrid. Inwiefern beeinflusste der politische Kontext die *Vivo-Dito*-Serie? Sind Passanten in Paris Anfang der 60er-Jahre anders einzuschätzen als in Madrid, der Hauptstadt des Franco-Regimes? Und was zeichnet die Amsterdamer Bevölkerung als Mitautor von Stanley Brouwns Stadtperformances aus?

Ohne Zweifel wird der öffentliche Raum von der jeweiligen Staatsgewalt gelenkt und demzufolge kontrolliert. Allerdings sind Kunstaktionen wie jene Brouwns und Grecos dermassen flüchtig, dass sie kaum eine Gefahr für die regierende Macht darstellen. Sie sind ein Kitzeln am System, stille Provokation und zudem als Kunst leicht zu erkennen.

Anders präsentiert sich die Arbeit *June 1994* von Ai Weiwei, in der er am Jahrestag des Tiananmen-Massakers seine zukünftige Frau ihren Rock lüften lässt.

Hier grenzt der öffentliche Raum an ein nationales Monument, das Mao-Mausoleum, sowie an eine nicht gekennzeichnete Gedenkstätte staatlicher Gewalt. Dieser extreme Kontext sprengt den simplen öffentlichen Raum und evoziert primär eine politische Lesart. Dasselbe gilt auch für Sanja Iveković; ihre 18-minütige Performance *Triangle*, bei der sie während der Parade des jugoslawischen Präsidenten Tito auf ihrem Balkon Whiskey schlürfte, ein Buch las und masturbationsähnliche Bewegungen ausführte, rief Sicherheitsbeamte auf den Plan, die sie zur sofortigen Aufgabe dieser Aktivitäten zwangen. Sie wurde als reale Bedrohung empfunden.

Es ist jedoch nicht immer der Wunsch, in einem politischen Kontext zu wirken, der Künstler auf die Strasse treibt – ganz im Gegenteil. Der Drang, die schützenden Wände der Kunstinstitution zu verlassen, ist seit den 1960er-Jahren allgegenwärtig. Parallel zur Land-Art, welche die Natur zur Ausstellungsstätte erkor, wandten sich immer mehr Künstler der Strasse zu und nutzten sie als Bühne, als Alternative zum Kunstraum, als neutralen Grund, der nicht von einem offiziellen Kunstdiskurs vereinnahmt wird. Als Vorläufer trieben sich die Situationisten in Paris herum. Oder besser: Sie liessen sich „sinnlos" in unbekannten Stadtteilen treiben, nur den momentanen Lüsten und dem Zug der Architektur folgend. „Mit den Bedingungen der städtischen Gesellschaft verbundene experimentelle Verhaltensweise oder Technik des beschleunigten Durchgangs durch verschiedenartige Umgebungen. Im besonderen Sinne auch die Dauer einer ununterbrochenen Ausübung dieses Experimentes," lautete Jahre später die Definition des „*dérive*" in der Revue internationale situationniste, dem Organ der Situationistischen Internationalen.

Die Stadt wird als neutrales Terrain gesehen, das nicht eingebunden ist in einen Kunstdiskurs oder aber frei ist von Präferenzen staatlicher Kunstpolitik. Künstler, die auf den Kontext des Ausstellungsraumes verzichten, setzen ein Zeichen der Unabhängigkeit. Allerdings landen die Dokumentationen dieser Performances oftmals wieder im Kunstraum.

L'espace public sous différents angles

Gianni Jetzer   Chris Sharp

La ville de Bienne se trouve au cœur de la Suisse. Elle est traversée par la frontière linguistique qui distingue la population de langue française et celle de langue allemande. Ses 52.477 habitants en font la dixième ville de Suisse. La Suisse est communément considérée comme une démocratie modèle dans le monde, même si Amnesty International ne cesse de signaler des «pratiques policières qui violent les droits de l'Homme».

Bienne applique depuis plus de 20 ans un article controversé sur l'expulsion. La loi policière dispose que: «La police peut temporairement exclure des personnes d'un lieu lorsqu'il existe un motif raisonnable de soupçonner que ces personnes ou d'autres appartenant au même groupe mettent en danger ou troublent la sécurité et l'ordre publics.» C'est donc à la police de déterminer ce qui représente un trouble de l'ordre public ou non, comment l'espace public peut être utilisé, ce qui est opportun et ce qui doit être interdit. On peut légitimement se demander si de telles règles du jeu permettent du reste de résoudre les conflits.

Les performances qui composent Le Mouvement sondent l'espace public et ses limites à Bienne en 2014. Les interventions artistiques sont annoncées comme telles et feront peut-être, sous la protection de l'Exposition suisse de sculpture, l'objet d'un traitement différent. Performing the City porte exclusivement sur Bienne, un élément extrêmement limité de la représentation internationale de l'espace public. Le public urbain est toujours local et profondément imprégné du système politique, des lois en vigueur, de l'application de celles-ci, des conditions économiques, de la morale, de l'influence des mouvements citoyens, de la politique culturelle, etc.

L'exposition The City Performed au Centre d'Art CentrePasquArt confère à la notion de l'espace public une dimension internationale – aussi bien en termes historiques et géographiques que politiques. Des artistes y sont volontairement intégrés qui, dans des conditions diverses, ont réalisé des performances de rue – parfois au risque d'être arrêtés et emprisonnés. Le Centre d'Art CentrePasquArt propose une analyse muséale plus détaillée du contexte de la performance. En résumant, on peut souligner que chaque œuvre exposée appréhende et conçoit l'espace public différemment. La complexité du système du discours, de la société, de la ville et de l'espace public ne peut être abordée que par le biais de différences.

Les deux œuvres les plus anciennes de l'exposition remontent au début des années soixante: la série *This Way Brouwn* de Stanley Brouwn a vu le jour sous la forme d'un livre conceptuel, qui rassemble des croquis tamponnés à mesure que l'artiste demande son chemin aux passants d'Amsterdam. Les actions d'Alberto Greco, au cours desquelles il a capturé des passants dans un cercle de craie et, sans autre forme de procès, a signé l'ensemble comme un groupe de sculptures, se sont déroulées dans des villes diverses – la série de photographies la plus célèbre provient de Madrid. Dans quelle mesure le contexte politique a-t-il influencé la série *Vivo-Dito*? Peut-on considérer les passants dans le Paris du début des années soixante différemment de ceux de Madrid, la capitale de l'Espagne franquiste? Et qu'est-ce qui fait de la population d'Amsterdam le co-auteur des performances urbaines de Stanley Brouwn?

L'espace public est sans aucun doute géré, et par conséquent contrôlé, par le pouvoir étatique dominant. Toutefois, les actions artistiques telles que celles de Brouwn et de Greco sont tellement éphémères qu'elles ne représentent guère de danger pour le pouvoir régnant. Elles viennent chatouiller le système, le provoquer en silence, et leur nature artistique est en outre facilement reconnaissable.

Le travail d'Ai Weiwei, *June 1994*, dans lequel sa future femme soulève sa jupe lors de l'anniversaire du massacre de Tiananmen, se présente différemment.

Ici, l'espace public côtoie un monument national, le Mausolée de Mao, ainsi qu'un lieu commémoratif non identifié du pouvoir étatique. Ce contraste extrême dynamite le simple espace public et évoque en premier lieu une interprétation politique. Il en est de même pour Sanja Iveković ; sa performance de 18 minutes, *Triangle*, la montre en train de siroter du whisky, lisant un livre et faisant mine de se masturber sur son balcon pendant le défilé du Président yougoslave Tito, faisant ainsi intervenir des employés de la sécurité qui l'obligent à interrompre immédiatement ces activités. Elle a été perçue comme une réelle menace.

Ce qui pousse les artistes à intervenir dans la rue n'est cependant pas toujours le désir d'agir dans un contexte politique – bien au contraire. Le besoin de quitter les murs protecteurs de l'institution artistique est omniprésent depuis les années soixante. Parallèlement au land art, qui a fait de la nature un lieu d'exposition, de plus en plus d'artistes se tournent vers la rue et l'utilisent comme scène, comme alternative au centre d'art, comme terrain neutre qui n'est récupéré par aucun discours artistique officiel. Les Situationnistes qui traînaient dans Paris en ont été les précurseurs. Ou plutôt : ils se laissaient errer, «sans but», dans des quartiers inconnus de la ville, au seul fil de leurs envies du moment et de l'attrait architectural. Des années plus tard, la Revue Internationale situationniste, l'organe de l'Internationale situationniste, a donné une définition de la dérive : «Mode de comportement expérimental lié aux conditions de la société urbaine : technique du passage hâtif à travers des ambiances variées. Se dit aussi, plus particulière-ment, pour désigner la durée d'un exercice continu de cette expérience».

La ville est perçue comme un terrain neutre qui n'est intégré à aucun discours artistique ou, en tous cas, n'est pas soumis aux préférences de la politique artis-tique de l'Etat. Les artistes qui renoncent au contexte de la salle d'exposition manifestent leur indépendance. Cependant, les documents concernant ces per-formances atterrissent souvent de nouveau dans une salle d'exposition.

Vito Acconci
Following Piece

SIGNS

Vito Acconci

The American architect and conceptual artist Vito Acconci (b.1940) was active on the vibrant New York art scene in the late 1960s. Initially a poet, he started to work as a performance artist in 1969. Because many of his performances left no trace, he documented them, often retrospectively, in the form of short descriptions and black-and-white photographs.

In *Following Piece* (1969), Acconci spent 23 days hot on the heels of people encountered at random on the street. Sometimes he followed them for just a few minutes, sometimes for hours. For Acconci this was primarily a matter of working directly with the body as a form of artistic language, and of doing so anonymously and in public rather than in the protected environment of the gallery or studio. By following people on the basis of chance encounters until they disappeared into some private space, the artist briefly connected unknown bodies to his own. Acconci radically expands the definition of art by creating relationships between bodies—relationships that extends to urban space, and so become the content of his performances.

FOLLOWING: DAILY EPISODES

Oct 3
9:12 AM; in front of door, 102 Christopher St.
Man in gray suit; he walks west on Christopher, south side of street.
At 9:17 AM, he gets into car parked outside of post office, Christopher & Greenwich, and drives away.

Oct 4
9:25 AM; Christopher St. & Bleecker, SW corner.
Woman in black coat; she walks east on Christopher, north side of street.
At 9:28 AM, she goes into A&P, Christopher St. & 7th Ave.
At 9: 59 AM, she leaves A&P and walks west on Christopher.
At 10:03 AM, she enters building, 95 Christopher St.

Oct 5
10:21 AM; Christopher St. & 7th Ave. S., southwest corner.
Man in brown jacket; he crosses 7th and enters IRT subway station, uptown side.
At 10:31 AM, he gets on Broadway local.
At 10:38 AM, he gets off train, 28th St.; he walks south on 7th Ave., turns east on 27th St.
At 10:42 AM, he enters building, 105 W. 27th St.

Oct 6
10:36 AM; 14th St. & 6th Ave., northwest corner.
Man in red jacket; he walks north on 6th, west side of street.
At 10:38 AM, he stops at 15th St., southwest corner, and hails cab.
At 10:44 AM, he gets into cab.

Oct 7
7:20 AM; 14th St. & Broadway, southwest corner.
Man in tanjacket; he walks east on 14th, south side of street.
At 7:28 PM, he enters Italian Kitchen restaurant.
At 8:07 PM, he leaves Italian Kitchen.
At 8:10 PM, he enters Academy of Music movie theater, 126 E. 14th St., where Paranoia and The Oblong Box are playing.
At 10:05 PM, after seeing only parts of both movies, he leaves theater; he walks east on 14th St., north side of street.
At 10:23 PM, he enters building, 534 14th St., between Avenues A & B.

Oct 8
12:04 PM; 14th St. & 2nd Ave., southeast corner.
Man in black sweater; he walks west on 14th, south side of street.
At 12:10 PM, just west on Broadway, on 14th St., I lose sight of him.

Oct 9
10:21 AM; 23rd St. & 6th Ave., northwest corner.
Woman in gray coat; she walks east on 23rd St.
At 10:26 AM, she enters park, 23rd St. & 5th Ave., and sits down on bench.
At 11:14 AM, she walks to BMT subway station, 23rd St. & 5th Ave., uptown side.

At 11:23 AM, she boards RR train to Queens.
At 11:54 AM, she gets off train at 30th Ave., and walks west on 30th Ave.
At 12:07 PM, she enters house, 23-01 30th Ave.

Oct 10
1:28 PM; 31st St. & 6th Ave., southeast corner.
Woman in blue dress; she walks north on 6th Ave., east on 35th St.
At 1:47 PM, she enters Franklin & Simon department store, employees' entrance, between 5th and 6th Ave.; she goes to first floor, where she works behind jewelry counter.
At 6 PM, she leaves Franklin & Simon, and walks west on 35th St.; at subway station, 35th St. & 6th Ave., she walks down and goes to uptown side, IND subway.
At 6:13 PM, she boards D train.
At 6:44 PM, she gets off train at Fordham Rd., in the Bronx; she walks east on Fordham, south on Tiebout Ave.
At 6:57 PM, she enters apartment building, 2428 Tiebout Ave.

Oct 11
3:44 PM; 8th St. & 6th Ave., northeast corner.
Woman in orange coat; she walks east on 8th St., north side of street.
At 3:57 PM, she enters Fred Braun's, leather store.
At 4:18 PM, she leaves Fred Braun's and continues east.
At 4:29 PM, she enters Experiment One, clothing store.
At 4:53 PM, she leaves Experiment One and walks west.
At 4:56 PM, she enters Eighth St. Bookstore.
At 5:10 PM, she leaves Eighth St. Bookstore and walks east.
At 5:26 PM, she enters Michele, shoe store.
At 5:59 PM, she leaves Michele and continues east.
At 6:12 PM, she goes down into IRT subway station, Astor Place, uptown side.
At 6:15 PM, she boards uptown local.
At 6:39 PM, she gets off train at 77th St, stop and walks east on 77th, turns south on York Ave.
At 7:12 PM, she enters building, 1432 York Ave.

Oct 12
I didn't follow anyone.

Oct 13
11:10 AM; Bleecker & 10th St., southwest corner.
Man in brown jacket; he walks south on Bleecker, west side of street.
At 11:17 AM, he enters Bleecker St. Hardware Store, 316 Bleecker St.
At 11:26 AM, he leaves Bleecker St. Hardware Store and walks north on Bleecker, west side of street, then west on 10th, south side of street.
At 11:32 AM, he enters apartment building, 240 W. 10th St.

Oct 14
5PM; 6th Ave. & 4th St., southwest corner.
Man with black attache case; he walks south on 6th Ave.
At 5:01 PM, he goes down into IND subway station, 6th Ave. & 3rd St.; he stands on uptown side, upper platform.
At 5:08 PM, he boards F train.

"Each day I pick out, at random, a person walking in the street. I follow a different person everyday; I keep following until that person enters a private place (home, office, etc.) where I can't get in. (The terms of the exhibition, 'Street Works IV,' were: to do a piece, sometime during the month, that used a street in New York City. *FOLLOWING PIECE*, potentially, could use all the time allotted and all the space available: I might be following people, all day long, everyday, through all the streets in New York City. In actuality, following episodes ranged from two or three minutes—when someone got into a car and I couldn't grab a taxi, I couldn't follow—to seven or eight hours—when a person went to a restaurant, a movie…)."

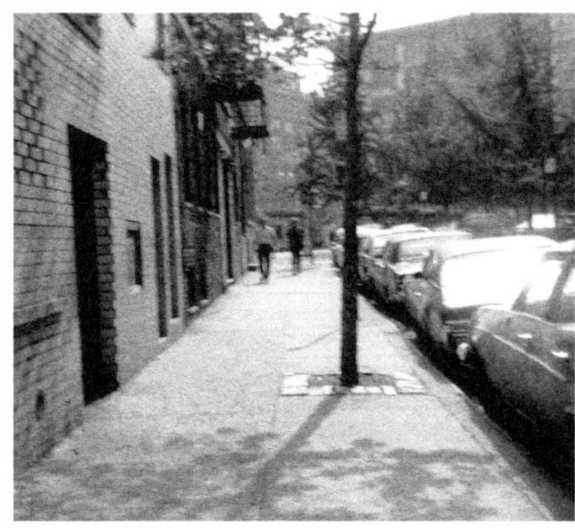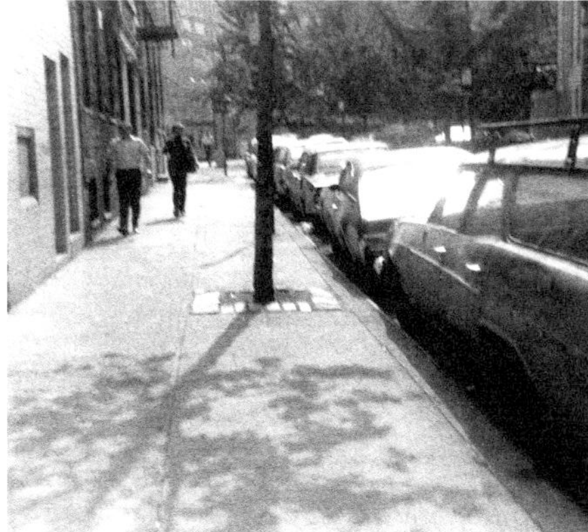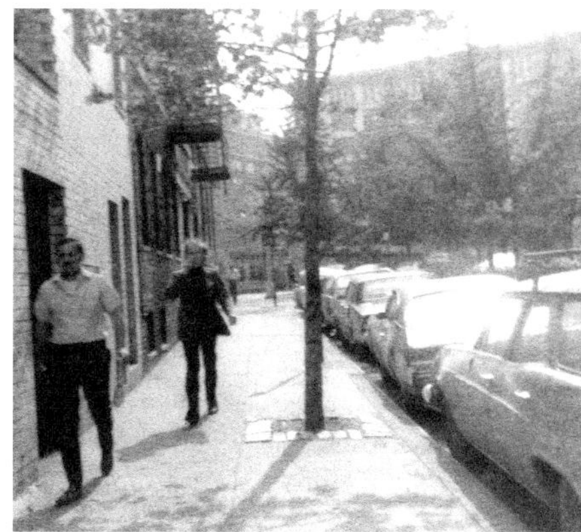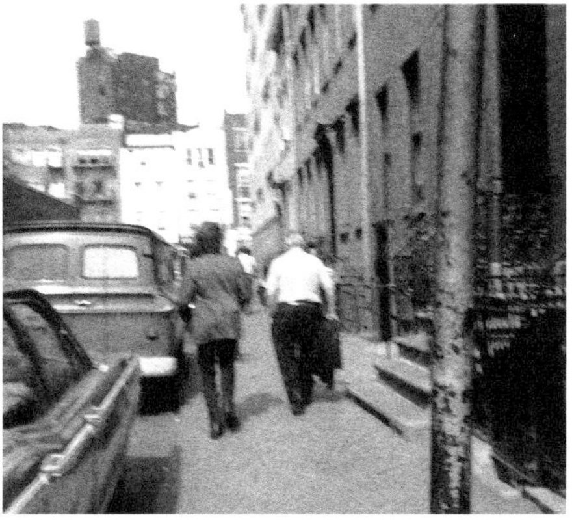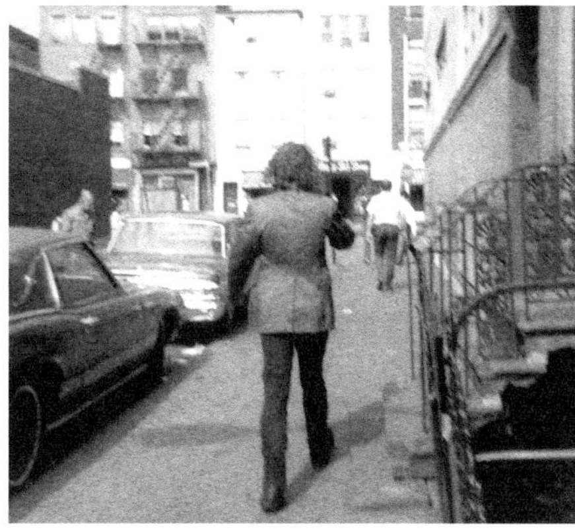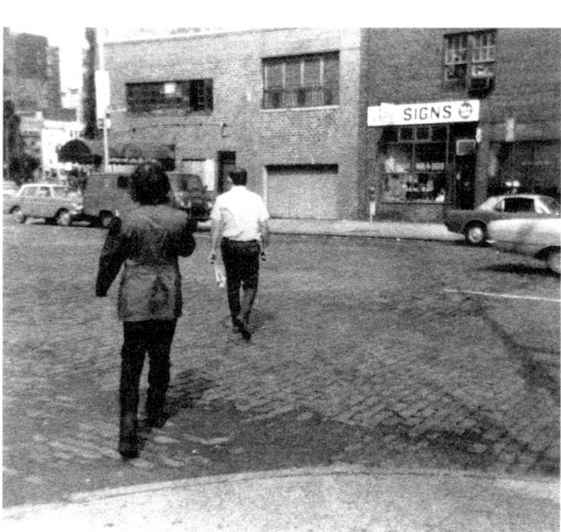

Following Piece, 1969
'Street Works IV', Architectural League
of New York; Activity, New York City;
Oct 3–25, 1969
Digital print, dimensions variable

Der amerikanische Architekt und Konzeptkünstler Vito Acconci (geb.1940) war Ende
der 1960er-Jahre Teil der höchst lebendigen
New Yorker Kunstszene. Er war als Poet und
ab 1969 auch als Performancekünstler äusserst
aktiv. Da viele seiner Performances keine
Objekte hinterliessen, hielt er sie, oft nachträg-
lich, in kurzen Beschreibungen und Schwarz-
Weiss-Fotografien als Konzept fest.

Für *Following Piece* (1969) heftete sich
Acconci während 23 Tagen an die Fersen von
Passanten, denen er zufällig auf der Strasse
begegnete. Gewisse Verfolgungen dauerten
ein paar Minuten, andere zogen sich über
Stunden hin. Es ging Acconci hauptsächlich
darum, direkt mit dem Körper als künstlerische
Sprache zu arbeiten; nicht etwa im geschützten
Rahmen einer Galerie oder des eigenen Lofts,
sondern anonym und in aller Öffentlichkeit.
Indem er nach dem Zufallsprinzip anderen
Menschen folgte, bis sie in eine nicht-öffentli-
che Zone entschwanden, schloss der Künstler
seinen Körper mit ihm unbekannten Körpern
kurz. Acconci erweiterte den Kunstbegriff
radikal, indem er die Beziehungen verschiedener Körper zueinander und zum städtischen
Raum zum Inhalt seiner Performances machte.

A la fin des années soixante, l'architecte et
artiste conceptuel américain Vito Acconci
(né en 1940) a été très impliqué dans la scène
artistique dynamique de New York. Il était
actif non seulement en tant que poète, mais
aussi dès 1969 en tant qu'artiste de performance. Comme beaucoup de ses performances
n'ont pas laissé de traces, il en a fait, souvent
a posteriori, de courtes descriptions ainsi que
des photographies en noir et blanc pour laisser
une trace de son concept.

Pour *Following Piece* (1969), Acconci a –
durant 23 jours – emboîté le pas de passants
rencontrés au hasard dans la rue. Certaines
poursuites n'ont duré que quelques minutes,
d'autres, plusieurs heures. La question pour
Acconci est surtout de travailler directement
avec le corps comme un langage artistique;
non pas dans le cadre protégé d'une galerie ou
de son propre loft, mais de manière anonyme
et dans un lieu public. En suivant au hasard des
personnes jusqu'à ce qu'elles aient disparu
dans une zone non-publique, l'artiste associe
son corps à d'autres corps inconnus. Acconci
a radicalement élargi la définition de l'art:
les interactions de différents corps, non seulement entre eux mais aussi avec les zones
urbaines, sont au cœur de ses performances.

Ai Weiwei

The Chinese artist Ai Weiwei (b. 1957), currently under house arrest in Beijing, has achieved international renown for work, which makes a radical challenge to both cultural memory and political reality. Weiwei's interest in political activism has a biographical foundation: his father was an activist persecuted by the Party.

June 1994 (1994) was taken on the fifth anniversary of the violent suppression of student protests on Tiananmen Square. It portrays the artist Lu Qing (whom Weiwei later married), seen here provocatively lifting her skirt. In a kind of pastiche of tourist snapshots, the image exposes the enforcement of public order, while the woman's confident gesture reveals the latent violence of the place.

Study of Perspective (1995–2010) is a series of photographs with a common composition: the artist's left arm can be seen in the foreground, making a "one-finger salute", while the background is always occupied by national monuments. The series plays on a well-known photographic exercise used to teach focusing, and at the same time demonstrates a systematic rejection of state power, regardless of whether it is exerted in democracies or in totalitarian systems.

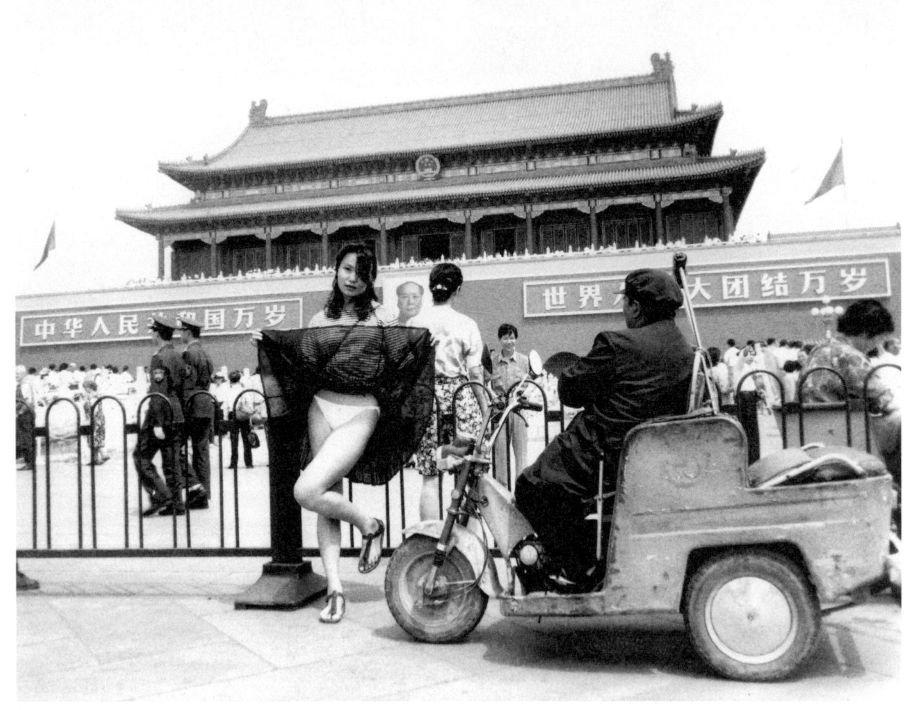

June 1994, 1994
Black and white print, 117,5 × 152,5 cm

Der in Peking unter Hausarrest stehende chinesische Künstler Ai Weiwei (geb. 1957) hat durch sein Werk, welches sowohl das kulturelle Gedächtnis als auch die politische Realität in teils radikaler Weise herausfordert, internationale Berühmtheit erlangt. Ai Weiweis Interesse für politischen Aktivismus ist biografisch begründet (sein Vater war ein von der Partei verfolgter Aktivist).

Sein Foto *June 1994* (1994) entstand am fünften Jahrestag der gewaltsamen Niederschlagung der studentischen Proteste auf dem Tiananmenplatz. Es zeigt die Künstlerin Lu Qing (die er später heiratete), wie sie provokativ

L'artiste chinois Ai Weiwei (né en 1957), qui se trouve actuellement en résidence surveillée à Pékin, jouit d'une renommée internationale. Son œuvre jette un défi parfois radical aussi bien à la mémoire culturelle qu'à la réalité politique de son pays. Son intérêt pour l'action politique est enraciné dans sa propre biographie, son père ayant été poursuivi par le Parti en tant qu'activiste.

Sa photo *June 1994* (1994) a été prise lors du 5ème anniversaire de la brutale répression des révoltes estudiantines sur la Place Tienanmen. C'est un portrait de l'artiste Lu Qing (il l'épousera plus tard) soulevant ses jupes de manière

ihren Rock lüftet. In einer Art Persiflage touristischer Schnappschüsse deckt Ai Weiwei die forcierte öffentliche Ordnung auf. Die latente Gewalt wird erst durch die selbstbewusste Geste der jungen Frau manifest.

Study of Perspective ist eine von 1995 bis 2010 entstandene Reihe von Fotografien, die formal stets gleich aufgebaut sind: Im Vordergrund sieht man jeweils den linken Arm des Künstlers, die Hand zur Stinkefinger-Geste erhoben. Im Hintergrund sind stets national aufgeladene Wahrzeichen zu sehen. Die Serie spielt mit einer berühmten fotografischen Lehrübung (um das Fokussieren zu üben) und manifestiert gleichzeitig eine systematische Ablehnung staatlicher Macht – egal ob in Demokratien oder totalitären Systemen.

provocante. Par une sorte de persiflage des clichés touristiques traditionnels, il met l'accent sur l'aspect forcé de l'ordre public. La violence latente ne devient manifeste qu'à travers le geste démonstratif de la jeune femme.

Study of Perspective est une série de photographies réalisées entre 1995 et 2010. Toutes présentent la même construction formelle: on y voit au premier plan le bras et la main gauches de l'artiste brandissant son médius dans un geste provocateur. En arrière-fond apparaissent des monuments nationaux. Toute cette série s'inspire d'un célèbre exercice de focalisation tel qu'il est couramment pratiqué en photographie, tout en manifestant clairement un refus systématique de la puissance de l'Etat – qu'il soit démocratique ou totalitaire.

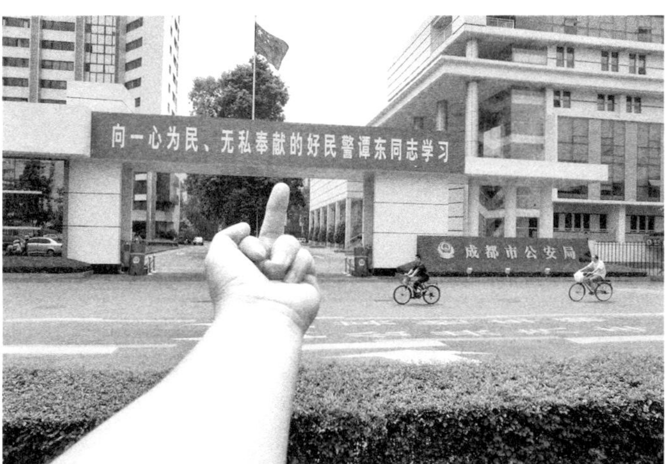
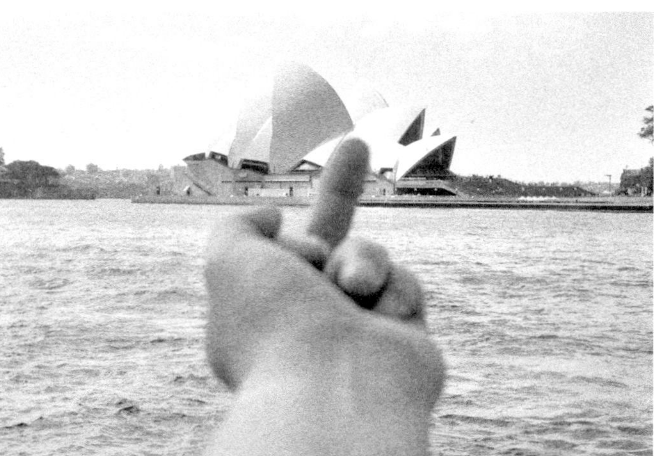
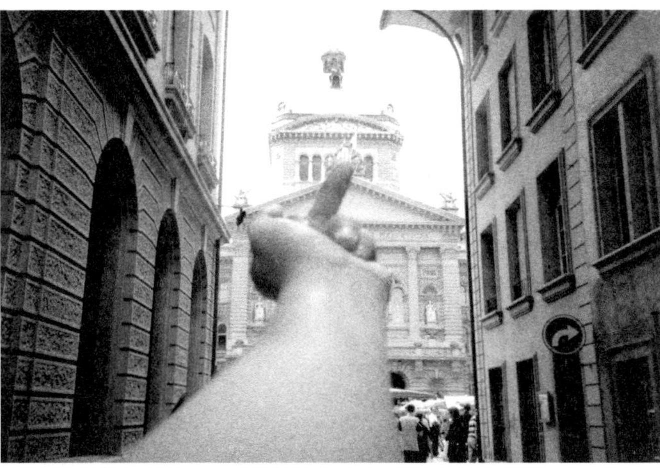
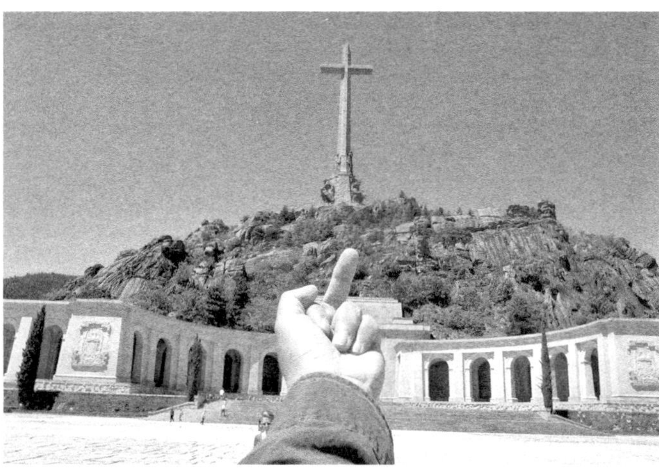

Study of Perspective, 1995–2011
Series of 40 black and white and color
C-Prints / diasec, 35 × 50 cm

Francis Alÿs

The Belgian artist Francis Alÿs (b.1959) has lived in Mexico City for almost two decades. He has made an international name for himself with an œuvre that makes a point of using very little material. Alÿs explores physical and social relationships rather than making things, and because his city is always in flux, it is this dynamism that he seeks to bring into his art. Walking around is a form of artistic exploration of which he makes great use, and many of his works are based on such movements in urban space. The sequence of events is often shaped by relations with passersby or the manipulation of objects: in his 1997 piece *Paradox of Praxis 1 (Sometimes Making Something Leads to Nothing)*, Alÿs pushed a block of ice through the streets until it melted away.

Alÿs sees *Looking Up (Plaza de Santo Domingo, México D.F., Agosto 18, 2001)* (2001) as a counterpoint to this earlier work. *Looking Up* seeks to carry out a performance from which movement emerges without effort. Entrusting himself to the power of suggestion, Alÿs stands on a square watching the sky until a crowd forms around him. Just as something begins to occur, the artist withdraws.

Der belgische Künstler Francis Alÿs (geb.1959) lebt seit langem in Mexiko-Stadt. Er hat sich international einen Namen gemacht mit einem Œuvre, das aus Prinzip mit wenigen, armen Materialien auskommt. Anstatt Dinge zu bauen, untersucht Alÿs physische und soziale Beziehungen. In seiner Stadt sei alles in stetem Wandel und seine Kunst sei der Versuch, sich in ihr zu assimilieren. Viele Arbeiten beruhen auf Bewegungen im städtischen Raum. Gehen etwa ist eine Form künstlerischer Exploration, die er häufig nutzt. Weiter bestimmen Beziehungen zu Passanten oder aber die Manipulation von Objekten das Geschehen. So schiebt er in *Paradox of Praxis 1 (Sometimes Making Something Leads to Nothing)* (1997) einen Eisblock bis zur totalen Schmelze durch die Strassen.

Die Arbeit *Looking Up (Plaza de Santo Domingo, México D.F., Agosto 18, 2001)* (2001) versteht Alÿs als Gegenpol zu *Paradox of Praxis 1*. Er suchte nach einer Performance, aus der ohne jegliche Anstrengung eine Bewegung resultiert. Auf die Kraft der Suggestion vertrauend, stand der Künstler auf einem Platz und beobachtete den Himmel, bis sich eine Menschenmenge um ihn bildete. In dem Moment, als aus dem Nichts etwas entstand, zog er sich zurück.

L'artiste belge Francis Alÿs (né en 1959) vit depuis longtemps à Mexico. Il s'est fait un nom sur la scène internationale avec une œuvre qui utilise par principe peu de matière. Au lieu de construire des choses, Alÿs étudie les comportements physiques et sociaux. Son art est une tentative d'assimilation de sa ville en perpétuelle mutation. Beaucoup d'œuvres sont basées sur les mouvements dans les zones urbaines. La promenade est une forme très utilisée de l'exploration artistique. Les relations avec les passants ou la manipulation d'objets déterminent en outre les événements : dans *Paradox of Praxis 1 (Sometimes Making Something Leads to Nothing)* (1997), il a poussé un bloc de glace dans les rues jusqu'à ce qu'il ait complètement fondu.

Alÿs conçoit *Looking Up (Plaza de Santo Domingo, México D.F., Agosto 18, 2001)* (2001) comme un contrepoint à *Paradox of Praxis 1* : il est à la recherche d'une performance dont résulterait un mouvement sans aucun effort. Faisant confiance au pouvoir de la suggestion, Alÿs se tient debout sur une place en regardant le ciel jusqu'à ce que des gens se réunissent autour de lui. À un certain moment, comme si quelque chose surgissait du néant, l'artiste se retire.

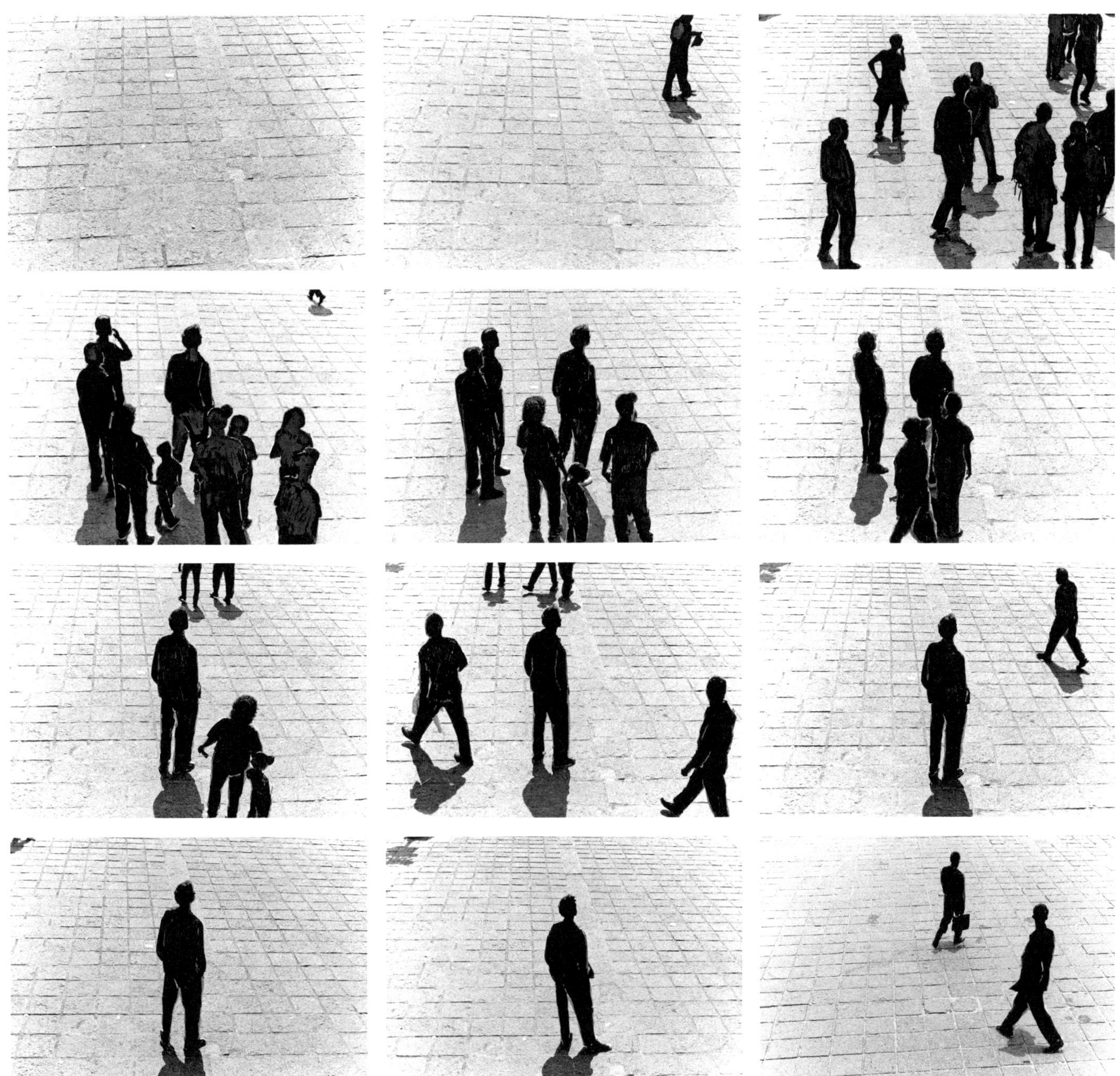

*Looking Up (Plaza de Santo Domingo,
México D.F., Agosto 18, 2001)*, 2001
Single-channel video, color, sound, photo-
graphs, table, stool, light fixtures, 4 min

Ulla von Brandenburg

Ulla von Brandeburg (b. 1974) is a German artist based in Paris. Although she is better known for her interest in theatrical design and tableaux vivants, von Brandenburg's *Around* (2005) is a contemporary classic of quotidian choreography. This looped 16mm film portrays a group of individuals standing in a circle in the middle of an empty street in an industrial part of town with their backs to the camera. As the camera circumnavigates them, the performers turn so that although the camera moves right around them, their faces are hidden from the viewer and their identities remain concealed. While this work is clearly indebted to the Judson Dance Theater choreographers' preoccupation with everyday gestures, its intimacy also derives from the quintessentially urban experience of the (fleeting) crowd, here distilled into a shared yet inaccessible intimacy.

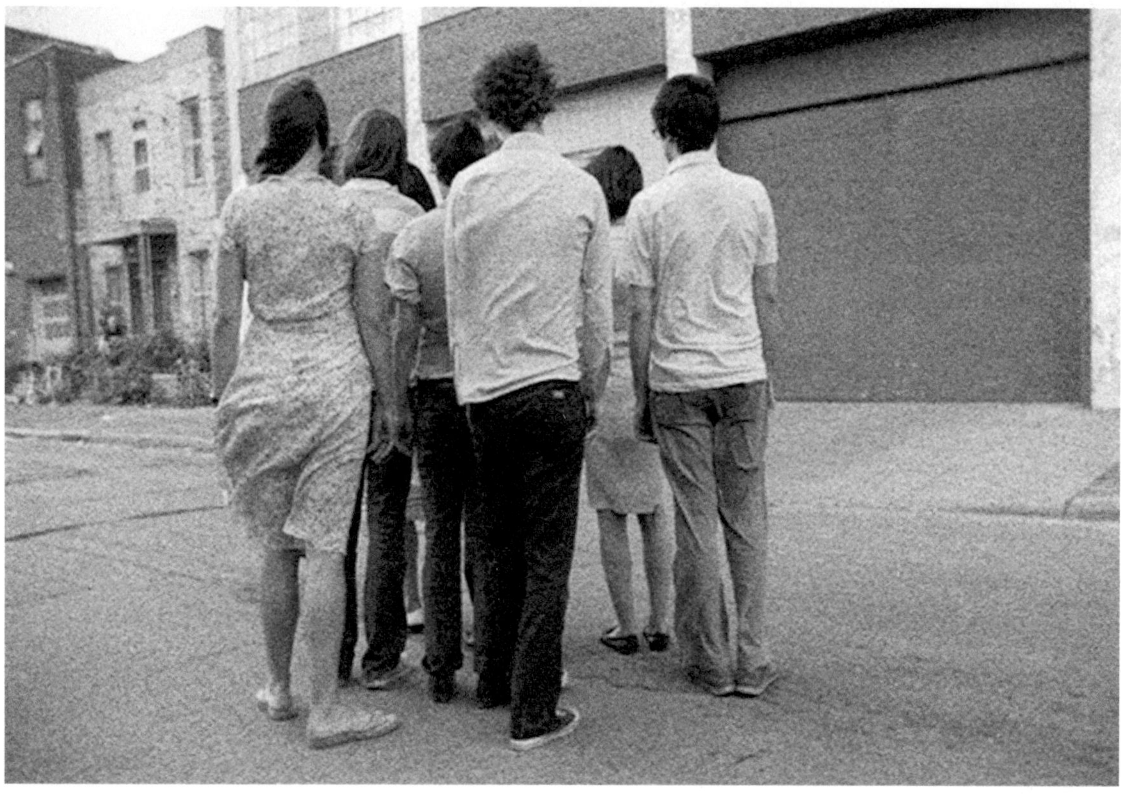

Around, 2005
Super 16mm film, no sound, 2:45 min

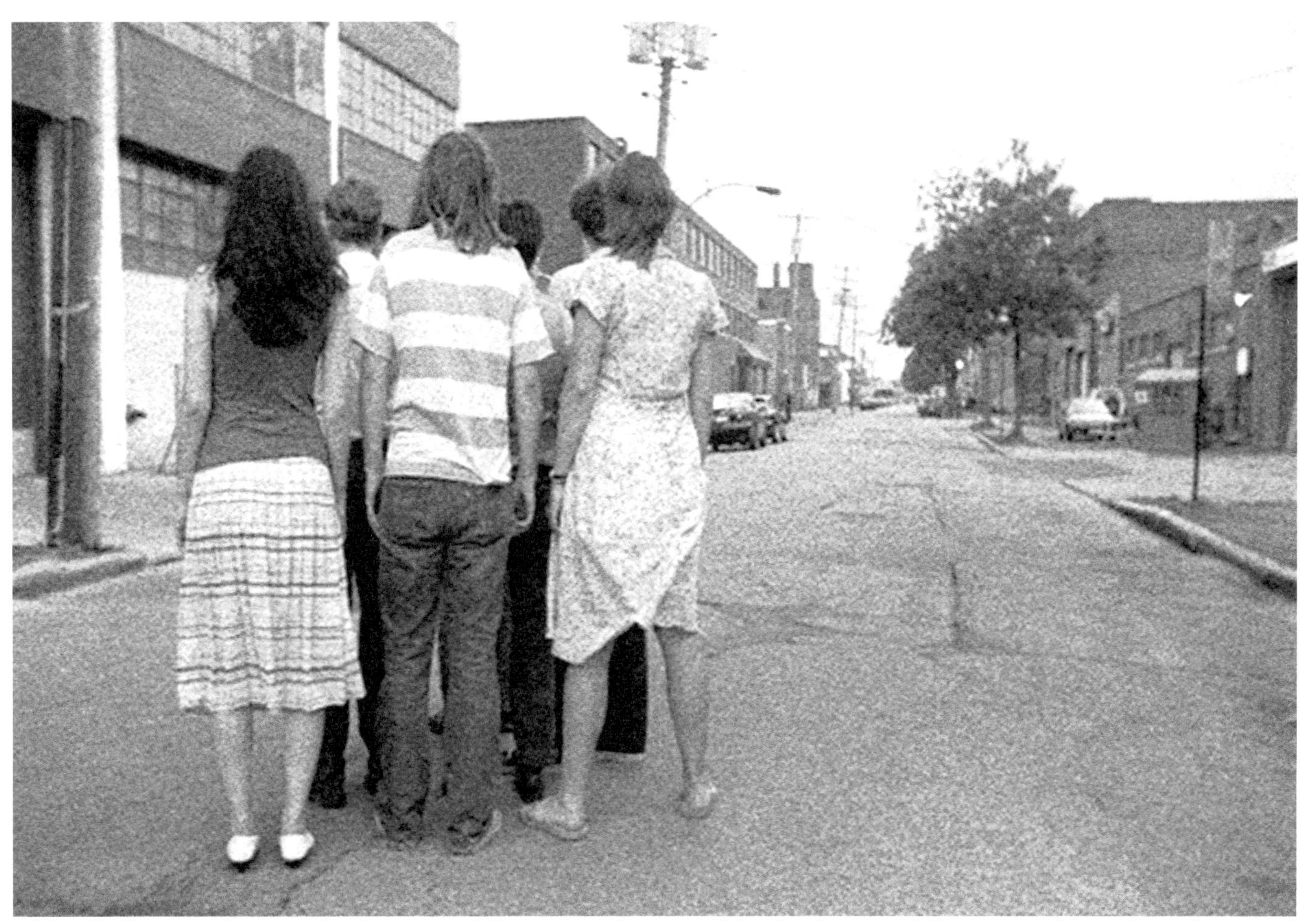

Die in Paris lebende deutsche Künstlerin Ulla von Brandenburg (geb. 1974) ist zwar für ihr Interesse an Bühnengestaltung und Tableaux vivants bekannt, schuf jedoch mit *Around* (2005) einen Klassiker der zeitgenössischen Strassenchoreografie. Die 16-mm-Filmschleife zeigt eine Gruppe von Personen, die – mit dem Rücken zur Kamera – mitten auf der leeren Strasse eines Industrieviertels im Kreis stehen. Die Darsteller folgen synchron der Bewegung der Kamera, die einen vollen Kreis um sie beschreibt, so dass ihre Gesichter und ihre Identität verborgen bleiben. Das Werk ist unverkennbar vom Judson Dance Theater beeinflusst, das sich ebenfalls intensiv mit Alltagsgesten auseinandersetzte. Die Intensität von *Around* beruht jedoch auf einem typisch urbanen Erlebnis: der (vorübereilenden) Menschenmenge, hier verdichtet zum Kern einer geteilten und zugleich unzugänglichen Intimität.

L'artiste allemande Ulla von Brandenburg (née en 1974) est surtout connue pour son goût de la scénographie théâtrale et des tableaux vivants. *Around* (2005) est une chorégraphie classique contemporaine du quotidien. Ce film 16mm en boucle fait le portrait d'un groupe d'individus debout dans un cercle, au milieu d'une rue déserte, dans une zone urbaine industrielle, et qui montrent leur dos à la caméra. Lorsque celle-ci fait le tour de leurs corps, ils se mettent eux aussi à tourner à l'unisson, de telle manière que la caméra a beau décrire un cercle complet, leurs visages demeurent cachés et leurs identités restent à jamais inconnues du spectateur. L'œuvre s'inspire indéniablement des chorégraphes du Judson Dance Theater également captivés par la gestuelle quotidienne. Mais son aspect poignant est le fruit d'une expérience urbaine quintessenciée : la foule (fugace), ici transformée en cœur d'une intimité partagée et pourtant inaccessible.

Pablo Bronstein

The Argentinian, London-based artist Pablo Bronstein (b.1977) works primarily with concepts reflecting postmodernism in conjunction with the post-revolutionary architecture of 19th century France.

Created during a stay in the Italian city of Turin, *The Piazza* (2007) consists of two long strips of tape which transect the floor of the gallery, crossing at the center of the room in a gesture that for Bronstein represents the simplest way of marking a place without using an object. In architectural drawing, this x stands for a void. Here, Bronstein uses it to turn the exhibition space into a life-sized architectural model. The title of the piece makes reference to the piazza's role as the traditional space for the public performance of citizenship in Italian city-states. In the Northern imagination, the piazza is linked to the project of architectural classicism—in other words, democracy as an architectural style.

Der argentinische Künstler Pablo Bronstein (geb.1977) arbeitet primär mit Konzepten, die sich mit der Postmoderne und der postrevolutionären Architektur im Frankreich des 19. Jahrhunderts befassen.

The Piazza (2007) entstand während eines Aufenthalts in Turin. Zwei lange Klebestreifen verlaufen diagonal durch den Ausstellungsraum und überschneiden sich in der Mitte. Für Bronstein war diese Geste das einfachste Mittel, den Ort ohne Verwendung eines Objekts zu markieren. In Bauplänen dient das x als Symbol für einen Leerraum. Hier verwandelt es den Ort der Ausstellung in ein lebensgrosses Architekturmodell. Bronstein nennt die X-Form „Piazza", die Bezeichnung für einen Platz, auf dem die Einwohner der alten italienischen Stadtstaaten ihr Bürgerrecht ausübten. Im Europa jenseits der Alpen ist der Name Piazza mit der Architektur des Klassizismus verbunden – man könnte also sagen, Demokratie als Baustil.

L'artiste argentin Pablo Bronstein (né en 1977) travaille surtout avec des concepts issus du post-modernisme, en conjonction avec l'architecture française post-révolutionnaire du XVIIIème siècle.

Pour *The Piazza* (2007), créé durant un séjour à Turin, en Italie, deux longs rubans traversent le sol de la galerie, se croisant au centre de la pièce. Aux yeux de Bronstein, ce geste est la méthode la plus simple qu'il puisse imaginer pour marquer un lieu sans utiliser aucun objet. Dans le dessin architectural, les x servent de symbole pour désigner un espace vide. Ici, Bronstein s'assujettit l'espace de l'exposition de telle manière qu'il transforme la pièce elle-même en un modèle architectural grandeur nature. Il nomme «Piazza» cette forme en X, parce que traditionnellement, c'était la Piazza qui servait d'espace pour les manifestations publiques de la citoyenneté dans les cités-états italiennes. Dans l'imagination du Nord, la Piazza est liée au projet du classicisme architectural – en d'autres mots, à la démocratie devenue un style d'architecture.

The Piazza

The Piazza consists of two lines on the floor,
marked out in standard decorator's tape.
Joining corner to corner, the two lines meet
at and designate the centre of the room in
a giant X. The X is the symbol for the void
space in architectural draughtsmanship, here
tying the real room to an authored drawing.
The X marked on the floor is called a Piazza
because traditionnally a Piazza is a space
in which people perform the act of citizenship. Being within this space with the X,
in particular a theatrical exhibition space
with expensive lighting and false walls, is
highlighted as performance. In its 'timeless'
simplicity, the Piazza has neoclassical
pretensions. The Piazza in the Northern imagination is tied to architectural classicism,
in other words, democracy as presented
by architectural style. As a parody of this
the Piazza is an artwork that anyone can make
and install wherever they are allowed.

Pablo Bronstein

Stanley Brouwn

The original peripatetic artist, Stanley Brouwn (b.1935) has been making works that revolve around human locomotion and units and modes of measurement for some five decades. The works of this Dutch artist, who was born in Surinam and is based in Amsterdam, range from *1 royal cubit: old Egyptian measuring unit of length 2500 b.c.* (1998), to proposals for short walks towards particular cities, such as *walk 4m in the direction of Havana distance: 7396584.7166m (2005)*. Although Brouwn is known for the stringent precision with which he records the basic human activity of walking, a certain levity and imprecision are in play in the series *This Way Brouwn* (1961–1963), which consists of a collection of maps drawn by people approached for directions in Amsterdam. Taking these drawings and presenting them as works of art turned them into testaments to improvised social encounters and a subjective understanding of a city, as well as records of the moment in which two bodies pause to inhabit an urban space before going their respective ways.

Der in Surinam geborene und in Amsterdam lebende Künstler Stanley Brouwn (geb.1935) begriff als einer der ersten die Aktivität des Umherwanderns und Reisens als Kunst. Seit nun bereits fünf Jahrzehnten zeichnet Brouwn die menschliche Fortbewegung mit unvergleichlicher Präzision auf. Seine Werke bestehen sowohl aus *1 royal cubit: old Egyptian measuring unit of length 2500 b.c.* (1998), als auch in der Konzeption kurzer Märsche in Richtung verschiedener Weltmetropolen – *walk 4m in the direction of havana distance: 7396584.7166m* (2005). Der holländische Künstler ist für die extreme Präzision bekannt, mit der er das Gehen als fundamentale, menschliche Bewegung aufzeichnet. In der Serie *This Way Brouwn* (1961–1963) ging er allerdings weniger genau und planmässig vor. Er fragte Passanten in Amsterdam nach dem Weg und liess sie Karten skizzieren, die er sammelte und als Kunst präsentierte. Dadurch wurden sie zu Zeugnissen einer improvisierten zwischenmenschlichen Begegnung und einer subjektiven Ortskenntnis, halten aber auch die Spur zweier Körper fest, die kurz innehielten und gemeinsam im selben Stadtraum verweilten, ehe sie wieder ihrer Wege gingen.

Stanley Brouwn (né en 1935), d'abord artiste ambulant, a réalisé depuis cinq décennies des œuvres qui se préoccupent de la locomotion humaine ainsi que des unités et méthodes de mesure. Ses œuvres consistent aussi bien en la représentation de *1 royal cubit: old Egyptian measuring unit of length 2500 b.c.* (1998), qu'en la proposition de courtes marches en direction de différentes villes du monde – *walk 4m in the direction of havana distance: 7396584.7166m* (2005). De fait, cet artiste Hollandais né au Surinam et vivant à Amsterdam est connu pour l'extrême précision avec laquelle il enregistre l'activité humaine fondamentale qu'est la marche. Néanmoins, la série historique *This Way Brown* (1961–1963) fait montre d'une certaine légèreté, d'une certaine imprécision. Il s'agit d'une collection de plans dessinés par des passants à qui Brouwn a demandé son chemin dans Amsterdam. L'artiste s'est approprié ces plans et les a présentés comme des œuvres d'art. À ce titre, ils deviennent le testament d'une rencontre sociale improvisée, une manière subjective de comprendre une ville, mais aussi la mémoire de deux corps qui font une pause et habitent ensemble, pour un instant, l'espace urbain, avant de continuer leurs chemins respectifs.

Since 1972, Stanley Brouwn has requested
that his work shall not be reproduced.

Depuis 1972, Stanley Brouwn a demandé que
son oeuvre ne soit pas reproduite.

Seit 1972 fordert Stanley Brouwn, dass
seine Arbeit nicht reproduziert wird.

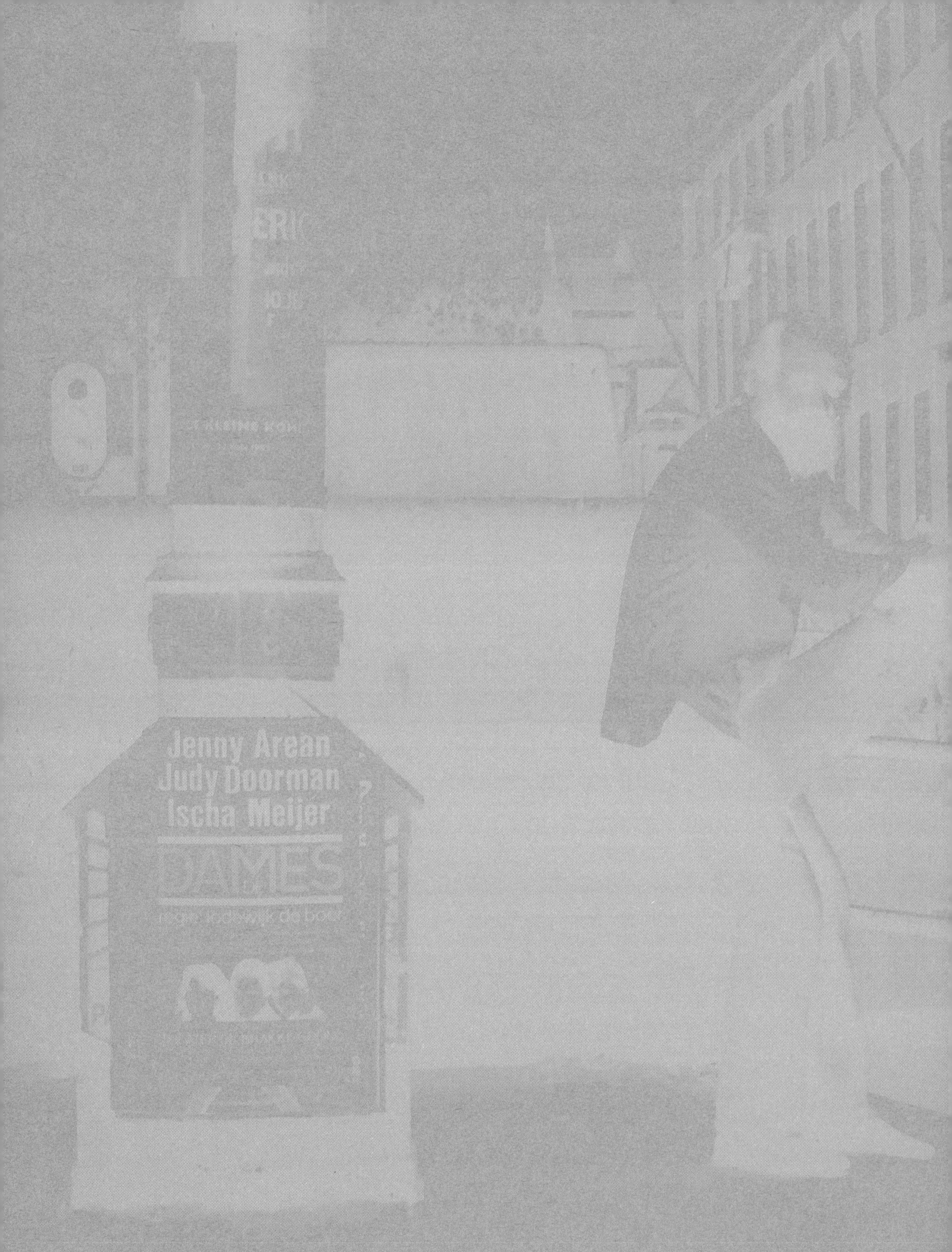

Jenny Arean
Judy Doorman
Ischa Meijer
DAMES

Paulo Bruscky

The artist Paulo Bruscky (b.1949) lives in the city of Recife in northern Brazil. As an exponent of mail art, and with close ties to Fluxus and Gutai, Bruscky has fostered international exchanges for many years, even during the military regime of 1964–84. But his work, which includes performances, Xerox copies, film, collages, objects, photographs, and self-edited books, is often made in response to everyday life and local contexts. His performances on the streets of the fifth largest city in Brazil are marked by simplicity, a sense of sheer poetry, and a humor capable of countering the threats posed to individuality in a repressive climate.

Bruscky was awarded a Guggenheim Fellowship in the early 1980s, thanks to which he took a research trip to New York and Amsterdam. He has a sharp eye for found situations which fluctuate between sense and nonsense, and the film *Amsterdam Erotica* (1982) is a study of what he saw as the omnipresent, phallic character of the Dutch capital. A metal post between Bruscky's legs is immortalized in photographic form and so transformed into a performance of masculinity. His sexual energy produces an absurd organism, a union of the city and his own body.

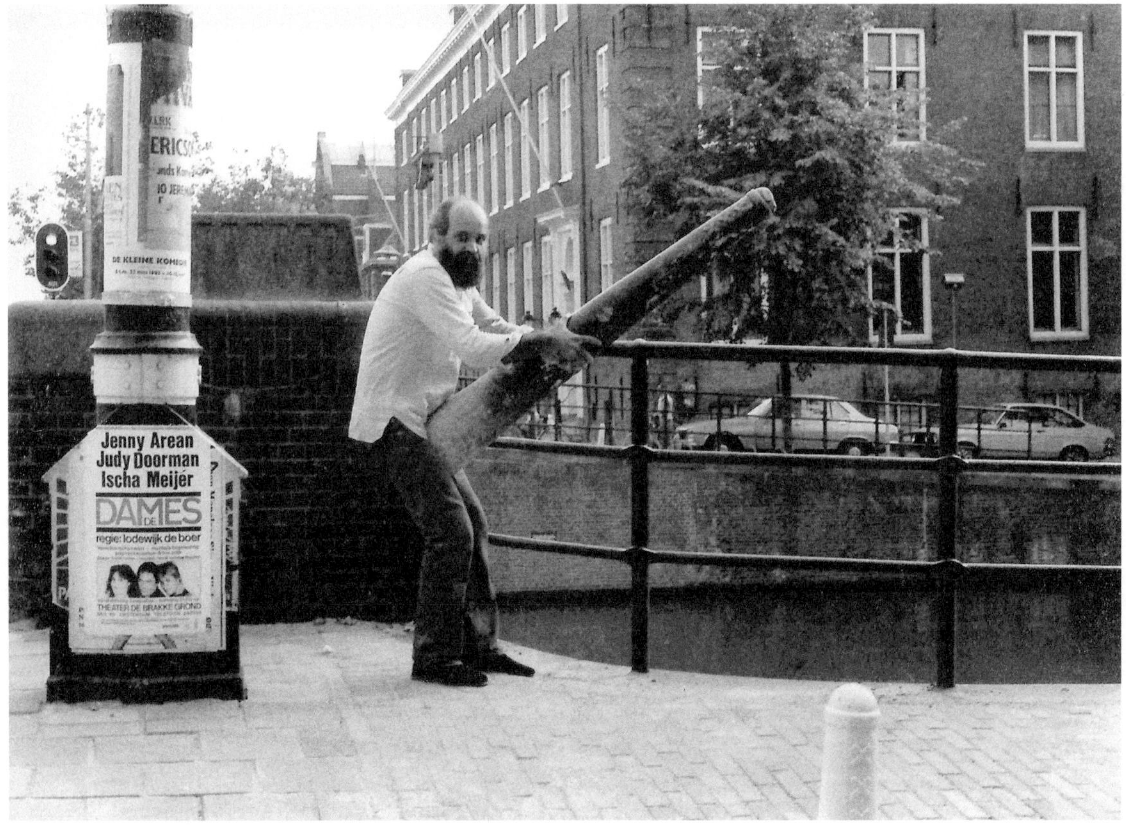

Amsterdam Erotica, 1982
Artist's book [photographs, binding],
17,5 × 12,5 cm

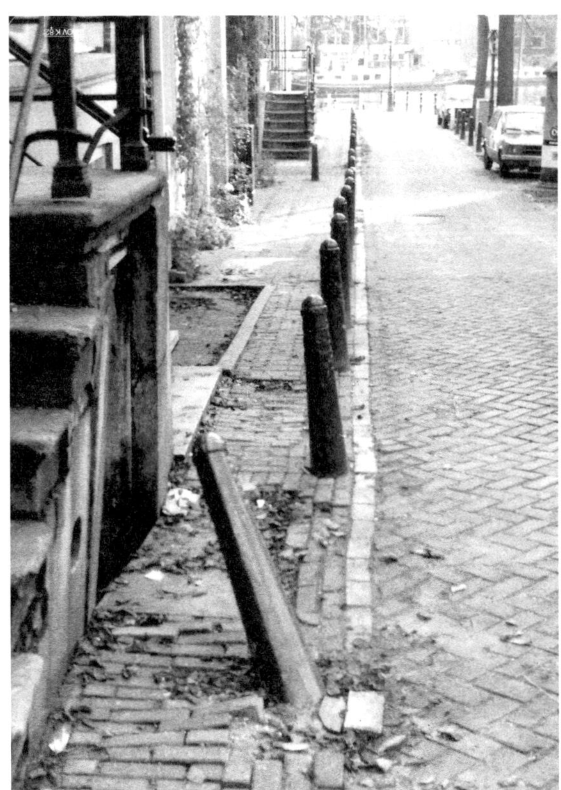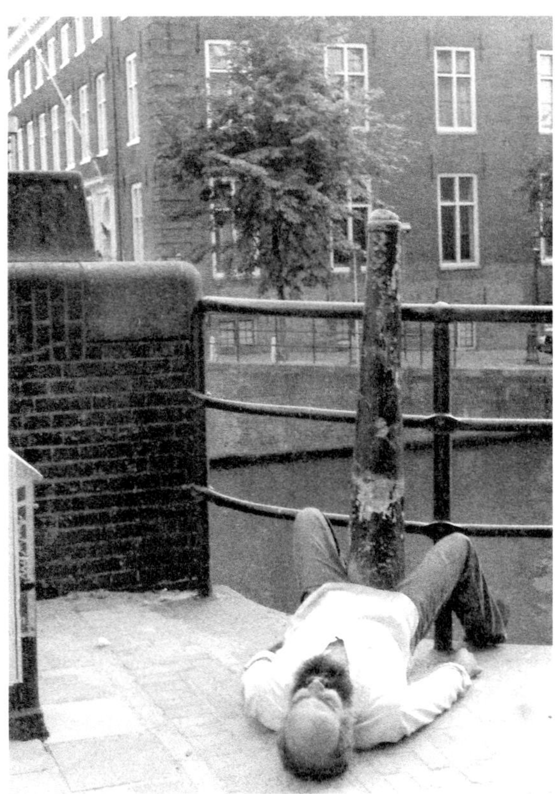

Der Künstler Paulo Bruscky (geb.1949) lebt in der Stadt Recife im Norden Brasiliens. Als Vertreter der Mail Art sowie durch seine Nähe zu Fluxus und Gutai hat Bruscky seit jeher den internationalen Austausch gepflegt (auch während des Militärregimes von 1964–1984). Allerdings reagiert er in seiner Arbeit – die Performances, Fotokopien, Film, Collagen, Objekte, Fotografien und selbst verlegte Bücher umfasst – oft auf das Alltagsleben und somit auf den lokalen Kontext. Seine Performances in den Strassen der fünftgrössten Stadt Brasiliens sind von Einfachheit und schierer Poesie gekennzeichnet. Der Verlust von Individualität in einem Klima der Unterdrückung wird mit Humor quittiert.

Zu Anfang der 1980er-Jahre bekam Bruscky ein Guggenheim-Stipendium, dank dessen er sich auf Forschungsreise nach New York und Amsterdam begeben konnte. Brusckys scharfer Blick für vorgefundene Situationen, die zwischen Sinn und Unsinn oszillieren, kommt auch hier zum Zug. Es entsteht der Film *Amsterdam Erotica* (1982), eine Studie zur in Brusckys Augen omnipräsenten, phallischen Formgebung in der holländischen Hauptstadt. Ein metallener Pfosten zwischen Brusckys Beinen wird, auf Fotos verewigt, zur männlichen Performance umgedeutet. Aus Brusckys sexueller Aufladung resultiert ein absurder Organismus, welcher die Stadt mit dem Künstlerkörper vereint.

L'artiste Paulo Bruscky (né en 1949) habite depuis toujours la ville de Recife au nord du Brésil. En tant que représentant de la Mail Art et grâce à ses contacts étroits avec les mouvements Fluxus et Gutai, il a entretenu de longue date des échanges internationaux (même pendant les années de dictature militaire entre 1964 et 1984). Cependant dans son travail – qui comprend des performances, des copies Xerox, des films, des collages, des objets, des photographies et des livres auto-édités – il réagit souvent aux événements du quotidien et du contexte local. Ses performances dans les rues de l'une des 5 plus grandes villes du Brésil se distinguent par leur simplicité et une grande poésie. Il exprime avec humour la perte de l'individualité dans un climat de répression.

Au début des années 80, Bruscky a obtenu de la Fondation Guggenheim une bourse qui lui a permis de se rendre à New-York et Amsterdam pour y travailler. Son regard aigu a su tirer parti de toutes les situations offertes – oscillant entre sens et non-sens. C'est ainsi que fut réalisé le film *Amsterdam Erotica* (1982), une étude de toutes les formes phalliques – selon Bruscky omniprésentes – dans la capitale hollandaise. Il a immortalisé l'image d'un poteau métallique tenu entre ses jambes, faisant de celle-ci une icône de la performance mâle. Cette énergie sexuelle donne naissance à un organisme absurde issu de la fusion de la ville et du corps de l'artiste.

Martin Creed

The British, London-based artist and musician Martin Creed (b. 1968) has made an international name for himself with interventions, which are at once ordinary and strangely spectacular. He won the 2001 Turner Prize with *Work No. 227: The lights going on and off*, which consisted of an empty room in which the light was switched on or off every five seconds.

Creed's film *Work No. 1701* (2013) shows a dozen people crossing an intersection in New York. They all seem to have some disability, but have deliberately dispensed with means of assistance such as crutches. Their progress is steady and distinct, as though their movements were choreographed. A song composed and recorded by Creed himself urges the protagonists on and emphasizes the zest for life, which is encapsulated in the scene. In a celebration of extraordinary movement, *Work No. 1701* undermines standard notions of human locomotion in public space.

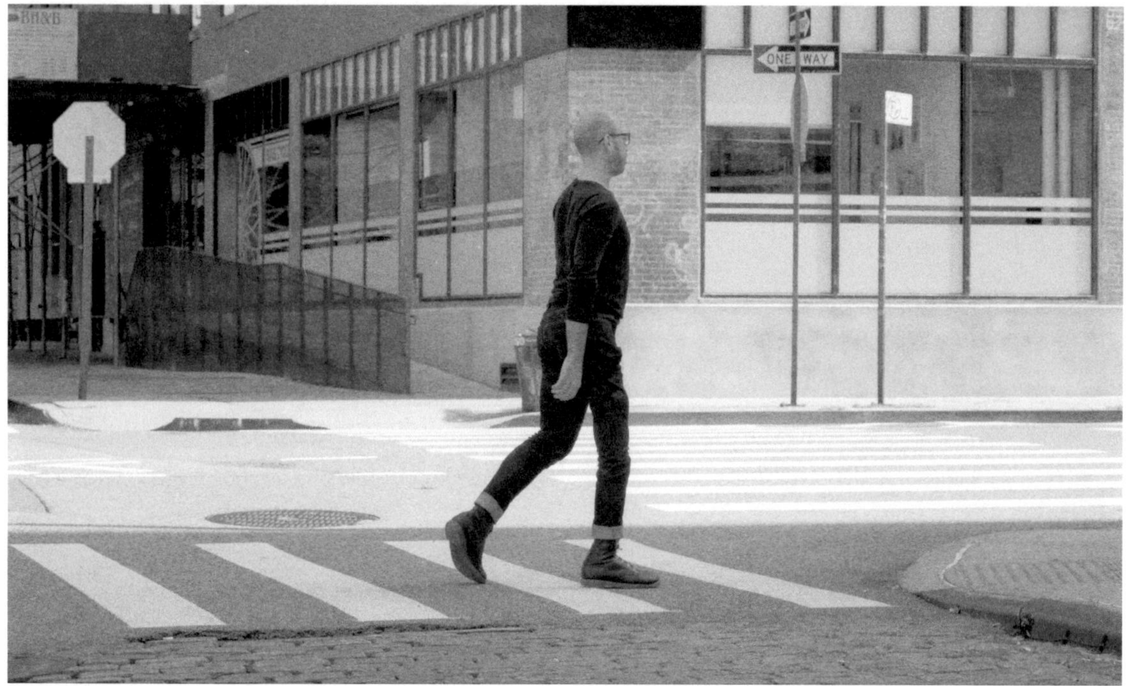

Work No. 1701, 2013
Digital film, 4:15 min

Der in London lebende britische Künstler und Musiker Martin Creed (geb. 1968) hat sich international einen Namen mit Interventionen gemacht, die sowohl alltäglich als auch auf kuriose Weise spektakulär sind. 2001 gewann er den renommierten Turner Prize mit *Work No. 227: The lights going on and off,* bestehend aus einem leeren Raum, in dem alle 5 Sekunden das Licht an- oder ausgeschaltet wurde.

Im Film *Work No. 1701* (2013) porträtiert Creed ein Dutzend Menschen beim Überqueren einer Strassenkreuzung in New York. Offenbar haben sie alle eine Behinderung, verzichten

Martin Creed (né en 1968), un artiste britannique qui vit à Londres, a acquis une renommée internationale avec des interventions aussi bien tirées du quotidien que curieusement spectaculaires. En 2001, il a gagné le fameux Prix Turner pour son travail intitulé *Work No. 227: The lights going on and off*: un espace vide dans lequel les lumières s'allument et s'éteignent toutes les 5 secondes.

Dans son film *Work No. 1701* (2013), il montre une douzaine de personnes en train de traverser un carrefour à New-York. Elles semblent toutes avoir un handicap physique, tout en refusant

aber bewusst auf Gehhilfen, etwa Krücken. Nichtsdestotrotz ist ihre Fortbewegung stetig und anders – als ob es hinter diesen Bewegungen eine Choreografie gäbe. Ein von Martin Creed selbst komponiertes und eingespieltes Lied treibt die Akteure an und betont den lebensfrohen Charakter der Szene. Creed zelebriert in diesem Film aussergewöhnliche Bewegungsweisen und unterminiert damit die Normierung menschlicher Fortbewegung im öffentlichen Raum.

d'avoir recours à des aides telles que des béquilles. Néanmoins, elles se déplacent en un mouvement continu, différent – comme si elles obéissaient à une chorégraphie secrète. En guise de bande sonore, Creed a composé une chanson qu'il interprète lui-même, comme pour motiver les protagonistes à avancer et insister sur le caractère joyeux de cette scène. Dans *Work No. 1701*, Martin Creed célèbre la valeur de mouvements uniques et rend obsolète les normes des déplacements humains dans l'espace public.

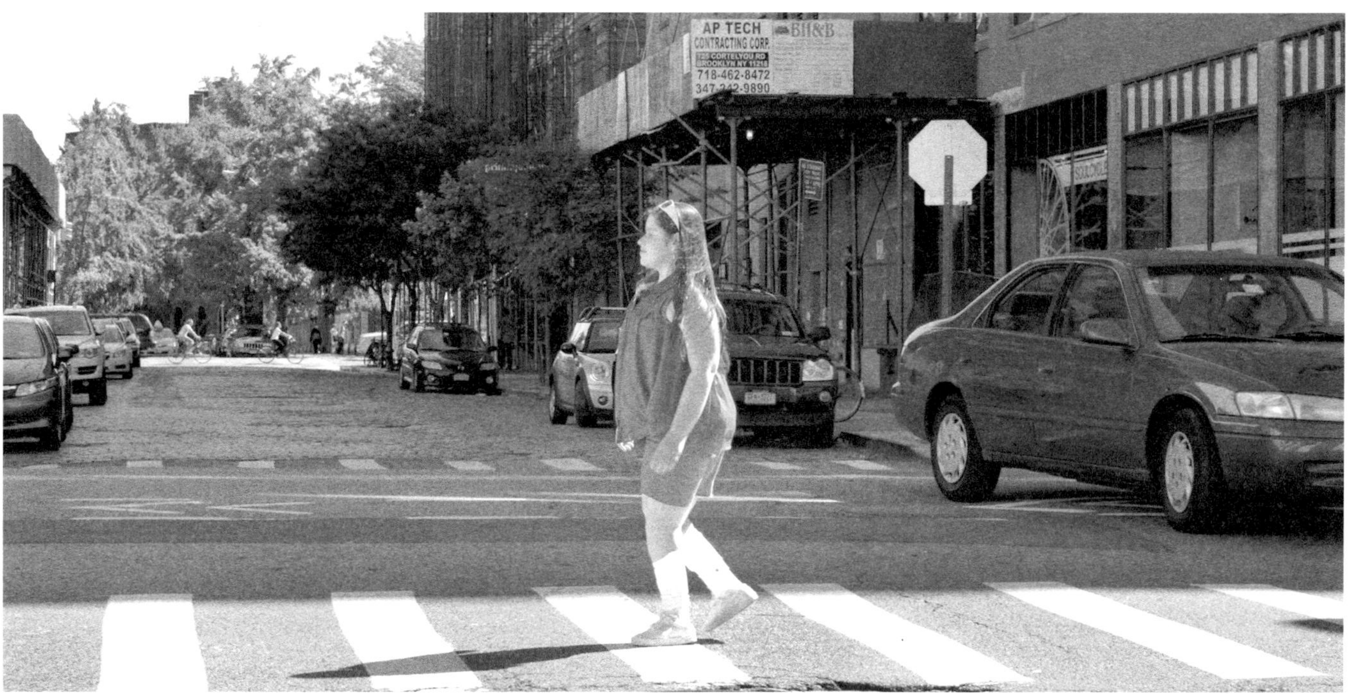

Felipe Ehrenberg

In line with his famous eclecticism, the Sao Paulo-based, Mexican artist Felipe Ehrenberg (b.1943), has worked in a variety of artistic modes from print making, pictures, booklets, xeroxes, and sculpture, not to mention the interstices between movement, urban space, and sculpture. Carried out during a period of self-exile in London to avoid political problems in Mexico, *A STROLL IN JULY, or ONE THURSDAY AFTERNOON, or HALF A DAY IN LONDON, or (THE) AFTERNOON, or … TOPOLOGY OF A SCULPTURE* (1970) documented a walk made by the artist one London afternoon. True to his connections with mail art and Fluxus, Ehrenberg stopped at five different points in order mail postcards and so document the event. This enabled him to question the static nature of sculpture in public, urban space, opposing it to far more embodied, kinetic, and ephemeral notions of what sculpture can be.

A STROLL IN JULY, or ONE THURSDAY AFTER-NOON, or HALF A DAY IN LONDON, or (THE) AFTERNOON, or … TOPOLOGY OF A SCULPTURE, 1970

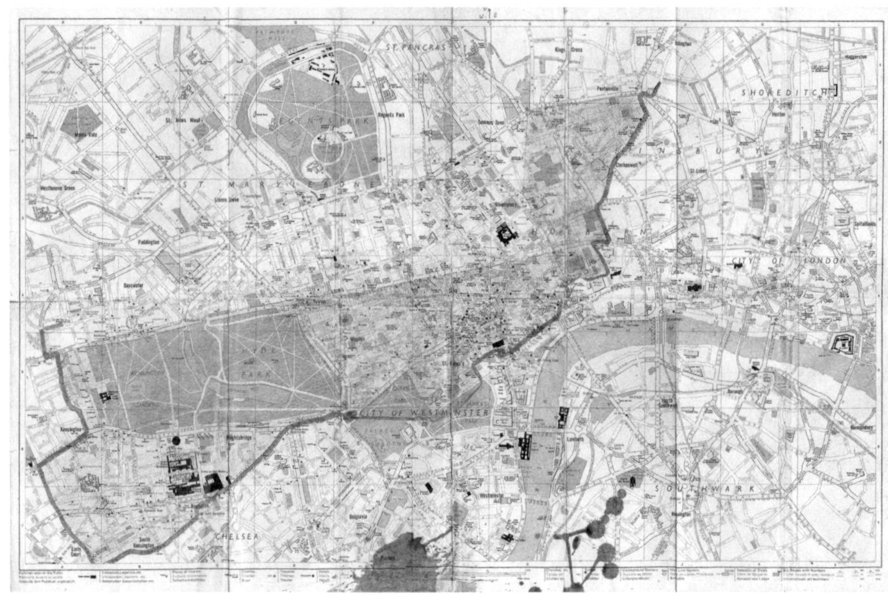

Map, offset printing, 57 × 88,1 cm

Der in São Paulo lebende mexikanische Künstler Felipe Ehrenberg (geb.1943) ist für sein eklektisches Schaffen bekannt, das in den Zwischenräumen von Bewegung, Skulptur und Stadtraum angesiedelt ist. Das Werk *A STROLL IN JULY, or ONE THURSDAY AFTER-NOON, or HALF A DAY IN LONDON, or (THE) AFTERNOON, or … TOPOLOGY OF A SCULPTURE* (1970) dokumentiert einen Spaziergang durch London, den der Künstler eines Nachmittags unternahm, als er im selbst gewählten Exil dort weilte, um politischen Problemen in Mexiko aus dem Weg zu gehen. Wie es sich für einen Anhänger von Mail Art und Fluxus gehört, machte er an fünf Punkten seiner Route Halt und sandte von dort jeweils eine Postkarte zu Dokumentationszwecken an seine eigene Adresse. Ehrenbergs Aktion stellt den statischen Charakter der Skulptur im öffentlichen städtischen Raum in Frage und bietet eine integrale, kinetische und flüchtige Alternative an.

Conformément à son fameux éclectisme, l'artiste mexicain Felipe Ehrenberg (né en 1943), qui vit à São Paulo, a travaillé dans toute une variété de modes artistiques, gravures, tableaux, brochures, photocopies et sculptures, sans oublier les interstices entre mouvement, espace urbain et sculpture. Réalisé durant une période d'exil volontaire à Londres pour éviter les problèmes politiques à Mexico, *A STROLL IN JULY, or ONE THURSDAY AFTER-NOON, or HALF A DAY IN LONDON, or (THE) AFTERNOON, or … TOPOLOGY OF A SCULPTURE* (1970) rassemble les documents d'une prome-nade que l'artiste a faite tout au long d'une après-midi à Londres. Fidèle à sa relation avec le *mail art* et Fluxus, il s'est arrêté à cinq en-droits différents de son parcours et a envoyé des cartes postales, qui contribuaient à la mémoire de l'événement. Ce type d'action ques-tionne la nature statique de la sculpture dans l'espace public et urbain, à laquelle l'artiste oppose l'idée que tout est incarné, cinétique et éphémère.

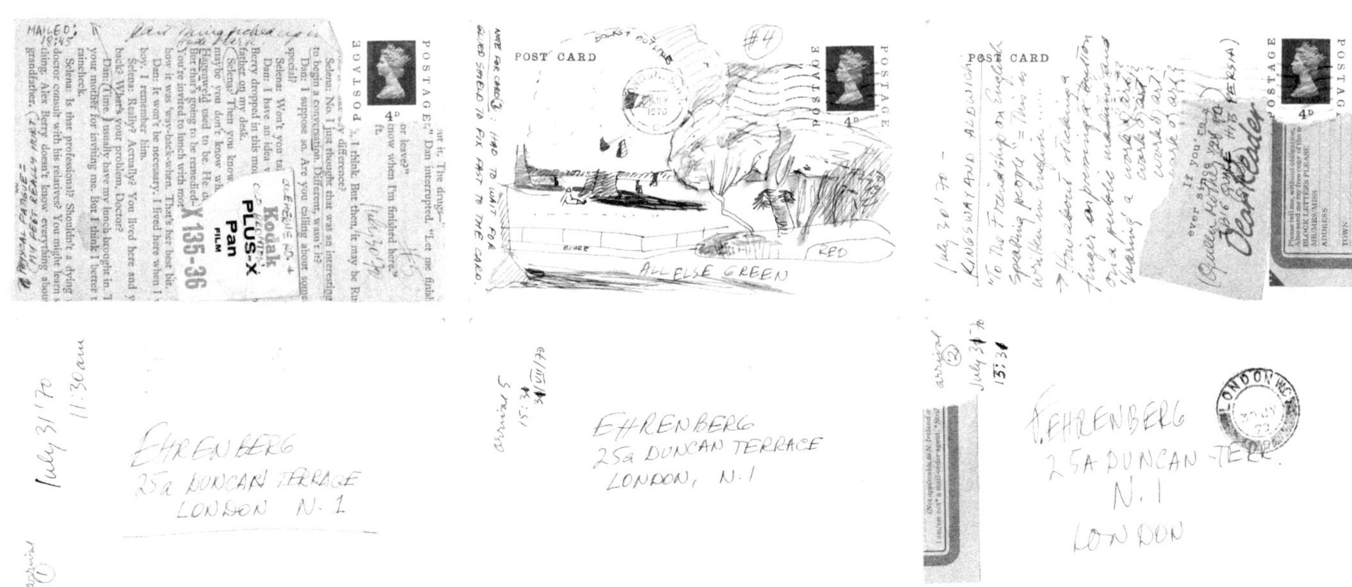

Postcards, 8,9 × 13,9 cm each

---2---

The postcards were sent as follows:

PC 1	Posted from Kingsway P.O. WC 2	15:00 MT	Jul 30
PC 2	" " " " " "	15:00 MT	"
PC 3	Posted from public letter box near Wellington Arch, W1	16:45 MT	"
PC 4	Same as above	16:45 MT	"
PC 5	Posted from South Kensington P.O. SW 3	18:45 MT	"

The time of their arrival was determined by the act of picking them up from the floor:

PC 1	Second arrival – Duncan Ter.	15:31 MT	Jul 31
PC 2	Third " " "	15:31 MT	"
PC 3	Fourth " " "	15:31 MT	"
PC 4	Fifth " " "	15:31 MT	"
PC 5	First " " "	15:31 MT	"

Felipe Ehrenberg
London, Nov 25 '70

NOTES:
(1) MT= My Time. This term situates discrepancies arising by reading time from my wrist-watch as opposed to reading it from a local clock or a passer-by's watch (LT=Local Time) or any other source.
(2) Travelling underground distorts all sense of direction (distorts all the senses) thus the line traced on the map, in its arbitraryness, correctly reflects these distortions while giving a general boundary.

A STROLL IN JULY, or ONE THURSDAY AFTERNOON, or HALF A DAY IN LONDON, or (THE) AFTERNOON, or ....
Topology of a sculpture.
(Adendum:)

If the definition of a sculpture is accepted to be the fo cusing of physical action/movement by a mental/creative effort resulting in a ~~form~~ form, a walk is a sculpture.

On July 30, 1970, at 14:45 MT (1), a walk was started from 25(a), Duncan Terrace, London N1, and ended at the same spot six hours and 42 minutes later, at 20:42 MT.– For route see map.

The contours of the form took shape, as usual, by following chance. Its existence was certified by the British Post Office in the form of five postcards posted at various points along the walk.

The walk can be repeated along the same route, or a new route can be established, by the person who, accepting the above definition, accepts it as a sculpture.

It may be added that degree of appreciation is determined to an important extent by subjective aspects, i.e. the mood of the spectator/participator. Degree of appreciation is also determined by the formal ~~xxx~~ aspects of the creation/objective.

The actual walking part ended at the Notting Hill Gate tube station, with a slight detour to rest at a friends house. The whole form was completed by returning, via underground train, to the Angel tube station and walking back to the point of departure. On a visual plane, the shape was defined by tracing straight lines from station to station to station. (2)

Several marginal records were kept: notes on the postcards, approximate time of posting the same, time and order of arrival of the same, notes in a separate note-book, but the main bulk of the work, being of a mnemonic nature, is subjective and thus not relevant to this report.

Typescript, 28,8 × 21,5 cm

VALIE EXPORT

The Austrian artist VALIE EXPORT (b.1940) raises explicit questions about structures and conventions, ranging from cinema, language, myths of nature, and the natural, to how cities are built, the gendered nature of architecture, and its relation to the female body. *Körperkonfigurationen* (1976–2001) is a series of 50 photographs, which document the artist as she twists, bends, and adapts her body to the structure of the city and landscape like so many living sculptures.

With its ironic representations of the female body as an object, this work demonstrates the gendered nature of space, the extent to which the body is itself a space, and the possibility of an in-between zone in which the female body can assumes a new, transformative agency by re-inserting itself into the highly prescriptive (patriarchal) system of architecture.

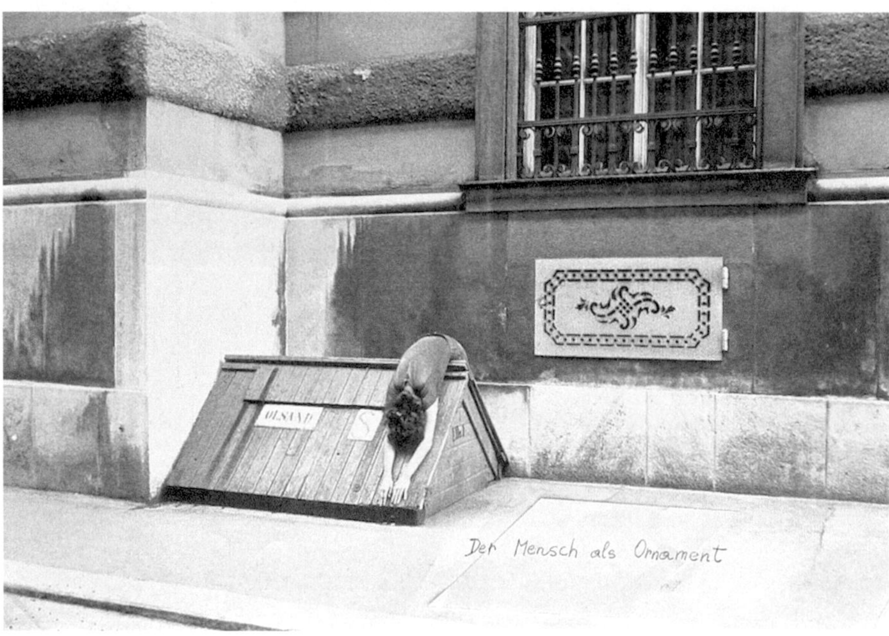

Die in Wien lebende österreichische Künstlerin VALIE EXPORT (geb.1940) ist bekannt für ihre explizite Kritik konventioneller Strukturen, vom Kino über Voyeurismus, Natur- und Natürlichkeitsmythen, bis hin zum Städtebau, zum geschlechtsspezifischen Charakter der Architektur und zur Befindlichkeit des weiblichen Körpers innerhalb derselben. Ihre klassische Fotoserie *Körperkonfigurationen* (1976–2001) umfasst 50 Aufnahmen, auf denen die Künstlerin ihren Körper wie eine lebendige Skulptur dreht, wendet und krümmt, um sich den jeweiligen Stadt- und Landschaftsstrukturen anzupassen.

Mit diesem Werk wollte die Künstlerin nicht nur den weiblichen Körper ironisch als Objekt darstellen, sondern auch aufzeigen, wie geschlechtsspezifisch geprägt jeder Raum ist, und dass der Körper selbst ein Raum ist. Um schliesslich einen Zwischenraum zu umreissen, in welchem der weibliche Körper eine neue, transformative Handlungsfähigkeit gewinnt, indem er sich selbst neu in das bereits vorgegebene (patriarchalische) System der Architektur einschreibt.

L'artiste autrichienne Valie Export (née en 1940), vit à Vienne. Elle est connue pour questionner explicitement les structures et les conventions, à partir du cinéma, du voyeurisme, des mythes de la nature et du naturel : comment les villes sont-elles construites, et comment les corps y vivent-ils ? Sa série photographique classique *Körperkonfigurationen* (1976–2001) consiste en une suite de 50 photos qui témoignent de la manière dont l'artiste imprime des torsions à son corps, le plie et le conforme à la structure de la ville et du paysage, comme le font beaucoup de sculptures vivantes.

Cette série est une investigation des géométries qui composent les villes. Mais tour à tour lyriques sinon dansantes, dans des postures de punition ou d'apparente piété, ces photos explorent aussi les codes sociaux et culturels intégrés dans le corps urbain socialisé.

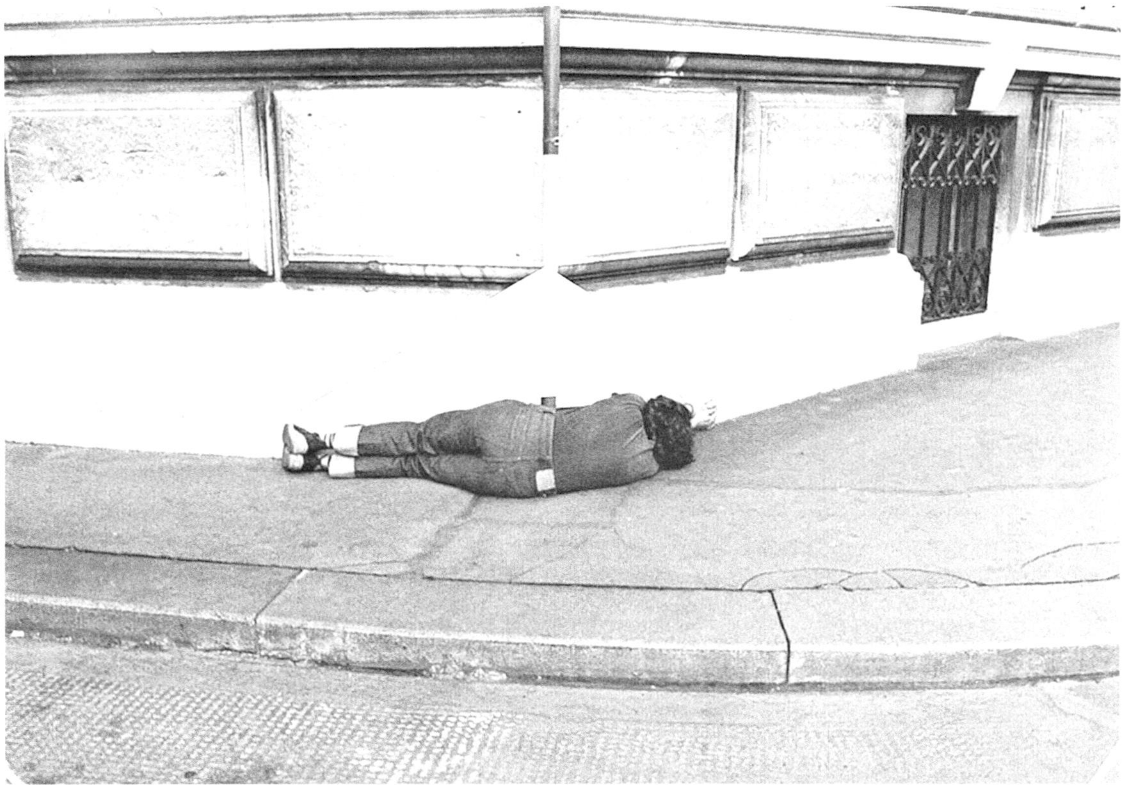

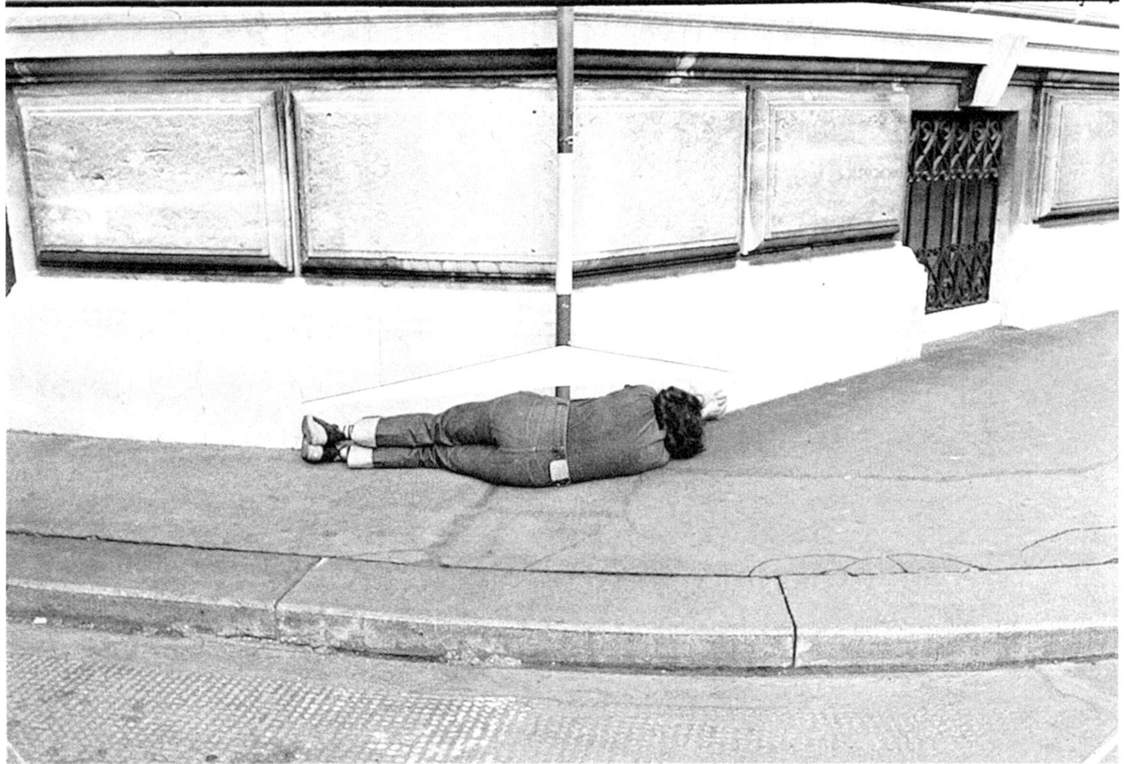

3 Figurationszeichen, 1976
Body configuration, altered photography
Black and white photograph and cardboard,
25,5 × 38 cm

Dara Friedman

The work of the American, Los Angeles-based artist Dara Friedman (b. 1968) revolves around experimental, non-narrative techniques in film. She deconstructs conventional cinema and invents her own forms of storytelling, primarily focused on images and movement, and using the camera as a deliberate extension of her own body.

Dancer (2011) is the third part of a trilogy dealing with the effect of musical performances in public space. *Musical* (2008) presents a colorful choir of individuals who came together spontaneously in New York; *Frankfurt Song* (2010) shows street musicians making their own interpretations of the Rolling Stones song "You Can't Always Get What You Want".

In *Dancer*, Friedman examines possible interpretations of performance, from pure improvisation to fixed choreography, with dancers as diverse as clubbers and classical ballet dancers. She cleverly uses Miami as both an urban body and a stage, paying constant attention to the relationship between individuals and the public realm. After an elaborate casting process she found dancers with whom she could work on an 8-week-shoot which took place all across the city. Friedman, who cites the German choreographer Pina Bausch and her Tanztheater as a source of inspiration, uses camera movements, editing techniques, and changes of tempo to make her audiences so complicit with the work that they themselves become dancers too.

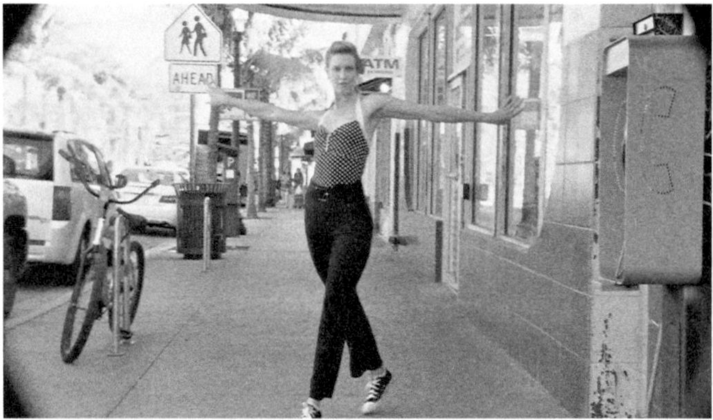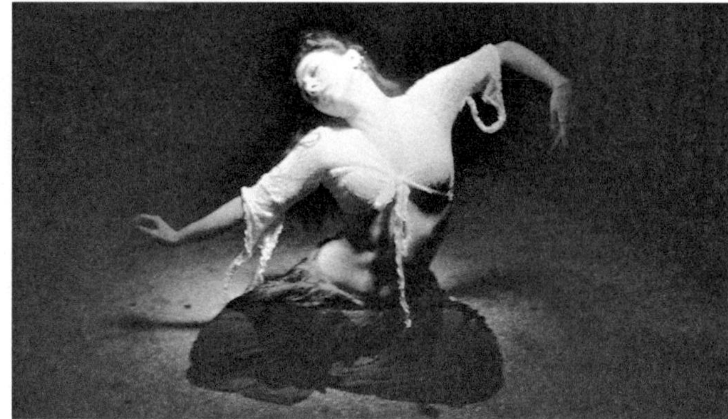

Dancer (Loren) / Dancer (Effy), 2011
Super 16mm film transferred to HD video,
black and white, sound, 25:00 min

Das Werk der amerikanischen Künstlerin Dara Friedman (geb. 1968) dreht sich um experimentelle, nicht-narrative Filmtechniken. Sie dekonstruiert das konventionelle Kino und erfindet eine eigene, primär auf Bilder und Bewegung fokussierte Erzählform. Dabei verwendet sie die Kamera als bewusste Erweiterung ihres eigenen Körpers.

Dancer (2011) ist der letzte Teil einer Trilogie über die Wirkung von auf Musik basierenden Performances im öffentlichen Raum. In *Musical* (2008) erlebt man einen bunt gemischten Chor von Individuen, die sich spontan in New York (2010) zusammenfinden, bei *Frankfurt Song*

Le travail de l'artiste américaine Dara Friedman (née en 1968) tourne autour de techniques expérimentales, non-narratives, du cinéma. Elle déconstruit le cinéma classique et invente sa propre écriture narrative principalement axée autour des images et du déplacement. La caméra est utilisée une extension volontaire de son propre corps.

Dancer (2011) est la conclusion d'une trilogie sur l'effet produit par des performances basées sur la musique dans l'espace public. Dans *Musical* (2008) on entend un chœur hétéroclite de personnes de toutes sortes qui se forme spontanément à New York, dans *Frankfurt Song*

(2010) sind es Strassenmusiker in der gleichnamigen deutschen Stadt, die den Rolling-Stones-Song „You Can't Always Get What You Want" interpretieren.

In *Dancer* untersucht die Künstlerin Interpretationsmöglichkeiten von Performanceauftritten – von der reinen Improvisation bis zur festgelegten Choreografie – mit ganz unterschiedlichen Darstellern, wie klassischen Ballett- oder Club-Tänzerinnen und -Tänzern. Dabei nutzt Friedman Miami geschickt als Stadtkörper und Bühne zugleich und behält stets das Verhältnis von Individuum und Öffentlichkeit im Auge. Ihre Tänzer fand sie in einem aufwendigen Casting-Verfahren, der eigentliche Dreh dauerte acht Wochen und erfolgte über die ganze Stadt verteilt. Als Quelle ihrer Inspiration nennt die Künstlerin die deutsche Choreografin Pina Bausch und ihr Tanztheater. Durch Kamerabewegungen, Schnitt und Tempowechsel macht Friedman das Publikum zu Komplizen oder sogar zu Mittanzenden.

(2010), ce sont des chanteurs de rue de la ville éponyme qui interprètent la chanson des Rolling Stones «You Can't Always Get What You Want».

Avec *Dancer*, Friedman explore les interprétations possibles de la performance – de la pure improvisation à la chorégraphie préalablement déterminée, avec des acteurs aussi divers que la ballerine classique ou le danseur de club. Friedman utilise habilement Miami en tant que décor et scène, son attention se portant constamment sur la relation entre l'individu et le public. Elle a choisi ses danseurs lors d'un casting complexe. Le tournage de huit semaines a ensuite pris place dans toute la ville. Friedman cite comme source d'inspiration la chorégraphe allemande Pina Bausch et son Tanztheater. A travers les mouvements de caméra, le montage et les changements de tempo, Friedman amène le spectateur à devenir complice voire même danseur de son projet.

Dancer, 2011
Super 16mm film transferred to HD video,
black and white, sound, 25:00 min

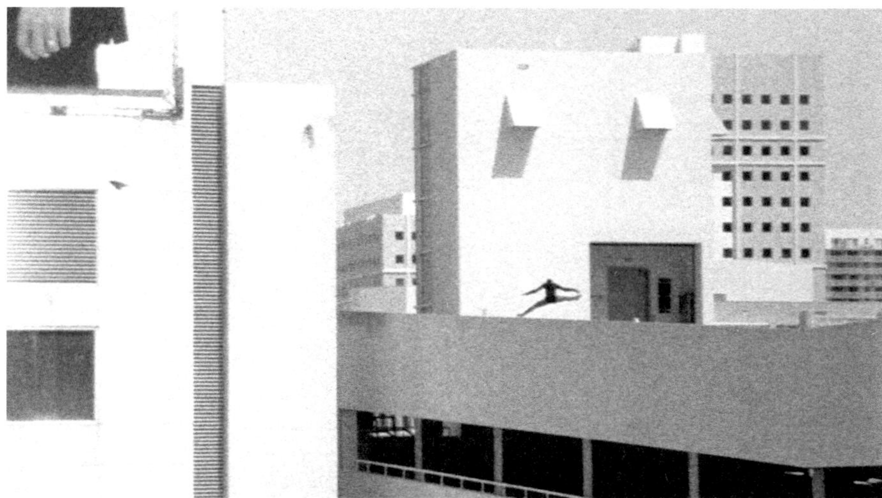

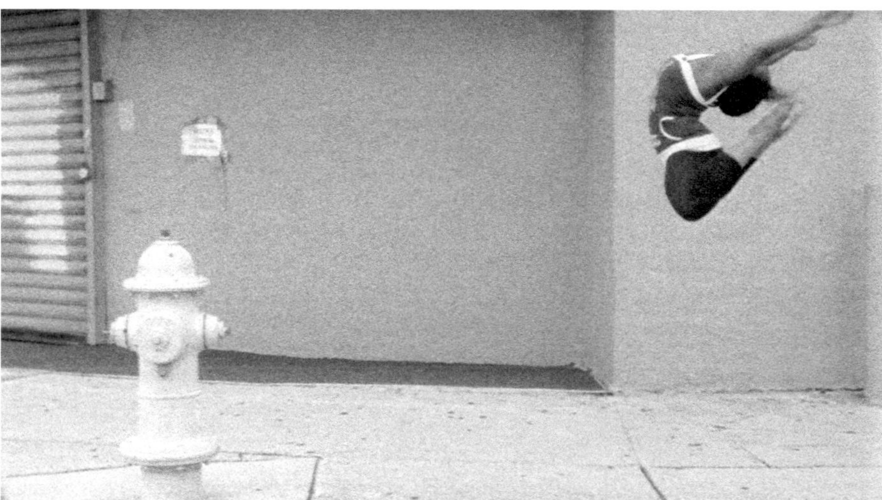

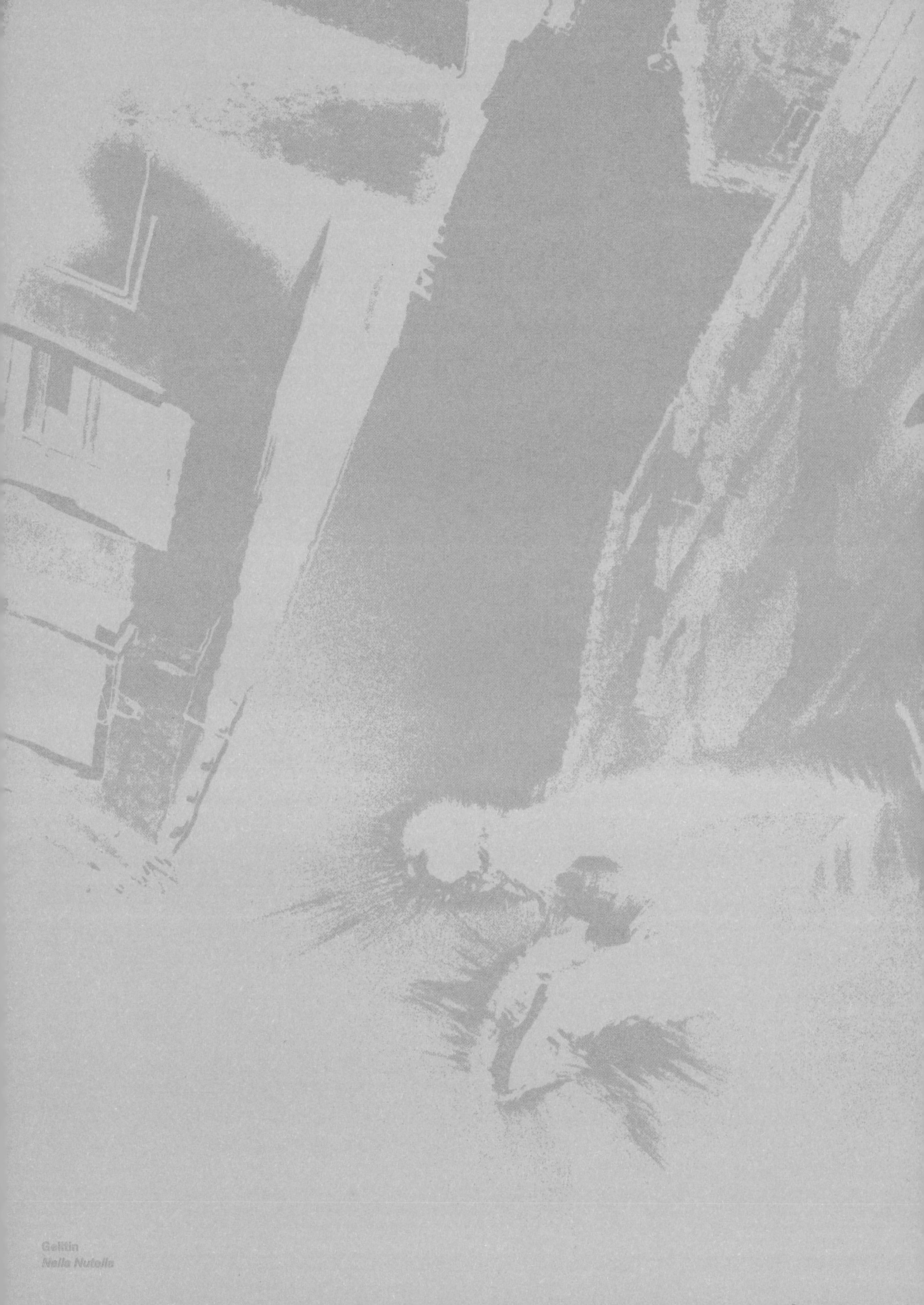
Gelitin
Nella Nutella

Gelitin

Gelitin is an Austrian, Vienna-based collective composed of four artists: Tobias Urban (b.1971), Wolfgang Gantner (b.1968), Florian Reither (b.1970), and Ali Janka (b.1970). They have worked together since the mid 1990s on sprawling installations, performances, road movies, and secret projects. For Gelitin, imagination is the measure of all things—and ultimately creates reality.

Nella Nutella (2001) was photographed in April 2001 over the course of four days in Venice prior to the Biennale, and then put on offer in the Pavilion as an artistic souvenir. Falling is a wonderful sensation—like floating, according to Gelitin. But what is foregrounded here is not the metaphysical plane found in Yves Klein's famous photograph, *Le Saut dans le vide* (1960). This is instead a slapstick kind of falling, a question of overcoming one's own fears, and ultimately a matter of sabotaging normalized tourism, a joyless experience, which bleeds bodily sensation dry. Gelitin seeks to motivate people to live out their hidden longings: "Venice cannot be reduced to a city of consumption; anyone can sit with an Espresso on the Rialto Bridge."

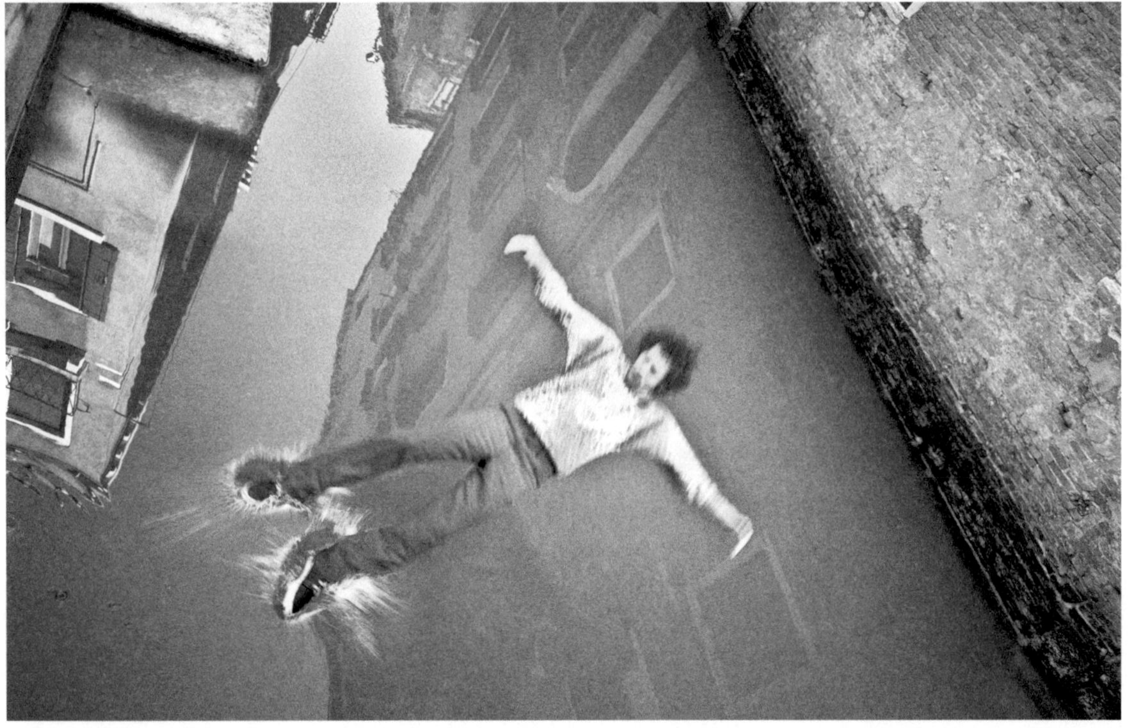

Nella Nutella, 2001
Lamda C-Prints,
50 × 75 cm / 75 × 50 cm

Gelitin ist eine österreichische Künstlergruppe bestehend aus Tobias Urban, Wolfgang Gantner, Florian Reither und Ali Janka (geb.1971, 1968, 1970, 1970). Seit Mitte der 1990er-Jahre arbeiten sie als Kollektiv an ausufernden Installationen, Performances, Road Movies oder geheimen Projekten. Die Imagination ist für Gelitin das Mass aller Dinge – sie schafft letztlich Realität.

Nella Nutella (2001) wurde im Vorfeld der Biennale im April 2001 während vier Tagen in Venedig fotografiert und im Pavillon als künstlerisches Souvenir in Buchform angeboten.

Gelitin est un groupe d'artistes autrichiens composé de Tobias Urban, Wolfgang Gantner, Florian Reither et Ali Janka (nés respectivement en 1971, 1968, 1970 et 1970). Depuis le milieu des années nonante, ils travaillent en tant que collectif sur des installations tentaculaires, des spectacles, des road movies ou des projets plus confidentiels. L'imagination est pour Gelitin la mesure de toutes choses – c'est elle qui crée finalement la réalité.

Nella Nutella (2001) a été photographiée à Venise durant 4 jours au mois d'avril avant

Fallen ist ein toller Zustand – wie Schweben, betonen Gelitin. Eine metaphysische Ebene, wie man sie im berühmten Foto von Yves Kleins *Le Saut dans le vide* (1960) entdeckt, steht hier nicht im Vordergrund. Es geht ums Scheitern, um den Slapstick-Effekt, das Überwinden der eigenen Angst und schliesslich um die Sabotage des normierten Tourismus, der lustfeindlich das körperliche Empfinden negiert. Gelitin wollen den Ansporn geben, versteckte Sehnsüchte zu leben: „Venedig darf nicht nur Konsum sein; Espresso schlürfen an der Rialto-Brücke kann jeder."

la Biennale de 2001 puis a été proposée en tant que livre-souvenir au pavillon autrichien durant l'exposition. Tomber est une sensation géniale, comme flotter, souligne Gelitin. Le but recherché ici n'est pas d'atteindre un niveau métaphysique semblable à celui de la célèbre photo d'Yves Klein *Le Saut dans le vide* (1960). Il s'agit plutôt d'échec, d'effet comique, de peur surmontée, et finalement du sabotage du tourisme standard, de l'anti-plaisir qui renie la sensation physique. Gelitin veut donner la motivation de vivre ses désirs secrets : Venise ne doit pas juste être de la consommation, tout le monde peut siroter un café près du pont du Rialto.

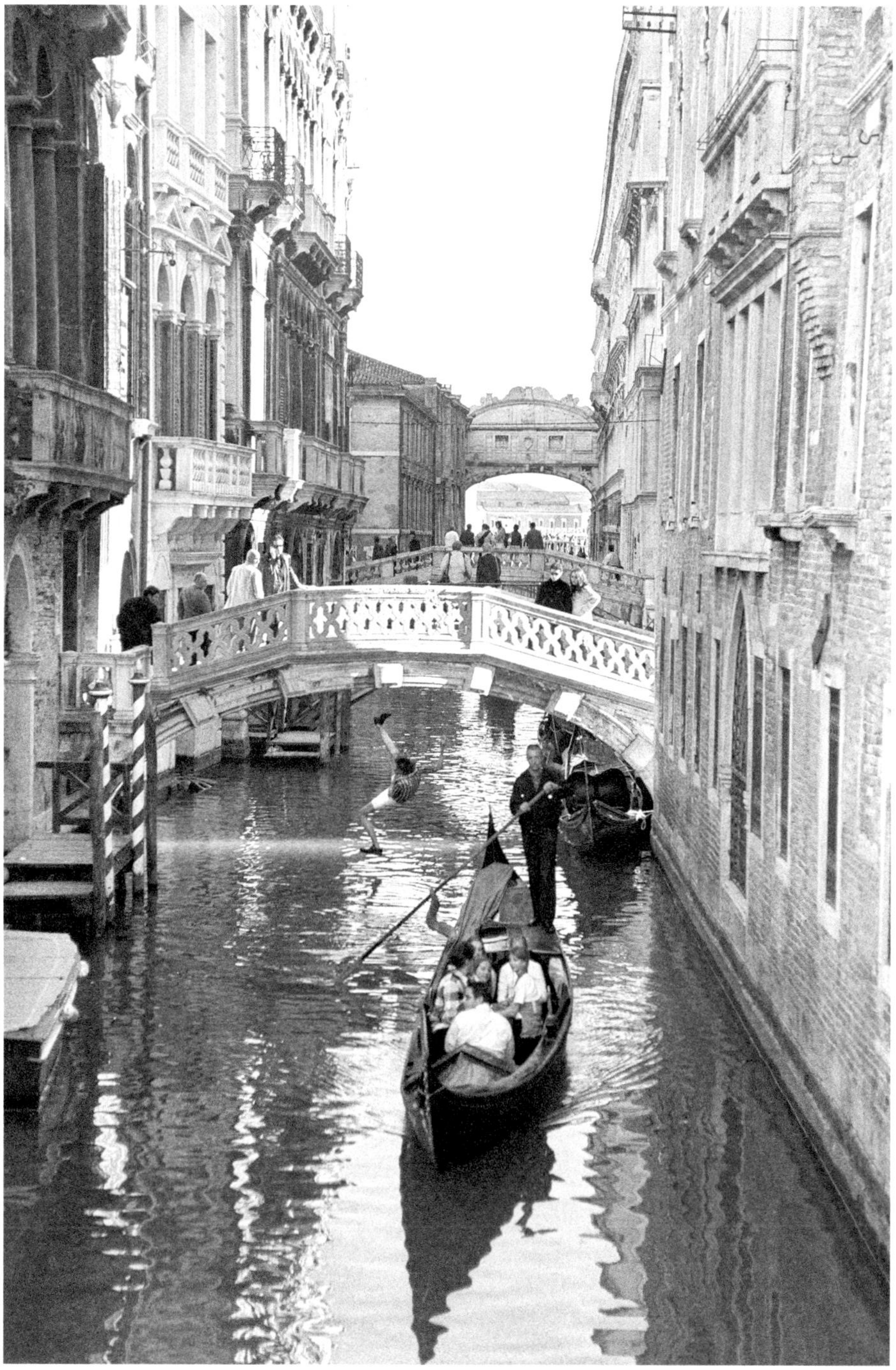

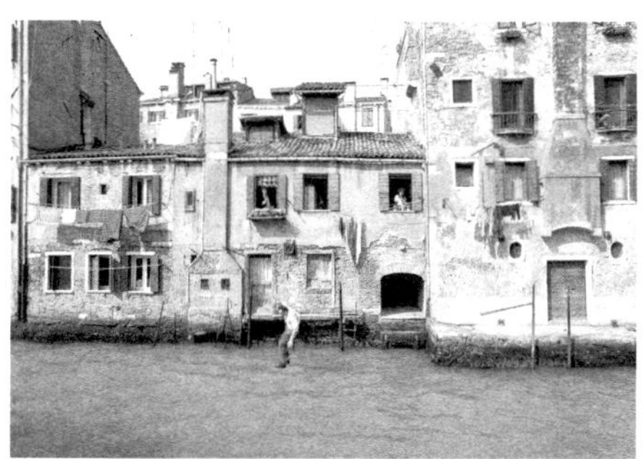

Tomislav Gotovac

Filmmaker and performance artist Tomislav Gotovac (b.1937) began to take an interest in the activities that punctuate everyday life while learning about photography in the 1960s. An emblematic figure on the Yugoslav art scene of the 1960s and 1970s, Gotovac engaged in insignificant situations and activities such as begging and cleaning the city and then put them into an artistic context, which enabled him to bring the oddest actions into the domain of live, artistic spectacle. Socially and politically committed, Tomislav Gotovac has used his own body and personality in most of his works. *Striking* (1971) was his first performance in public space, and involved him running naked through the streets of Belgrade. Freeing himself of all physical and sartorial constraints, the artist set out to disturb social customs and the public sphere, using his own body as his only medium.

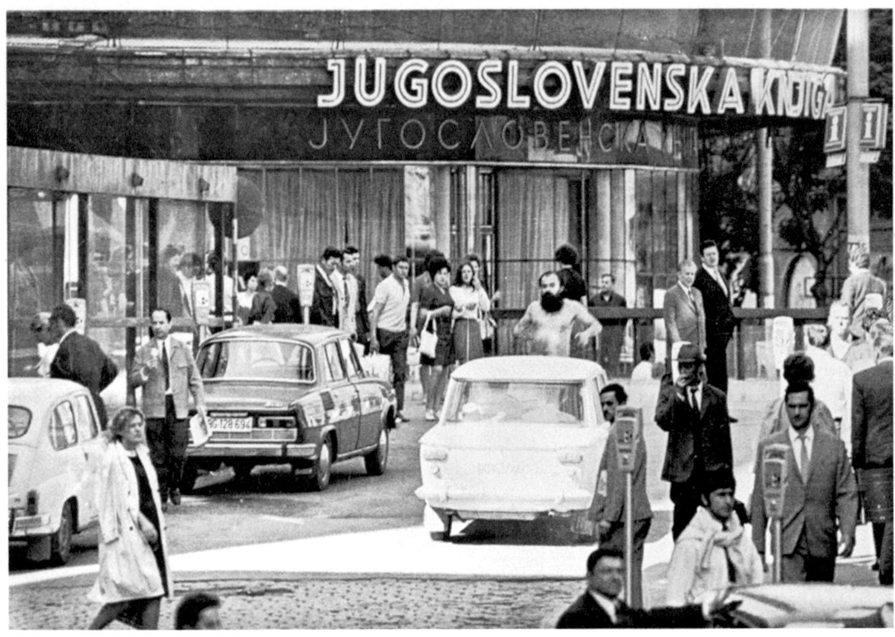

Striking, 1971
Black and white photograph,
24 × 30 cm

Als Tomislav Gotovac (geb.1937) in den 1960er-Jahren in die Welt der Fotografie einstieg, interessierte er sich bereits für Aktivitäten, die unseren Alltag strukturieren. Er reproduzierte unspektakuläre Situationen in einem künstlerischen Kontext und verschaffte ihnen damit Öffentlichkeit. Gotovac ist eine Symbolfigur der zeitgenössischen jugoslawischen Kunstszene und initiiert einzigartige Aktionen im Bereich der darstellenden Kunst. Als sozial und politisch engagierter Künstler nutzt Tomislav Gotovac in der Mehrzahl seiner Arbeiten seinen Körper und seine Person. So realisierte er mit *Striking* (1971) seine erste Performance im öffentlichen Raum, indem er nackt durch die Strassen von Belgrad rannte. Er befreit sich von allen physischen Zwängen und mischt – mit dem eigenen Körper als einzigem Medium – die gesellschaftlichen Vorstellungen von Sitte und Anstand auf.

Alors qu'il s'initie à la photographie, Tomislav Gotovac (né en 1937) va, dès les années 60, s'intéresser aux activités qui rythment notre quotidien. Reproduites dans un contexte artistique, ces situations anodines accèdent, grâce à l'artiste, à la sphère publique. Figure emblématique de la scène artistique contemporaine yougoslave, Tomislav Gotovac transforme les actions les plus singulières en spectacle vivant. Engagé socialement et politiquement, il utilise son corps et sa personne dans la plupart de ses travaux. Ainsi, en 1971, il réalise sa première performance dans l'espace public, intitulée *Striking*; on l'y voit courir nu dans les rues de Belgrade. Se libérant de toutes les contraintes physiques, l'artiste jette le trouble dans les mœurs sociétales, avec son corps pour seul média.

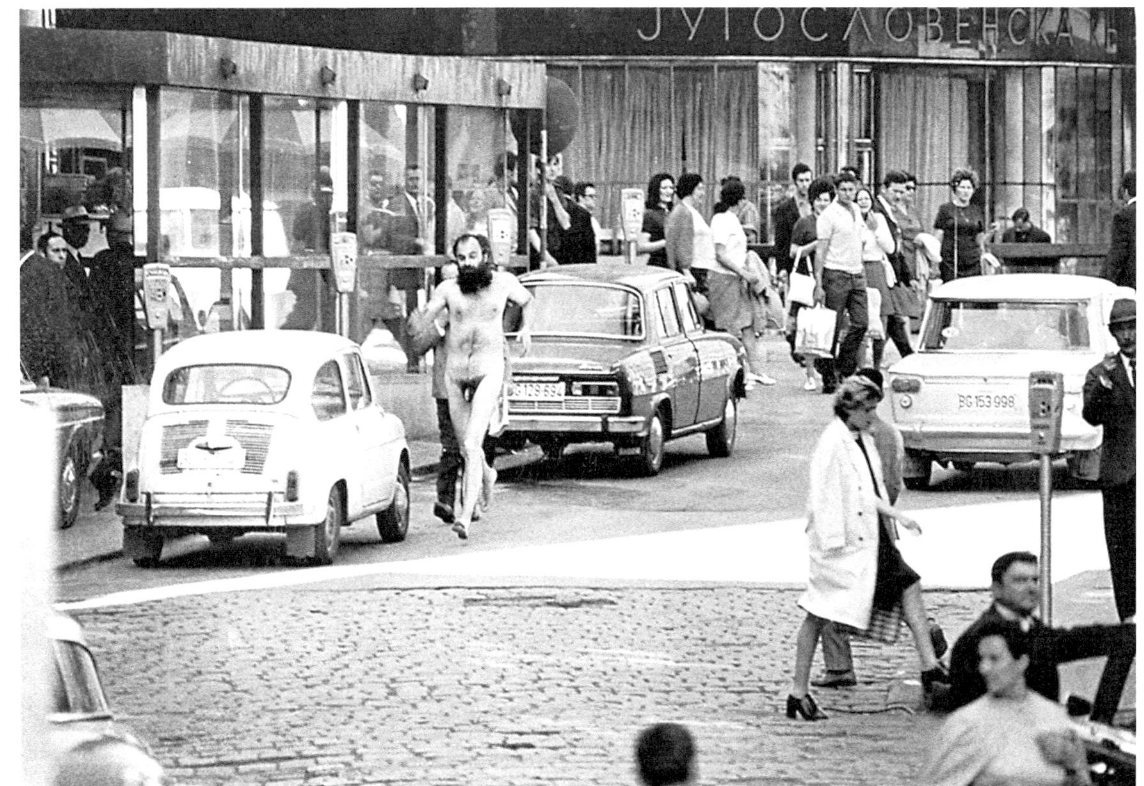
ЈУГОСЛОВЕНСКА
BG 153 998

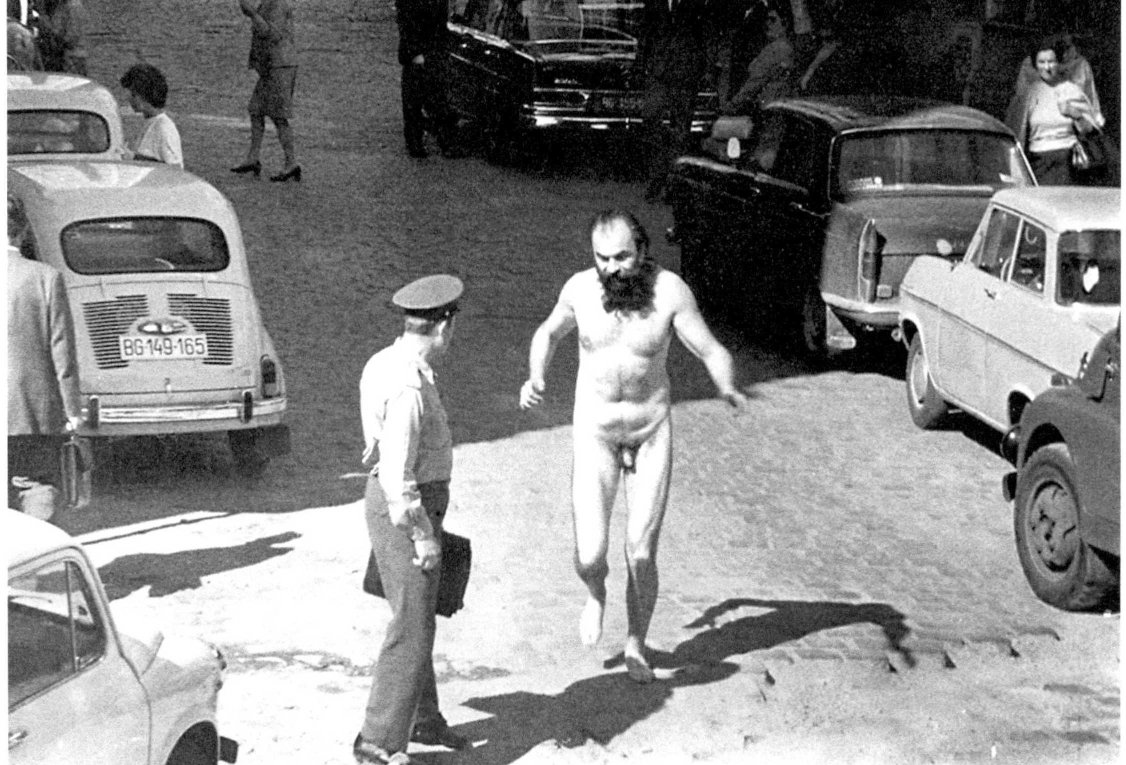
BG 149-165

Alberto Greco

The provocative, proto-conceptualist Alberto Greco (1931–1965) started out as an abstract painter in Argentina, but eventually embraced a much more radical and pedestrian approach to art after encountering the work of artists such as Marcel Duchamp and Piero Manzoni. After installing himself in Paris in 1961 and traveling throughout Europe, he theorized and pursued what he called an art of the "Vivo Dito" (living finger), going so far as to write in his Vivo Dito manifesto: "The artist will no longer use the painting to teach people to see, but the finger." He then carried out and documented a number of performances in which he singled out passersby by circling them with chalk and signing the circles to turn them into momentary living sculptures. Firmly located within a post-war avant-garde tradition that sought to collapse the boundaries between art and life, Greco's approach nevertheless anticipated many of the representations of the human body as sculptures, which were to come in his wake.

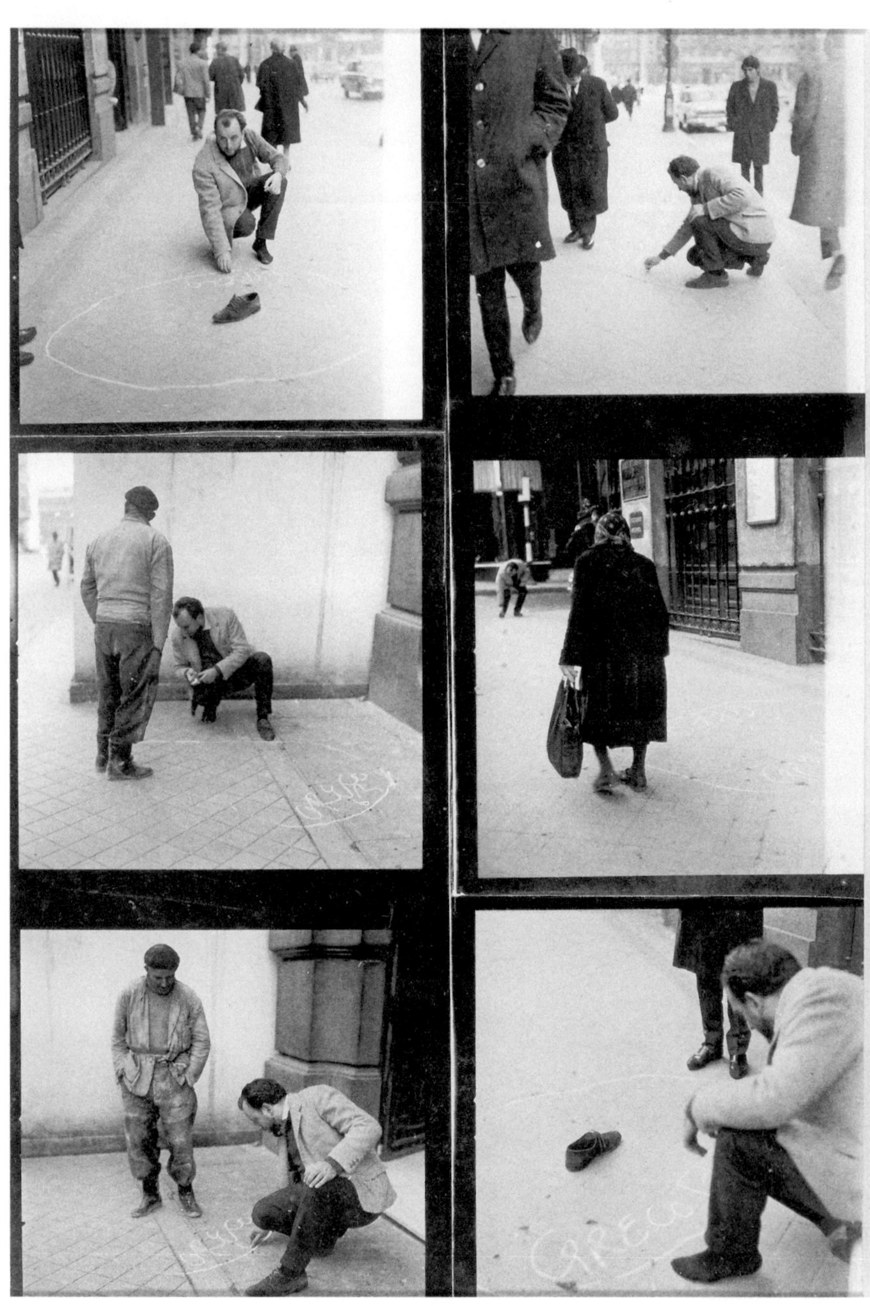

Acto Vivo Dito (Madrid), 1963
6 contacts, bromine silver gelatin on paper,
17,5 × 12 cm

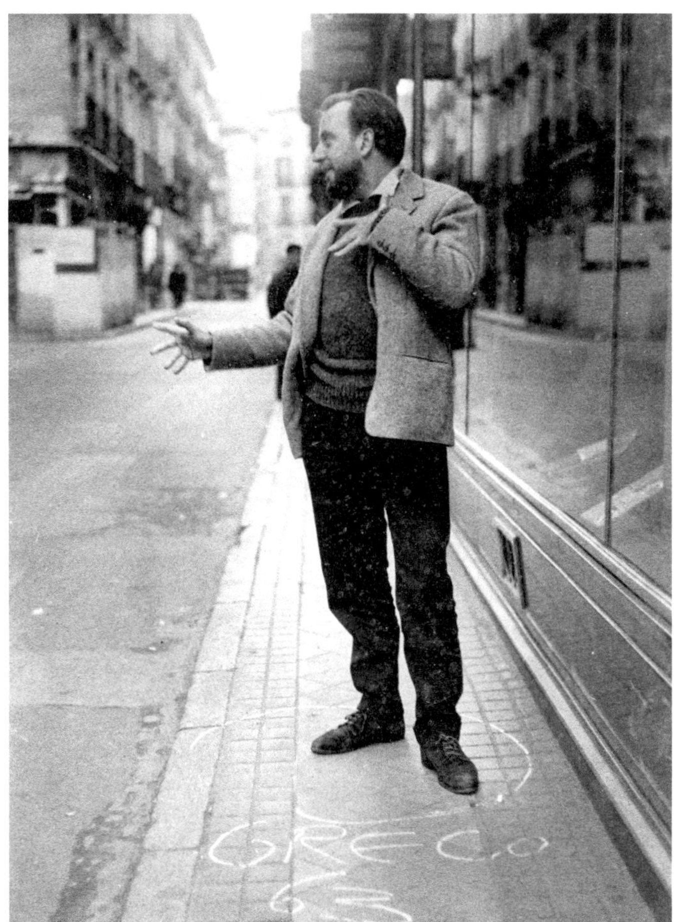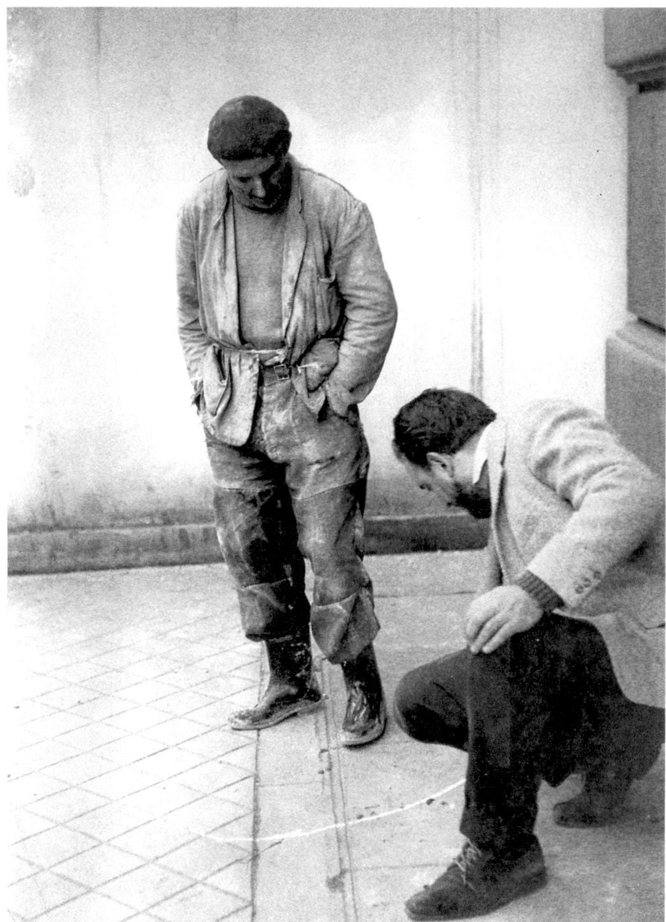

Acto Vivo Dito (Madrid), 1963
Bromine silver gelatin on paper, 23 × 17 cm

Alberto Greco (1931–1965), ein früher Vertreter der Konzeptkunst, begann seine Laufbahn als abstrakter Maler in Argentinien. Als er jedoch Werke von Künstlern wie Marcel Duchamp und Piero Manzoni kennenlernte, verfolgte er einen weitaus radikaleren, provokanteren, auf einfache Mittel reduzierten Ansatz. Nachdem er sich 1961 in Paris niedergelassen und ganz Europa bereist hatte, konzipierte Greco eine Kunst des „Vivo Dito", des lebendigen Fingers, und verfasste sogar ein „Manifesto Dito del Arte Vivo". Darin schreibt er: „Nicht mit dem Bild lehrt uns der Künstler sehen, sondern mit dem Finger." Er realisierte und dokumentierte eine Reihe von Aktionen, bei denen er um einzelne Passanten einen Kreidekreis zog, den er mit seiner Signatur versah – als wäre das, was der Kreis vorübergehend enthielt, eine lebendige Skulptur. Obschon fest in der Tradition der Nachkriegs-Avantgarde verwurzelt, nimmt Grecos personenbezogener Ansatz unzählige spätere Darstellungen des menschlichen Körpers als Skulptur vorweg.

Alberto Greco (1931–1965), proto-conceptualiste provocateur, a débuté en Argentine comme peintre abstrait, mais il a fini par adopter une approche de l'art beaucoup plus radicale et prosaïque, après avoir rencontré l'œuvre d'artistes comme Marcel Duchamp et Piero Manzoni. Il s'est installé à Paris en 1961 et a parcouru l'Europe. Il a théorisé et mis en œuvre ce qu'il a appelé un art du «Vivo Dito» (du doigt vivant), allant jusqu'à écrire dans le manifeste qui porte ce titre : «Ce n'est pas avec une peinture que l'artiste montrera comment voir, mais avec le doigt». Il a alors accompli et enregistré nombre de performances durant lesquelles il sélectionnait des passants en traçant un cercle autour d'eux avec de la craie et en signant le cercle, puisque ce qu'avait momentanément contenu sa circonférence, c'étaient des sculptures vivantes. Profondément ancrée dans une tradition avant-gardiste d'après-guerre, qui cherchait à renverser les barrières entre l'art et la vie, l'approche de singulière de Greco anticipe néanmoins sur maintes représentations du corps humain comme sculpture, qui lui emboîteront le pas.

Anna Halprin

The American dancer, choreographer, and teacher Anna Halprin (b. 1920) made an enormous contribution to dance in the second half of the 20th century. Based in the Bay Area of San Fransisco, Halprin is one of the main transitional figures between modern and postmodern dance. Her rejection of the formal dance techniques, her embrace of everyday, pragmatic gestures, and the improvisational methods she developed were all highly influential for those studied with and followed her. *City Dance* (1976/77), an improvisational work, which used the city of San Francisco as its stage, is an example of her attempt to expand the understanding of the spaces in which dance traditionally takes place. *City Dance* started with a series of workshops in 1976, and came to fruition on July 24, 1977 with a performance, which began at Twin Peaks at 6:30 in the morning, passed through nine pre-determined sites, and ended at Embarcadero Plaza at 6 in the evening. The work featured hundreds of dancers and was viewed by thousands of spectators, some of whom joined in as well.

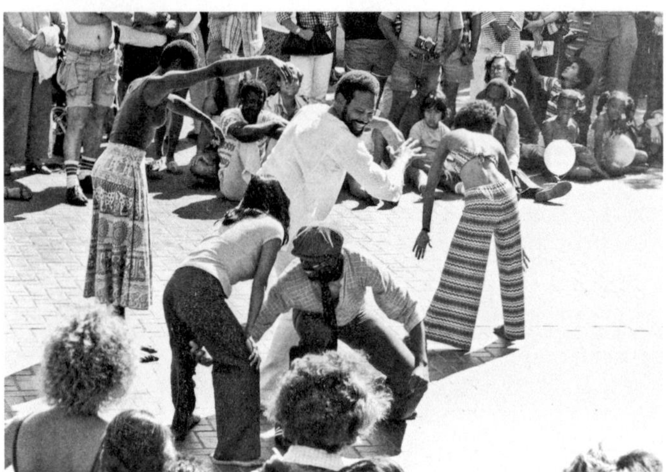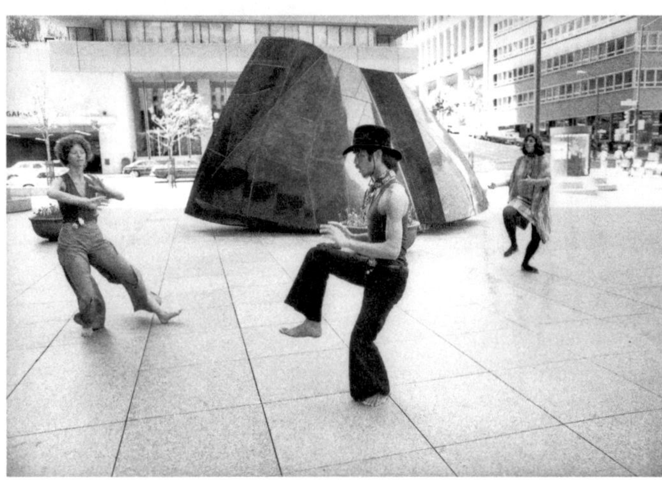

City Dance, 1977
Photographs, 21,6 × 27,9 cm

Die in San Francisco lebende US-amerikanische Tänzerin, Choreografin und Pädagogin Anna Halprin (geb. 1920) ist die Schlüsselfigur der Tanzkunst zwischen Moderne und Postmoderne nach 1945 schlechthin. Halprins Bruch mit der Technik und dem Formalismus des modernen Tanzes – zusammen mit ihrer Assimilation alltäglicher oder zweckgerichteter Gesten und der Entwicklung von Improvisationsmethoden – hatte einen enormen Einfluss auf ihre Schüler und Nachfolger. Die klassischen Orte, an denen Tanzvorführungen traditionell stattfinden, hat Halprin, wenn nicht gänzlich abgelehnt, so doch um neue Möglichkeiten erweitert. Ein Beispiel hierfür ist ihr bahnbrechendes Improvisationsstück *City Dance* (1976/77), das die ganze Stadt San Francisco

L'Américaine Anna Halprin (née en 1920), vit dans la Baie de San Francisco. Elle est danseuse, chorégraphe et enseignante. Sa contribution à la danse de la seconde moitié du XXème siècle est inestimable. Elle représente une des figures majeures de la transition entre danses moderne et postmoderne. Son rejet de la technique formelle de la danse moderne, et son adoption, simultanément, du geste quotidien, prosaïque, ou orienté vers une tâche, comme la façon dont elle a développé des méthodes d'improvisation, ont très fortement influencé ceux qui ont étudié avec elle et lui ont succédé. Elle est aussi connue pour avoir élargi la compréhension des espaces où la danse prend traditionnellement place. L'un des exemples en est sa pièce qui a fait date,

zu seiner Bühne machte. Nach einer Reihe von
Workshops im Jahr 1976 begann die eigentliche
Aufführung von *City Dance* am 24. Juli 1977,
um 6 Uhr 30, in Twin Peaks und durchlief dann
neun weitere Stationen, bis sie um 18 Uhr abends
auf der Embarcadero Plaza endete. Hunderte
Tänzerinnen und Tänzer wirkten mit, und auch
unter den zigtausend Zuschauern waren etliche,
die es sich nicht nehmen liessen, aktiv mit-
zumachen.

City Dance (1976/77), une œuvre d'improvisation pour laquelle elle a pris pour scène la ville
de San Francisco. Cette *City Dance* a commencé
par une série d'ateliers en 1976, mais a eu
effectivement lieu le 24 juillet 1977, commen-
çant à Twin Peaks à 6h30 du matin, traversant
neuf sites prédéterminés, et finissant à 6 heures
du soir à Embarcadero Plaza. L'œuvre a été
portée par des centaines de danseurs, et vue par
des milliers de spectateurs, dont certains se sont
joints aux acteurs.

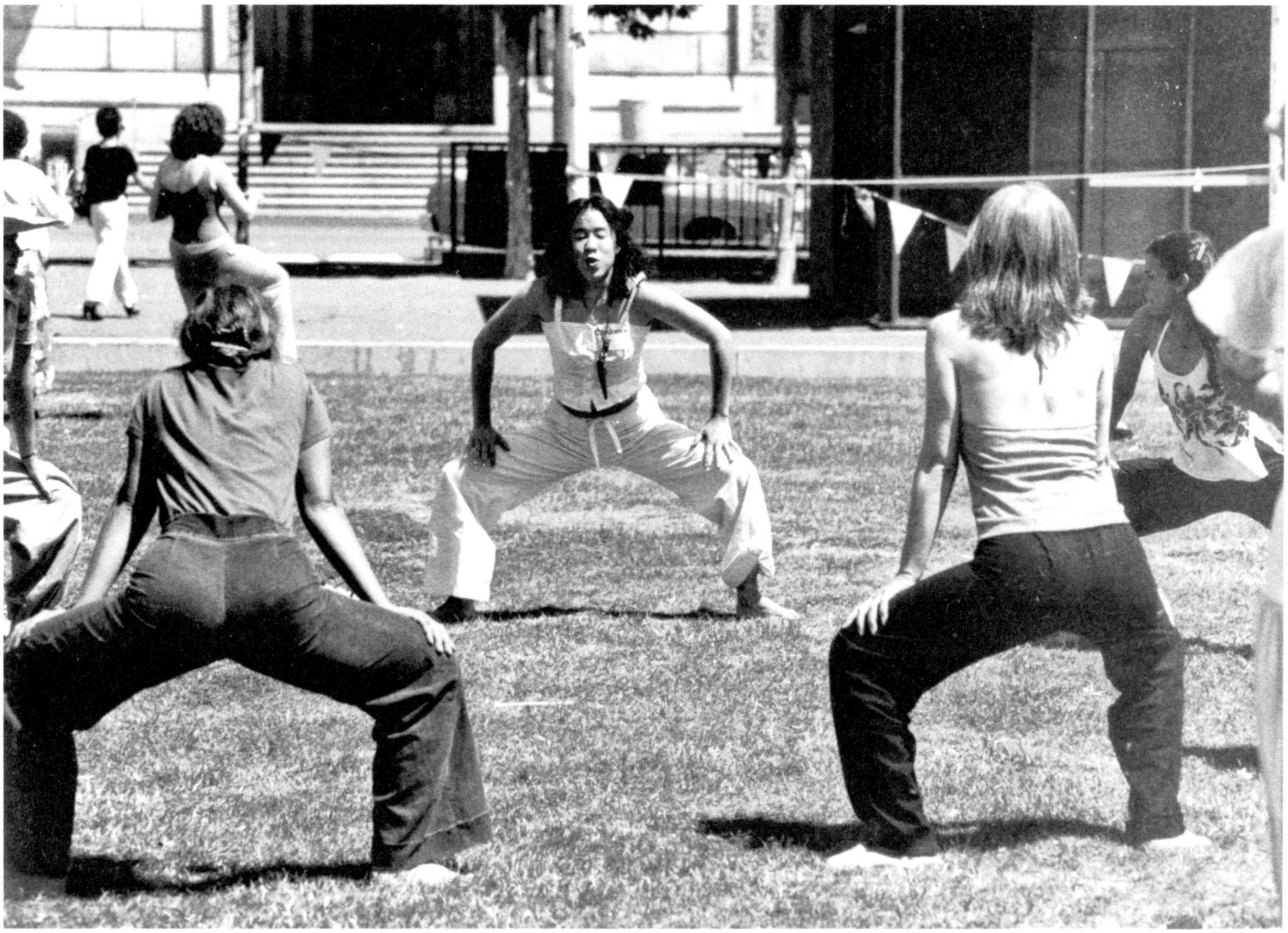

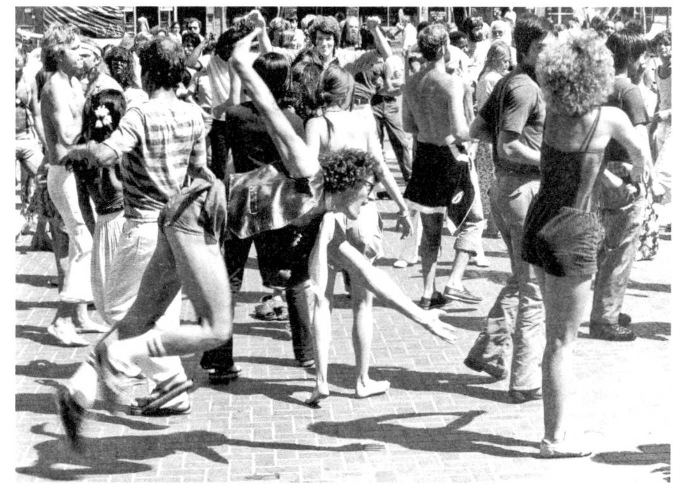

Maria Hassabi

The Greek choreographer Maria Hassabi (b.1973) has an abiding interest in slowness, and *The Ladies* (2011/12) is a perfect example of her engagement with this theme. This deliberately prosaic video documents an unannounced public performance on the streets of New York, where the artist is based. It portrays three pairs of women, dressed in black and with black sunglasses and bright red lipstick, walking side by side at a preternaturally slow pace. In the hustle and bustle of a city like New York, such a basic refusal to go with the flow gives the women's languid pace the potential to be highly antagonistic and disruptive. The tension of the piece stems less, however, from the dancers' intransigence than the city's own compelling sense of restlessness and haste.

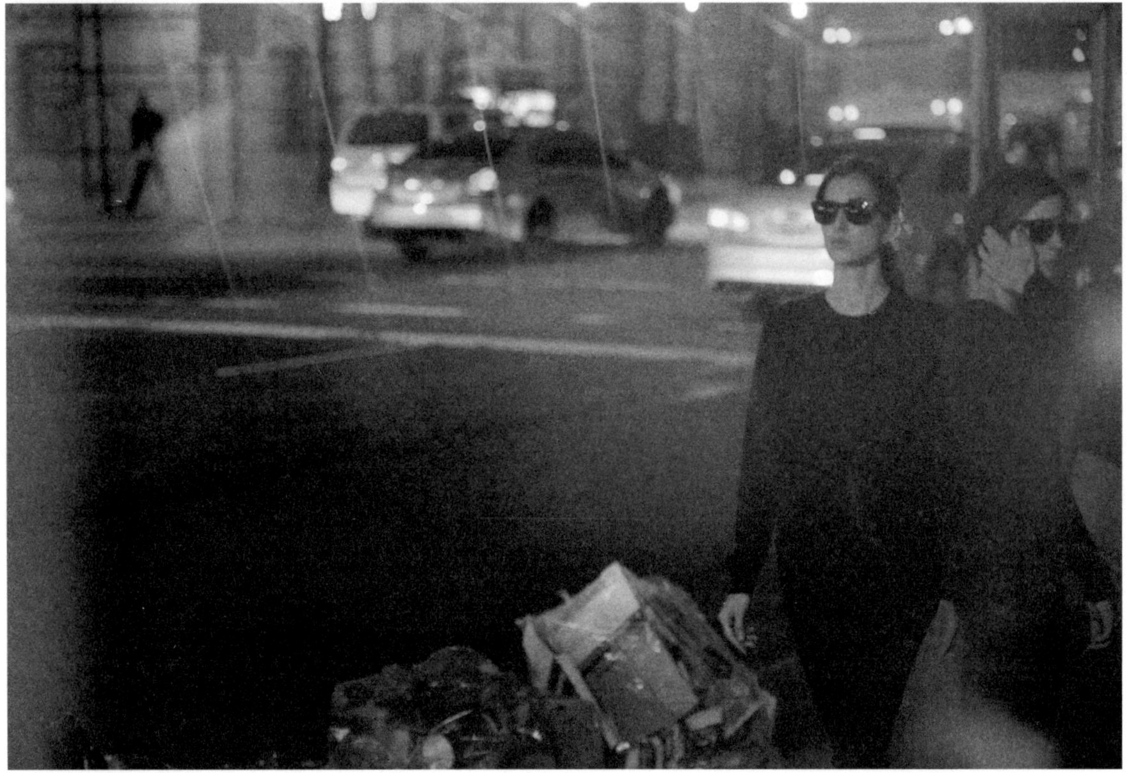

The Ladies, (2011/12)
Video, 10:26 min

Die in New York lebende griechische Choreografin Maria Hassabi (geb.1973) liefert mit *The Ladies* (2011/12) ein perfektes, höchst anschauliches Beispiel für das in der Kunst nach wie vor lebendige Interesse an der extremen Verlangsamung. Ihr Video dokumentiert eine nicht angekündigte Aktion in den Strassen New Yorks. Drei schwarz gekleidete, weibliche Paare mit Sonnenbrillen und grellroten Lippen schlendern ausserordentlich langsam nebeneinander her. Im hektischen Gedränge einer Grossstadt wie New York wird eine derart träge und gewundene Fortbewegungsweise, die sich dem Fussgängerstrom widersetzt, unweigerlich zum Störfaktor und zur massiven Provokation. Dennoch ist jede im Lauf dieser Aktion entstehende Feindseligkeit weniger ein Spiegelbild des unerhörten Verhaltens der Tänzerinnen, als vielmehr der unüberwindlichen Hektik und Schnelligkeit der Stadt.

La chorégraphe grecque Maria Hassabi (née en 1973) vit à New York. *The Ladies* (2011/12) est un exemple parfait, quoique prosaïque, de l'intérêt persistant de cette artiste pour la lenteur. Cette vidéo, qui témoigne d'une performance improvisée dans les rues de New York City, montre trois couples différents de femmes, vêtues de noir, avec lunettes noires et intense rouge à lèvres, marchant côte-à-côte sur un rythme d'une lenteur surnaturelle. Vu la bousculade et l'agitation d'une ville comme New York, le tempo de cette progression jumelle, expression d'un refus essentiel de suivre le flot, possède un potentiel hautement antagonique et provocateur. Cependant, quel que soit l'antagonisme suscité par cette pièce, il reflète moins le comportement répréhensible des danseuses que la hâte et la vélocité insurmontables de la ville elle-même.

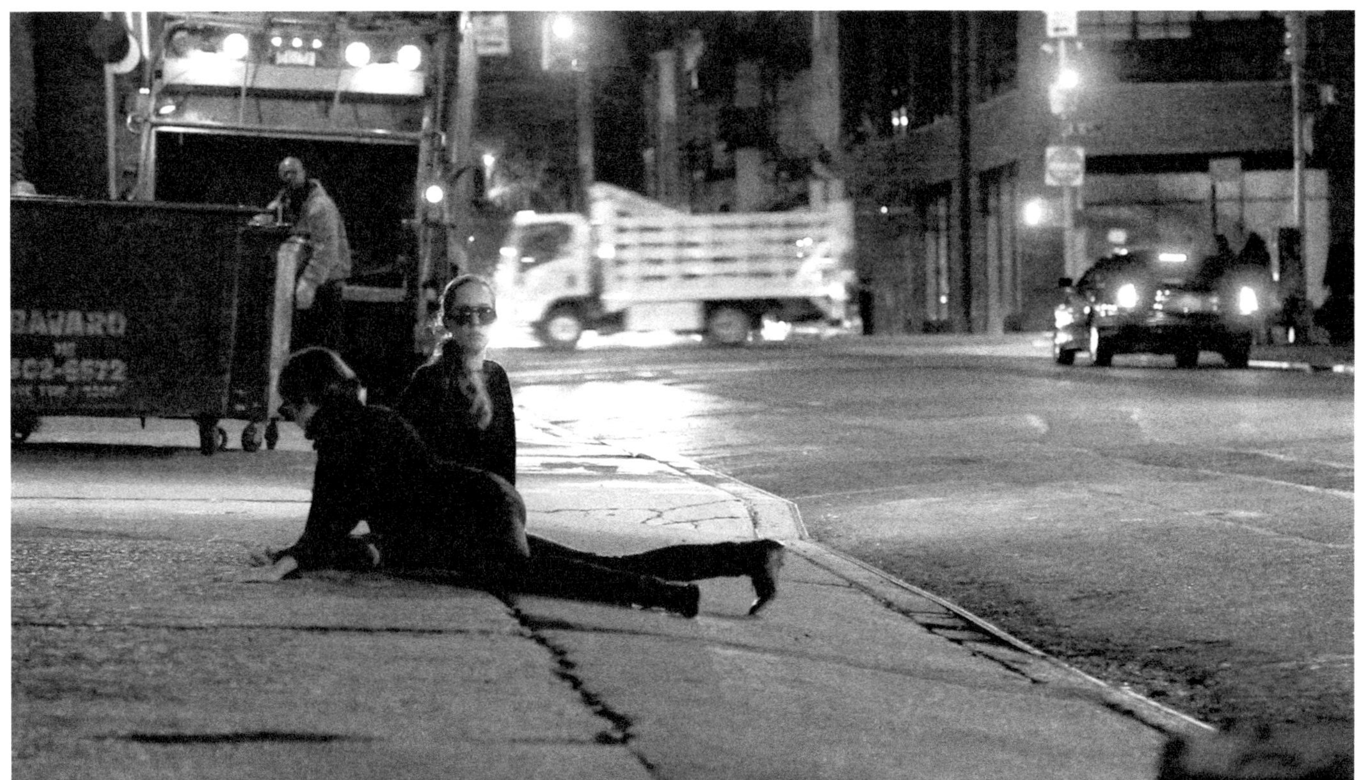

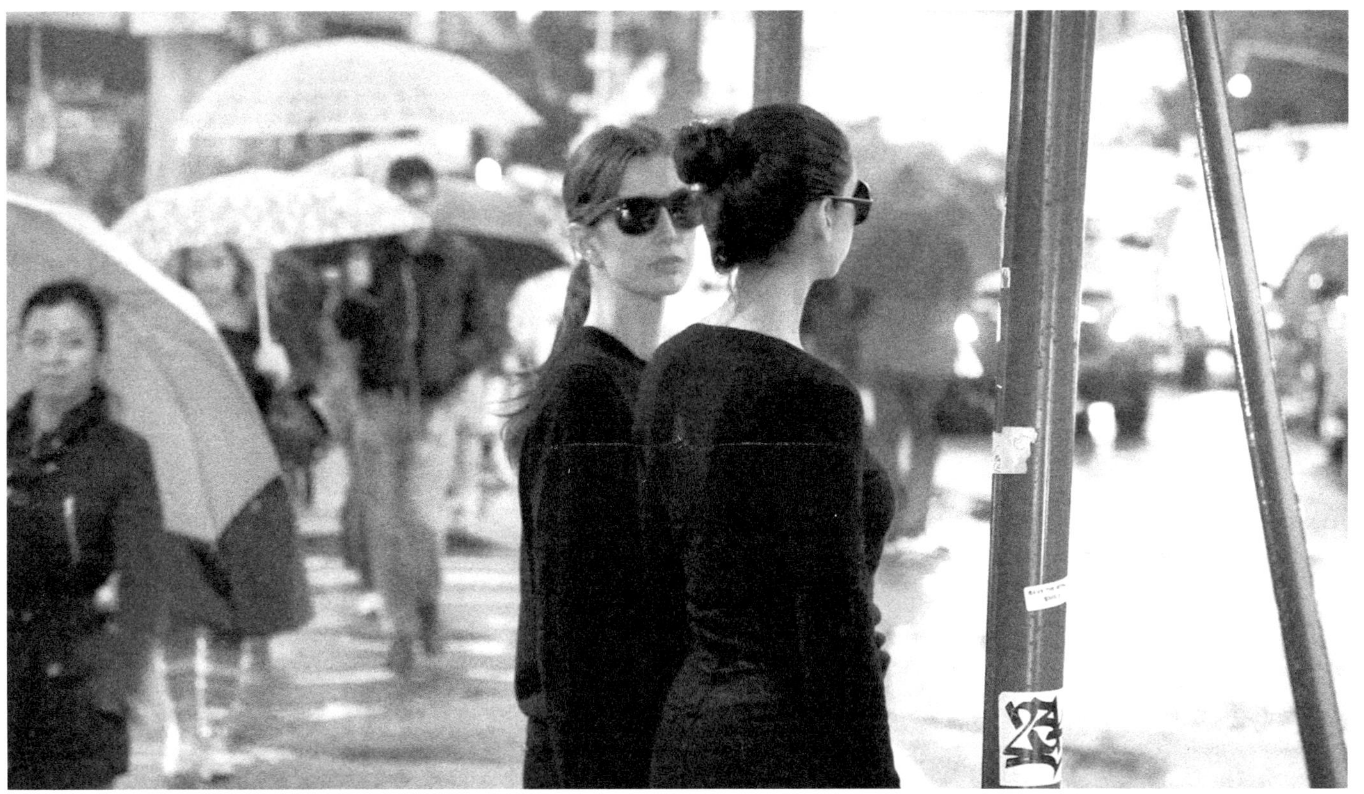

Noritoshi Hirakawa

The Japanese, New York-based artist and film director Noritoshi Hirakawa (b. 1960) originally studied Applied Sociology. He works in various media, including performance, dance, film, photography, and installation. The content of his photographs is commonly described as intimate and erotic. Hirakawa's work is driven by his pessimistic verdict on the failure of the sexual revolution. His own work undermines the ruling conservative order by publishing images of sexuality that contradict the accepted norms.

At a bedroom in the middle of the night (1993) is a photographic series, which shows clothed Japanese couples having sex in public places in Tokyo. In each case, the woman sits discreetly on the man's lap, so there is no direct evidence of any sexual act, and no one knows what is happening aside from the artist and the couple themselves. Hirakawa explained that he was offering the couples a chance to conduct themselves in new ways in a public space without the risk of provoking a scandal. The standard place for people to have sex is the bedroom, and the violation of this rule is a misdemeanor which brings new feelings into play. A certificate in the form of a letter describing the sexual act and signed by the couple it portrays is mounted on the back of each photograph.

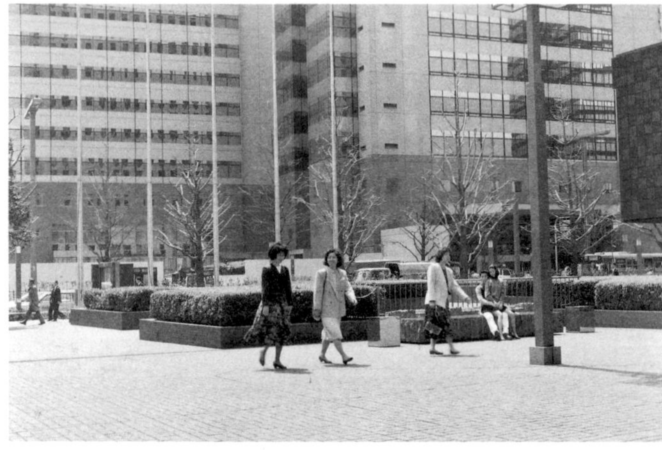

At a bedroom in the middle of night.
On April 15th, 1993, around 11:30
at Nishi-shinjuku, Tokyo, 1993
Black and white photograph,
127 × 190 cm

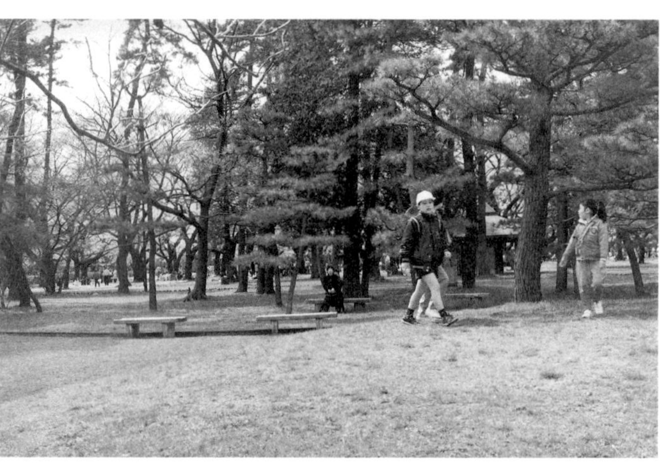

At a bedroom in the middle of night.
On April 10th, 1993, around 12:50
at Koganei Koen Park, Tokyo, 1993

Der in New York lebende japanische Künstler und Filmregisseur Noritoshi Hirakawa (geb. 1960) studierte ursprünglich angewandte Soziologie. Er arbeitet in verschiedenen Medien, wie Performance, Tanz, Film, Fotografie oder Installation. Der Inhalt seiner Fotos wird gemeinhin als intim und erotisch beschrieben. Hirakawas pessimistische Einschätzung, dass die sexuelle Revolution letztlich gescheitert sei, ist eine wichtige Triebfeder seines Werks. Er unterminiert die herrschende konservative Ordnung, indem er der gängigen Norm widersprechende Bilder von Sexualität publiziert.

Die Fotoserie *At a bedroom in the middle of the night* (1993) zeigt japanische Paare, die ganz

L'artiste et réalisateur japonais Noritoshi Hirakawa (né en 1960), qui vit à New York, a étudié la sociologie appliquée. Dans son travail, il utilise divers médias tels que la performance, la danse, le cinéma, la photographie ou l'installation. Le contenu de ses photos est communément décrit comme intime et érotique. Le constat pessimiste de Hirakawa, selon lequel la révolution sexuelle a finalement échoué, est une force motrice dans son travail. Il sape l'ordre conservateur au pouvoir, en publiant des images de la sexualité contraires à la norme établie.

La série de photos intitulée *At a bedroom in the middle of the night* (1993) montre des

normal bekleidet auf öffentlichen Plätzen
Tokios Geschlechtsverkehr haben. Dabei sitzt
die Frau diskret auf dem Schoss des Mannes,
so dass es keinerlei direkte Hinweise auf den
Sexualakt gibt. Ausser dem Künstler und dem
involvierten Paar weiss niemand davon. Hirakawa
betont, dass sein Angebot an befreundete
Paare darauf abzielte, sie dazu zu verleiten, sich
im öffentlichen Raum anders zu verhalten, ohne
damit einen Skandal zu provozieren. Die Norm
besagt, dass Paare in ihrem Schlafzimmer
Sex haben sollen. Das Brechen dieser Regel ist
ein Vergehen und bringt daher ein neues
Gefühl mit sich. Auf der Rückseite jeder Fotografie ist als Zertifikat ein Brief des abgebildeten
Paares zu finden, in dem sie ihre sexuelle Handlung schildern und per Unterschrift bestätigen.

couples japonais tout habillés en train d'avoir
des rapports sexuels dans les lieux publics
de Tokyo. La femme est discrètement assise
sur les genoux de l'homme, de sorte qu'il n'y
a pas de preuve directe de l'outrage à l'ordre
qu'engendre un acte sexuel dans le domaine
public. En dehors de l'artiste et du couple
impliqué, personne n'est au courant. Hirakawa
souligne que son offre à des couples amis
vise à les inciter à se comporter différemment
dans l'espace public, sans pour autant provoquer
un scandale. La norme étant, bien entendu,
d'avoir des relations sexuelles dans sa chambre
à coucher, cette transgression constitue
un délit qui procure des sensations nouvelles.
Au dos de chaque photo est fixée – en guise
de certificat – une lettre décrivant l'acte sexuel,
signée par le couple photographié.

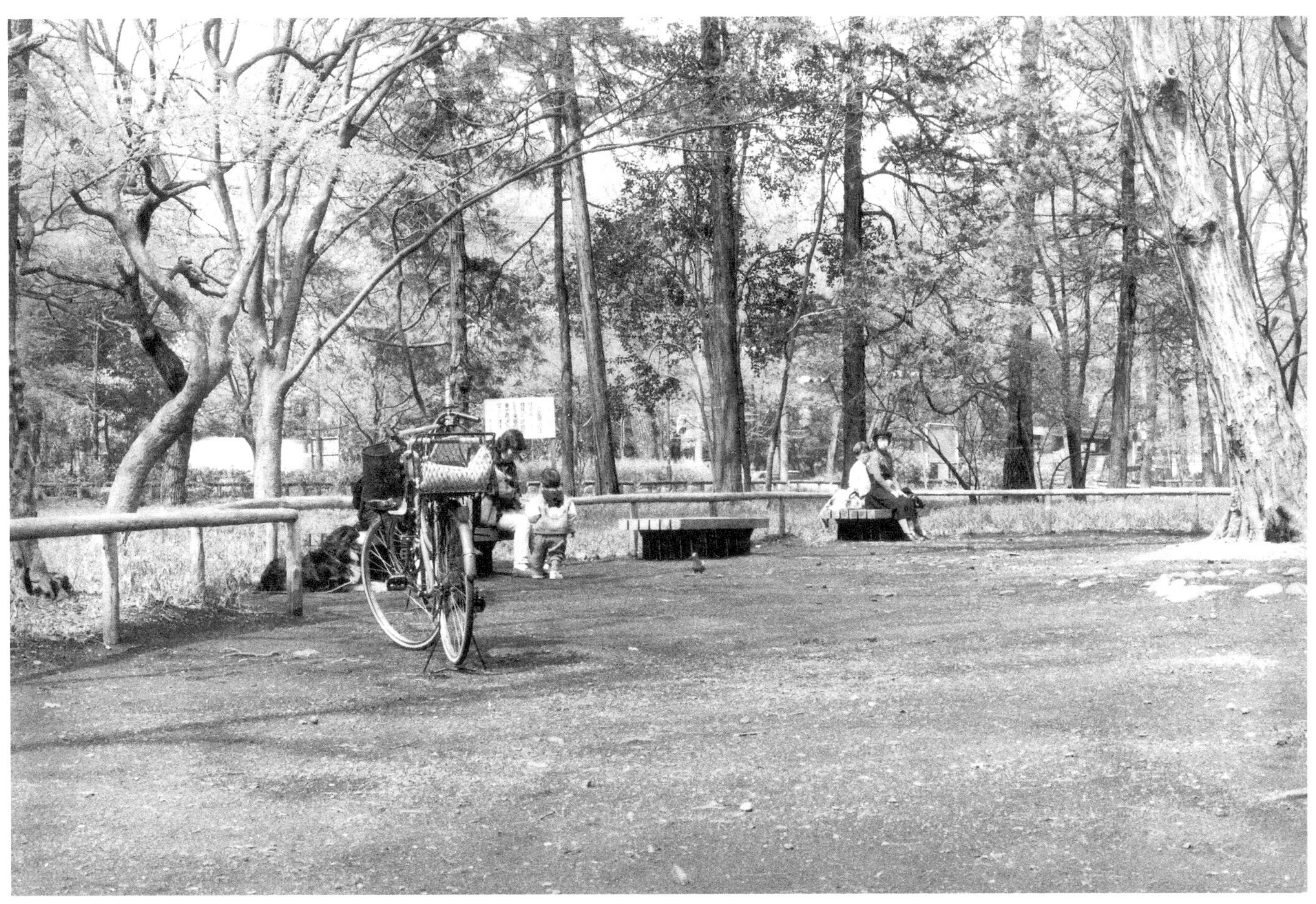

*At a bedroom in the middle of night.
On April 2nd, 1993, around 13:30
at Inogashira Park, Tokyo*, 1993

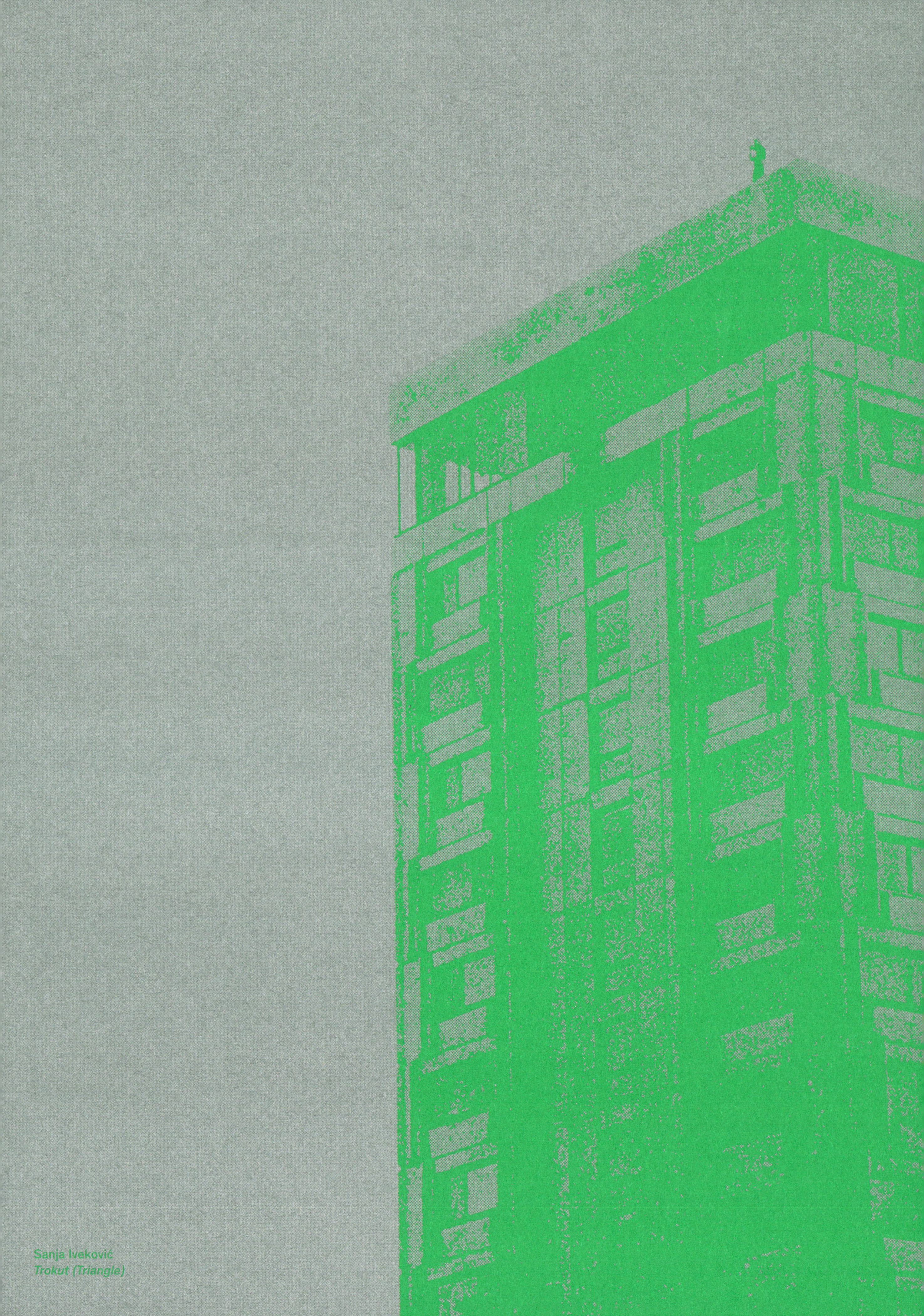
Sanja Iveković
Trokut (Triangle)

Sanja Iveković

As a feminist artist, Sania Iveković (b. 1949) explores the place and image of women in communist societies such as the former Yugoslavia. Nearly always using her body as her primary medium, this Croatian artist, who is based in Zagreb, stages public performances and makes collages, sculptures, and installations. *Trokut (Triangle)* (1979) is an installation composed of four photographs and a descriptive account of a performance staged by Iveković in 1979 during a parade by former President Josip Broz Tito in the streets of Zagreb. Out on her balcony with a book in her hand, the artist pretended to masturbate, fully aware that she was being observed. A police officer, stationed on a nearby roof, then intervened, asking her to go back inside her apartment. This provocative act was played out on the border of the public and the private sphere, and juxtaposes these dimensions from both historical and social perspectives.

Sanja Iveković
TROKUT (TRIANGLE)
1979

Performance / photographs
Time: 18 min

The action takes place on the day of the President Tito's visit to the city, and it develops as intercommunication between three persons:

1. a person on the roof of a tall building across the street of my apartment;
2. myself, on the balcony;
3. a policeman in the street in front of the house.

Due to the cement construction of the balcony, only the person on the roof can actually see me and follow the action. My assumption is that this person has binoculars and a walkie - talkie apparatus. I notice that the policeman in the street also has a walkie - talkie.

The action begins when I walk out onto the balcony and sit on a chair. I sip whiskey, read a book, and make gestures as if I perform masturbation. After a period of time the policeman rings my doorbell and orders that «the persons and objects are to be removed from the balcony»

Savska 1
Zagreb, 10 May 1979

Trokut (Triangle), 1979
Bromine silver gelatin on paper,
40,5 × 30,5 cm each
(polyptych consisting of 4 photographs, 1 text)

Die feministische Künstlerin Sanja Iveković (geb. 1949) aus Kroatien ergründet die Stellung und das Bild der Frau in einer kommunistischen Gesellschaft wie Ex-Jugoslawien. Ihr wichtigstes künstlerisches Werkzeug ist stets der eigene Körper, mit dem sie öffentliche Performances, Collagen, Skulpturen und auch Installationen realisiert. Das Werk *Trokut (Triangle)* (1979) ist so eine Installation, bestehend aus vier Fotografien und einer Beschreibung der Performance, die Iveković 1979 anlässlich einer Parade in den Strassen von Zagreb, unter dem damaligen Präsidenten Josip Broz Tito, durchführte.

Artiste féministe originaire de Croatie, Sanja Iveković (née en 1949) explore la place et l'image de la femme dans une société communiste, telle que l'ex-Yougoslavie. Toujours en utilisant son corps comme outil principal de création, cette artiste croate réalise des performances publiques, des collages, des sculptures ainsi que des installations. L'œuvre *Trokut (Triangle)* (1979) représente une installation composée de quatre photographies et d'une notice descriptive de la performance réalisée par Iveković en 1979, lors d'un défilé de l'ancien président Josip Broz Tito dans les rues de

Mit einem Buch in der Hand auf ihrem Balkon sitzend, tut die Künstlerin in vollem Wissen darum, dass sie beobachtet wird, so, als würde sie masturbieren. Ein auf dem gegenüberliegenden Dach positionierter Polizeibeamter greift prompt ein und fordert sie auf, in ihre Wohnung zurückzugehen. Diese Provokation im Grenzbereich zwischen Öffentlichkeit und Privatsphäre konfrontiert den öffentlichen Raum mit dem privaten, und zwar unter einem sowohl historischen als auch gesellschaftlichen Blickwinkel.

Zagreb. Installée sur son balcon, un livre à la main, l'artiste feint de se masturber, tout en étant consciente d'être observée. Un agent de police, placé sur un toit voisin, va alors intervenir en lui demandant de retourner à l'intérieur de son appartement. Cet acte provocateur se déroulant à la frontière de la sphère publique et privée, oppose l'espace intime à l'espace collectif, dans une perspective tout à la fois historique et sociale.

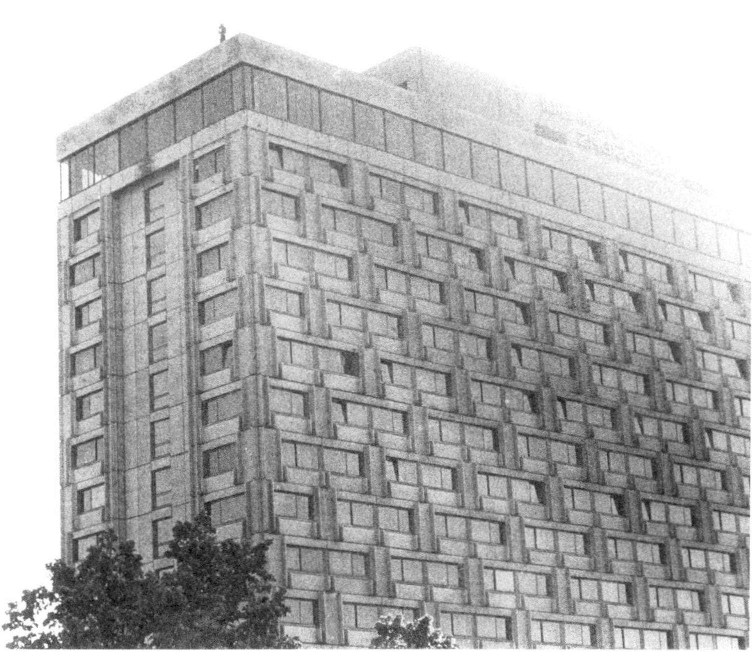

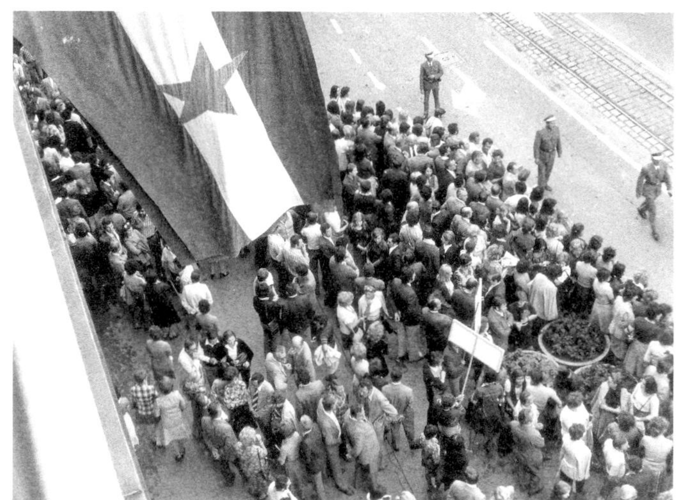

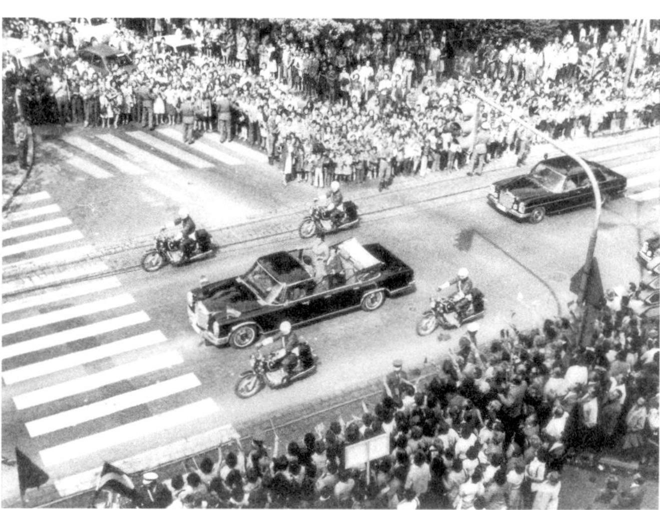

Christian Jankowski

The German, Berlin-based artist Christian Jankowski (b.1968) made a name for himself with works, which take a close and satirical look at our media-saturated society. His recent work *Heavy Weight History* (2013) is an installation consisting of seven black-and-white, large-format photographs, a 30-minute-film, and a small auditorium. The film and photographs show a group of Polish weightlifters drenched in sweat as they try to lift up public monuments in Warsaw. Jankowski's related work *Kunstturnen* (2014), receives a more sculptural and bodily expression here. This approach is at once pragmatic and surreal, both ambitious and humorous. By turning heroic art into pure and simple equipment for sport, history is brought into harmony with living bodies, and the melodrama of such historiography is itself unmasked.

In a reference to another communal aspect of sporting activity, the film is shown in an art space as Public Viewing, while the black-and-white photographs lend an artificial sense of history to the performance. This monochrome aesthetic enables Jankowski to fuse the bronze figures of the past with the living bodies of the athletes.

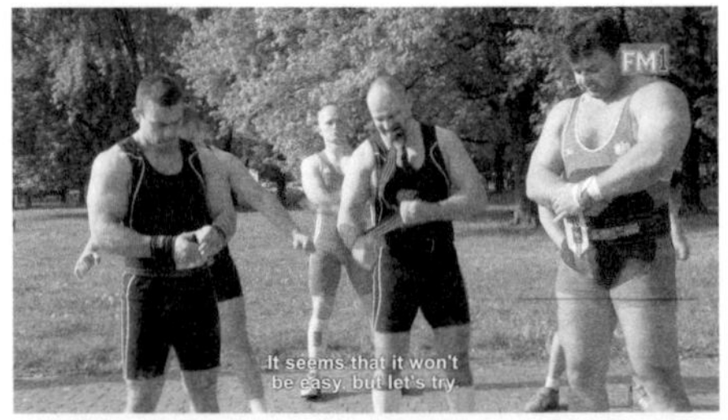

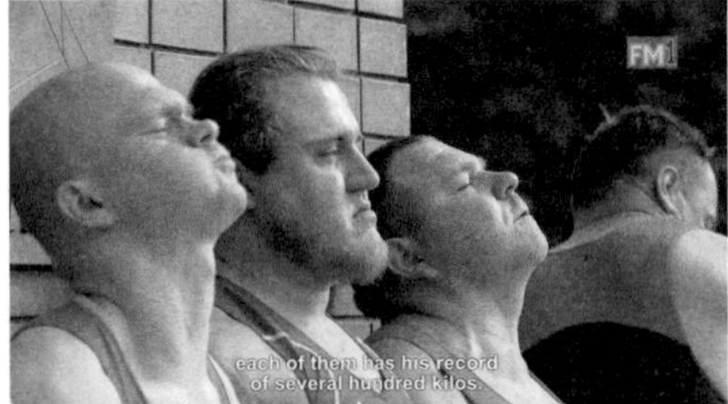

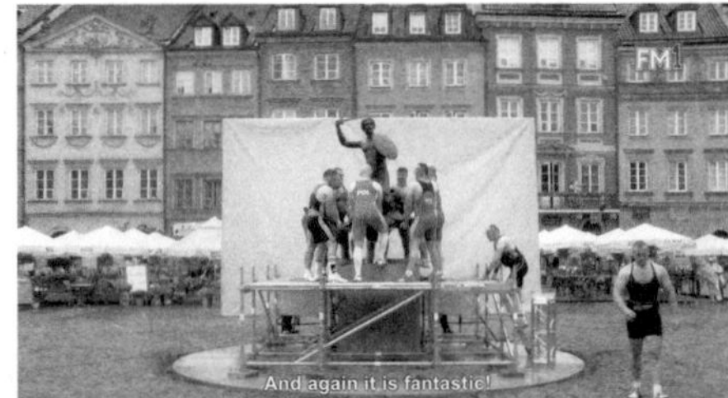

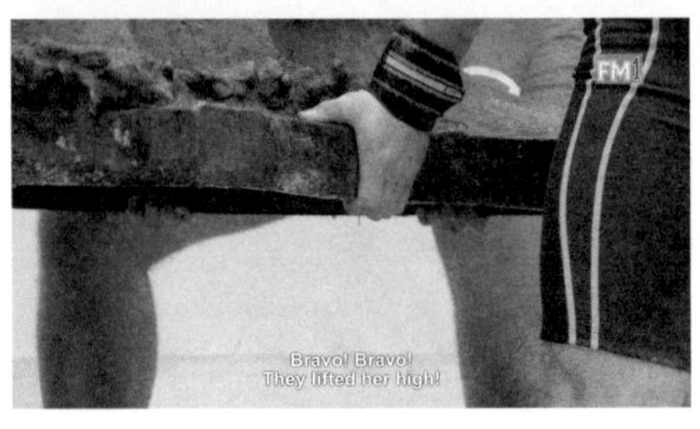

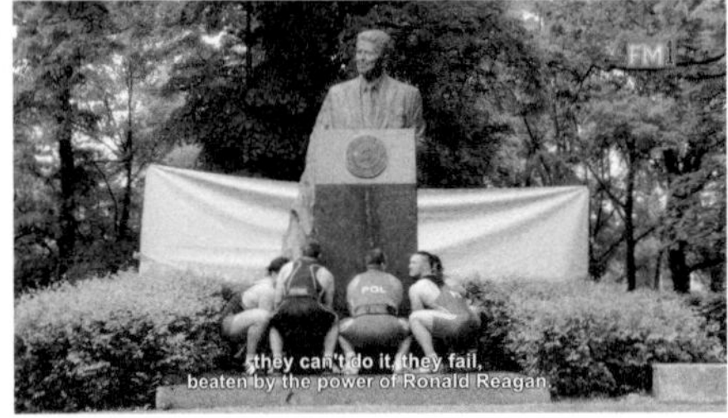

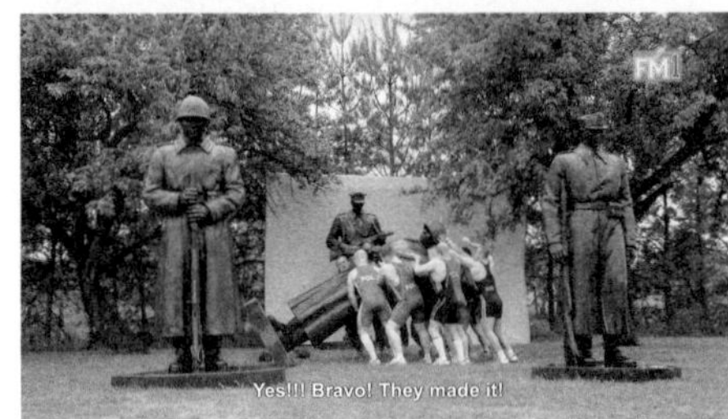

Heavy Weight History, 2013
Video (1 × HD Cam, 1 × Blu-ray), 25:46 min,
PAL, 16:6, color, sound, Polish with subtitles
(English)

Der in Berlin lebende Künstler Christian Jankowski (geb.1968) hat sich mit Arbeiten, welche mit Hilfe von Satire die Mediengesellschaft unter die Lupe nehmen, einen Namen gemacht. Die Arbeit *Heavy Weight History* (2013) ist eine Installation bestehend aus sieben grossformatigen Schwarz-Weiss-Fotografien, einem 30-minütigen Film sowie einer kleinen Zuschauertribüne. Film und Fotos zeigen eine Gruppe von polnischen Gewichthebern beim schweisstreibenden Versuch, öffentliche Monumente in Warschau in die Höhe zu stemmen.
Der Arbeit *Kunstturnen* (2014) verwandt, werden hier skulpturaler und realer Körper kurzgeschlossen. Diese Annäherung ist so pragmatisch wie surreal, so ambitioniert wie humoristisch. In dieser Zweckentfremdung heroischer Kunst

L'artiste Christian Jankowski (né en 1968), qui vit à Berlin, s'est fait un nom grâce à son travail sur la société des médias qu'il scrute de façon satirique. Sa dernière œuvre *Heavy Weight History* (2013) est une installation qui se compose de 7 photos grand format en noir et blanc, d'un film de 30 minutes ainsi que d'une petite tribune pour les spectateurs. Les photos et le film montrent un groupe d'haltérophiles polonais dans leur effort sudorifique pour soulever des monuments publics à Varsovie.

Dans ce travail, les corps sculptés et réels interagissent un peu comme dans l'œuvre *Kunstturnen* (2014). Cette approche est à la fois pragmatique et surréaliste, ambitieuse et pleine d'humour. Dans ce détournement de l'art héroïque vers un simple engin de sport,

zum blossen Sportgerät wird Geschichte mit lebendigen Körpern in Einklang gebracht, oder aber das Melodramatische dieser Form von Geschichtsschreibung demaskiert.

Die Präsentation des Films im Kunstraum ist als Public Viewing organisiert, einen weiteren Aspekt einer sportlichen Gemeinschaft zitierend. Die schwarz-weissen Fotoaufnahmen hingegen wirken wie eine künstliche Historisierung der aktuellen Performance. Gleichzeitig erzielt der Künstler durch die farblich monochrome Festlegung eine ästhetische Verschmelzung der figürlichen historischen Bronzekörper mit den Körpern der Athleten.

on amène l'histoire à se mettre en harmonie avec des corps vivants, ou même à démasquer l'aspect mélodramatique de cette vision de l'histoire.

La présentation du film dans le musée est organisée comme une visite publique en référence à un autre aspect de la communauté sportive, cependant que les photographies en noir et blanc agissent comme une historisation artificielle de la performance actuelle. Grâce à une réalisation monochrome, l'artiste réussit un amalgame esthétique entre les sculptures en bronze et les corps des athlètes.

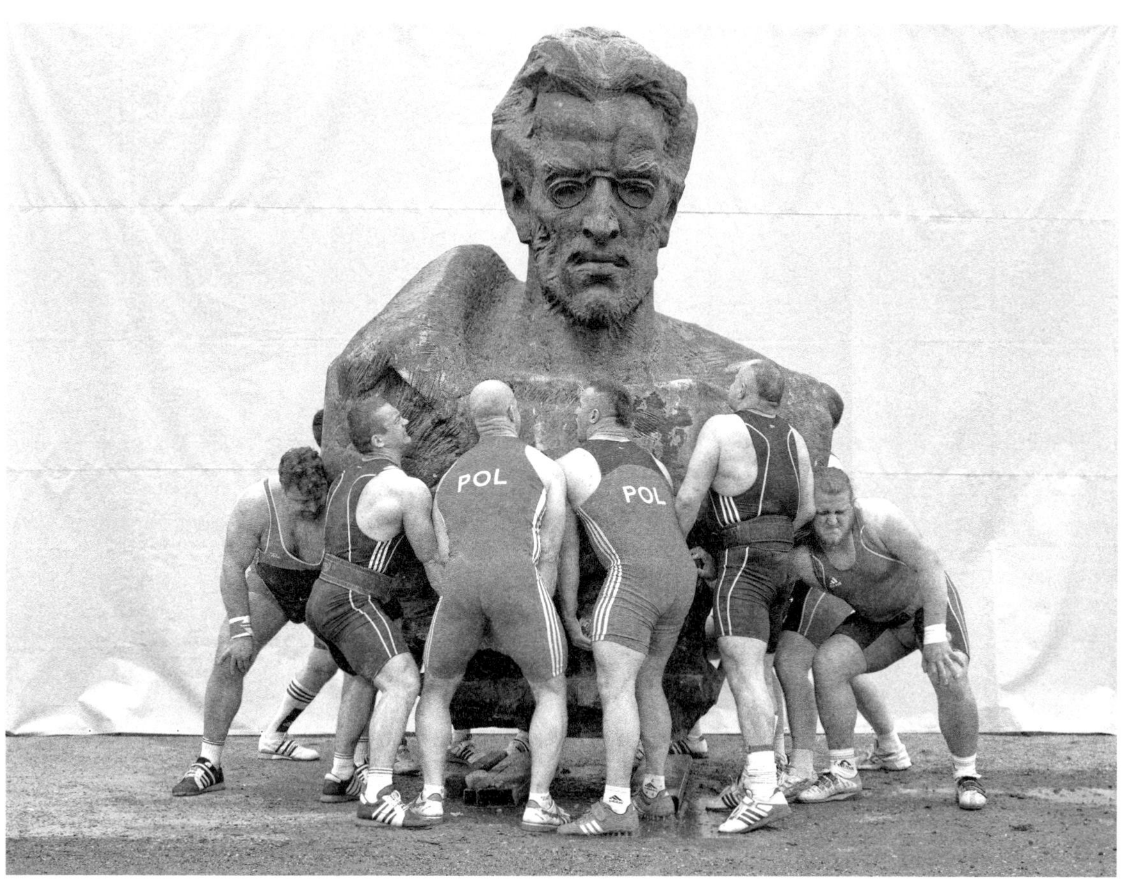

Heavy Weight History (Ludwig Waryński), 2013
Black and white photograph on baryt paper,
140 × 186,8 cm

Jiří Kovanda

Czech, Prague-based artist Jiří Kovanda (b. 1953) is perhaps best known for his surreptitious actions in Prague in the second half of the 1970s. Of a secretly performative nature, these actions were conceived as acts of micro-resistance to the oppressive foreclosure of public space during Soviet occupation. They included standing on a public street with outstretched arms in *xxx, November 19, 1976, Václavské náměstí, Prague*, and *DIVADLO, November 1976, Václavské náměstí, Prague*, in which the artist follows a script "to the letter", in his words. "Gestures and movements have been selected so that passers-by will not suspect that they are watching a 'performance'." Such small, poetic actions bear witness to the pressures on public space while surreptitiously reclaiming it for both the present and the past by documenting even its absence. With these works, Kovanda reminds us that public space is less of a thing than an event.

Die wohl bekanntesten Werke des in Prag lebenden tschechischen Künstlers Jiří Kovanda (geb. 1953) sind die geheimen „Aktionen", die er in der zweiten Hälfte der 1970er-Jahre in seiner Heimatstadt durchführte. Man könnte diese unauffälligen Gesten als Mikro-Akte des Widerstands auffassen, die gegen die gewaltsame Besetzung des öffentlichen Raums durch die sowjetischen Besatzer gerichtet waren. In *xxx, November 19, 1976, Václavské náměstí, Prague* stand der Künstler mit ausgestreckten Armen auf der Strasse. In den Anleitungen für *DIVADLO, November 1976, Václavské náměstí, Prague* notierte der Künstler: „Ich befolge den schriftlich festgelegten Plan auf den Buchstaben genau. Gesten und Bewegungen so gewählt, dass Passanten nicht die geringste Ahnung haben, dass sie Zeugen einer ‚Aktion' sind." Solch kleine poetische Eingriffe sind doppelt wirksam: Sie entlarven die gewaltsame Vernichtung des öffentlichen Raums und nehmen ihn insgeheim erneut in Besitz, sowohl in der Vergangenheit als auch in der Gegenwart – indem sie den Status des öffentlichen Raumes gerade anhand seines Fehlens dokumentieren und aufzeigen. Kovandas Aktionen erinnern uns daran, dass der öffentliche Raum weniger Substantiv-, als vielmehr Verbcharakter hat.

L'artiste tchèque Jiří Kovanda (né en 1953), qui vit à Prague, est sans doute surtout connu, pour ses «actions» furtives, qui eurent lieu dans la capitale tchèque au cours de la seconde moitié des années 1970. D'une nature secrètement performative, ces «actions» peuvent être considérées comme des actes de micro-résistance contre la confiscation oppressive de l'espace public durant l'occupation soviétique. Par exemple, il s'agissait de se tenir debout dans une rue passante, les bras écartés *xxx, November 19, 1976, Václavské náměstí, Prague*, ou *DIVADLO, November 1976, Václavské náměstí, Prague*: «je respecte à la lettre un script écrit d'avance. Les gestes et les mouvements ont été choisis de telle manière que les passants ne soupçonnent pas qu'ils sont en train de regarder une ‹action›». De telles interventions modestes et poétiques revêtent un double statut: elles révèlent l'effondrement forcé de l'espace public tout en le reconquérant furtivement, à la fois dans le passé et le présent, par la vertu d'un témoignage et d'une démonstration sur la nature de cet espace, au travers de son absence même. Avec ces œuvres, Kovanda nous rappelle que l'espace public est un verbe plutôt qu'un substantif.

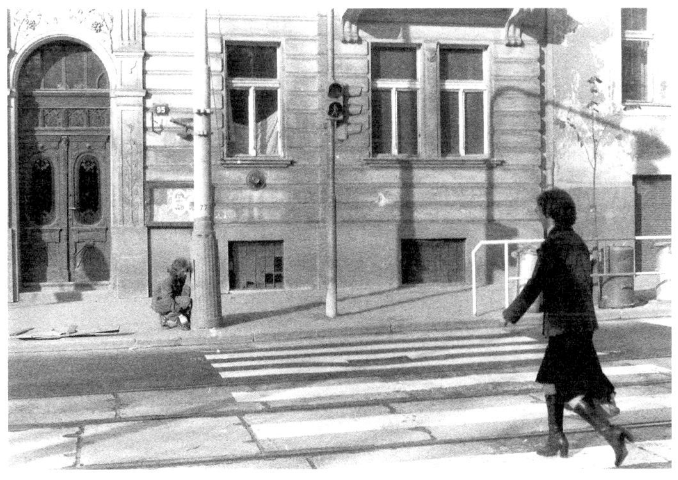 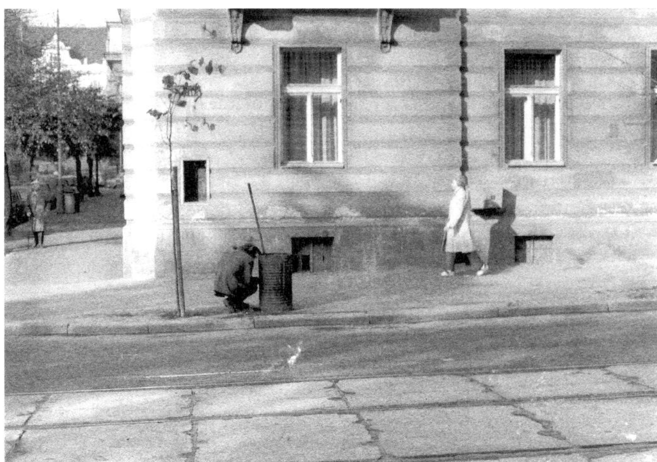

I Hide. September 1977 Vinohrady,
Prague, 1977
Black and white photograph,
17,7 × 24 cm

```
x x x

30. listopadu 1977
Praha, Karlovo náměstí

V 19.40 jsem měl sraz s přáteli. Rozhodl jsem se, že na
smluvené místo přijdu asi o 10 minut dřív...
```

```
"DIVADLO"

listopad 1976
Praha, Václavské náměstí

Chovám se přesně podle předem napsaného scénáře.
Gesta a pohyby jsou voleny tak, aby nikdo z kolemjdoucích
netušil, že sleduje "představení".
```

NEDOKUMENTOVÁNO

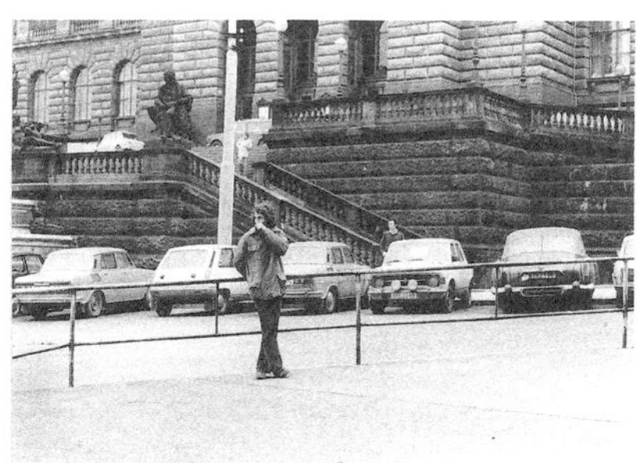

XXX. I arrange to meet some friends at 7:40 pm.
I decided I would arrive at the agreed spot about 10 minutes early…
November 30, 1977 Karlovo namesti, Prague, 1977
A4 documentation; 2 texts on paper, 27,9 × 23,1 cm

DIVALDO. I follow a previously written script to the letter. Gestures and
movements have been selected so that passers-by will not suspect that
they are watching a 'performance'. November 1976 Vaclavské namesti,
Prague, 1976
A4 documentation; black and white photograph and text on paper,
27,9 × 23,1 cm

Klara Lidén

The Swedish artist Klara Lidén (b. 1979), who divides her time between Berlin and New York, is known for her direct but simple transgressions of codified behavior, especially in public space. Her video *Paralyzed* (2003) is a classic of the genre ("inappropriate" behavior in public space). The video begins with Lidén seated in a relatively empty subway car in Stockholm, but she soon gets up and begins to indulge in the most outrageous antics, such as jumping around the car, climbing on seats, and pole-dancing. Clearly ironic, the title refers to the kind of behavior that is expected when riding the subway, and to which Lidén clearly fails to adhere. What is normally a static figure defined by the circumstances and the space it occupies becomes an extremely dynamic body, which behaves in such unruly ways that it challenges and redefines the conventions of its environment.

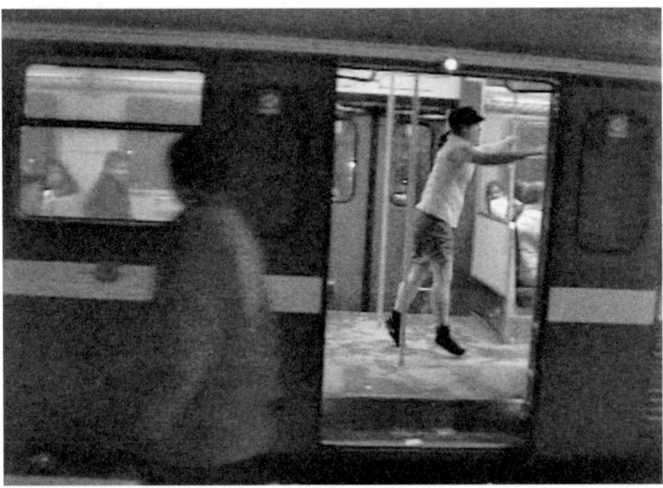

Paralyzed, 2003
DVD, color, sound, 3:00 min

Die in Berlin und New York lebende schwedische Künstlerin Klara Lidén (geb. 1979) ist bekannt für ihre ebenso direkten wie einfachen Verstösse gegen Verhaltensnormen, vor allem im öffentlichen Raum. Ihr Video *Paralyzed* (2003) gilt als Klassiker des Genres („ungehöriges" Benehmen in der Öffentlichkeit). Zu Beginn des Videos sitzt die Künstlerin in einem fast leeren Waggon der Stockholmer U-Bahn. Bald steht sie jedoch auf und beginnt wilde Possen zu treiben: Sie springt im Waggon herum, klettert auf Sitze und vollführt einen Poledance an der Haltestange. Der offensichtlich ironische Titel ist eine Anspielung auf die Körperstarre, die U-Bahn-Passagieren abverlangt wird und die Lidén demonstrativ verweigert. Der hier gewöhnlich statische, von der räumlichen Umgebung bestimmte Körper entwickelt eine derartig, gelinde gesagt, ungezügelte Vitalität, dass er alle geltenden Regeln sprengt und seine Umgebung neu definiert.

L'artiste suédoise Klara Lidén (née en 1979), qui partage son temps entre Berlin et New York, est connue pour ses transgressions directes mais simples des comportements codifiés, en particulier dans l'espace public. Sa vidéo *Paralyzed* (2003) est un classique du genre (comportement «inapproprié» dans l'espace public). La vidéo montre d'abord l'artiste assise dans une rame de métro relativement vide, à Stockholm, mais bientôt elle se lève et commence à se livrer aux singeries les plus scandaleuses, comme de sauter tout autour de la voiture, de grimper sur les sièges et d'utiliser la barre métallique pour faire de la pole dance. Clairement ironique, le titre se réfère ostensiblement au comportement attendu de qui prend le métro, et auquel manifestement elle ne se plie pas. Alors qu'il devrait être normalement une figure statique définie par le type d'espace qu'il occupe dans ce genre de circonstances, le corps se comporte, comme un corps dynamique, d'une manière si indisciplinée qu'il en vient à défier les conventions et à en redéfinir leurs cadres.

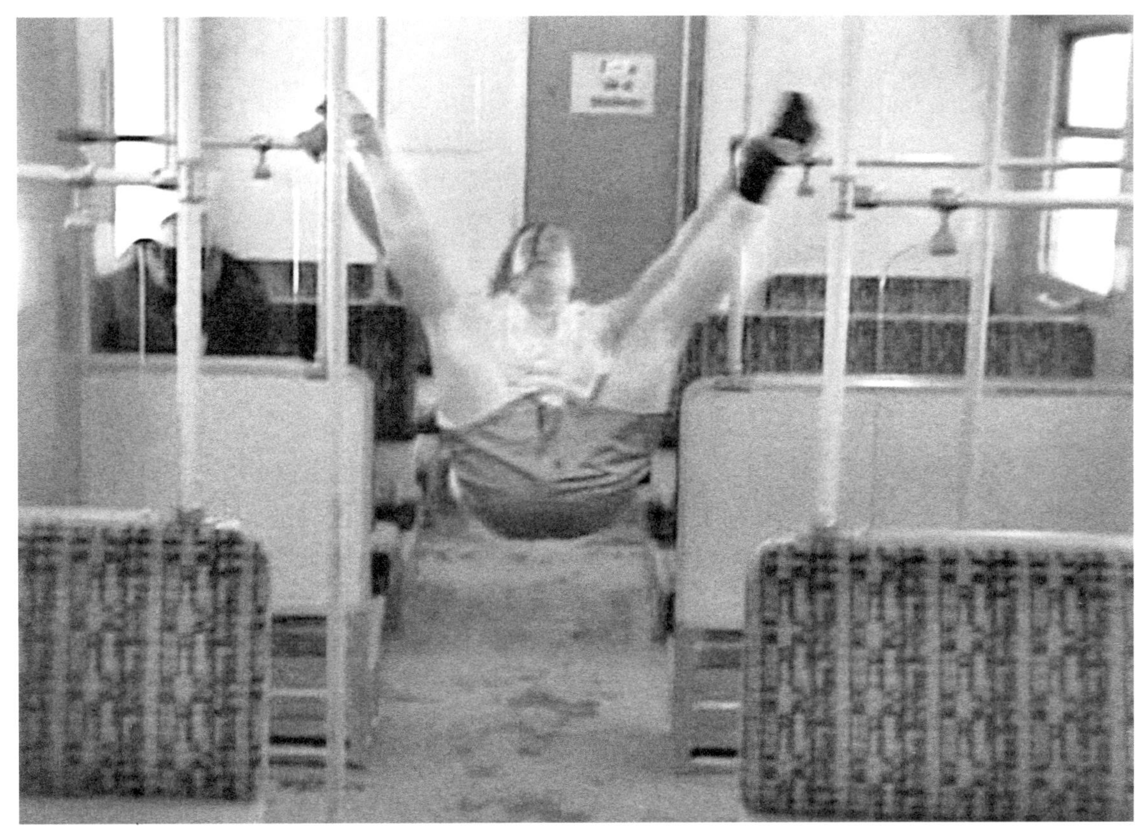

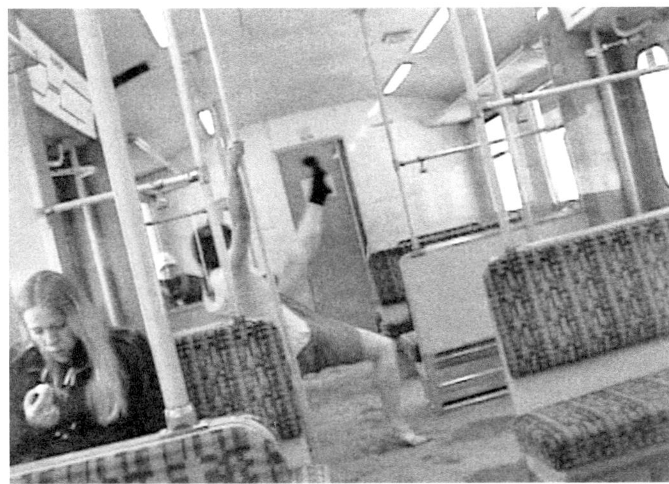

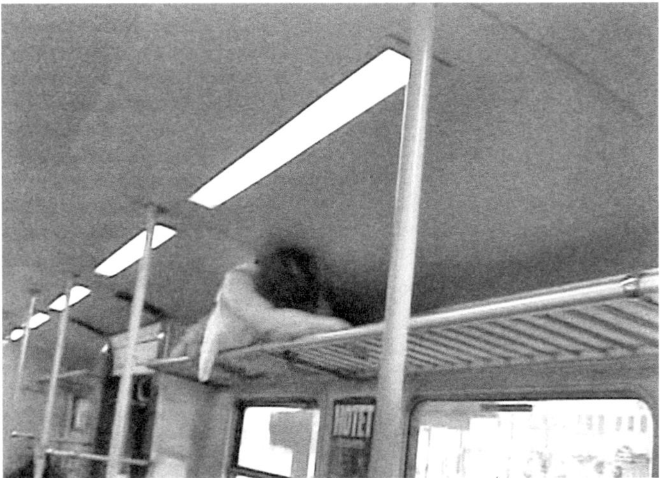

Marko Lulić

The Austrian artist Marko Lulić (b. 1972) who lives in Vienna reflects nationalist ideologies and historical avant-garde movements in his work. The hidden parallels between the capitalist West and the special case of Communist Yugoslavia, important to his own life story, are another theme he deals with in his videos, sculptures, and installations.

Lulić also examines the traditional concept of sculpture in his work. In doing so, he does not commit himself to specific mediums, but cites and combines film, music, painting, and sculpture, questioning the relationship of body and sculpture in public space with overlapping references, interpretations, and transpositions. In the video and associated photographic work, *Reactivation (Circulation in Space)* (2002/2004), he uses a sculpture by Vojin Bakić dating from 1971, assembled from metal rings, as gymnastic equipment. He explores everything that "circulation in space" could literally be or mean. The static sculpture becomes the support for a physical performance, its abstraction overwritten by the pragmatic act of the performance.

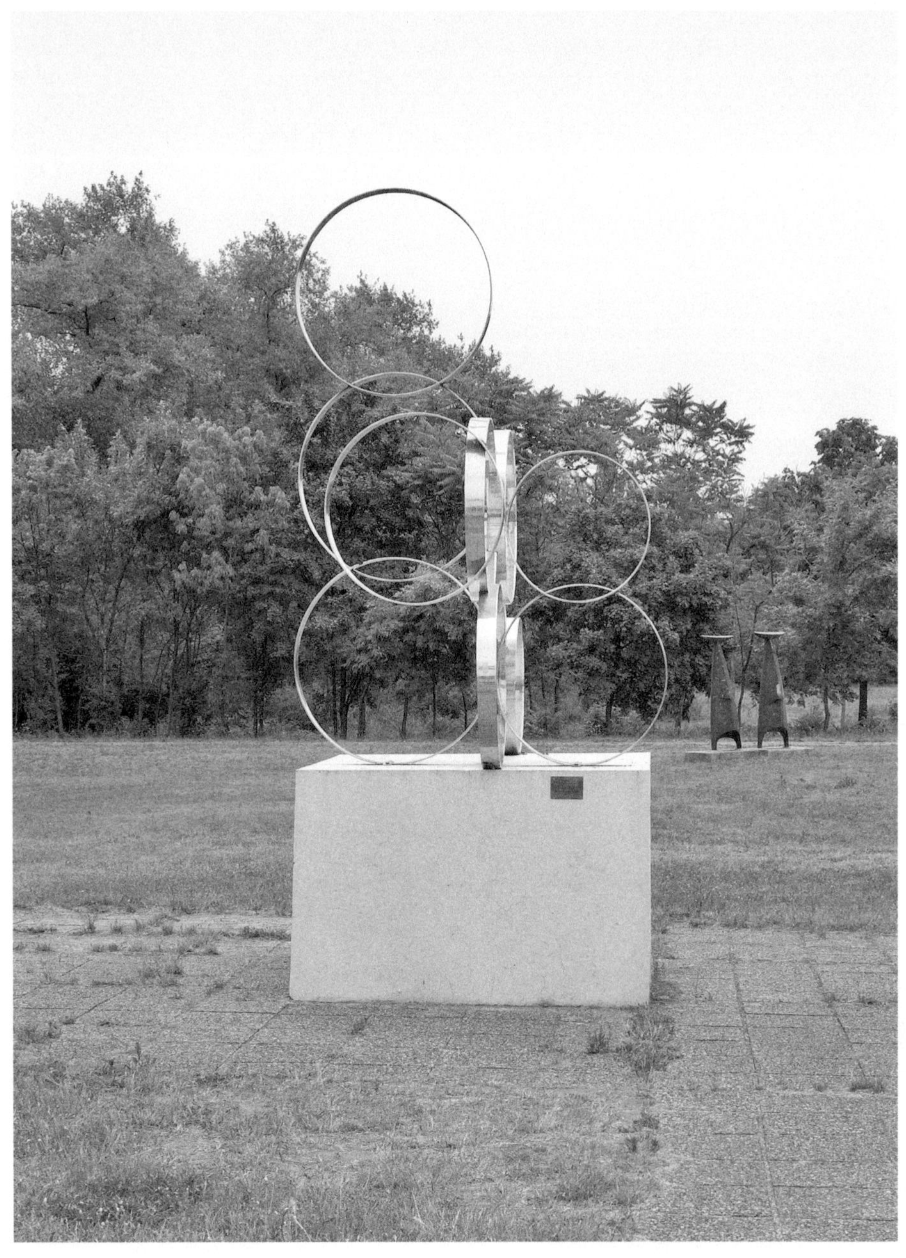

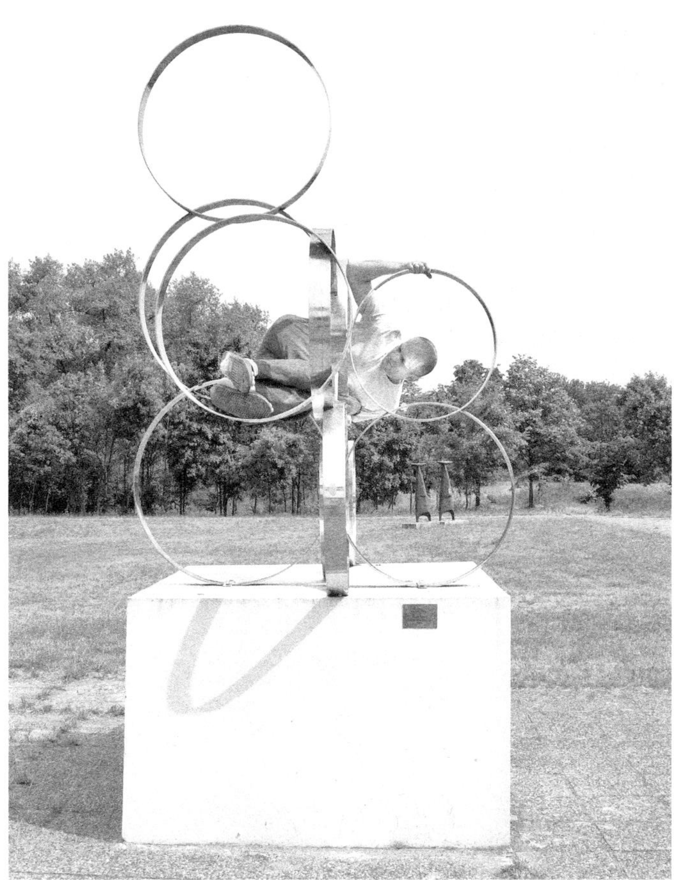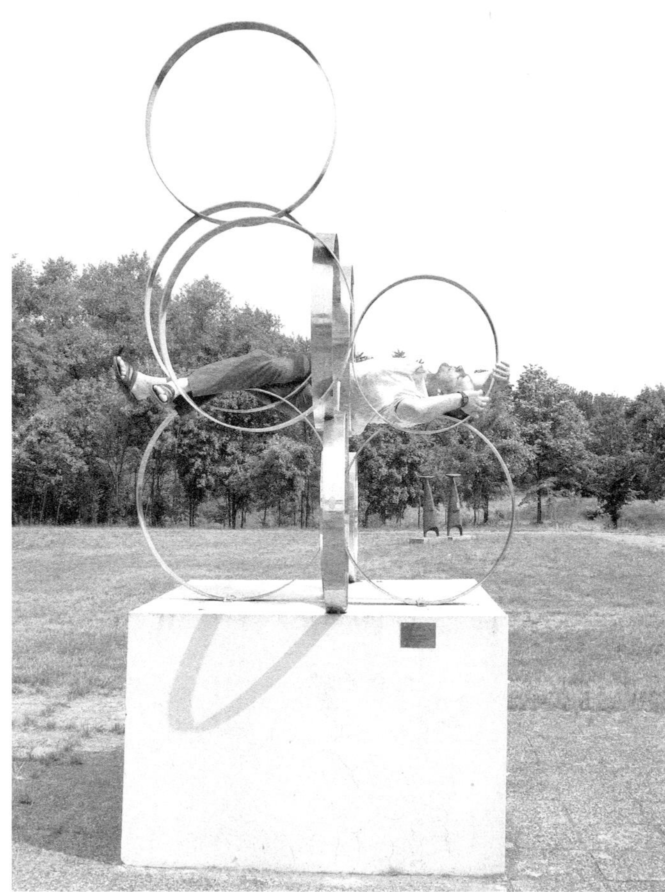

Reactivation (Circulation in Space), 2002/2004
Photograph, 30 × 40 cm

Der österreichische, in Wien lebende Künstler Marko Lulić (geb.1972) reflektiert in seinem Werk nationalistische Ideologien und historische Avantgardebewegungen. Die versteckten Parallelen zwischen dem kapitalistischen Westen und dem für ihn biografisch wichtigen, kommunistischen Sonderfall Jugoslawien, sind ein weiteres Thema, das in seinen Videos, Skulpturen und Installationen verhandelt wird.

Weiter untersucht Lulić in seiner Arbeit den traditionellen Skulpturenbegriff. Er lässt sich dabei nicht auf bestimmte Medien festlegen, sondern zitiert und kombiniert Film, Musik, Malerei und Bildhauerei und hinterfragt das Verhältnis von Körper und Skulptur im öffentlichen Raum mit einander überlagernden Referenzen, Übersetzungen und Transfers. Im Video und der dazugehörigen Fotoarbeit *Reactivation (Circulation in Space)* (2002/2004) nutzt er eine aus Metallringen zusammengesetzte Skulptur von Vojin Bakić aus dem Jahre 1971 als Turngerät. Er lotet damit alles, was „Zirkulation im Raum" sein oder bedeuten könnte, im buchstäblichen Sinne aus. Die statische Skulptur wird zum Hilfsmittel für eine physische Performance. Die abstrakte Formensprache wird durch den pragmatischen Akt der Performance überschrieben.

L'artiste autrichien Marko Lulić (né en 1972) vit à Vienne. Dans son travail, il explore les idéologies nationalistes et les mouvements d'avant-garde historiques. Dans ses vidéos, ses sculptures et ses installations, il prend entre autres pour thème les similitudes cachées entre l'occident capitaliste et, comme cas à part, la Yougoslavie d'aujourd'hui avec son passé communiste.

D'autre part Lulić examine dans son travail le concept traditionnel de la sculpture. Il ne se contente pas de l'utilisation de moyens uniques, mais cite et combine le film, la musique, la peinture et la sculpture. Il étudie la relation qui existe entre le corps humain et la sculpture dans l'espace public en utilisant des références superposées, des traductions et des transferts. Dans *Reactivation (Circulation in Space)* (2002/2004), il se sert d'une sculpture de Vojin Bakić de 1971, faite de cercles de métal assemblés, comme d'un appareil de gymnastique. Il sonde par là tout ce que l'expression «circulation dans l'espace» pourrait être ou signifier, au sens littéral du terme. La sculpture statique sert de support à une performance physique, sur l'abstraction de l'œuvre sculpturale vient s'inscrire l'acte pragmatique de la performance.

Liz Magic Laser

Although more well-known for her engagement with theatricality, New York-based artist Liz Magic Laser (b. 1981) is also deeply embedded in the choreographic. One of her earlier pieces, *Distressed* (2009) is a perfect example of this. Originally commissioned by the *Art in Odd Places: SIGN* festival, the work took place on the southwest corner of New York's Union Square. It consists of a group of five dancers literally distressing—breaking in—their jeans in a series of highly systematic and choreographed gestures. In the process of breaking in their jeans, both singly and aiding one another in pairs and in groups, their bodies take on a distinctly object-like, or even sculptural quality. At once lyrical and absurd, this choreographic work naturally tests the limits of what can happen in public space.

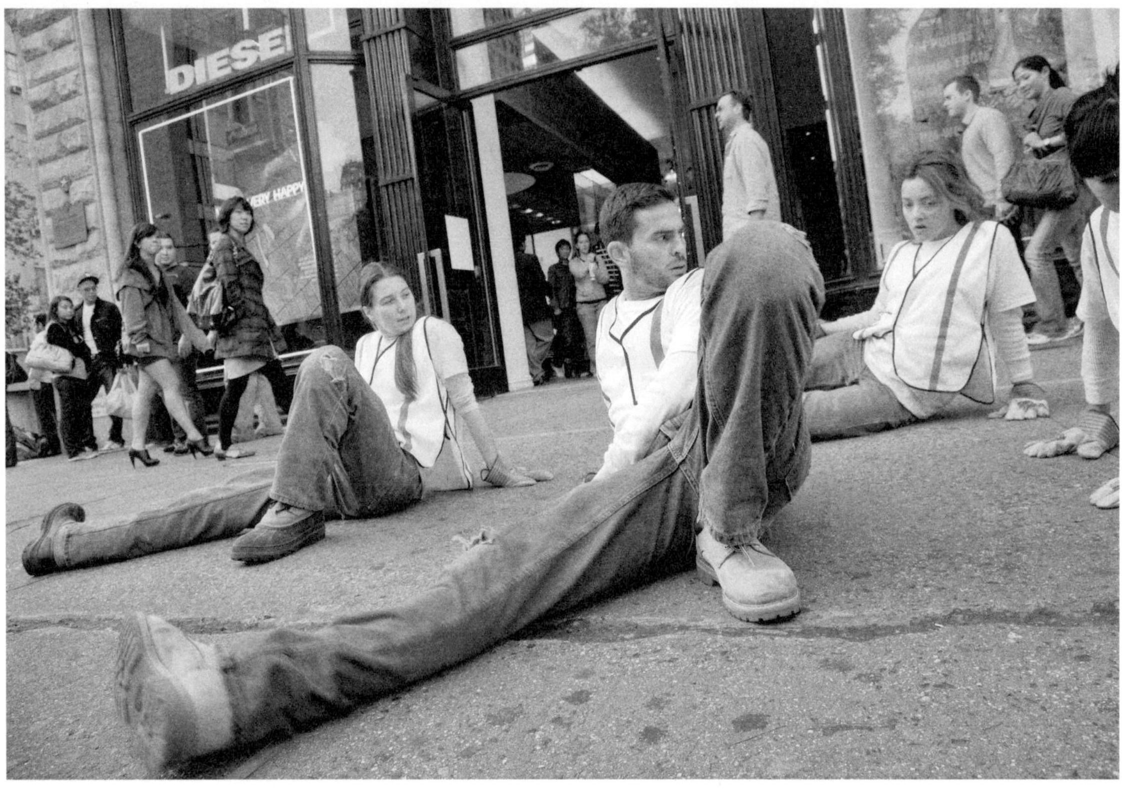

Distressed, 2009
Performance and single-channel video,
10:00 min. October 10th, 2009, New York
Featuring dancers Yasemin Adali,
David Botana, Gary Lai, Emily Quant,
and Aya Shibahara

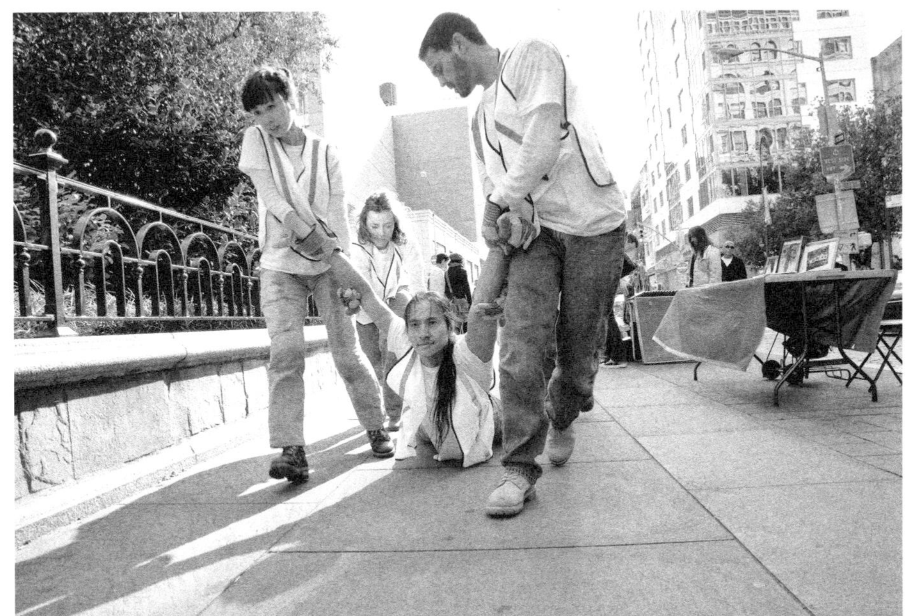

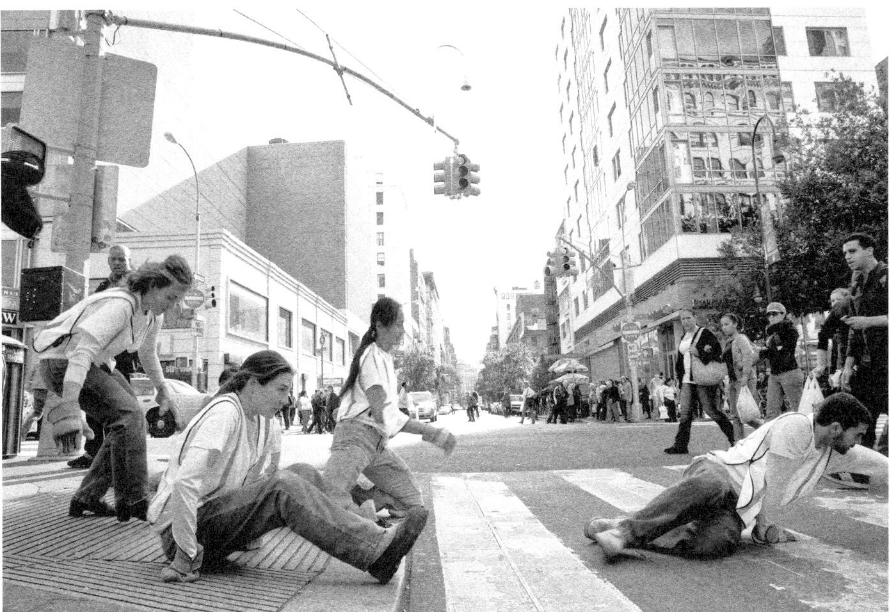

Obgleich die New Yorker Künstlerin Liz Magic Laser (geb. 1981) vor allem für ihre Auseinandersetzung mit dem Theatralischen bekannt ist, spielt auch die Choreografie eine Schlüsselrolle in ihrem Schaffen. Das Frühwerk *Distressed* (2009), ein Auftrag des Kunstfestivals *Art in Odd Places: SIGN*, verdeutlicht dies exemplarisch. Fünf Tänzer traten aus einem Jeansgeschäft an der Südwestecke des Union Square in New York City und begannen, die noch steifen neuen Hosen durch eine Reihe systematischer und choreografierter Bewegungen zu dehnen. Sie versuchten es alleine und halfen sich gegenseitig in Paaren und Gruppen. Dabei gewannen ihre Körper eine objekthafte, ja skulpturale Qualität. Magic Lasers zugleich lyrische und absurde Choreografie erweiterte die Grenzen dessen, was im öffentlich Raum stattfinden kann und darf.

Bien que l'artiste New Yorkaise Liz Magic Laser (née en 1981) soit connue avant tout pour son travail autour du théâtre, la chorégraphie joue un rôle-clé dans son œuvre. L'une de ses premières pièces, *Distressed* (2009), qui lui a été commandée pour le festival *Art in Odd Places: SIGN*, le démontre de façon exemplaire. Cinq danseurs sortent d'un magasin de jeans au coin sud-ouest de la place Union Square à New York et commencent à assouplir leurs paires de jeans neufs par une série de mouvements systématiques et chorégraphiés. Après avoir essayé chacun de leur côté, ils forment des couples ou des groupes et s'aident mutuellement. A cette occasion, leurs corps deviennent similaires à des objets, voire à des sculptures. A la fois lyrique et absurde, la chorégraphie de Liz Magic Laser élargit les limites de ce qui est possible dans l'espace publique.

Insel Bro
Roof Piece

Babette Mangolte / Trisha Brown

The Franco-American filmmaker Babette Mangolte (b.1941) began working with the American dancer and choreographer Trisha Brown (b.1936) in 1970, directly after Mangolte moved to New York. Mangolte was the first woman to be accepted at the famous École Nationale de la Photographie et de la Cinématographie in Paris. Together with her understanding of experimental art, Mangolte's training as a filmmaker made her a crucial figure in the production of the photographs and films, which have enabled subsequent generations to experience the ephemeral performances of Trisha Brown, Yvonne Rainer, and Robert Morris.

With *Roof Piece* (1971–1973) we are dealing with a special form of wordless communication over long lines of sight—from one rooftop to another, from one performer to the next. At such distances, improvised movements lose their precision and appear to take on a life of their own. What was initially thrown into the chain of communication bears little relation to what remains in the end. At issue here is a kind of erosion of the sequences of movements, as well as the role of New York's roofs as public-private stages and its water towers as sculptures reaching from the city to the sky.

Die französisch-amerikanische Filmemacherin Babette Mangolte (geb.1941) und die amerikanische Tänzerin und Choreografin Trisha Brown (geb. 1936) begannen 1970, unmittelbar nach dem Umzug von Mangolte nach New York, zusammenzuarbeiten. Mangolte ist die erste Frau, die an der renommierten Pariser École Nationale de la Photographie et de la Cinématographie aufgenommen wurde. Ihre Ausbildung als Filmemacherin sowie ihr Verständnis von experimenteller Kunst machten sie zur wichtigsten Mitautorin von Fotografien und Filmen, welche die ephemeren Performances von Trisha Brown, Yvonne Rainer und Robert Morris auch für nachfolgende Generationen erlebbar gemacht haben.

Bei *Roof Piece* (1971–1973) geht es um eine spezielle Form wortloser Kommunikation auf Sichtdistanz – von einem Dach zum anderen, von einem Performer zum nächsten. Die improvisierten Bewegungen verlieren auf Distanz an Präzision und verselbstständigen sich zusehends. Was am Anfang der Kommunikationskette steht, hat nur noch bedingt etwas mit dem zu tun, was am Schluss davon übrig bleibt. Eine Art Erosion der Bewegungsabläufe ist hier Thema, aber auch die Dächer von New York als öffentlich-private Bühnen sowie die Wassertürme als skulpturale Zeichen zwischen Stadt und Himmel.

La cinéaste franco-américaine Babette Mangolte (née en 1941) et la danseuse et chorégraphe américaine Trisha Brown (née en 1936) ont commencé à travailler ensemble dans les années 1970, date à laquelle Mangolte a émigré à New York. Mangolte est la première femme à avoir été admise à la célèbre Ecole Nationale de la Photographie et de la Cinématographie à Paris. Grâce à sa formation de cinéaste et à sa connaissance approfondie de l'art expérimental, elle a participé en tant que co-auteure à la création de photographies et de films qui ont permis aux jeunes générations de découvrir les performances éphémères de Trisha Brown, Yvonne Rainer et Robert Morris.

Roof Piece (1971–1973) met en scène une forme très spéciale de communication nonverbale par le regard à distance – d'un toit à l'autre, d'un acteur à l'autre. L'éloignement fait perdre aux mouvements improvisés leur précision. Ils s'écartent de plus en plus du modèle original. Les mouvements exécutés par le dernier danseur n'ont plus qu'un rapport lointain avec ceux qu'avait montrés le premier à l'origine de la chaîne. On assiste à une sorte d'érosion de la transmission qui est le thème de ce travail, tout comme les toits de New York – scènes à la fois privées et publiques – et les châteaux d'eau – sentinelles sculpturales entre ville et ciel.

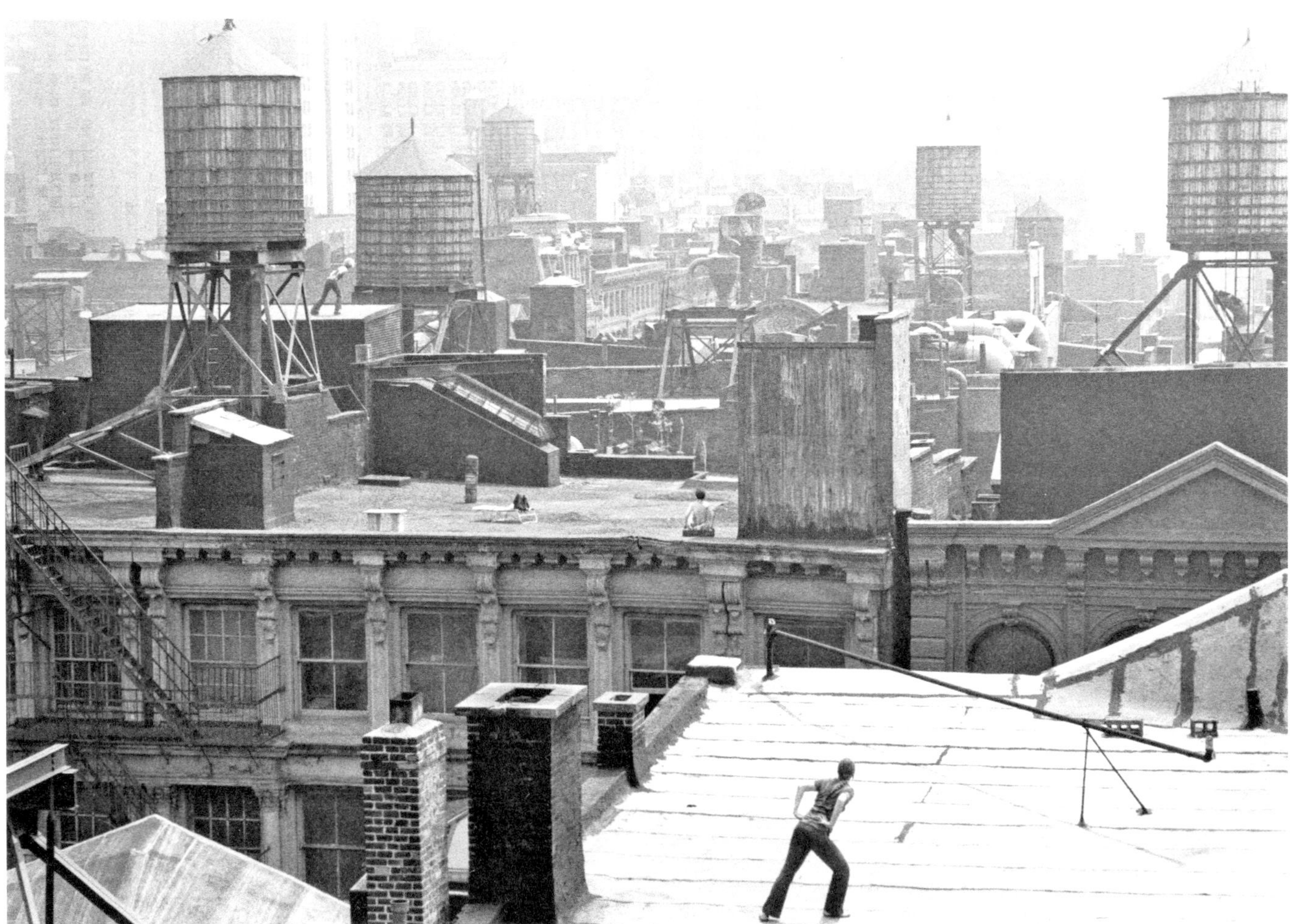

Babette Magolte / Trisha Brown
Roof Piece, 1973, *53 Wooster Street to 381*
Lafayette Street New York City, 1973/2001
Black and white print, 28 × 35,5 cm

Rachel Mason

Rachel Mason (b.1980) is an American musician and artist who uses film, installation, and performance to reflect on politics and the cult of the personality. Since 2001 she has worked sporadically under the pseudonym Terrestrial Being.

As a 21-year-old art student, Mason was thrown out of UCLA not long before the destruction of the Twin Towers, when she boldly scaled the exterior of an eight-floor building on the UCLA campus without using any safety equipment. The building was part of the Dickson Art Center, which was demolished shortly afterwards and replaced by the Broad Art Center owned by the Californian billionaire Eli Broad. Wearing a white cat suit and white motorcycle helmet, Mason evoked the image of a science fiction figure—half astronaut, half extreme sportswoman. Risking her own life in the service of such an eccentric celebration of a block scheduled for demolition brought a new sense of radicalism to urban performance. Trisha Brown's famous 1970 work, *Man Walking Down the Side of a Building*, is taken a step further here: in *Wall* (2001) she climbs not down, but up, and without any help or safety gear. As sure-footed as a sleepwalker, she makes it to the top—and is immediately arrested by the university's security guards.

Rachel Mason (geb.1980) ist eine amerikanische Musikerin und Künstlerin, die mit Film, Installation und Performance arbeitet. In ihrem Œuvre reflektiert sie Politik und Persönlichkeitskult. Seit 2001 schlüpft sie bei ihrer Arbeit sporadisch in die Haut der Kunstfigur *Terrestrial Being*.

Nicht lange vor den Flugzeugangriffen auf die Türme des World Trade Center, wurde die 21-jährige Kunststudentin Rachel Mason aus der UCLA (University of California Los Angeles) geworfen, weil sie in einer waghalsigen Aktion ein achtstöckiges Gebäude auf dem Schulgelände ohne jegliche Sicherung erklettert hatte. Bei dem Gebäude handelte es sich um das Dickson Art Center, das kurze Zeit später abgerissen und durch das Broad Art Center des kalifornischen Milliardärs Eli Broad ersetzt wurde. Für ihre Performance benutzte Mason ihr Alter Ego, die Kunstfigur *Terrestrial Being*. In ihrem weissen Catsuit und mit gleichfarbigem Motorradhelm ausgerüstet, erinnert sie an eine Science-Fiction-Figur – halb Astronautin, halb Extremsportlerin. Dieses Riskieren des eigenen Lebens im Dienste der exzentrischen Würdigung eines zum Abriss freigegebenen Hochhauses begründete eine neue Radikalität städtischer Performance. Die berühmte Arbeit von Trisha Brown *Man Walking Down the Side of a Building* von 1970 wird hier gewissermassen radikalisiert: in *Wall* (2001) klettert die Künstlerin selbst nicht etwa nach unten, sondern hoch – ohne jegliche Hilfe oder Absicherung. Mit schlafwandlerischer Sicherheit erreicht Rachel Mason das Dach und wird alsbald vom Sicherheitsdienst der Universität verhaftet.

Rachel Mason (née en 1980) est une musicienne et artiste américaine qui s'exprime à travers films, installations et performances. Elle met en exergue dans son œuvre la politique et le culte de la personnalité. Depuis 2001, elle est sporadiquement une figure artistique, *Terrestrial Being.*

À l'âge de 21 ans, la jeune étudiante en art Rachel Mason a été exclue de l'université UCLA peu de temps avant l'attentat des tours jumelles pour avoir – en une action audacieuse – escaladé un immeuble de 8 étages sur le campus, sans aucun assurage. Ce bâtiment – le Dickson Art Center – a été démoli peu de temps après, et remplacé par la Broad Art Center de la milliardaire californienne Eli Broad. Pour sa performance, Mason a utilisé son alter ego, le personnage fictif *Terrestrial Being*; elle est vêtue d'une combinaison blanche et d'un casque de moto de même couleur, rappelant ainsi un être de science-fiction, mi-astronaute, mi-sportive de l'extrême. La mise en danger de sa propre vie au service de cette reconnaissance excentrique lors de l'escalade d'un bâtiment destiné à la démolition constitue une nouvelle radicalité dans la performance. La célèbre performance de Trisha Brown *Man Walking Down the Side of a Building* de 1970 est en quelque sorte radicalisée: dans *Wall* (2001), l'artiste escalade en personne le bâtiment – au lieu de descendre – sans aucune aide ni protection. Quand Rachel Mason atteint le sommet, elle est arrêtée par le service de sécurité de l'Université.

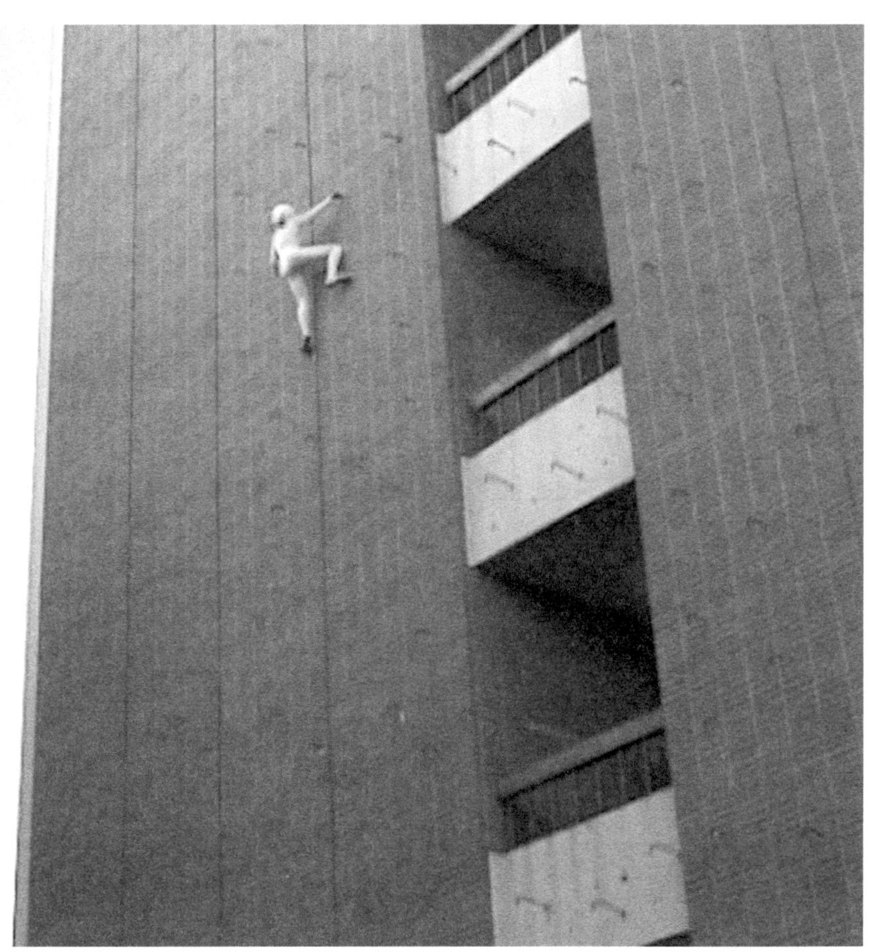

Wall, 2001
Video, 5:56 min

Dave McKenzie

The Jamaican artist Dave McKenzie (b.1977) is based in Brooklyn, and works with photography, video, and performance. He investigates forms of self-representation in a conceptual mode, appropriating identities and in the process neutralizing established clichés fueled by appearance, age, and origin. McKenzie's work also raises questions about the exchangeable, commercialized, and highly mediated nature of individuality.

In *Kevin and Me* (2000), McKenzie draws on the film *The Usual Suspects* (1995), specifically on the main figure of Verbal Kint, played by Kevin Spacey. Verbal Kint is a conman, who uses various names and invented life stories, and transforms himself from a simple impostor into a criminal mastermind. The camera in *Kevin and Me* focuses on the artist's legs and feet on a wooden pedestrian bridge. After limping at the start, he walks sure-footedly, then exchanges his sneakers for a pair of tap dancing shoes, and embarks on a sequence of skilfully executed steps. Through contrasting movements (limping and dancing) McKenzie evokes characters, which he draws into his identity as a performer.

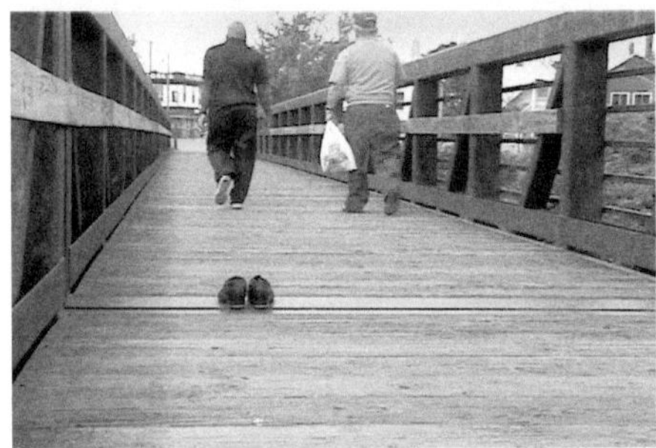 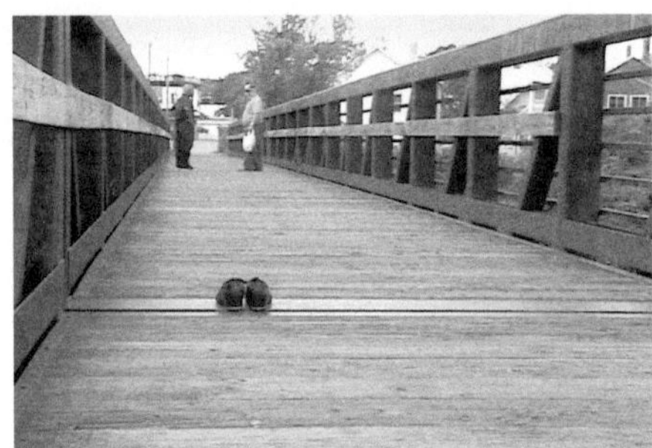 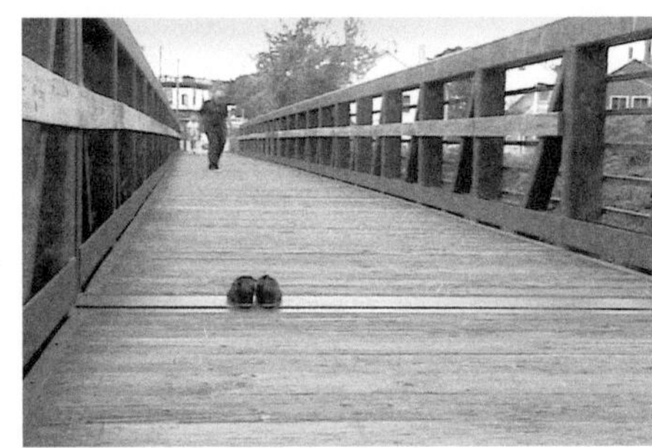

Der in Brooklyn lebende jamaikanische Künstler Dave McKenzie (geb.1977) arbeitet mit Fotografie, Video und Performance. In konzeptueller Weise untersucht er Formen von Selbstdarstellung, eignet sich Identitäten an und neutralisiert dabei gängige Klischees, welche offensichtlich von Aussehen, Alter und Herkunft genährt sind. Weiter wirft McKenzie in seiner Arbeit Fragen zu Austauschbarkeit, Kommerzialisierung und Mediatisierung der Individualität auf.

In *Kevin and Me* (2000) lehnt sich McKenzie an den Film *The Usual Suspects* (1995) an, namentlich an die Hauptfigur Verbal Kint, die vom bekannten amerikanischen Schauspieler Kevin Spacey verkörpert wird. Verbal Kint ist ein Hochstapler, der verschiedene Namen und erfundene Biografien benutzt und sich im Laufe des Films vom simplen Betrüger zum kriminellen Superhirn mausert. Die Kamera in *Kevin and Me* ist auf die Beine und Füsse des Künstlers auf einer hölzernen Fussgängerbrücke gerichtet. Nach anfänglichem Hinken geht er sicheren Schrittes, entledigt sich seiner Sneakers, zieht sich Stepptanzschuhe an und beginnt mit einer Abfolge gekonnt vorgetragener Schritte. Durch konträre Bewegungen (Hinken und Tanzen) evoziert McKenzie verschiedene Charaktere, die er um seine Identität als Darsteller erweitert.

L'artiste jamaïcain Dave McKenzie (né en 1977) vit à Brooklyn. Dans son travail, il a recours aussi bien à la photographie et à la vidéo qu'à la performance. Il se met lui-même en scène sous divers aspects, adopte différentes identités, neutralisant par là les clichés habituels reliés à l'apparence extérieure, l'âge et l'origine. Il questionne en outre le caractère interchangeable de l'individualité, sa commercialisation et sa médiatisation.

Dans *Kevin and Me* (2000), McKenzie s'inspire du film *The Usual Suspects* (1995), notamment de son personnage principal Verbal Kint interprété par le célèbre acteur américain Kevin Spacey. Verbal Kint est un escroc qui, sous différents patronymes, s'invente des biographies, et, du début à la fin du film, passe du simple imposteur au génie criminel. Dans *Kevin and Me*, la caméra filme les jambes et les pieds de l'artiste sur un pont de bois réservé aux piétons. Il commence par claudiquer, puis ses pas deviennent plus sûrs, il se débarrasse de ses baskets, chausse des claquettes et commence à exécuter une suite élaborée de pas de danse. McKenzie évoque par la tension entre des mouvements contraires (boiter et danser) des caractères contradictoires qu'il enrichit en leur prêtant son identité d'interprète.

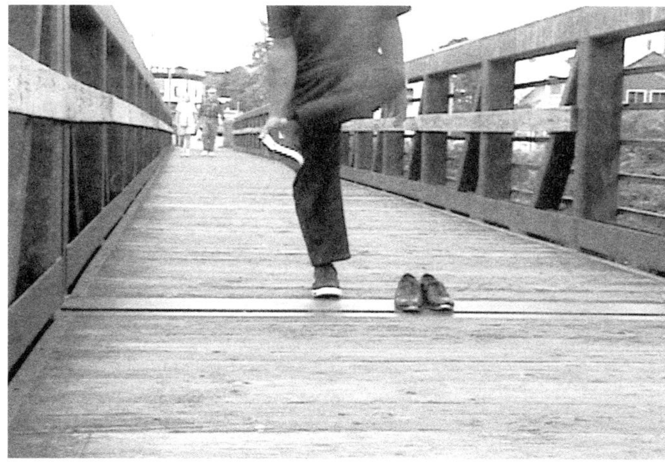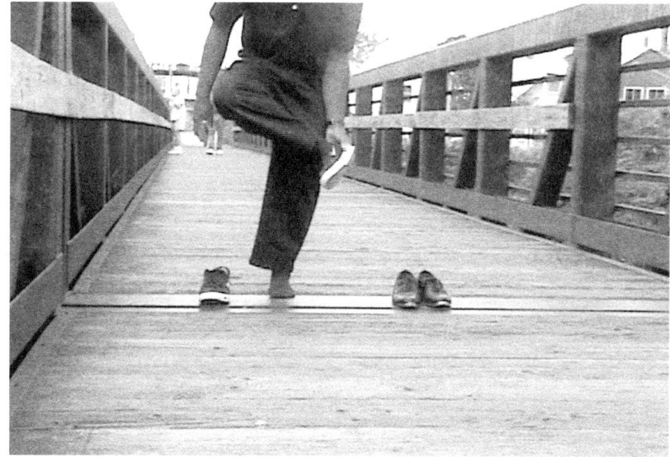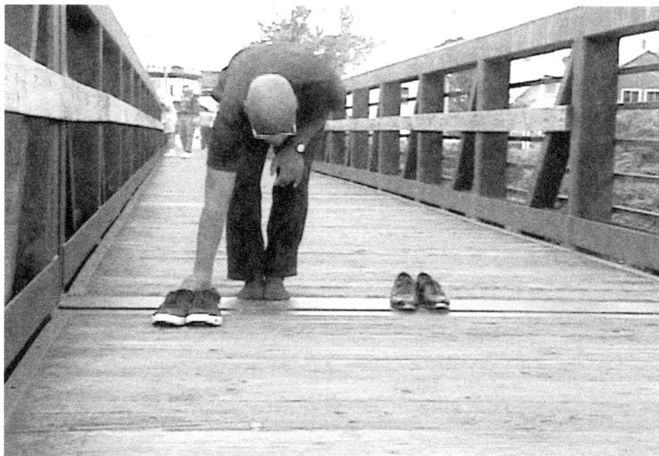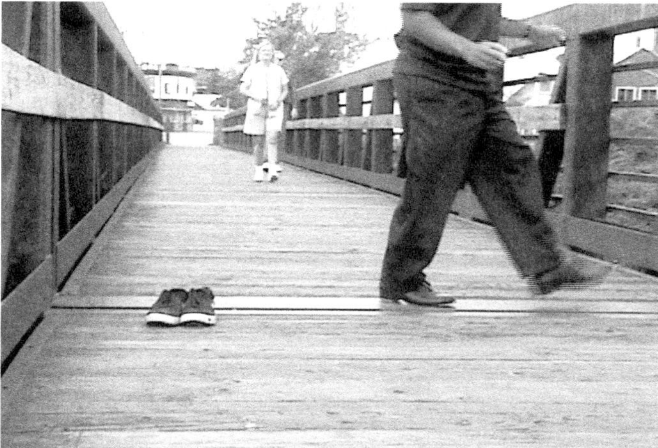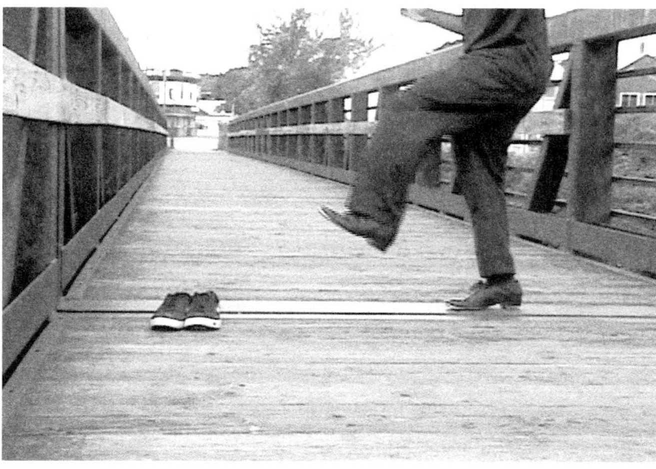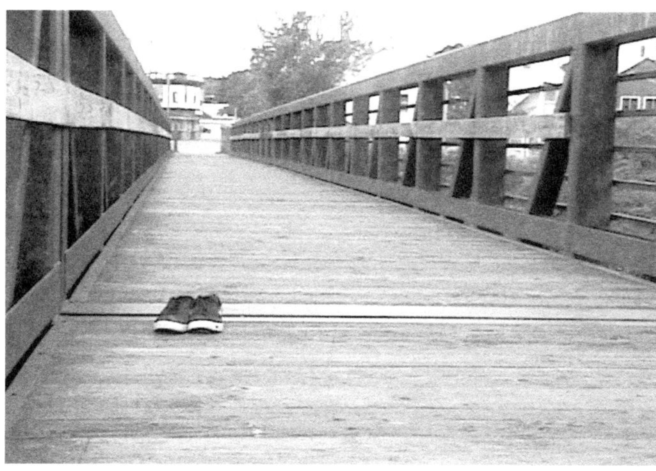

Kevin and Me, 2000
Video, 3:08 min

Dieter Meier

The versatile and talented artist, Dieter Meier (b.1945) comes from Zurich and is a leading Swiss conceptual artist. Although best known for his role as a singer in the Swiss electro-pop music group Yello, Meier became involved in the live arts well before the 1970s. *GEHEN* (1969–1970) is typical of his body of work. Drawing a straight line 20 meters long across the vast Bellevueplatz in Zurich, Meier walked back and forth along it for an hour, inviting people to join him, and so to reflect on his work.

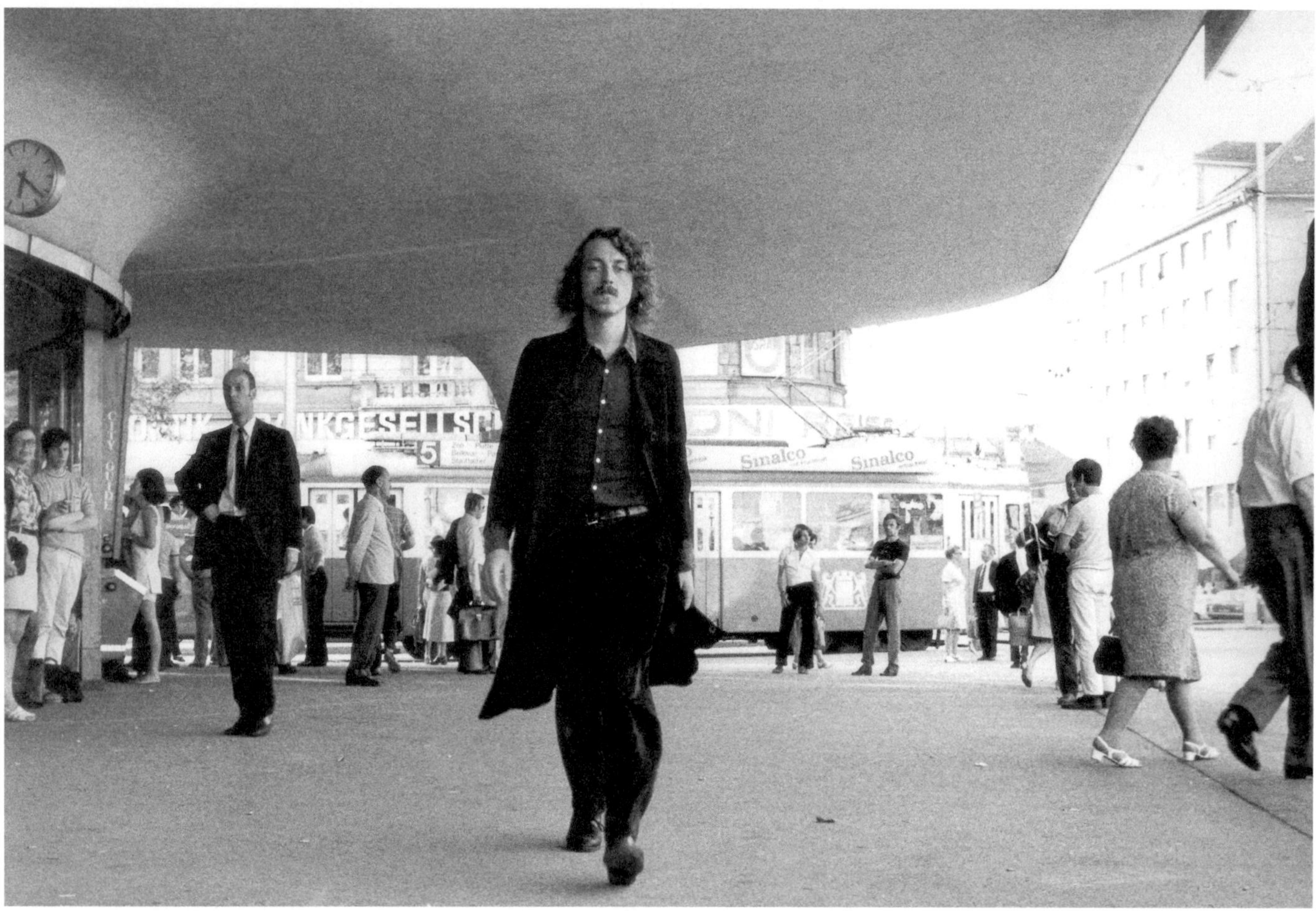

GEHEN, 1969–1970
Performance still, detail

Der vielseitig begabte Zürcher Künstler Dieter Meier (geb.1945) ist eine herausragende Figur der Schweizer Konzeptkunst. Der vor allem als Sänger der Schweizer Elektropop-Formation Yello bekannte Meier verkehrte schon lange vor den 1970er-Jahren in Kunstkreisen. Die Kunstperformance *GEHEN* (1969–1970) ist typisch für sein gesamtes Werk. Auf dem grosszügig angelegten Bellevueplatz in Zürich zog der Künstler eine gerade Linie von 20 Meter Länge, die er eine Stunde lang abschritt, immer wieder hin und zurück. Er forderte Passanten auf, es ihm gleichzutun und damit seine künstlerische Praxis zu hinterfragen.

Artiste aux multiples talents, Dieter Meier (né en 1945), zurichois d'origine, est une personnalité phare de l'art conceptuel suisse. Bien que connu pour son statut de chanteur au sein du groupe de musique helvétique électro-pop Yello, Meier s'est plongé dans le monde des arts vivants bien avant les années septante. La performance artistique *GEHEN* (1969–1970) est représentative de l'ensemble de son œuvre. Sur la vaste place Bellevue à Zurich, l'artiste a tracé au sol, une ligne droite de 20 mètres, sur laquelle il marche en faisant des aller-retours durant une heure. Il invite également les passants à l'imiter et ce faisant, à réfléchir aux limites de l'espaces urbain et à ses propres logiques.

IDEE Okt. 1969

KONZEPT Juli 1970

ERSCHEINUNGSFORM 13. Juli 1970

DOKUMENTATION 26. Aug. 1970

Im redaktionellen Teil der Tageszeitungen einer Stadt wird angekündigt, dass
eine Person auf einem zentral gelegenen Platz der Stadt eine Strecke von 20 Metern
abmessen, die beiden Endpunkte bezeichnen, die Strecke während 60 Minuten
in beiden Richtungen begehen wird.

Zeitungsausschnitte: TAGES - ANZEIGER 11. Juli 1970

AZ 13. Juli 1970

GEHEN, 1969–1970
Documentation and photographs
of the performance

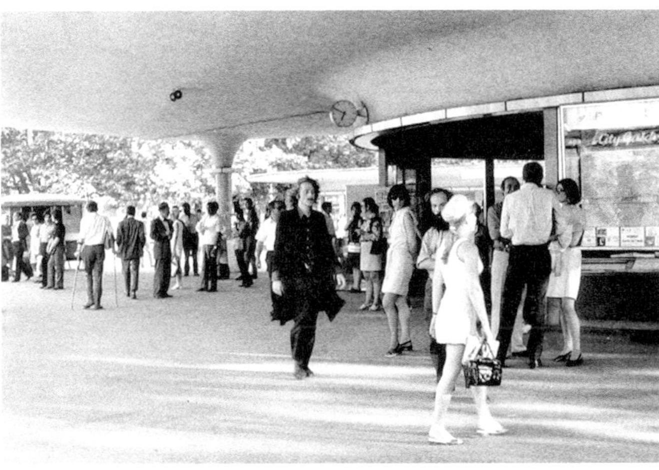

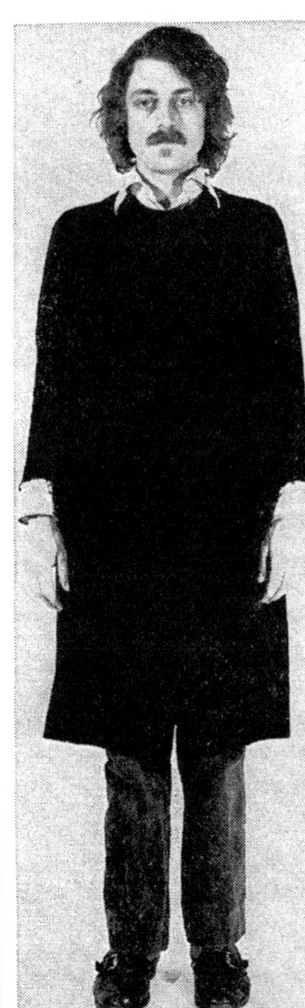

Der Zürcher Dieter Meier

wird am Montag, den 13. Juli, um
18 Uhr auf dem Bellevuepatz in Zürich
eine Strecke von 20 Metern abmessen,
die beiden Endpunkte der Strecke bezeichnen und die Strecke während
60 Minuten in beiden Richtungen begehen. Wer der Aktion des Film-
machers und »Anregers«, wie er sich
selber nennt (unser Standbild), beiwoh-
nen und sich über den Sinn derartiger
Manifestationen eigene Gedanken machen möchte, ist freundlich eingeladen,
zu besagtem Zeitpunkt an besagten Ort
zu kommen.

Ocaña

José Pérez Ocaña, better known simply as Ocaña (1947–1983) was a painter and performance artist, who developed a certain notoriety for his promenades along Barcelona's Las Ramblas in the 1970s and early 1980s. A key cultural figure of the transition years, and as such, part of the historic Movida, Ocaña was celebrated for his irreverent cross-dressing performances and camp subversions of Catholic symbols such as Virgin of the Asunción, whose flower decked alter adorned his balcony. Donning a floral dress, high heels, and make up, he would ostentatiously parade up and down Las Ramblas, occasionally and provocatively lifting up his skirt to reveal his unsuspected manliness. It was in such ways that Ocaña's memorable walks articulated both a challenge to the social and public construction of gender and an open rejection of the ways in which it works.

Der Maler und Performancekünstler José Pérez Ocaña (1947–1983), meist einfach Ocaña genannt, veranstaltete in den 1970er- und frühen 1980er-Jahren berühmt-berüchtigte Spaziergänge auf dem Boulevard Las Ramblas in Barcelona. Ocaña spielte in der Zeit nach Franco eine Schlüsselrolle im Kulturleben der Stadt und war Mitglied der Movida-Bewegung. Aufsehen erregten seine frivolen Crossdressing-Aktionen und seine kitschige Subversion katholischer Symbole wie Maria Himmelfahrt, anlässlich welcher er auf seinem Balkon eigens einen blumengeschmückten Altar errichtete. Geschminkt, in geblümtem Kleid und auf Stöckelschuhen stolzierte der Künstler auf der Las Ramblas auf und ab und lüftete gelegentlich den Rock, um seine für manche wohl überraschende Männlichkeit zur Schau zu stellen. Ocañas Spaziergänge thematisierten und hinterfragten die gesellschaftliche und öffentliche Konstruktion der Geschlechtszugehörigkeit und wandten sich gegen deren Modalitäten.

José Pérez Ocaña, mieux connu sous le simple nom d'Ocaña (1947–1983), était un peintre et un artiste performeur qui gagna une certaine notoriété avec ses promenades le long des Ramblas de Barcelone, au cours des années 1970 et au début des années 1980. Figure culturelle clé des années de transition, et, à ce titre, partie intégrante de l'histoire de la Movida, Ocaña fut célèbre pour ses performances irrévérencieuses en travesti et sa subversion provocante des symboles catholiques, comme la Vierge de l'Asunción, dont l'autel paré de fleurs décorait son balcon. En vêtement floral, hauts-talons et maquillage, il a paradé de manière ostentatoire, du haut en bas des Ramblas, tout en relevant de temps en temps sa jupe pour révéler de manière provocante, au-dessous, une virilité peut-être insoupçonnée. Ces mémorables promenades d'Ocaña purent ainsi montrer, sur le mode du défi, à quel point les genres masculin ou féminin sont socialement et publiquement construits, tout en rejetant du même coup les modes de cette construction.

Sin título [Rambla de las Flores], 1973–1980
Video: Ventura Pons, fragment de Ocaña,
retrato intermitente, 1978

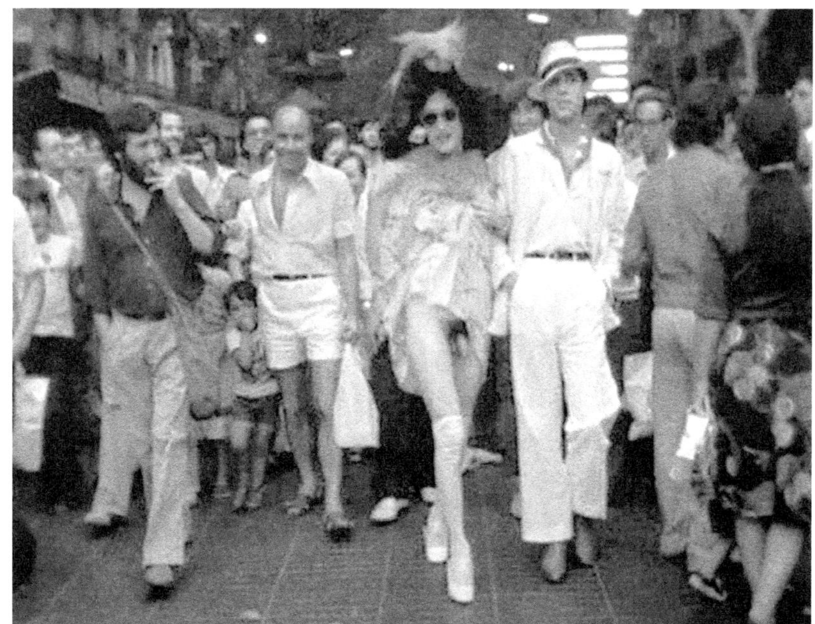

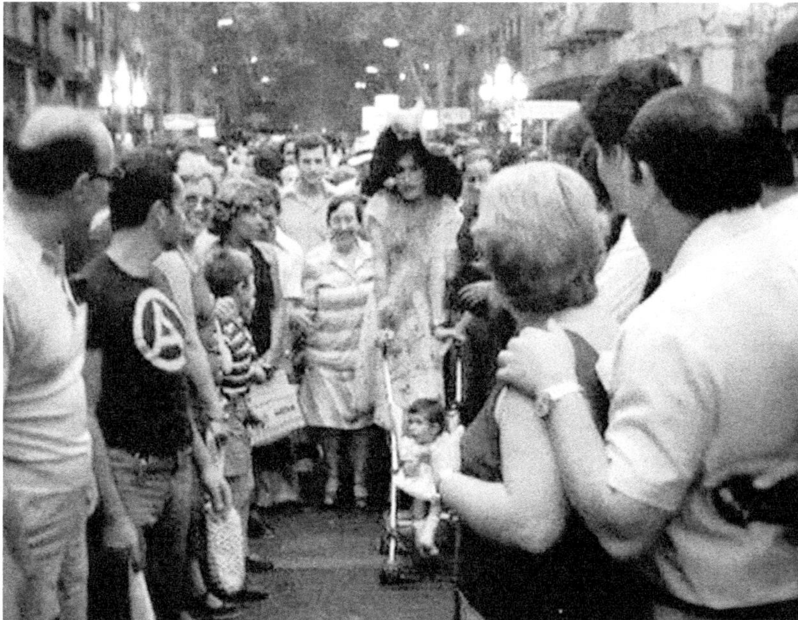

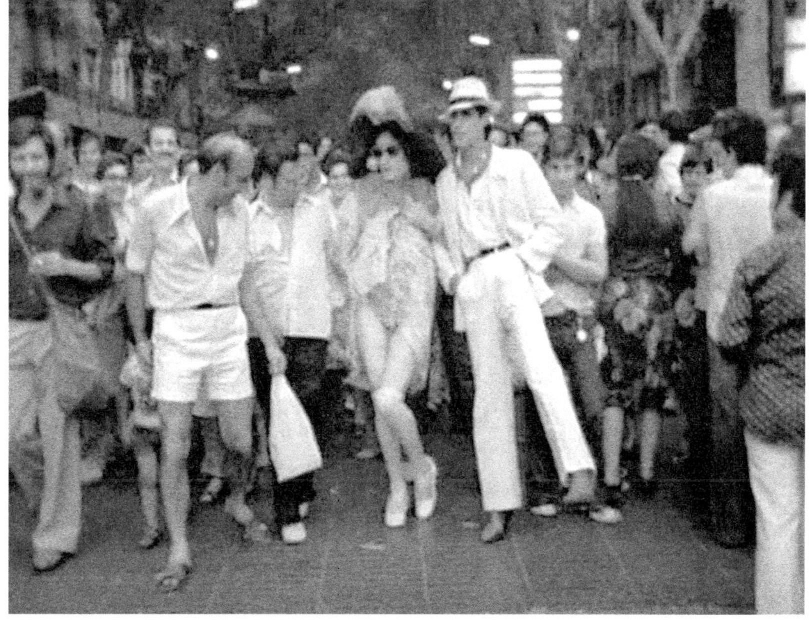

Neša Paripović

The Serbian, Belgrade-based artist Neša Paripović (b. 1942) was a leading figure
in the Serbian conceptual art scene of the 1970s. Despite his relatively limited
output, he is known for deploying a number of media to analyze and deconstruct
the nature and myth of the artist. In what is his most well-known work, the 25-
minute-video *N.P. 1977* (1977), a well-dressed Paripović can be seen walking boldly
in a straight line through Belgrade, quite regardless of the walls, divisions, and
other obstacles he meets and which, when he has to, he simply scales and jumps.
A comment on the artist's supposed ability to exercise rights denied to others,
the video can also be seen as a personal reconfiguration and appropriation of the
city. Paripović's apparently cavalier disregard for any kind of urban planning nevertheless gives his work an entrancingly transgressive quality.

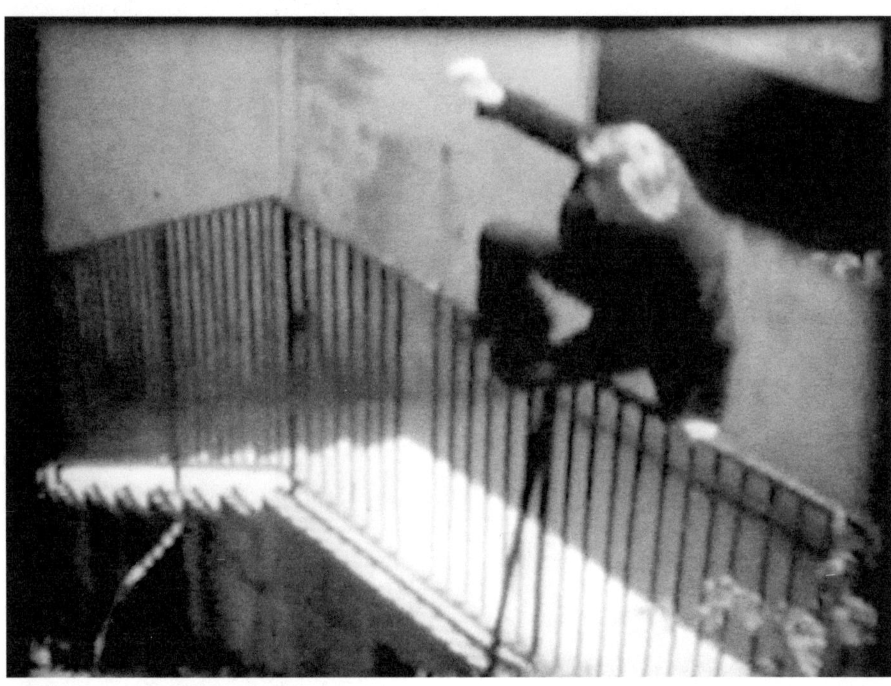

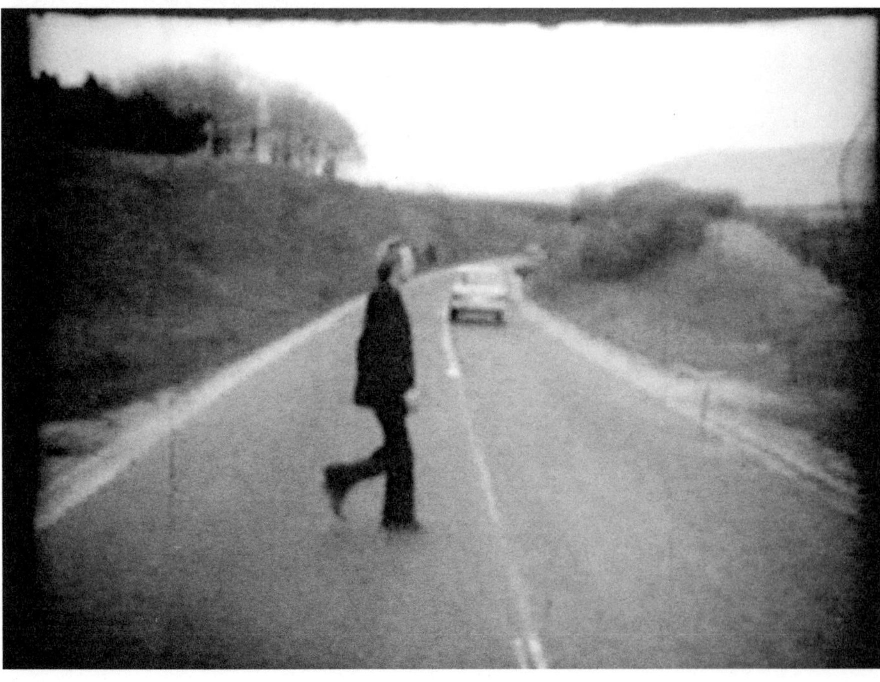

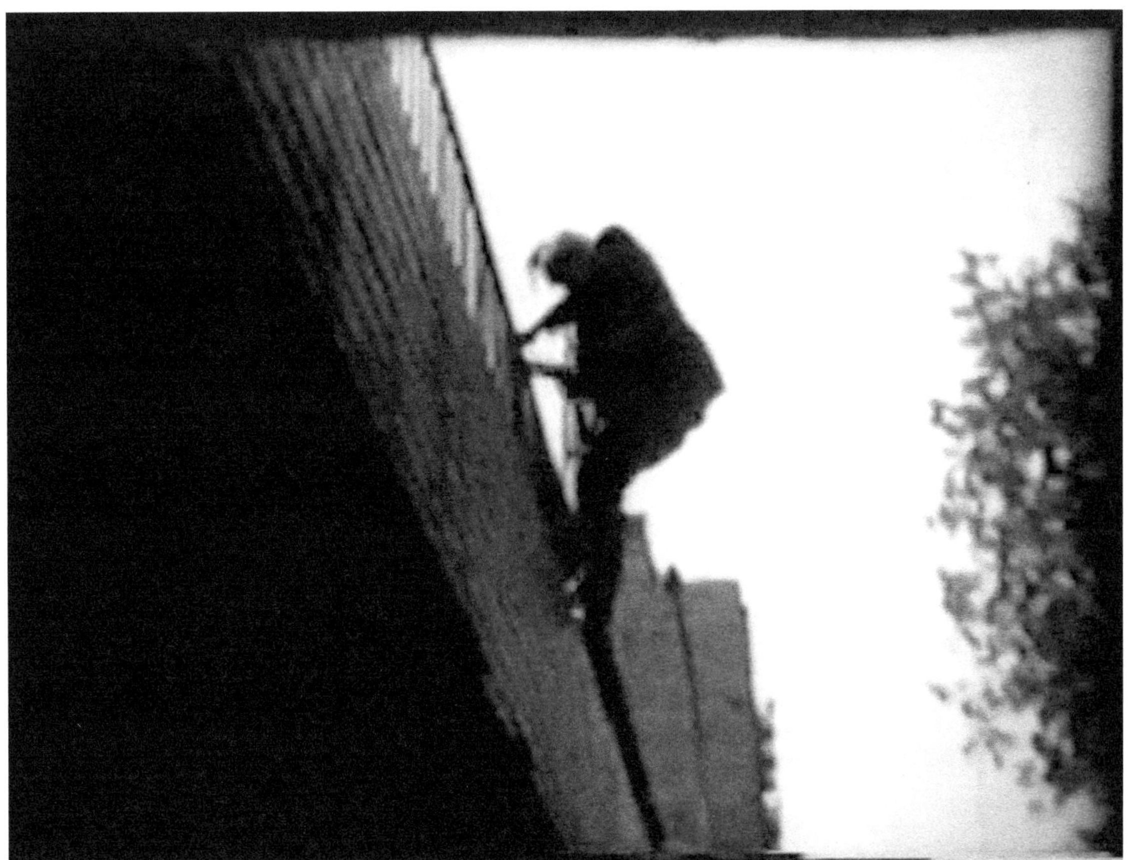

N.P. 1977, 1977
Video, color, sound,
28:00 min

Der serbische Künstler Neša Paripović (geb. 1942) lebt und arbeitet in Belgrad und ist eine Schlüsselfigur der jugoslawischen Konzeptkunst der 1970er-Jahre. Trotz eines relativ bescheidenen Werkumfangs ist er bekannt für seine analytisch-kritische Dekonstruktion des Mythos vom Künstlerdasein in unterschiedlichsten Medien. Seine bekannteste Arbeit, das 25-minütige Video *N.P. 1977* (1977), zeigt den gut gekleideten Künstler, der sich anscheinend entlang einer geraden Linie durch Belgrad bewegt, indem er Wände, Zäune und andere Hindernisse einfach übersteigt oder überspringt. Das Video, das wohl den Anspruch des Künstlers auf besondere Rechte unterstreicht, kann auch als persönliche Umgestaltung und folglich Aneignung der Stadt verstanden werden. Die scheinbare Leichtigkeit, mit der sich Paripović über jede Form der Stadtplanung hinwegsetzt, wirkt auf ansteckende Art befreiend.

L'artiste serbe Neša Paripović (né en 1942), vit à Belgrade. C'est une des figures clés de l'art conceptuel serbe des années 1970. Même si sa production est relativement limitée, il est connu pour déconstruire analytiquement la nature et le mythe de l'artiste, en recourant à de nombreux médias. Dans son œuvre la plus connue, une vidéo de 25 minutes, *N. P. 1977* (1977), on voit un Neša Paripović bien mis, marchant droit devant lui, et suivant ce qu'on peut considérer comme une ligne droite, en dépit des murs, des cloisons et autres obstacles, au travers de la ville de Belgrade. C'est peut-être un commentaire sur le droit supposé de l'artiste à des prérogatives que les autres ne possèdent pas ; mais cette vidéo peut aussi être vue comme une reconfiguration personnelle, donc une appropriation de la ville. Ce qui peut apparaître comme une indifférence cavalière à l'égard de toute planification urbaine n'en possède pas moins une qualité transgressive enchanteresse.

Ewa Partum

Ewa Partum (b.1945) was the first artist to stage a documented public performance in Poland. A pioneer of feminist, concrete poetry, filmmaking, performance, and conceptual art, and with a marked interest in the body and language, she produced the performance *Self-Identification* (1980) at Warsaw's Mala Gallery, in which she read a manifesto to the public while wearing absolutely nothing. She declared her nakedness to be a protest against social discrimination against women. During the exhibition, she left the gallery naked and went into the city, encountering and witnessing events such as a marriage. The performance was accompanied by a controversial series of photo-collages superimposing her naked figure onto Warsaw city scenes. Partum appeared naked among pedestrians, at a crossroads, next to a policewoman, in a store queue, and in front of the presidential palace. Its title gave the work the character of a search for feminine identity.

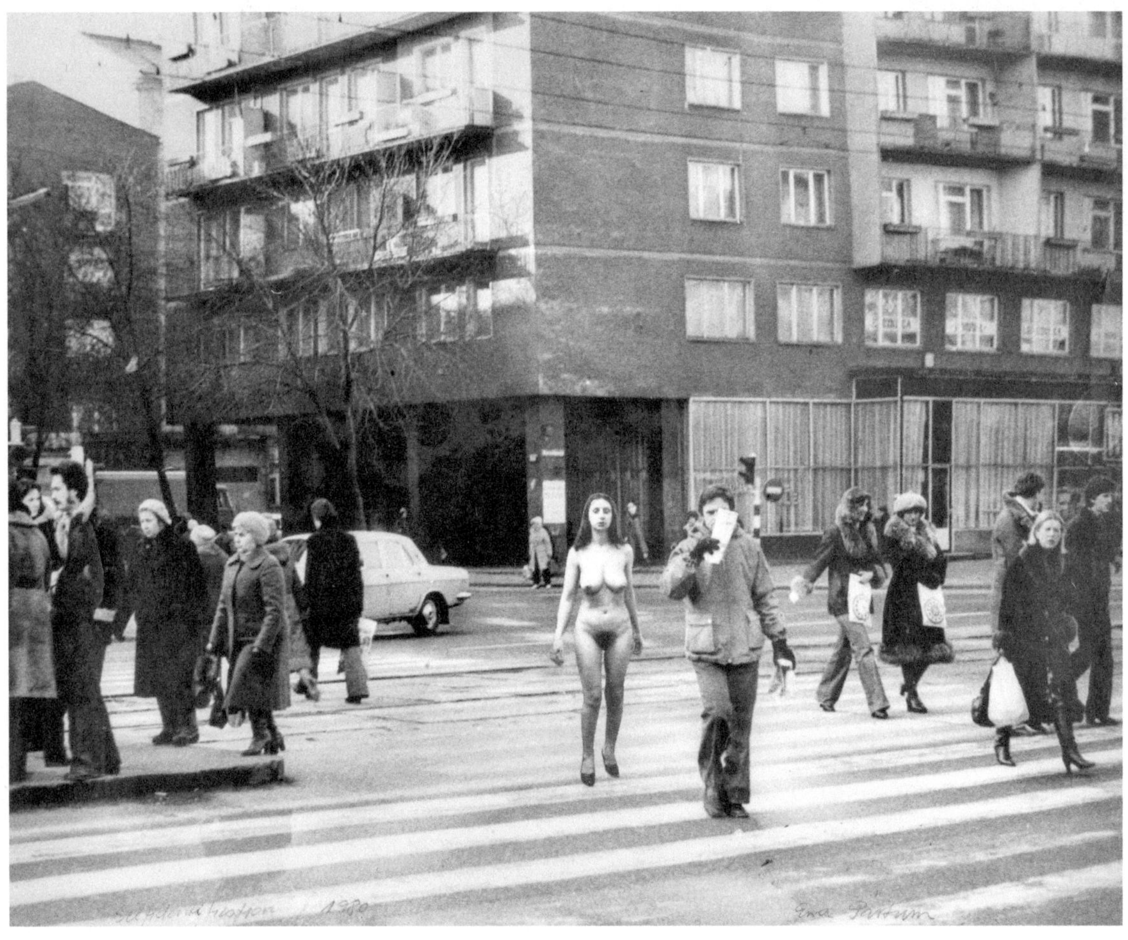

Self-Identification 03, 1980
Photocollage, black and white vintage print,
40 × 50 cm

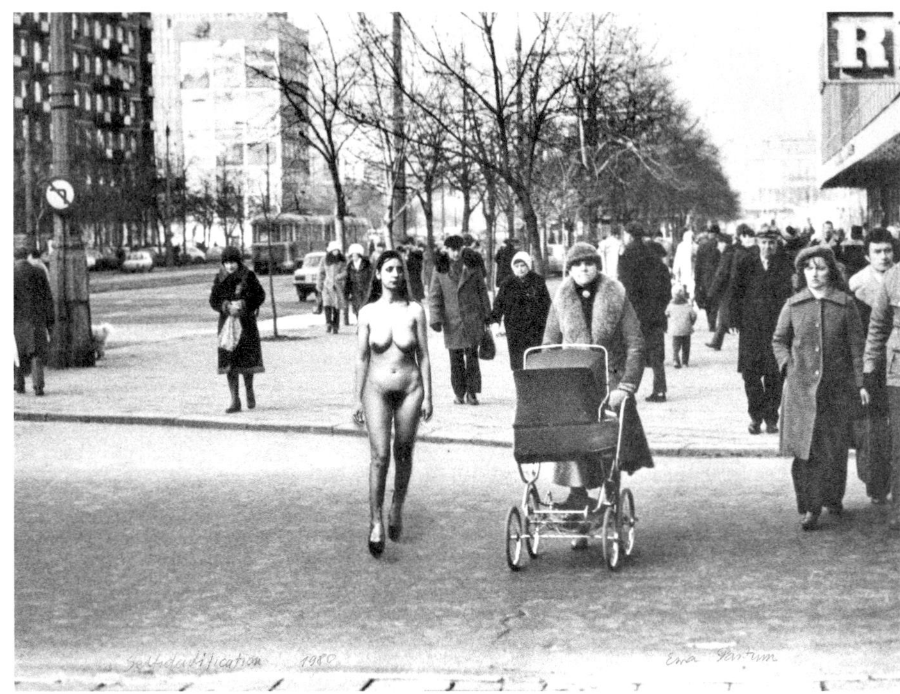

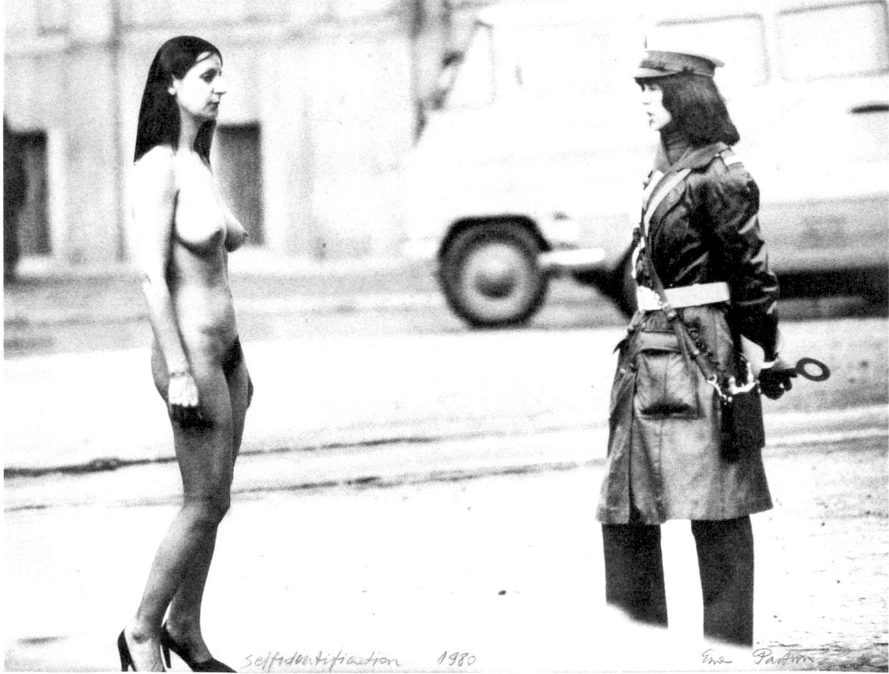

Ewa Partum (geb. 1945) war die erste Künstlerin, die in Polen eine öffentliche Performance veranstaltete. Die Pionierin der feministischen Kunst und Konzeptkunst realisierte 1980 eine Serie von Fotomontagen mit dem Titel *Self-Identification*. Auf diesen Bildern ist die Künstlerin splitternackt an diversen gut besuchten Schauplätzen in Warschau zu sehen. Anlässlich der ersten Ausstellung dieser Collagen verlas Partum vor versammeltem Publikum ein Manifest im Evakostüm. Darin bezeichnete sie ihre Nacktheit als Protest gegen die soziale Diskriminierung der Frau. In diesem Sinne prangert ihr Werk die Unterdrückung der Frau im öffentlichen Raum an.

Ewa Partum (née en 1945) est la première artiste à avoir réalisé une performance publique en Pologne. Cette pionnière de l'art féministe et conceptuel effectue en 1980 une série de photomontages intitulés *Self-Identification*. On peut y voir l'artiste entièrement nue, posant dans divers lieux publics et très fréquentés de Varsovie. Lors de la première exposition de ces collages, Ewa Partum, dans le plus simple appareil, lit au public un manifeste. Elle y définit sa nudité comme une protestation contre la discrimination sociale de la femme. Et son œuvre dénonce en effet la répression des femmes dans l'espace public.

Alexandra Pirici

The practice of the Romanian, Bucharest-based choreographer and artist Alexandra Pirici (b.1982) has been known to critically engage public space and sculpture. Originally hailing from a choreographic background, Pirici has recently more and more turned to contemporary art. Along with the Romanian choreographer Manuel Pelmus, she represented Romania in 2013 in the 55th Venice Biennale, with their retrospective of the Venice Biennale, which they constructed through the choreographed recreation of one hundred works and significant events from its history.

If You Don't Want Us, We Want You (2011) is a direct response to budget cuts by the Romanian ministry of culture to the performing arts, which nevertheless directed funds to the beautification of the city. Deprived of the spaces in which to perform, Pirici and a troupe of Romanian performers took to the streets and imitated the forms of the public statues and monuments. In doing so, they sought not only to produce a tension between their human bodies and the scale of the monuments, but also to detour the original symbolism of those monuments.

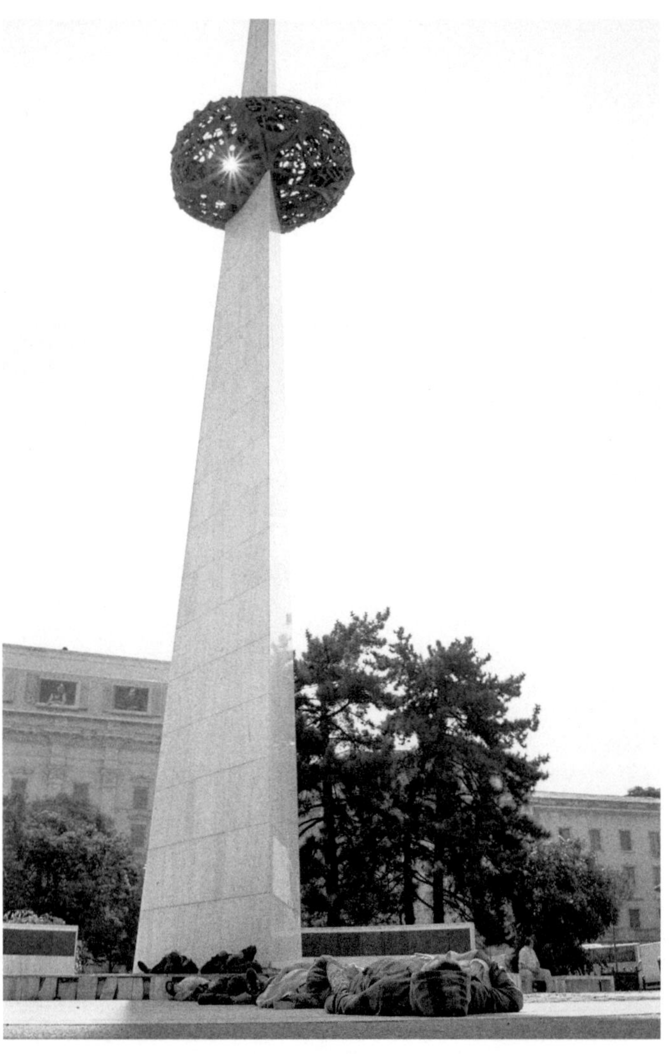
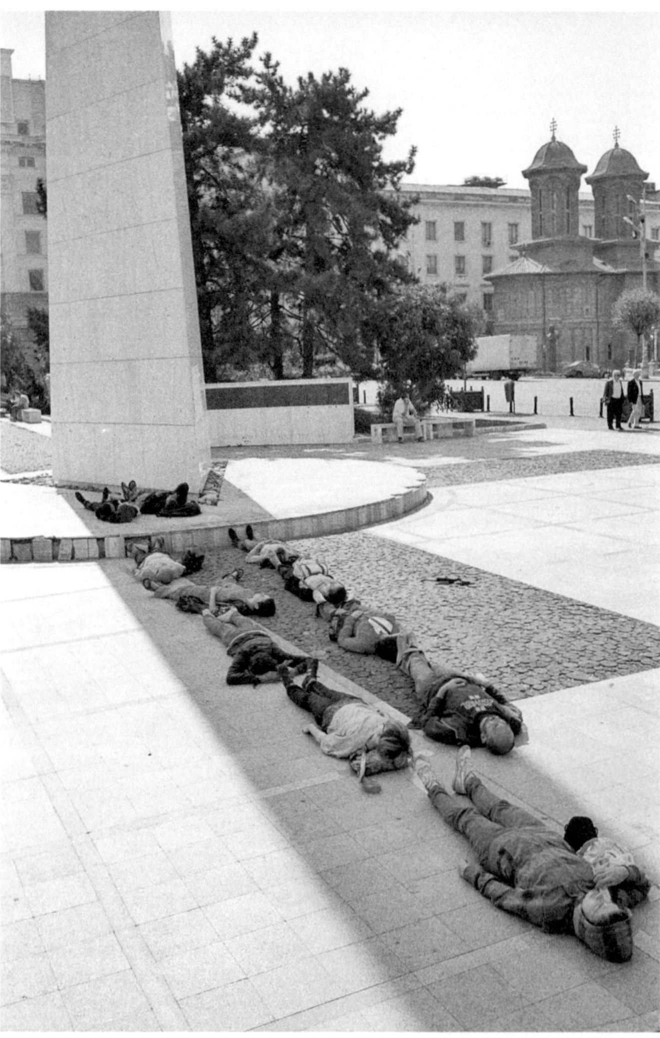

If You Don't Want Us, We Want You, 2011
Intervention on public monument—
the monument of the Revolution (Rebirth),
Bucharest
Postcard, 15 × 10 cm

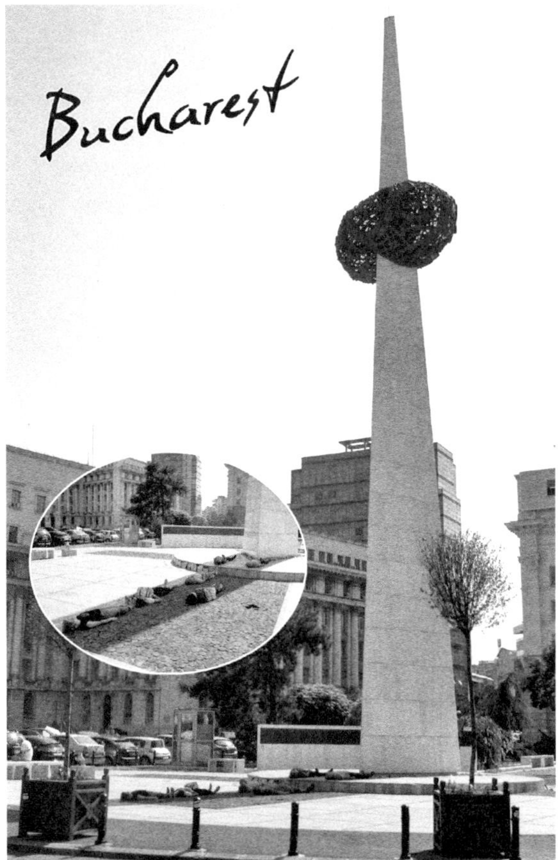

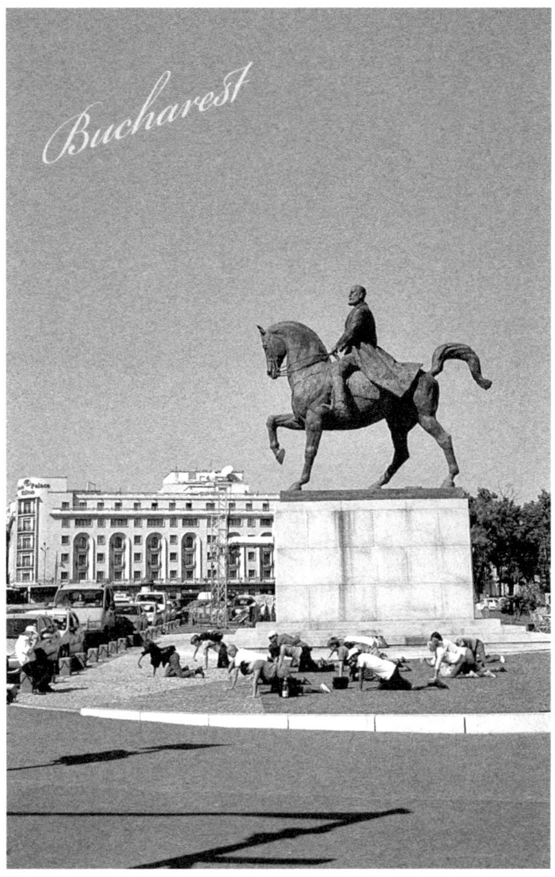

Intervention on public monument—
the statue of Carol I, Bucharest
Postcard, 15 × 10 cm

Die rumänische Choreografin und Künstlerin Alexandra Pirici (geb. 1982), die in Bukarest lebt und arbeitet, setzt sich kritisch mit den Themen öffentlicher Raum und Skulptur auseinander. Während sie sich anfangs vor allem mit der Tanzkunst befasste, wandte sie sich in jüngster Zeit mehr und mehr der bildenden Kunst zu. Mit dem rumänischen Choreografen Manuel Pelmus vertrat Pirici 2013 ihr Land auf der 55. Biennale von Venedig. Gemeinsam konstruierten beide eine Retrospektive der Biennale, indem sie hundert Werke und Ereignisse aus ihrer Geschichte mit tänzerischen Mitteln darstellten.

If You Don't Want Us, We Want You (2011) ist eine direkte Reaktion auf die Kürzung der Fördermittel für die darstellenden Künste durch das rumänische Kulturministerium, das jedoch weiter Gelder für die Verschönerung der Stadt zur Verfügung stellt. Da sie keine geeigneten Veranstaltungsräume mehr vorfanden, gingen Pirici und eine Truppe rumänischer Tänzer kurzerhand auf die Strasse, wo sie die Posen öffentlicher Statuen und Denkmäler nachahmten. Ihre Aktion sollte nicht nur eine Spannung zwischen dem Massstab des menschlichen Körpers und jenem der Monumente herstellen, sondern auch deren beabsichtigten Symbolismus verfremden.

Alexandra Pirici (née en 1982), chorégraphe roumaine vivant à Bucarest, s'est fait connaître par ses confrontations critiques entre espace public et sculpture. Issue de l'univers de la chorégraphie, elle s'implique toujours davantage, depuis quelque temps, dans l'art contemporain. Aux côtés du chorégraphe roumain Manuel Pemus, elle a représenté la Roumanie en 2013 à la 55ème Biennale de Venise, dont ils ont proposé ensemble une rétrospective : la recréation chorégraphique d'une centaine d'œuvres et événements significatifs de son histoire.

If You Don't Want Us, We Want You, qui remonte à 2011, est une réponse directe aux coupes budgétaires que le ministère roumain de la culture a imposées aux arts du spectacle, alors qu'il a donné des fonds pour embellir la ville. Privés des espaces où transmettre leur art, Pirici et une troupe d'acteurs roumains se sont emparés des rues et ont imité les formes des statues et monuments publics. En agissant ainsi, ils cherchaient non seulement à créer une tension entre l'échelle des corps humains et celle des monuments, mais aussi à détourner le symbolisme originel de ces monuments.

Miervaldis Polis

The Latvian artist Miervaldis Polis (b.1948) originally studied painting and works to this day as a painter from his base in Riga. In the 1980s, however, he also carried out a series of performances, the most public and famous of which was *Bronze Man* (1987). Donning a bronze outfit and painted from head to toe in bronze paint, Polis took a tour of downtown Riga as a living statue. Although the artist himself said that this singular promenade was meant to reflect upon the "tendency of men to glorify and be glorified", his controversial performance is wide open to interpretation and drew a great deal of attention at the time. It can certainly be said to have symbolized Latvia's growing independence from Soviet rule, which would have normally rewarded such blatant non-conformity, individualism, and anti-Leninism with exile to a Siberian labor camp.

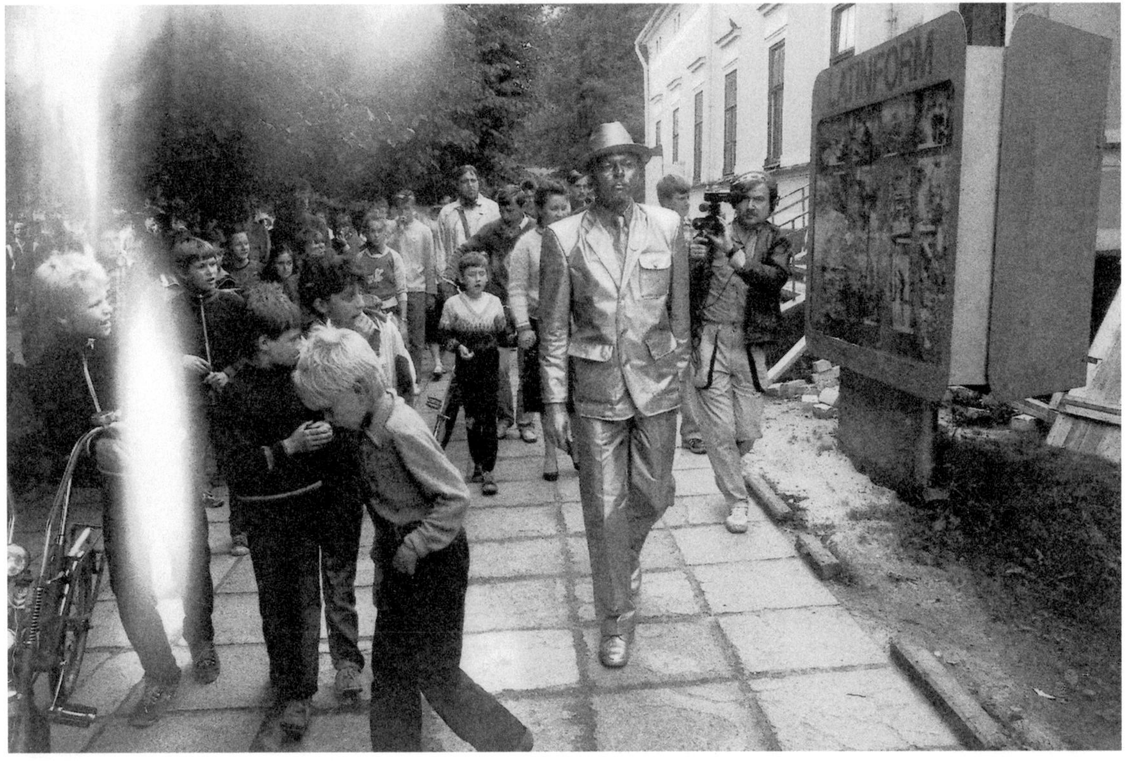

Bronze Man, 1987
Performance

Der in Riga lebende lettische Künstler Miervaldis Polis (geb.1948) studierte Malerei und ist dieser Disziplin bis heute treu geblieben. In den 1980er-Jahren realisierte er jedoch auch eine Reihe von Aktionen. Die bekannteste ist *Bronze Man* (1987): Von Kopf bis Fuss mit Bronzefarbe bemalt und in einen gleichfarbigen Anzug gekleidet wanderte Polis als lebendiges Denkmal durch die Innenstadt von Riga. Obwohl sie eigentlich den menschlichen Drang, „zu

Miervaldis Polis (né en 1948), artiste letton qui vit à Riga, a d'abord étudié la peinture et travaille comme peintre aujourd'hui encore. Cependant, durant les années 1980, il a réalisé une série de performances dont la plus célèbre et la plus connue du public est son *Bronze Man* (1987). Vêtu d'un habit de bronze et s'étant peint lui-même, de la tête aux pieds, en peinture de couleur bronze, Polis déambula dans le centre-ville de Riga, en statue vivante. Bien que

verherrlichen und verherrlicht zu werden", aufs Korn nahm, avancierte die höchst vielseitig deutbare und kontroverse Aktion ihrerseits zum viel beachteten Kunstereignis. Man könnte sie sogar als Symbol der zunehmenden Unabhängigkeit Lettlands von der Sowjetführung verstehen, die solch nonkonformistische, individualistische Kunstaktionen, ganz zu schweigen von der Parodierung Lenins, kurz zuvor noch mit Zwangsarbeit in Sibirien bestraft hätte.

l'artiste lui-même ait dit que cette singulière promenade avait pour but de réfléchir sur la «tendance des hommes à glorifier et à être glorifiés», cette performance qui prête à mille interprétations et controverses, attira fortement l'attention à l'époque, et l'on peut dire qu'elle a symbolisé l'indépendance croissante de la Lettonie par rapport au système soviétique : normalement, ces actes d'un anticonformisme et d'un individualisme si résolus, sans parler de parodies potentielles de Lénine, auraient été sanctionnés d'un exil en Sibérie, dans un camp de travail.

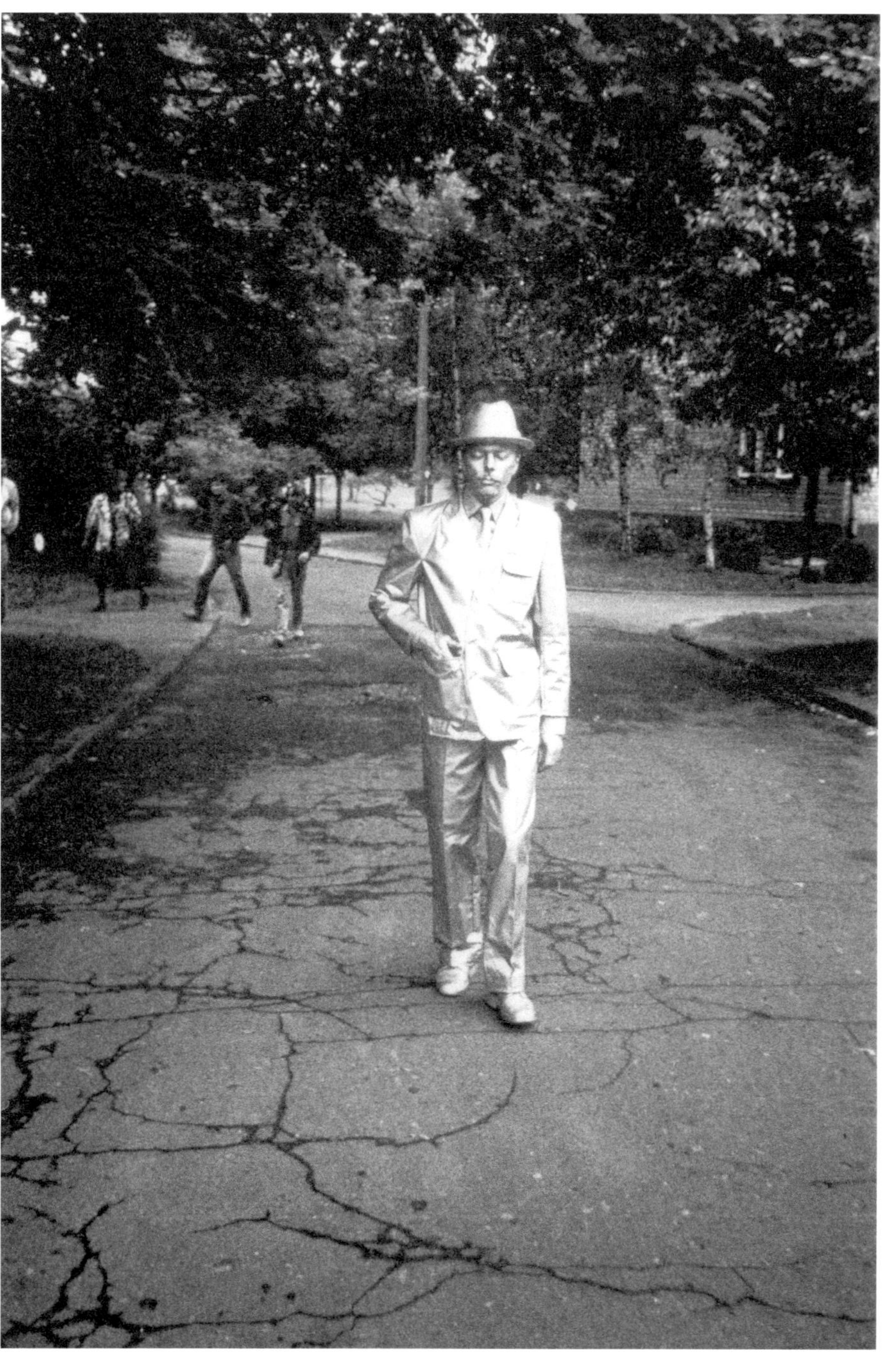

Kim Sooja

With *A Needle Woman* (1999–2001), the South Korean artist Kim Sooja (b. 1957), who is based in New York, made a contemporary classic dealing with the body in urban space. Originally presented as an eight-channel video featuring the unmoving figure of the artist filmed from the back on the busy streets of Tokyo, New York, London, Mexico City, Cairo, Delhi, Shanghai, and Lagos, the single-channel version featured in Le Mouvement was filmed in Paris in 2009. Like its predecessors, the work portrays the artist from behind in a silent, 25-minute-loop, as a dense current of pedestrians flows around her, variously fascinated and perplexed by the artist's rigid, unyielding occupation of urban space. With striking simplicity, this work poses a challenge to the injunction implicit in public space: keep moving.

Die in New York lebende südkoreanische Künstlerin Kim Sooja (geb. 1957) schuf mit *A Needle Woman* (1999–2001) eine klassische zeitgenössische Darstellung des Körpers in der Grossstadt. Das Originalwerk ist ein 8-Kanal-Video, das eine Rückansicht der Künstlerin zeigt, wie sie abwechselnd reglos in den belebten Strassen von Tokio, New York, London, Mexiko-Stadt, Kairo, Neu-Delhi, Shanghai und Lagos steht. Die im Rahmen von Le Mouvement präsentierte 1-Kanal-Version ist 2009 in Paris entstanden. Auch in dieser 25-minütigen, stummen Videoschleife sieht man die Künstlerin von hinten mitten im dichten Strom der Passanten stehen. Letztere sind offenbar zugleich fasziniert und irritiert von ihrer hartnäckigen Besetzung des Stadtraums. Mit bestechend einfachen Mitteln hinterfragt dieses Werk eine der unausgesprochenen Verhaltensregeln, die im öffentlichen Raum gelten: Immer in Bewegung bleiben!

Kim Sooja est née en Corée du Sud en 1957 ; elle vit à New York. *A Needle Woman* (1999–2001) est un classique contemporain du corps dans l'espace urbain. Originellement présentée dans une vidéo sur huit canaux représentant la silhouette immobile de l'artiste filmée de dos, dans les rues très fréquentées de Tokyo, Londres, Mexico, le Caire, Delhi, Shanghaï et Lagos, la version monocanal proposée dans Le Mouvement fut filmée à Paris en 2009. Comme ses prédécesseurs, ce portrait de l'artiste vue par derrière est une boucle silencieuse de 25 minutes, sa silhouette tranquille fendant le dense courant des piétons qui s'écoule autour d'elle, diversement fascinés ou perplexes en face de cette occupation rigide, inflexible, de l'espace urbain par l'artiste. Avec une simplicité suprême, cette œuvre questionne et défie l'une des injonctions implicites qui gouvernent l'espace public : bougez sans cesse.

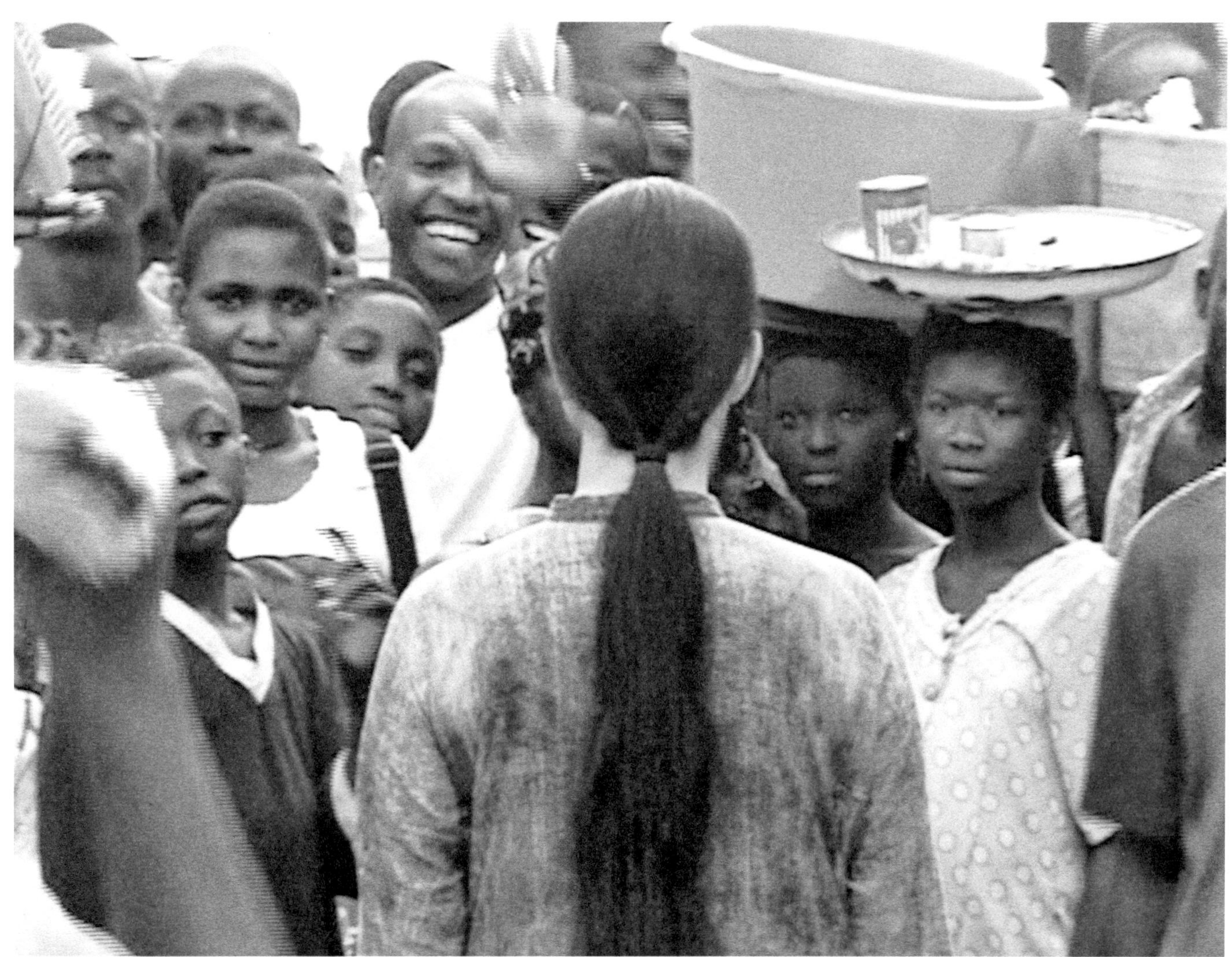

A Needle Woman, 1999–2001
Video still from New York, eight-channel video,
6:33 min loop, no sound

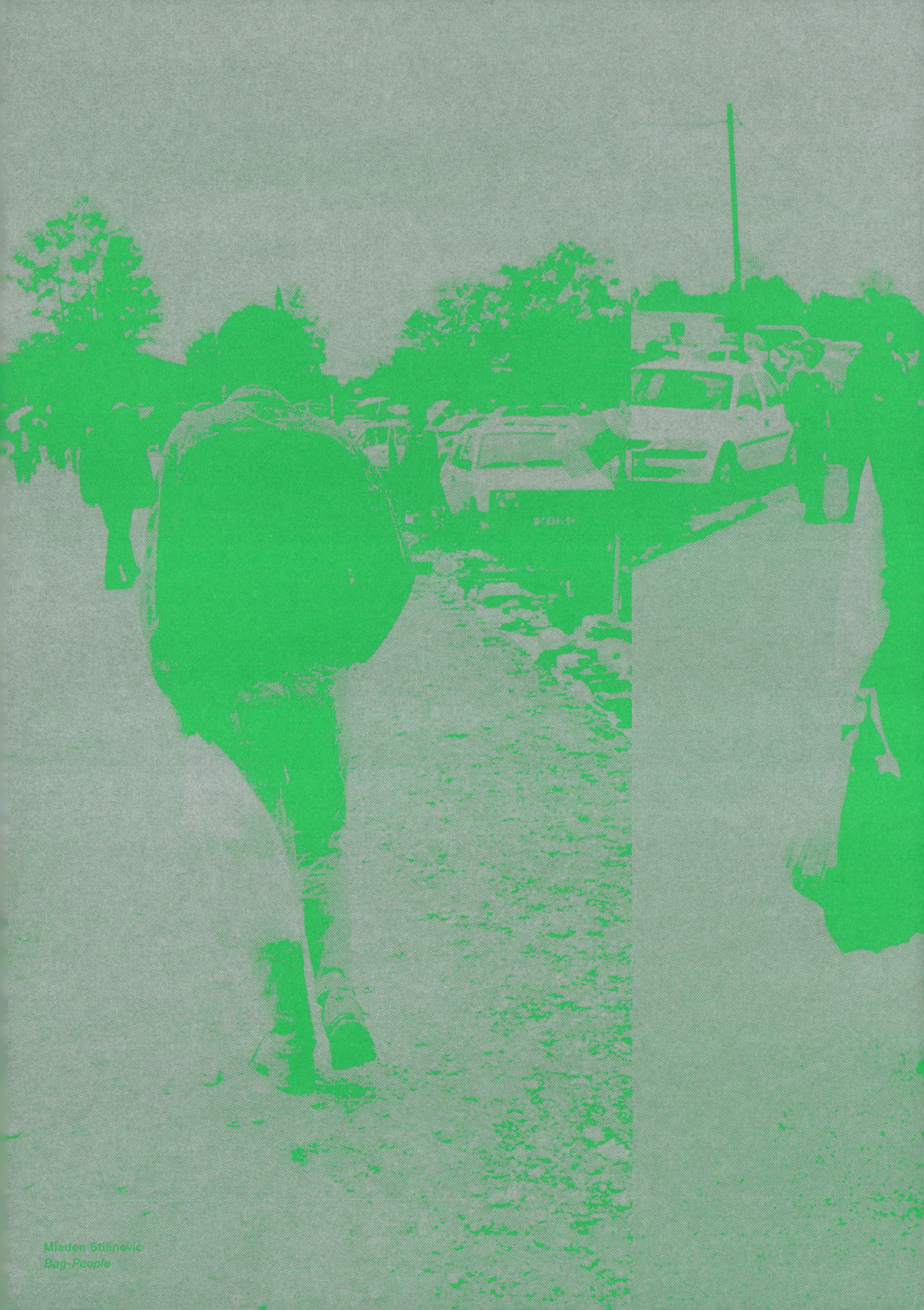

Mladen Stilinović
Bag-People

Mladen Stilinović

The Zagreb-based, Croatian conceptual artist Mladen Stilinović (b.1947) examines the inescapable absurdity of the artist's existence under socialism of the Yugoslavian kind, and, after 1989, in the context of a rapidly expanding capitalism. His works are based on a social critique, directed simultaneously at art and society. As one of the founding members of the Group of Six, he was central to what is known as New Art Practice, which had a great influence on the contemporary art of the 1970s in the former Yugoslavia and aroused great government suspicion with the spontaneous exhibitions they organized in public space.

With its observations of movement in public space and its attention to specific phenomena, *Bag-People* (2001) demonstrates Stilinović's conceptual interest in supposedly commonplace situations. The series of photographs shows us people on their way to work carrying plastic bags, which contain their lunch and are also elements of a global cycle of consumption. Photographed from behind, the figures are faceless: standardized bodies and attitudes freeze into a sculptural perspective and are arranged in two rows to cohere into an absurd parade.

Der in Zagreb lebende kroatische Konzeptkünstler Mladen Stilinović (geb.1947) untersucht in seiner Arbeit die unabwendbare Absurdität des Künstlerdaseins, zunächst im Sozialismus jugoslawischer Prägung, ab 1989 dann auch im rapide um sich greifenden Kapitalismus. Seine Werke basieren auf einer Sozialkritik der Kunst wie der Gesellschaft. Als eines der Gründungsmitglieder der Group of Six ist er Mitgestalter der sogenannten New Art Practice, die einen grossen Einfluss auf die Gegenwartskunst der 1970er-Jahre in Ex-Jugoslawien hatte. Die Gruppe veranstaltete spontane Ausstellungsaktionen im öffentlichen Raum, welche den Argwohn der Regierung weckten.

In der Arbeit *Bag-People* (2001) zeigt sich das konzeptuelle Interesse des Künstlers an vermeintlich banalen Situationen. Er beobachtet Bewegungen im öffentlichen Raum und richtet sein Augenmerk auf bestimmte Phänomene. Die mehrteilige Fotoserie zeigt Menschen auf dem Weg zur Arbeit, die ihr Mittagessen in Plastiktüten mit sich tragen. Die Tüten sind Teil eines globalen Konsumkreislaufs. Von hinten aufgenommen bleiben die Figuren gesichtslos; typisierte Körper und Haltungen erstarren zum skulpturalen Anblick. In zwei Reihen gegliedert formieren sie sich zur absurden Parade.

Mladen Stilinović (né en 1947) est un artiste conceptuel croate qui vit à Zagreb. Dans son travail, il se penche sur le caractère inévitablement absurde de son existence d'artiste en ex-Yougoslavie dans un contexte socialiste, puis capitaliste à partir de 1989. Ses œuvres sont à la fois une critique de l'art lui-même et de la société environnante. Il a été l'un des membres fondateurs du «Groupe des Six» et a donc participé activement à l'éclosion de ce qui a été nommé «New Art Practice», un mouvement qui a eu une influence marquante sur le développement de l'art contemporain en ex-Yougoslavie dans les années 70. Le groupe a organisé des expositions spontanées dans l'espace public, suscitant ainsi la méfiance du gouvernement.

Dans son travail intitulé *Bag-People* (2001), Stilinović montre un intérêt conceptuel pour des situations en apparence banales. Il observe les mouvements dans l'espace public, dirigeant son regard vers certains phénomènes. Sur les nombreuses photos de cette série, on peut voir des piétons en chemin vers leur travail. Ils portent des sacs en plastique contenant leur repas de midi. Ces sacs sont les témoins du cycle global de la consommation. Photographiés de dos, les protagonistes n'ont pas de visage, leurs postures et leurs attitudes sont figées et leur donnent une apparence sculpturale. Marchant sur deux rangs, ils semblent former une absurde parade.

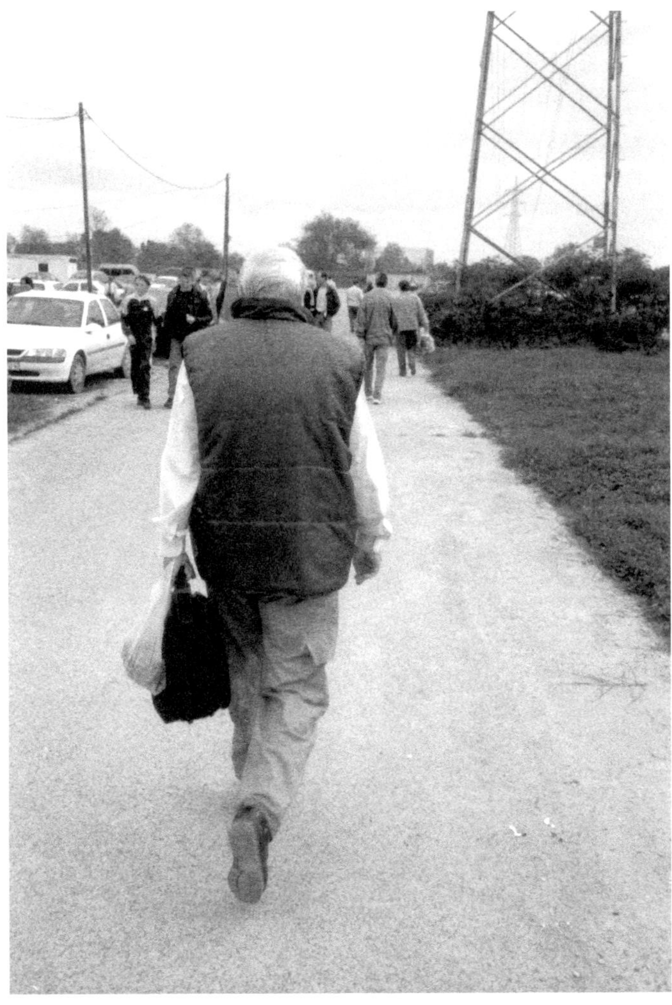

Bag-People, 2001
Black and white photograph and
newspaper on panel, 30 × 24 cm

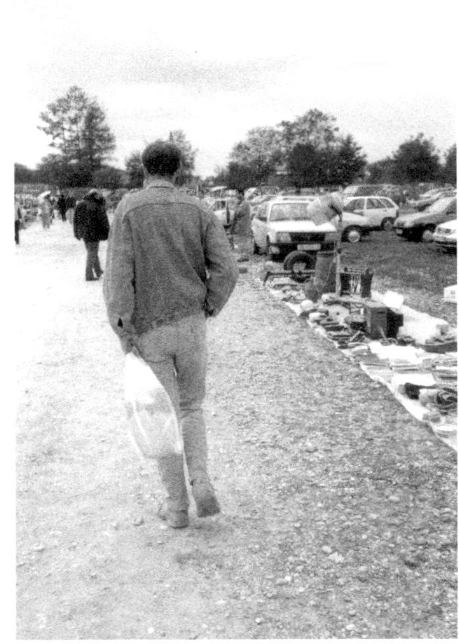

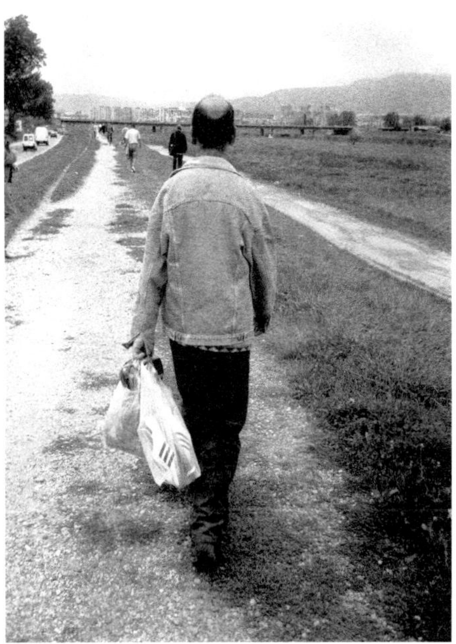

Beat Streuli

Since the late 1980s the Swiss artist Beat Streuli (b.1957), who is based in Zurich and Brussels, has consistently expanded his portfolio with pictures taken in the streets of such cities as New York, Buenos Aires, and St. Petersburg. Making few geographical references, his images generate a sense of fictitious-transnational space, which acquires an identity only through the people who populate it.

Lying between documentation and fiction, Streuli's photographs make us aware of the performative nature of movement in public space. Although these are photographic works, they are also related to both performance and sculpture: Streuli's street images freeze movement into a timeless representation of corporeality, and operate on the boundary of public and private, the social and the individual.

In *Transit 11* (2011), Streuli creates an unsettling dialogue between images of two very different kinds. Some explore a new way of working with basic narrative elements, which nevertheless remain unresolved; others are abstract compositions devoid of any photographic reproduction.

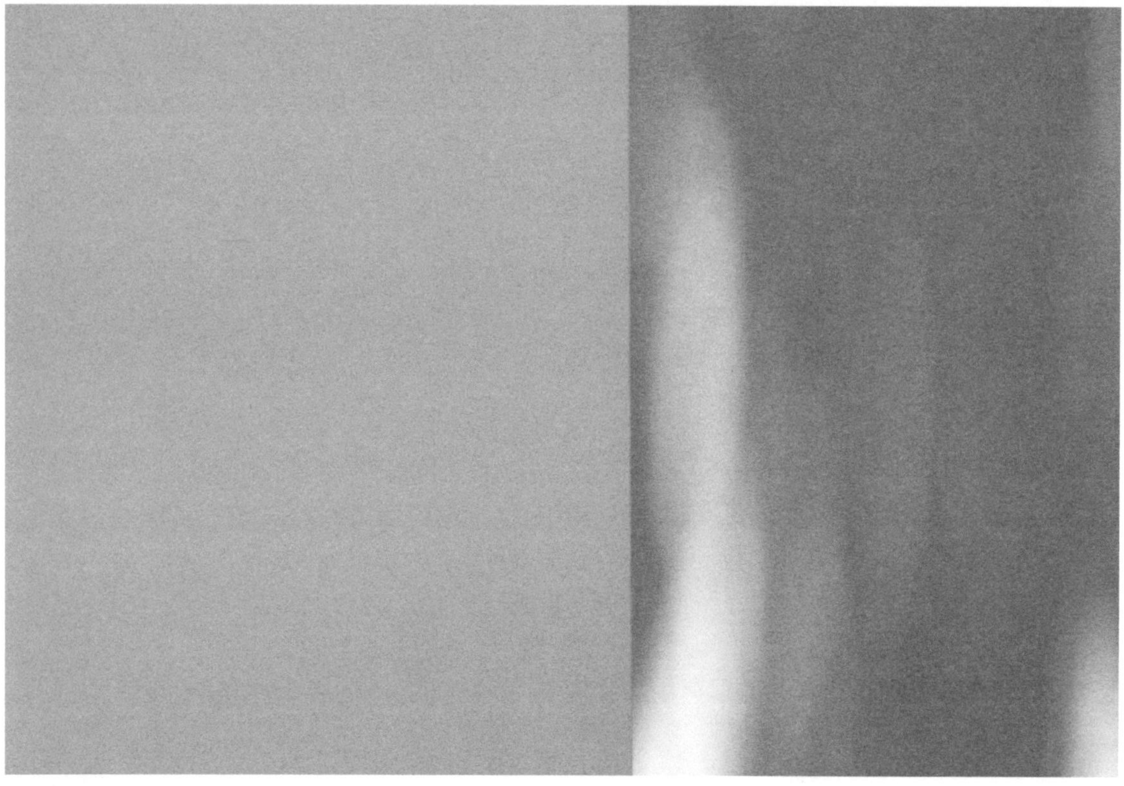

New York City 05-10, 2011
Digital print on Forex, 150 × 225 cm

Seit den späten 1980er-Jahren erweitert der in Düsseldorf lebende Schweizer Künstler Beat Streuli (geb.1957) laufend sein Konvolut von Aufnahmen in den Strassen von New York, Buenos Aires, St. Petersburg und anderen Metropolen. Auf seinen Bildern finden sich kaum mehr Hinweise auf ihre Verortung. Sie generieren einen fiktiv-transnationalen Raum, der erst durch die darin präsenten Menschen eine Identität erhält.

Zwischen Dokumentation und Fiktion angesiedelt, machen uns die Fotografien von Streuli auf den performativen Charakter von Bewegung

L'artiste suisse Beat Streuli (né en 1957) vit à Düsseldorf. Depuis la fin des années 80, il élargit constamment son rayon d'action en photographiant des passants dans les rues, que ce soit celles de New-York, Buenos-Aires ou Saint-Pétersbourg. Il ne nous donne pratiquement aucune indication quant à la localisation de ces prises de vue. Elles deviennent une sorte d'espace transnational fictif auquel seules les personnes représentées donnent une identité.

Les photographies de Beat Streuli, à la fois documentaires et fictions, nous montrent à quel point le mouvement dans l'espace public

im öffentlichen Raum aufmerksam. Obschon der Fotografie zugehörig, sind sie sowohl der Performance, als auch der Skulptur verwandt: Streulis Strassenbilder mutieren durch das Einfrieren der Bewegung zur zeitlosen Darstellung von Körperlichkeit. Sie operieren darüber hinaus an der Grenze von Öffentlichkeit und Privatheit, Gesellschaft und Individuum.

In der Werkgruppe *Transit 11* (2011) nimmt Streuli einen offenen Dialog zwischen zwei sehr verschiedenen Bildmotiven auf. Einerseits gibt es Sujets, welche einem neuen Konzept des Künstlers folgen: Sie enthalten erzählerische Ansätze, die sich jedoch nicht weiter entschlüsseln lassen. Mit diesen rein narrativen Fotos paart Streuli solche, die eher formales Experiment als fotografische Wiedergabe sind. Beide Ebenen zusammen ergeben ein Environment, das verunsichernd wirkt.

est proche de la performance artistique. Tout en appartenant clairement au domaine de la photographie, elles sont apparentées à la performance et même à la sculpture : en figeant le mouvement des passants dans la rue, Streuli nous offre une représentation intemporelle du corps physique. Il transgresse ainsi les frontières entre les domaines privé et public, entre société et individu.

Dans la série de travaux *Transit 11* (2011), l'artiste ouvre un dialogue entre deux motifs très différents : d'une part il représente des sujets qui contiennent des éléments narratifs sans pour autant en donner la clé au spectateur (un nouveau concept dans son œuvre). D'autre part, il met ces clichés purement narratifs en miroir avec d'autres qui sont, eux, plus proches d'une expérimentation formelle que d'une prise de vue photographique. En confrontant ces deux niveaux, Streuli crée un environnement désécurisant.

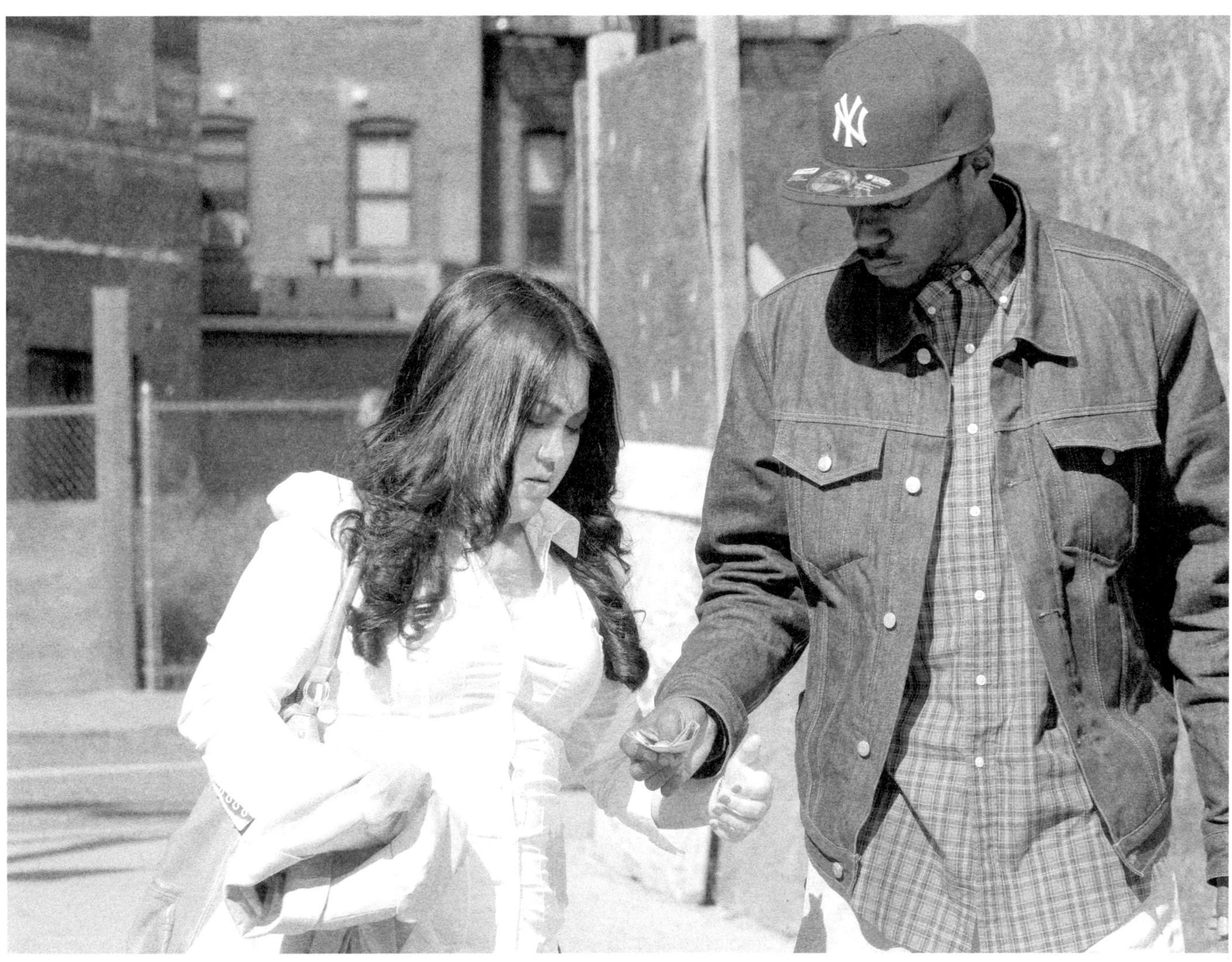

Queens NY 10, 2011
Digital print on Forex, 150 × 200 cm

Rirkrit Tiravanija

The Thai artist Rirkrit Tiravanija (b.1961) came to attention in the early 1990s with his creations of real encounters both within and beyond the institutions of art. For his famous work *Untitled* (1992), he built a makeshift kitchen in a gallery and served the visitors with Thai curry every day. Years later, Nicolas Bourriaud used Tiravanija's work as the paradigm for his Relational Aesthetics in which the art object becomes obsolete and the social context is everything.

In *Untitled (Remember JK, Universal Futurological Question Mark U.F.O.)* (2012), Tiravanija pays tribute to his soul mate, the Slovakian artist Július Koller (1939–2007), who understood his own work in terms of a "cultural process". A 1978 photograph shows the artist with some children in a meadow, arranged in the shape of a question mark. Koller's subversive statement sought to question the political system from the next generation's point of view. Tiravanija brings this work into the present by placing it in an urban context, with more than a hundred people coming together in the same fashion in the Zócalo, the square in Mexico City, which is often the scene of protests. The children have now become adults. From a distance they look less like individuals, and more like an anonymous mass, silently taking the shape of a question mark, and engaging in a collective interrogation of the very nature of public, urban space.

Durch sein Inszenieren realer Begegnungen in und ausserhalb von Kunstinstitutionen hat der thailändische Künstler Rirkrit Tiravanija (geb.1961) erstmals Anfang der 1990er-Jahre Aufmerksamkeit erregt. Für sein berühmtes Werk *Untitled* (1992) baute er eine improvisierte Küche in den Ausstellungsraum und verpflegte täglich die Besucher mit Thaicurry. Jahre später benutzte Nicolas Bourriaud die Kunst von Tiravanija als Paradigma für seine *Relationale Ästhetik*, derzufolge das Kunstobjekt obsolet ist und sich alles um den sozialen Kontext dreht.

Untitled (Remember JK, Universal Futurological Question Mark U.F.O.) (2012) ist Tiravanijas Hommage an einen Seelenverwandten, den slowakischen Künstler Július Koller (1939–2007), der seine Arbeit als „kulturellen Prozess" verstand. Eine Fotografie von 1978 zeigt diesen Künstler mit Kindern auf einer Wiese, ein Fragezeichen bildend. Im Sinne eines subversiven Kommentars stellt Koller das politische System aus der Sicht der kommenden Generation in Frage. Tiravanija zitiert diese Arbeit aus der Gegenwart heraus und im städtischen Kontext. Über hundert Leute formieren sich auf dem Zócalo, jenem Platz in Mexiko-Stadt, auf dem gewöhnlich Protestkundgebungen stattfinden. Aus den Kindern sind Erwachsene geworden. Aus grosser Distanz sind sie eher eine anonyme Masse als Individuen. Wortlos halten sie inne, sich zum lexikalischen Zeichen fügend.

L'artiste thaïlandais Rirkrit Tiravanija (né en 1961) s'est fait remarquer au début des années nonante grâce à ses créations de vraies rencontres dans et hors des institutions artistiques. Pour son œuvre la plus célèbre *Untitled* (1992), il a construit, au sein de la salle d'exposition, une cuisine de fortune dans laquelle les visiteurs pouvaient déguster chaque jour des curry thaï. Nicolas Bourriaud a utilisé 10 ans plus tard l'art de Tiravanija comme un paradigme pour son *esthétique relationnelle*, dans laquelle l'objet d'art est obsolète et tout est tourné vers le contexte social.

Dans *Untitled (Remember JK, Universal Futurological Question Mark U.F.O.)* (2012), Tiravanija rend un hommage à son âme sœur, l'artiste slovaque Július Koller (1939–2007), qui a envisagé son travail comme un «processus culturel». Une photographie de 1978 montre l'artiste avec des enfants formant un point d'interrogation dans un pré. On comprend cette mise en scène comme un commentaire subversif par lequel Koller remet en question le système politique à travers la vision de la génération à venir. Tiravanija utilise ce travail dans le contexte urbain d'aujourd'hui; une centaine de personnes s'installent sur le Zócalo, la place de Mexico où ont lieu habituellement les manifestations de protestation. Les enfants sont devenus adultes. De loin on les perçoit plus comme une masse anonyme que comme des individus. Ils restent là, sans un mot, respectant ainsi les signes lexicaux.

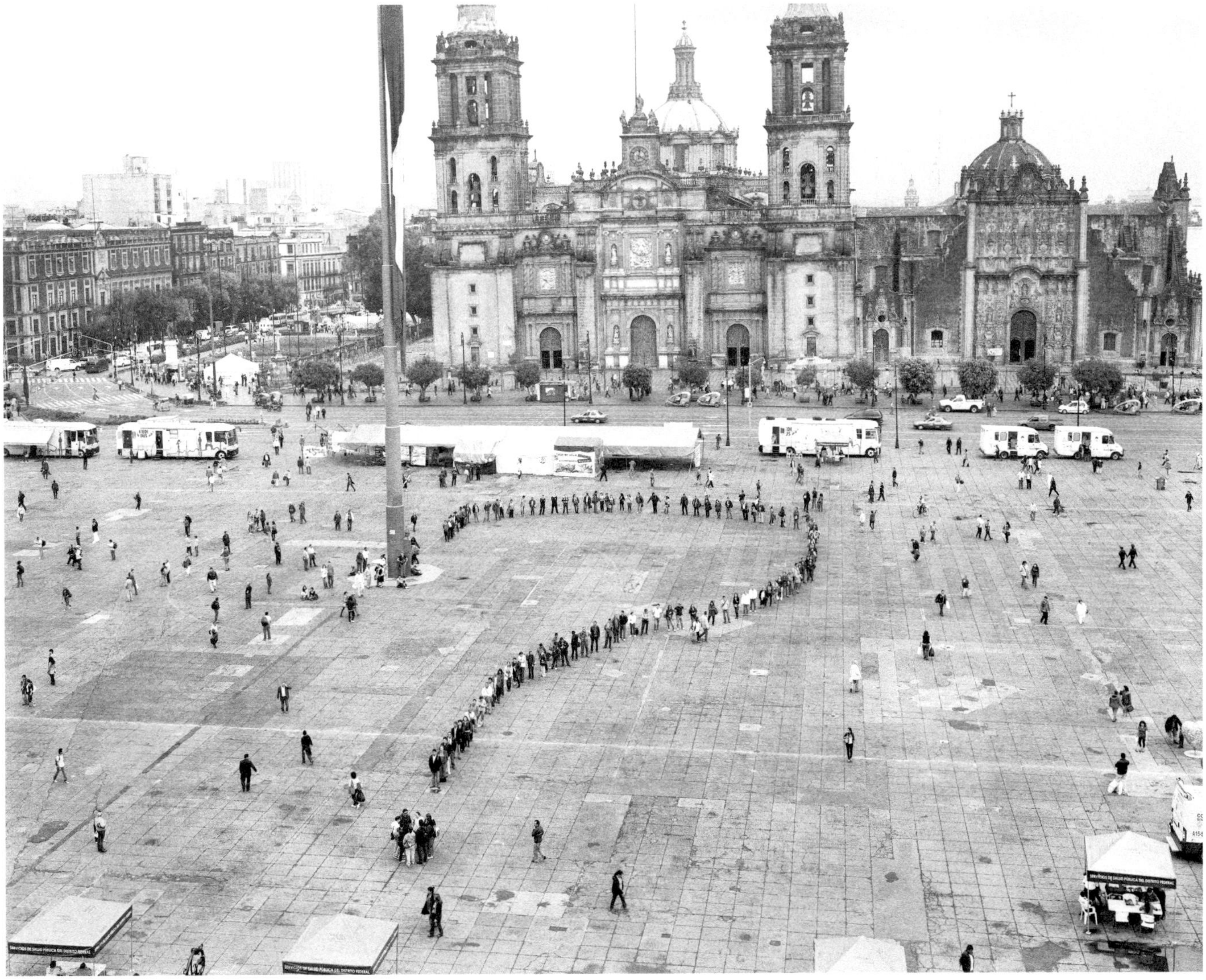

*Untitled (Remember JK, Universal
Futurological Question Mark U.F.O.)*, 2012
Digital print, dimensions variable

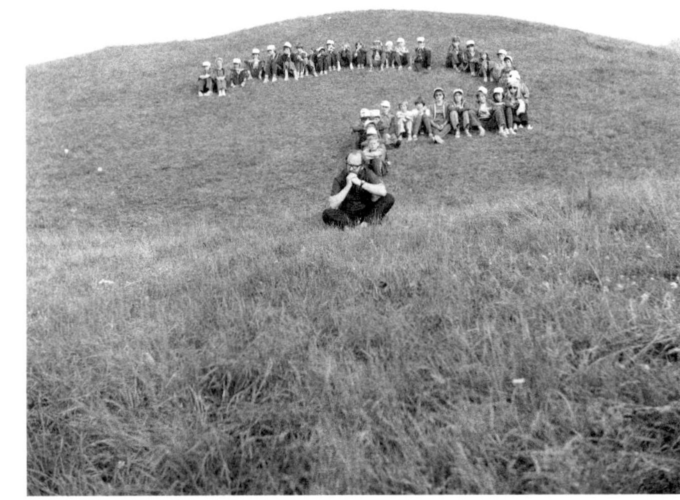

Július Koller
*Univerzálny Futurologicky Otáznik
(U.F.O.)*, 1978
Black and white photograph,
48,5 × 48,5 cm

Nataša Petrešin-Bachelez

After a long period of heightened surveillance and violence directed towards any dissident thinking, 1989, with its dreams of a better, democratic world and general liberation from oppressive Communist ideology, gave rise to a civil society that was not only legitimate, but also legal. The process of changing political reality was termed a process of normalization, and the erstwhile revolutionary subjects of societies that overthrew the Communist titans were pejoratively reduced to "children of Communism". Boris Buden writes about this curious symptom, which reveals how the political forces of the Global North or the former West functioned: "A curious set of metaphors marks the jargon of post-Communist transition: education for democracy, classrooms of democracy, democratic exams, democracy that is growing and maturing, but which might still be in diapers or making its first steps or, of course, suffering from childhood illnesses. This language of post-Communism discloses a paradox that points to what is probably the greatest scandal of recent history: those who proved their political maturity in the so-called 'democratic revolutions' of 1989–90 were subsequently transformed overnight into children!"[1] However, it is precisely this educational mode, in which the West imposed its capitalist-driven democracy on formerly Communist Eastern Europe, and which inaugurated the uncritical process of appropriating and incorporating the unfettered spread of capitalism, that has led to many countries in former Eastern Europe and the former Soviet Union falling back into a pit of corruption, governance by the extreme right and overall financial chaos and collapse.

Two dimensions, "unlimited access" and "usability", can serve as a definition for public space. An analysis proposed by Jürgen Habermas, which is recognized as a basis for contemporary discourses on public space, at least in the Global North, considers that space to be a sphere accessible to citizens of a polity and to which they enjoy free right of use.[2] By contrast, unregulated privatization in former Eastern Europe after 1989 entailed constraints on these public rights, and created transitional spatial stages of public and private spaces as well as hybrid spaces. What constitutes the spatial and temporal continuity of a public space, especially when it has undergone a dramatic ideological transformation? What subjectivities form and dissolve around a public space over the course of time and how do we recognize their traces? We will try to answer to some of these questions by considering some of the actions and performances carried out in various parts of former Eastern Europe by the most radical artists of the time, who put themselves in immediate danger by using the public space of the Communist and Socialist regimes in the 1970s and 1980s, while at the same time creating unprecedented conditions for civil societies to emerge.

The collapse of the Communist system in Eastern Europe is intrinsically linked in many people's consciousness with mediatised images from 1989 of spontaneous mass gatherings in the streets and squares of the region. In the first wave, these were images of the Brandenburg Gate in Berlin, Wenceslas Square in Prague, the main boulevards of Bucharest and Sofia, followed in subsequent years by the spread of citizens' protests in Moscow's Red Square or Belgrade's Republic Square in 2000, and more specifically Kiev's Independence Square in 2004, images that are reappearing today.

Following the revolutions that unfolded in city streets across the former Socialist or Communist world, the neoliberal and pragmatic forces of late capitalism began to take shape in the form of unregulated privatization and commercialization of the remains of state-owned public space. A significant reduction of the public realm and a dramatic visual transformation—processes of historical revision which all too often included denial of the previous decades, renewed nationalism (e.g. exaggerated nationalistic public sculpture in Macedonia)[3], and often administrative genocides (e.g. the case of so-called "erased citizens" in Slovenia)[4]—went hand-in-hand with the development of communication and information networks as well as the emergence of new types of social relations, unconnected to any physical presence in a specific location.

As Kiril Stanilov writes, the unique features of socialist cities in Central and Eastern Europe can be enumerated by way of comparison with cities of Western Europe. From this list of distinctive characteristics, two in particular are most revealing: "…distinctly different patterns of public space distribution, and stark differences in the functional content of public spaces."[5] In the socialist cities of Eastern Europe, due to the state's declared public ownership of areas used for industrial, commercial, or leisure activities and of historical districts, most space was public by default. In Yugoslavia, all urban land was also owned by the state, whereas in some other countries private ownership of urban land was linked to individual residential estates.

A more formal way of distinguishing between the particular artistic positions that emerged in former Eastern Europe, and which are part of the exhibition in Biel, would be to first identify how these artists positioned themselves against the officially supported artistic style of Social Realism in Czechoslovakia or Poland, or against high modernism in the case of Yugoslavia. These artists established their practices as conscious antagonisms, as anti-art forms and statements. Daniel Grúň writes about the dichotomy that prevailed in observing official and unofficial art in former Socialist countries and addresses the ambivalent practices of individual subversion against the centrally controlled state apparatuses: "…parallels drawn between official and unofficial art and their distribution apparata [sic] accounted for only one instance of the conceivable interaction between art and politics in real socialism. The particular art scene was not, as such, 'definitely divided into two adjacent zones' as Piotr Piotrowski claims. Between official and unofficial lay zones of interaction, infiltration, and significance, not to mention direct participation of artists engaged in the unofficial scene involved in the production of official art."[6]

The actions and performances of artists belonging to the circles of unofficial artistic creativity in public space, usually completely or only partially unsupported, functioned as disruptions of the social fabric organized and maintained by the governing regimes and rooted in suspicion, surveillance and controlled public behaviour. The artists used their own bodies to awaken gazes and generate questions (Ewa Partum, Miervaldis Polis, Tomislav Gotovac, Sanja Iveković, and Mladen Stilinović) or as disruptions of the routine use of public space (Jiří Kovanda and Neša Paripović).

It would be even more interesting to take into account the physical, affective, political, and social risks that artists took under such conditions and how and to whom they imagined their work would be addressed at the time of its genesis. The risk management that came along with these actions was unplanned, unrehearsed, and probably annotated, with each artist mentally listing what, how and when it could go wrong, and the potentially grave consequences. There was always a risk of arrest or even deportation due to openly and publicly staged actions, especially in the Warsaw Pact countries after 1968. As Maja Fowkes explains, "The demand for freedom would become a driving preoccupation for the neo-avant-garde artists and several actions staged in the public spaces of Budapest in the period that followed the revolutionary moment of 1968 addressed that question in different ways"[7] and we can surely agree that this was also the case in other countries facing totalitarian regimes at that time. Let us first recall that Tamás Szentjóby aka St. Auby, one of the most important and radical conceptual artists, poets, and performers in Hungary, was arrested in 1974 for his samizdat activities and expatriated from Hungary to Switzerland in 1975 until the early 1990s. One of his politically motivated performative interventions in public space, *Sit Out—Homage to Bobby Seale* (1972), was an inversion of the 'sit ins' of the student protests. St. Auby dedicated his action to the black American activist Bobby Seale, founder of the Black Panther Party, who at the time was imprisoned for his involvement in the 1968 Chicago riots. St. Auby blindfolded himself and sat bound up in front of an international hotel, staging a solidarity protest until the police rapidly arrived on the scene.

The filmmaker and performance artist Tomislav Gotovac put his own identity and body at the centre of most of his actions, understanding his body as a kind of ready-made. He performed artistic actions in public spaces in Yugoslavia, marked by Tito's non-aligned politics and anti-Stalinist socialism. Gotovac aimed to emphasize his daily living relationship with his environment. In his radical performances and provocative public gestures, which were incarnated as apparently simple everyday activities, such as begging, cleaning urban spaces, or public haircutting and shaving, Gotovac tested the boundaries of public space within the Socialist state and its mechanisms. In his streaking performances in Belgrade in 1971 and in Zagreb in 1981, he ran naked through the city centre until stopped by the police. In his own words, he wanted to "create an extraordinary situation for [him]self and for others, a drastic combination of intimacy and publicness"[8] within the centres of socialist petit-bourgeois morality.

Following the invasion of Warsaw Pact troops, the period known as "normalization" was established in Czechoslovakia from the 1970s until the mid 1980s, with omnipresent repression, heightened security, and political purges.

"In such conditions", writes Klara Kemp-Welch, "it was impossible for unofficial artists to make contact with an audience, beyond a close circle of acquaintances. Instead, the abnormal conditions of normalization provided Jiří Kovanda with a highly charged framework for exploring what 'normal' relationships might be like."[9]

Some of Kovanda's actions sought potential contact zones with random passers-by. His "unintentional collisions" almost imperceptibly transformed the routine behaviour of a (socialist) social body into a social choreography of the citizens inhabiting and co-using the public space of escalators and squares or walking on the street. The people Kovanda brushed against or who looked him in the eye as he faced them on escalators never suspected they were engaged in the social contract of an artistic performance being played out around them. All of these performances were documented by a non-professional photographer. Kovanda then glued the photograph on a piece of paper, and beneath it wrote the title of the performance, its physical location, the time it took place, and a description of the scenario. Several writers have already noted the similarity between Kovanda's documentation of his performances and the photographs taken by the Communist secret police of people being followed. Tomáš Pospiszyl has analyzed the similarities between the artist's method of documentation and the pictures taken by the police using hidden cameras in the environment of the hard-line Communist era in Prague during the 1970s and early 1980s.[10] For the spies who compiled proof of criminal acts through photographic documentation, it was important that the photograph also captured the environment in which the act took place, and included any other individuals in contact with the person followed. Additional interpretation was needed in order for a spy's photograph to be used as a tool for incrimination. Pospiszyl explains that "two types of hidden scenarios were thus played out concurrently in Prague's public spaces: one led by the secret police, the other by unofficial artists. Even though they were based on completely different motivations, their photographs and accompanying texts show a number of similarities… Many of those who were being photographed by the secret police knew that they were being followed. They modified their behavior to prevent being persecuted or to confuse the police in different ways. Kovanda knew that he was being photographed, for he had himself invited his friend to document his inconspicuous performances. Nevertheless, he acted as if he were not aware of his friend's existence."

In the 1970s issues of public and private spaces lived in and used under a totalitarian regime were at the heart of feminist artist and activist Sanja Iveković's practice. Surveillance performed not just by secret police, but the whole regime, can be found in one of her most iconic works, *Triangle* (1979). An eighteen-minute performance took place on 10th May 1979: while the motorcade of Yugoslavian President Josip Broz Tito passed by below, the artist sat on her balcony, reading a book, sipping whisky, and making gestures as if she were masturbating, until a security official arrived and asked her to "stop her current activities and remove persons and objects from the balcony". The piece is exhibited as four black-and-white photographs of the event accompanied by a short descriptive text, and represents one of the most resonant works of performance made in the 1970s. As Branislava Andjelković argues, this manufactured scenario addresses the masculine exercise of power, military exhibitionism and all the stereotypes of totalitarian choreography—surveillance, terror, and direct intrusion into the private sphere. However, "the performance is actually an act of interiorization of the very system Iveković understands and deconstructs. She plays her own politics of display against the State politics of display. The security people are aware of the objective insignificance of her balcony performance, but they are already in the game. They have to react otherwise the subject on the balcony might think that they did not notice. So they participate."[11] Through Iveković's early politically engaged performances, boundaries between the personal and the public, the erotic and the ideological were demarcated and challenged.

Similarly concerned with gender equality issues and feminist statements from the same period, but in Poland, Ewa Partum first tackled public space with a public project from early 1970s, *The Legality of Space* (1972), where she displayed real traffic signs, mostly prohibiting various actions, along with invented signs, such as "No permissions!". In 1980, she staged *Self-Identification*, a nude public performance by the artist in Warsaw, accompanied by a series of collages of herself naked among pedestrians, at a crossroads, next to a policewoman and in front of the presidential palace.

In the 1980s many social protests arose where it became obvious that this particular part of Europe was heading towards its teleological revolutionary moment. In the light of the synchronous formation of civil society and, ultimately, immense political transformations, these artistic actions played a significant role in opening up public space to everybody for public use. However, against the backdrop of the current neoliberal regime and late capitalism, which are turning contemporary society into a feudalistic structure, the question is whether the public space will not be shut down once again. These artistic examples, along with many other practices emerging today under conditions of extreme control and censorship elsewhere in the world, can therefore serve as precious beacons and as reminders that contestation and the fight for freedom are always possible and remain imperatives.

1   This article was first published as "Als die Freiheit Kinder brauchte," in Boris Buden (2009), *Die Zone des Übergangs: Vom Ende des Postkommunismus*, Frankfurt am Main: Suhrkamp Verlag, pp. 34–51. Translation by the author.

2   Jürgen Habermas (1991), *The Structural Transformation of the Public Sphere: An Inquiry into a Category of Bourgeois Society*, Cambridge: MIT Press.

3   See Suzana Milevska's text "The Triumph of Recording and Implanting False Memories in Macedonia" for details. An excerpt is available at: http://www.goethe.de/ins/gr/lp/prj/eri/ein/en12318583.htm#milevska

4   http://www.statelessness.eu/blog/victory-slovenias-erased-citizens-european-court-human-rights

5   Kiril Stanilov (2007), "Democracy, Markets, and public space in transitional societies of Central and Eastern Europe," *The Post-Socialist City. The GeoJournal Library*, Volume 92, p. 270.

6   Daniel Grúň, "Július Koller. Dialectics of Self-Identification," ed. Christian Höller, *L'Internationale—Post-War Avant-Gardes Between 1957 and 1986*, p. 189–190, Piotrowski quoted from *In the Shadow of Yalta. Art and the Avant-garde in Eastern Europe, 1945–1989*, London: Reaktion Books, 2009.

7   Dr. Maja Fowkes, "Off the Record: Performative Practices in the Hungarian Neo-avant-garde and their Resonances in Contemporary Art," *Centropa 14.1,* January 2014, pp. 57–71.

8   Goran Trbuljak, Hrvoje Turković (2010), "It's All a Movie. A Conversation with Tomislav Gotovac," ed. Christine Macel, Nataša Petrešin-Bachelez, *Promises of the Past. A Discontinuous History of Art in Former Eastern Europe*, Paris: Centre Pompidou, 2010, p. 84.

9   Klara Kemp-Welch (2009), "Jiri Kovanda's Collisions"; previously unpublished.

10   Tomáš Pospiszyl (2012), "Etude," *Manifesta Journal: The Fungus in the Contemporary*, Number 13, 2012.

11   Branislava Andjelković, "How 'Persons and Objects' Become Political in Sanja Iveković's art," ed. Christine Macel, Nataša Petrešin-Bachelez (2010), *Promises of the Past. A Discontinuous History of Art in Former Eastern Europe*, Paris: Centre Pompidou, p. 99.

Nach einer langen Zeit der verstärkten Überwachung und Gewalt gegen jede Art von Regimekritik brachte das Jahr 1989 mit seinen Träumen von einer besseren demokratischen Welt und einer generellen Befreiung von der repressiven kommunistischen Ideologie eine Zivilgesellschaft hervor, die nicht nur legitim, sondern auch legal war. Der Wandel in der politischen Realität wurde als Normalisierungsprozess bezeichnet, und die ehemals revolutionären Subjekte aus Gesellschaften, die die kommunistischen Titanen stürzten, wurden zu „Kindern des Kommunismus" herabgewürdigt. Boris Buden schreibt über dieses eigenartige Symptom, das offenbart, wie die politischen Kräfte des globalen Nordens oder des ehemaligen Westens funktionierten: „Eine Reihe seltsamer Metaphern kennzeichnet den Jargon des postkommunistischen Übergangs: Erziehung zur Demokratie, Klassenzimmer der Demokratie, demokratische Prüfungen, die Demokratie wächst und gedeiht, steckt jedoch vielleicht noch in den Windeln oder macht ihre ersten Schritte oder leidet natürlich unter Kinderkrankheiten. Diese Sprache des Postkommunismus verrät ein Paradox, welches auf etwas hindeutet, das vielleicht der grösste Skandal der jüngsten Geschichte ist: Diejenigen, die in den so genannten ‚demokratischen Revolutionen' von 1989/90 ihre politische Reife unter Beweis stellten, wurden hinterher, über Nacht, zu Kindern!"[1] Doch genau wegen dieser erzieherischen Art und Weise, mit der der Westen dem ehemals kommunistischen Osteuropa seine kapitalistisch geprägte Demokratie aufdrängte, und die den unkritischen Prozess der Annäherung und Übernahme einer wilden Kapitalisierung einleitete, fallen zahlreiche Länder des früheren Osteuropas und der ehemaligen Sowjetunion Korruption, rechtsextremer Regierung und allgemeinem Finanzchaos anheim und brechen auseinander.

Zwei Dimensionen, „unbegrenzter Zugang" und „Benutzbarkeit", können als Definition für den öffentlichen Raum dienen. Eine von Jürgen Habermas vorgebrachte Analyse, die, zumindest im globalen Norden, als Grundlage für zeitgenössische Diskurse zum öffentlichen Raum gilt, sieht vor, dass dieser Raum allen Bürgern eines Gemeinwesens zugänglich ist und sie dafür freies Nutzungsrecht geniessen.[2] Im Gegensatz dazu brachte die wilde Privatisierung, die nach 1989 in der Region des früheren Osteuropa folgte, Einschränkungen dieser öffentlichen Rechte mit sich, und schuf vorübergehende Formen öffentlichen und privaten Raums sowie Räume mit hybridem Charakter. Worin besteht die räumliche und zeitliche Kontinuität eines öffentlichen Raums, besonders angesichts der Tatsache, dass er einen dramatischen ideologischen Wandel durchmachte? Was für Subjektivitäten bilden sich und lösen sich mit der Zeit in seinem Umfeld und wie erkennen wir ihre Spuren? Wir werden versuchen, einige dieser Fragen zu beantworten, indem wir einige der Aktionen und Performances betrachten, die in verschiedenen Teilen des ehemaligen Osteuropa von den radikalsten Künstlern der damaligen Zeit ausgeführt wurden, die sich unmittelbarer Gefahr aussetzten, indem sie in den 1970er- und 1980er-Jahren den öffentlichen Raum der kommunistischen und sozialistischen Regime nutzten, während sie gleichzeitig nie dagewesene Bedingungen für die Entstehung von Zivilgesellschaften schufen.

Im Bewusstsein vieler Menschen ist der Zusammenbruch des kommunistischen Systems in Osteuropa wesentlich verbunden mit den mediatisierten Bildern von 1989, den spontanen Massenversammlungen auf den Strassen und Plätzen der Region. Heute kehren zunächst einmal die Bilder vom Brandenburger Tor in Berlin, vom Wenzelsplatz in Prag und von den grossen Boulevards in Bukarest und Sofia zurück, aus den späteren Jahren dann die von sich ausweitenden Bürgerprotesten auf dem Roten Platz in Moskau oder dem Platz der Republik in Belgrad im Jahr 2000 und schliesslich im Speziellen die Bilder vom Unabhängigkeitsplatz in Kiew im Jahr 2004.

Nach den Revolutionen, die sich auf den Strassen der ehemaligen sozialistischen und kommunistischen Städte ereigneten, nahmen die neoliberalen und pragmatischen Kräfte des späten Kapitalismus in Form von ungezügelter Privatisierung und Kommerzialisierung der Hinterlassenschaften des staatseigenen öffentlichen Raums allmählich Gestalt an. Eine signifikante Verringerung des öffentlichen Bereichs und eine dramatische sichtbare Veränderung – Prozesse von historischer Revision, die allzu oft einhergingen mit der Verleugnung früherer Dekaden, wieder erstarktem Nationalismus (beispielsweise die übertrieben nationalistische öffentliche Skulptur in Mazedonien)[3], häufig auch mit administrativen Genoziden (wie im Fall der so genannten „ausgelöschten Bürger" in Slowenien)[4] – gingen Hand in Hand mit der Entwicklung von Kommunikations- und Informationsnetzwerken und dem Entstehen neuartiger sozialer Verbindungen, losgelöst von jeglicher physischen Präsenz an einem spezifischen Ort.

Die Alleinstellungsmerkmale sozialistischer Städte in Zentral- und Osteuropa lassen sich mit denen westeuropäischer Städte vergleichen, so Kiril Stanilov. Neben verschiedenen Unterscheidungsmerkmalen sind zwei ganz besonders aufschlussreich: „...deutlich andere Muster in der Verteilung des öffentlichen Raums und krasse Unterschiede im funktionalen Inhalt öffentlicher Räume."[5] In den sozialistischen Städten Osteuropas war, bedingt durch das staatlich ausgewiesene Kollektiveigentum von Gebieten, die für industrielle, kommerzielle und Freizeitaktivitäten genutzt wurden, sowie von historischen Bereichen, der meiste Raum automatisch öffentlich. In Jugoslawien gehörten alle städtischen Flächen auch dem Staat, während in einigen anderen Ländern Privatbesitz von städtischen Grundstücken mit individuellen Wohnimmobilien verbunden war.

Eine formellere Art und Weise zwischen den jeweiligen künstlerischen Positionen zu unterscheiden, die im ehemaligen Osteuropa aufkamen und Teil der Ausstellung in Biel sind, wäre es, zunächst zu bestimmen, wie diese Künstler sich selbst gegenüber dem offiziell geförderten Stil des sozialen Realismus in der Tschechoslowakei oder in Polen positionierten, oder, wie im Falle Jugoslawiens, gegenüber der klassischen Moderne. Diese Künstler entwickelten ihre Vorgehensweisen als bewusste Antagonismen, als Antikunstformen und -äusserungen. Daniel Grúň schreibt über die Dichotomie, die vorherrschte, wenn man die offizielle und die inoffizielle Kunst im ehemaligen sozialistischen Ländern betrachtete, und thematisiert die ambivalenten Praktiken individueller Subversion gegen die zentral kontrollierten Staatsapparate: „…die Parallelen zwischen offizieller und inoffizieller Kunst und deren Verteilungsapparate sind nur ein Beispiel für die denkbare Interaktion zwischen Kunst und Politik im real existierenden Sozialismus. Die jeweilige Kunstszene war als solche nicht ‚definitiv in zwei benachbarte Zonen geteilt‘, wie Piotr Piotrowski behauptet. Zwischen dem Offiziellen und dem Inoffiziellen gab es Bereiche der Interaktion, Infiltration und Bedeutsamkeit, ganz abgesehen von der direkten Partizipation von Künstlern, die sich in der inoffiziellen Szene engagierten und in die Produktion offizieller Kunst involviert waren."[6]

Die Aktionen und Performances von Künstlern aus den Kreisen inoffizieller künstlerischer Kreativität im öffentlichen Raum – die gewöhnlich überhaupt nicht oder nur teilweise gefördert wurde – fungierten als Störungen der sozialen Struktur, die von den herrschenden Regimen organisiert und gepflegt wurde und sich auf Misstrauen, Überwachung und Kontrolle des öffentlichen Verhaltens gründete. Die Künstler benutzten ihre eigenen Körper, um Blicke auf sich zu ziehen und Fragen anzustossen (Ewa Partum, Miervaldis Polis, Tomislav Gotovac, Sanja Iveković und Mladen Stilinović) oder um die gewohnte Nutzung des öffentlichen Raums zu stören (Jiří Kovanda und Neić).

Noch interessanter wäre es, sich die physischen, affektiven, politischen und sozialen Risiken vor Augen zu führen, die die Künstler unter solchen Bedingungen eingingen, und der Frage nachzugehen, wie und an wen sie sich zum Zeitpunkt der Entstehung ihrer Arbeit zu adressieren gedachten. Das Risikomanagement, das mit diesen Aktionen einherging, war nicht geplant oder geprobt, es machte sich wahrscheinlich nur bemerkbar, wenn der einzelne Künstler insgeheim der Frage nachging, was schief gehen könnte bzw. wie und wann und mit welchen möglicherweise schwerwiegenden Folgen. Es bestand jederzeit die Gefahr, wegen unverhohlen und öffentlich ausgeführter Aktionen festgenommen oder sogar deportiert zu werden, insbesondere nach 1968 in den Ländern des Warschauer Pakts. „Die Forderung nach Freiheit wurde", wie Maja Fowkes erklärt, „zu einer treibenden Kraft für die Künstler der Neoavantgarde. Verschiedene Aktionen, die in öffentlichen Räumen von Budapest in der Periode, die auf den revolutionären Augenblick von 1968 folgte, durchgeführt wurden, setzten sich in unterschiedlicher Weise mit dieser Frage auseinander,[7] und wir können sicher beipflichten, dass das auch auf andere Länder zutraf, die zur damaligen Zeit totalitären Regimen ausgesetzt waren. Erinnern wir uns zunächst daran, dass Tamás Szentjóby alias St. Auby, einer der wichtigsten und radikalsten Konzeptkünstler, Dichter und Performer Ungarns, 1974 wegen seiner Samisdat-Aktivitäten festgenommen und 1975 von Ungarn in die Schweiz ausgebürgert wurde, wo er bis in die frühen 1990er-Jahre blieb. Eine seiner politisch motivierten performativen Interventionen im öffentlichen Raum, *Sit Out – Homage to Bobby Seale* aus dem Jahr 1972, war eine Umkehrung der Sit-ins der Studentenproteste. St. Auby widmete seine Aktion dem schwarzen amerikanischen Aktivisten Bobby Seale, dem Gründer der Black Panther Party, der zur damaligen Zeit wegen seiner Beteiligung an den Unruhen von Chicago im Jahr 1968 inhaftiert war. St. Auby

verband sich die Augen und sass gefesselt vor einem internationalen Hotel, wo er einen Solidaritätsprotest durchführte, bis kurze Zeit später die Polizei eintraf.

Der Filmemacher und Performance-Künstler Tomislav Gotovac stellte seine eigene Person und seinen Körper ins Zentrum seiner meisten Aktionen, wobei er seinen Körper als eine Art Ready-made verstand. Er führte künstlerische Aktionen in öffentlichen Räumen des ehemaligen Jugoslawien durch, das von Titos blockfreier Politik und vom antistalinistischen Sozialismus geprägt war. Seine Absicht war es, seine alltägliche Beziehung zu seiner Umgebung hervorzuheben. Bei seinen radikalen Performances und provokativen öffentlichen Gesten, die als scheinbar einfache Alltagsaktivitäten daherkamen, wie Betteln, Reinigen von städtischen Räumen, öffentliches Haareschneiden und Rasieren, testete Gotovac die Grenzen des öffentlichen Raums innerhalb des sozialistischen Staates und seiner Mechanismen aus. Bei seinen markanten Performances in Belgrad (1971) und Zagreb (1981) rannte er nackt durch das Stadtzentrum, bis er von der Polizei gestoppt wurde. Er wollte, wie er selbst sagte, in den Zentren der sozialistischen kleinbürgerlichen Moral „eine für [sich] selbst und für andere ungewöhnliche Situation schaffen, eine drastische Kombination aus Intimität und Öffentlichkeit"[8].

Auf den Einmarsch der Truppen des Warschauer Pakts folgte in der Tschechoslowakei die als „Normalisierung" bekannte Periode, die von den 1970er-Jahren bis Mitte der 1980er-Jahre dauerte und in der Repression, erhöhte Sicherheit und politische Säuberungen an der Tagesordnung waren. „Unter solchen Bedingungen", schreibt Klara Kemp-Welch, „war es für inoffizielle Künstler unmöglich, jenseits eines begrenzten Bekanntenkreises Kontakte zu einem Publikum zu bekommen. Stattdessen lieferten die anormalen Umstände der Normalisierung Jiří Kovanda einen überspannten Rahmen, in dem er der Frage nachgehen konnte, wie ‚normale‘ Beziehungen aussehen könnten."[9]

Einige von Kovandas Aktionen suchten potentielle Kontaktstellen mit zufällig vorbeikommenden Personen. Seine „unbeabsichtigten Zusammenstösse" verwandelten beinahe unmerklich das gewohnheitsmässige Verhalten eines (sozialistischen) Gesellschaftskörpers in eine soziale Choreografie von Bürgern, die gemeinsam den öffentlichen Raum von Rolltreppen und Plätzen bevölkern und nutzen oder auf der Strasse gehen. Die Menschen, mit denen Kovanda zusammenstiess oder die ihm in die Augen sahen, wenn er ihnen auf der Rolltreppe gegenüberstand, hatten niemals den Verdacht, Teil des Gesellschaftsvertrages einer künstlerischen Performance zu sein, die sich um sie herum vollzog. All diese Performances wurden von einem nichtprofessionellen Fotografen dokumentiert. Kovanda klebte das Foto anschliessend auf ein Stück Papier. Darunter vermerkte er den Titel der Performance, den konkreten Ort und Zeitpunkt des Ereignisses und beschrieb das Szenario. Mehrere Autoren haben bereits auf die Ähnlichkeit zwischen Kovandas Dokumentation seiner Performances und den Fotos, die die kommunistische Geheimpolizei von verfolgten Personen machte, hingewiesen. Tomáš Pospiszyl hat die Ähnlichkeiten zwischen der Dokumentationsmethode des Künstlers und den Bildern, die rund um die kompromisslosen kommunistischen Tage von Prag in den 1970ern und frühen 1980ern von der Polizei mit versteckten Kameras aufgenommen wurden, analysiert.[10] Für die Spione, die mittels fotografischer Dokumentation Beweise für kriminelle Handlungen sammelten, war es wichtig, dass das Foto auch das Umfeld erfasste, in dem die Handlung stattgefunden hatte, sowie alle weiteren Personen, die mit der verfolgten Person in Kontakt gekommen waren. Eine zusätzliche Interpretation war nötig, damit das Foto eines Spions als belastendes Material genutzt werden konnte. Pospiszyl erläutert, dass „demnach zwei konkurrierende Arten von verdeckten Szenarien in den öffentlichen Räumen von Prag durchgeführt wurden: die eine unter Leitung der Geheimpolizei, die andere von inoffiziellen Künstlern. Obgleich die Motivation, die ihnen zugrunde lag, jeweils völlig unterschiedlich war, lassen ihre Fotografien und Begleittexte eine Reihe von Ähnlichkeiten erkennen… Viele von den Menschen, die von der Geheimpolizei fotografiert wurden, wussten, dass sie beschattet wurden. Sie änderten ihr Verhalten, um einer Bestrafung zu entgehen, oder um die Polizei in vielerlei Hinsicht zu verwirren. Kovanda wusste, dass er fotografiert wurde, da er selbst seinen Freund aufgefordert hatte, seine unscheinbaren Performances zu dokumentieren. Dennoch handelte er, als sei er sich der Gegenwart seines Freundes nicht bewusst."

In den 1970er-Jahren standen Themen zum öffentlichen und privaten Raum, die unter einem totalitären Regime erlebt und benutzt wurden, im Zentrum der Arbeit der feministischen Künstlerin und Aktivistin Sanja Iveković. Die Überwachung, wie sie nicht nur von der Geheimpolizei, sondern von dem gesamten Regime durchgeführt wurde, ist Gegenstand einer ihrer anschaulichsten Arbeiten: *Triangle* (1979). Am 10. Mai 1979 fand eine achtzehnminütige Performance statt: Während unten die Fahrzeugkolonne des jugoslawischen Präsidenten Josip Broz Tito vorbeifuhr, sass die Künstlerin auf ihrem Balkon und las ein Buch, nippte an einem Whiskey und gab vor zu masturbieren, bis ein Sicherheitsbeamter kam und sie ersuchte, „ihre gegenwärtige Tätigkeit einzustellen und Personen und Gegenstände von ihrem Balkon zu entfernen". Dieser Beitrag wird mit vier Schwarzweissfotografien von dem Ereignis sowie einem kurzen, erklärenden Begleittext gezeigt und stellt eine der aussagekräftigsten Performance-Arbeiten der 1970er-Jahre dar. Dieses konstruierte Szenario, so bekräftigt Branislava Andjelković, thematisiert männliche Machtausübung, militärischen Exhibitionismus und alle Stereotype totalitärer Choreografie – Überwachung, Terror und direkter Eingriff in die Privatsphäre. Doch, „die Performance ist in Wirklichkeit ein Akt der Verinnerlichung des eigentlichen Systems, den Iveković erkennt und dekonstruiert. Sie führt ihre eigene Politik der Zurschaustellung gegen die staatliche Politik der Zurschaustellung ins Feld. Die Sicherheitsleute sind sich der objektiven Bedeutungslosigkeit ihrer Balkon-Performance bewusst, doch sie sind bereits Teil des Spiels. Sie müssen reagieren, andernfalls könnte das Subjekt auf dem Balkon den Eindruck gewinnen, sie hätten nichts bemerkt. Also beteiligen sie sich."[11] In ihren frühen,

politisch engagierten Performances steckte Iveković die Grenzen ab zwischen Persönlichem und Öffentlichem, zwischen Erotik und Ideologie, und stellte diese in Frage.

In ähnlicher Weise setzte sich zur selben Zeit, allerdings in Polen, Ewa Partum mit Themen der Gleichberechtigung zwischen den Geschlechtern und feministischen Positionen auseinander und machte erstmals mit einem öffentlichen Projekt aus den frühen 1970er-Jahren den öffentlichen Raum zum Thema: In *The Legality of Space* (1972) zeigte sie echte Verkehrsschilder mit strengsten Verboten neben erfundenen Zeichen wie „Keinerlei Erlaubnis!". Im Jahr 1980 inszenierte sie *Self-Identification*, eine Performance, bei der sie unbekleidet in der Warschauer Öffentlichkeit auftrat und die begleitet wurde von einer Reihe von Collagen, auf denen sie nackt zwischen anderen Fussgängern an einer Strassenkreuzung und neben einer Polizistin vor dem Präsidentenpalast zu sehen ist.

In den 1980ern kamen viele soziale Proteste auf, die erkennen liessen, dass sich dieser spezielle Teil Europas auf seinen zielgerichteten revolutionären Moment hinbewegte. Vor dem Hintergrund der synchronen Entstehung der Zivilgesellschaft und der letztendlich immensen politischen Umbrüche haben diese künstlerischen Aktionen eine bedeutende Rolle gespielt bei der Öffnung des öffentlichen Raums für die öffentliche Nutzung durch jeden. Doch angesichts des aktuellen neoliberalen Systems und des Spätkapitalismus, die die moderne Gesellschaft in eine feudale Struktur überführen, stellt sich die Frage, ob der öffentliche Raum nicht neuerdings geschlossen werden wird. Diese Beispiele aus der Kunst können daher neben vielen anderen Arbeiten, die heutzutage unter Bedingungen äusserster Kontrolle und Zensur an anderen Orten der Welt entstehen, wertvolle Fanale und Erinnerungen dafür sein, dass Auseinandersetzung und Kampf um Freiheit immer möglich und geboten sind.

1   Dieser Artikel wurde veröffentlicht unter dem Titel „Als die Freiheit Kinder brauchte", in: Boris Buden, *Die Zone des Übergangs: Vom Ende des Postkommunismus*, Frankfurt am Main 2009, S. 34–51.

2   Jürgen Habermas, *The Structural Transformation of the Public Sphere: An Inquiry into a Category of Bourgeois Society*, Cambridge 1991.

3   Für Einzelheiten siehe Suzana Milevskas Text „The Triumph of Recording and Implanting False Memories in Macedonia". Ein Auszug ist verfügbar unter: http://www.goethe.de/ins/gr/lp/prj/eri/ein/en12318583.htm#milevska

4   http://www.statelessness.eu/blog/victory-slovenias-erased-citizens-european-court-human-rights

5   Kiril Stanilov, „Democracy, Markets, and public space in transitional societies of Central and Eastern Europe", in: *The Post-Socialist City. The GeoJournal Library*, Bd. 92, 2007, S. 270.

6   Daniel Grúò, „Július Koller. Dialectics of Self-Identification", in: Christian Höller (Hrsg.), *L'Internationale – Post-War Avant-Gardes Between 1957 and 1986*, S. 189 f., Piotrowski zitiert nach: *In the Shadow of Yalta. Art and the Avant-garde in Eastern Europe, 1945–1989*, London 2009.

7   Dr. Maja Fowkes, „Off the Record: Performative Practices in the Hungarian Neo-avant-garde and their Resonances in Contemporary Art", *Centropa* 14.1, Januar 2014, S. 57–71.

8   Goran Trbuljak, Hrvoje Turković, „It's All a Movie. A Conversation with Tomislav Gotovac", zitiert in: Christine Macel, Nataša Petrešin-Bachelez (Hrsg.), *Promises of the Past. A Discontinuous History of Art in Former Eastern Europe*, Paris 2010, S. 84.

9   Klara Kemp-Welch, „Jiri Kovanda's Collisions", 2009; bislang unveröffentlicht.

10   Tomáš Pospiszyl, „Etude", in: *Manifesta Journal: The Fungus in the Contemporary*, Nr. 13, 2012.

11   Branislava Andjelković, „How ‚Persons and Objects' Become Political in Sanja Iveković's art", zitiert in: Christine Macel, Nataša Petrešin-Bachelez (Hrsg.), *Promises of the Past. A Discontinuous History of Art in Former Eastern Europe*, Paris 2010, S. 99.

Après une longue période de surveillance et de violence intensifiées à l'encontre de toute pensée dissidente, l'année 1989, avec ses rêves d'un monde démocratique meilleur et d'une libération générale vis-à-vis de l'idéologie communiste oppressive, engendra une société civile qui était non seulement légitime, mais aussi légale. Ce changement de réalité politique fut qualifié de processus de normalisation et les sujets autrefois révolutionnaires des sociétés qui renversèrent les titans du communisme furent péjorativement rabaissés au terme d' «enfants du communisme». Boris Burden écrit au sujet de ce curieux symptôme, révélant ainsi le fonctionnement des forces politiques du Nord ou de l'ancien bloc de l'Est : «Un curieux ensemble de métaphores marque le jargon de la transition postcommuniste : éducation pour la démocratie, salles de classe de démocratie, examens démocratiques, démocratie qui grandit et mûrit, mais qui peut encore en être à ses premières couches, faire ses premiers pas ou, bien-sûr, souffrir de maladies infantiles. Ce langage du post-communiste dévoile un paradoxe qui pointe du doigt ce qui est probablement le plus grand scandale de l'histoire récente : ceux qui démontrèrent leur maturité politique au cours de ce que l'on a appelé les «révolutions démocratiques» de 1989–90 sont ensuite devenus, du jour au lendemain, des enfants !»[1] Or, c'est justement sous ce mode d'éducation, par le biais duquel l'Ouest a imposé dans l'ancienne Europe de l'Est communiste sa démocratie basée sur le capitalisme, et qui a inauguré un processus indiscuté d'appropriation et d'incorporation de la capitalisation sauvage, que de nombreux pays de l'ancienne Europe de l'Est et de l'ancienne Union Soviétique retombent dans un fossé de corruption, de gouvernement par l'extrême-droite, et de chaos et d'effondrement financiers généralisés.

Deux dimensions, «l'accès illimité» et la «facilité d'utilisation», peuvent être utilisées pour définir l'espace public. Une analyse présentée par Jürgen Habermas et considérée comme la base des discours contemporains sur l'espace public, en tous cas dans le Nord, voit l'espace comme un élément auquel les citoyens d'un régime politique ont accès et qu' ils ont le droit d'utiliser librement.[2] En revanche, la privatisation sauvage qui a suivi dans l'ancienne Europe de l'Est après 1989 a entraîné des restrictions sur ces droits publics et créé des étapes de transition spatiale des espaces publics et privés ainsi que des espaces de caractère hybride. Qu'est-ce qui constitue la continuité spatiale et temporelle d'un espace public, en particulier quand celui-ci a subi une transformation idéologique radicale ? Quelles subjectivités se forment et se dissolvent autour de lui avec le temps et comment en reconnaissons-nous les traces ? Nous allons tenter de répondre à certaines de ces questions en explorant et en considérant des actions et des performances qui ont été exécutées dans de nombreuses parties de l'ancienne Europe de l'Est par les artistes les plus radicaux de l'époque, qui se sont mis en danger immédiat en utilisant l'espace public des régimes communistes et socialistes dans les années 70 et 80, tout en créant en même temps des conditions sans précédent pour l'émergence de sociétés civiles.

Pour de nombreuses personnes, l'effondrement du système communiste en Europe de l'Est est intrinsèquement lié aux images médiatisées de 1989 de rassemblements de masses spontanés dans ses rues et sur ses places. Dans la première vague, des images de la Porte de Brandebourg à Berlin, de la Place Venceslas à Prague, des grands boulevards de Bucarest et de Sofia et, dans les années qui suivirent, la propagation des manifestations de citoyens sur la Place Rouge de Moscou ou sur la Place de la République de Belgrade en 2000 et, plus particulièrement, la Place de l'Indépendance de Kiev en 2004, nous reviennent aujourd'hui.

A la suite des révolutions qui se déroulèrent dans les rues des anciennes villes socialistes ou communistes, les forces néolibérales et pragmatiques du capitalisme moderne ont commencé à prendre forme sous l'aspect d'une privatisation et d'une commercialisation sauvages de ce qui restait de l'espace public appartenant à l'Etat. Une importante réduction du domaine public et une transformation visuelle radicale – des processus de révision historique qui ont trop souvent inclus le déni des décennies précédentes, les nationalismes renouvelés (le cas de la sculpture nationaliste exagérée en Macédoine[3]) et les génocides souvent administratifs (par exemple, le soi-disant cas des «citoyens effacés» en Slovénie[4]) – ont œuvré main dans la main avec le développement de réseaux de communication et d'information ainsi que l'émergence de nouveaux types de relations sociales, sans rapport avec une quelconque présence à un endroit spécifique.

Comme l'écrit Kiril Stanilov, les spécificités des villes socialistes en Europe de l'Est et en Europe Centrale peuvent être comparées à celles des villes d'Europe de l'Ouest. Parmi plusieurs distinctions, deux sont particulièrement révélatrices : «…des modèles de distribution de l'espace public foncièrement distincts, et de profondes différences dans le contenu fonctionnel des espaces publics.»[5] Dans les villes socialistes d'Europe de l'Est, l'Etat ayant établi sa propriété sur les zones à usage industriel, commercial et de loisir, et sur les quartiers historiques, la plupart de l'espace était publique par défaut. En Yougoslavie, tout le territoire urbain était également propriété de l'Etat alors que, dans d'autres pays, la propriété privée du territoire urbain était associée à des biens résidentiels individuels.

Une façon plus formelle de distinguer les positions artistiques particulières qui furent adoptées dans l'ancienne Europe de l'Est, et qui font partie de l'exposition de Bienne, serait d'identifier tout d'abord comment ces artistes se sont positionnés contre le style artistique officiellement soutenu du réalisme social en Tchécoslovaquie ou en Pologne ou, dans le cas de la Yougoslavie, du haut modernisme. Ces artistes ont établi leurs pratiques comme des antagonismes conscients, des formes et des déclarations d'anti-art. Daniel Grúň écrit sur la dichotomie qui prévalait lorsque l'on observait l'art officiel et l'art non officiel dans les anciens pays socialistes, et sur les pratiques ambivalentes de la subversion individuelle contre le contrôle centralisé des appareils de l'Etat : «… les parallèles tracés entre l'art officiel et l'art non officiel et leurs appareils de distribution ne sont qu'un seul exemple de l'interaction concevable entre l'art et la politique dans le socialisme réel. La scène artistique, en particulier, n'était pas, en tant que telle, ‹clairement divisée en deux zones adjacentes›, ainsi que l'affirme Piotr Piotrowski. Entre l'officiel et le non officiel existaient des zones d'interaction, d'infiltration et de signification, sans mentionner la participation directe des artistes engagés sur la scène non officielle et impliqués dans la production d'art officiel.»[6]

Les actions et les performances effectuées dans l'espace public par les artistes qui appartenaient aux cercles de créativité artistique non officielle, en général totalement ou du moins partiellement privée de soutien, fonctionnaient comme des perturbations du tissu social organisé et maintenu par les régimes au pouvoir comme une structure de suspicion, de surveillance et de contrôle du comportement public. Les artistes utilisaient leur propre corps pour attirer les regards et susciter des interrogations (Ewa Partum, Miervaldis Polis, Tomislav Gotovac, Sanja Iveković et Mladen Stilinović), ou pour troubler l'usage habituel de l'espace public (Jiří Kovanda et Neša Paripović).

Il serait encore plus intéressant de considérer les risques physiques, affectifs, politiques que les artistes prenaient dans de telles conditions, et la façon dont ils pensaient, au moment de sa genèse, que leur travail serait accueilli et à qui celui-ci s'adresserait. La gestion du risque qui accompagnait ces actions n'était ni planifiée ni répétée, elle n'était probablement qu'un élément de la liste qu'ils dressaient dans leur tête de ce qui pourrait mal tourner, comment et quand, voire pire. Le danger d'être arrêté ou même déporté pour des actions ouvertement et publiquement mises en scène perdura dans les pays alliés du Pacte de Varsovie, notamment après 1968. «La revendication de liberté deviendrait la préoccupation majeure des artistes néo-avant-gardistes, et plusieurs actions mises en scène dans les espaces publics de Budapest au cours de la période qui suit le moment révolutionnaire de 1968 abordèrent la question de diverses façons», écrit Maja Fowkes[7], et nous pouvons certainement affirmer qu'il en allait de même dans d'autres pays qui, à cette époque, connaissaient des régimes totalitaristes. Rappelons-nous tout d'abord que Tamás Szentjóby ou St. Auby, l'un des performeurs, poètes et artistes conceptuels les plus importants et les plus radicaux de Hongrie, fut arrêté en 1974 à cause de ses activités samizdat et s'expatria en Suisse en 1975 jusqu'au début des années 90. L'une de ses interventions performatives à motif politique dans l'espace public, *Sit Out — Homage to Bobby Seale* en 1972, fut un renversement des «sit-ins» des manifestations étudiantes. St. Auby dédia son action à l'activiste noir américain Bobby Seale, fondateur du Black Panther Party et emprisonné à l'époque pour son implication dans les émeutes de Chicago de 1968. St. Auby se banda les yeux et siégea attaché devant un hôtel international, organisant ainsi une manifestation de solidarité avant la rapide arrivée de la police.

Le réalisateur et performeur Tomislav Gotovac mit son image et son propre corps, utilisé comme une sorte de «prêt à l'emploi», au centre de la plupart de ses actions. Les performances artistiques qu'il exécuta dans des espaces publics de l'ancienne Yougoslavie, marquée par la politique non alignée de Tito et par le socialisme antistalinien, visaient à souligner la rela-tion quotidienne avec l'environnement. A l'aide de représentations radicales et de gestes publics provocants, incarnés dans des activités quotidiennes simples en apparence, telles que faire la manche, nettoyer des espaces publics, effectuer des coupes de cheveux et des rasages en public, Gotovac a testé les limites de l'espace public au sein de l'état socialiste et de ses mécanismes. Dans les représentations marquantes qu'il effectua à Belgrade en 1971 et à Zagreb en 1981, il court nu dans le centre de la ville jusqu'à être stoppé par la police. Selon ses propres mots, il voulait «créer une situation extraordinaire pour [lui]-même et pour les autres, une combinaison drastique d'intimité et de caractère public,»[8] au sein des centres de la moralité petit-bourgeois socialiste.

A la suite de l'invasion des troupes du Pacte de Varsovie, entre les années 70 et la moitié des années 90, la période connue sous le nom de «normalisation» fut établie en Tchécoslovaquie où la répression, une sécurité accrue et les purges politiques étaient omniprésentes. «Dans de telles conditions», écrit Klara Kemp-Welch, «il était impossible pour les artistes officiels d'établir un contact avec un public, au-delà d'un cercle restreint de connaissances. Au lieu de cela, les conditions anormales de normalisation fournirent à Jiří Kovanda un cadre extrêmement dense pour explorer ce que pourraient être des relations ‹normales›.»[9]

Certaines des actions de Kovanda cherchaient des zones potentielles de contact avec les passants fortuits. Ses «collisions involontaires» ont presqu'imperceptiblement transformé le comportement habituel d'un corps social (socialiste) en chorégraphie sociale des citoyens qui habitent et co-utilisent l'espace public des escalators, des places ou des rues qu'ils parcourent. Ceux que Kovanda heurtait et qui le regardaient dans les yeux lorsqu'il leur faisait face sur l'escalator ne soupçonnèrent jamais qu'ils étaient impliqués dans le contrat social d'une représentation qui se jouait autour d'eux. Toutes ces interventions étaient documentées par un photographe amateur. Kovanda collait ensuite la photographie sur un morceau de papier au bas duquel il écrivait le titre de l'intervention, son emplacement physique, le moment auquel celle-ci avait eu lieu, et en décrivait le scénario. De nombreux écrivains ont déjà remarqué la similarité des documents des interventions de Kovanda avec les clichés de ceux qui étaient suivis par la police secrète communiste. Tomáš Pospiszyl a analysé les ressemblances entre la méthode de documentation de l'artiste et les photos prises par la police en utilisant des appareils photo cachés, lors des jours sombres du communisme à Prague dans les années 70 et au début des années 80.[10] Il était important, pour les espions qui compilaient des preuves d'actes criminels par le biais de documents photographiques, que la photographie inclue également l'environnement dans lequel l'acte se déroulait ainsi que les autres individus en contact avec la personne suivie. Une interprétation complémentaire était nécessaire pour que la photographie puisse servir d'élément d'incrimination. Pospiszyl écrit comment «deux types de scénarios dissimulés étaient ainsi joués simultanément dans les espaces publics de Prague : l'un mené par la police secrète, l'autre par des artistes non officiels. Même s'ils partaient de motivations complètement différentes, leurs photographies et les textes qui les accompagnaient montrent un certain nombre de similitudes… Nombre de ceux qui étaient photographiés par la police secrète savaient qu'ils étaient suivis. Ils modifiaient leur comportement afin d'éviter d'être persécutés ou pour induire la police en erreur de diverses manières. Kovanda savait qu'il était photographié, car il avait lui-même invité son ami à documenter ses discrètes interventions. Néanmoins, il agissait comme s'il n'avait pas été conscient de l'existence de ce dernier.»

Dans les années 70, la question des espaces publics et privés dans lesquels on vivait et qui étaient utilisés sous un régime totalitaire furent au cœur de la pratique de l'artiste et activiste féministe Sanja Iveković. La surveillance, exercée non seulement par la police secrète mais aussi par le régime tout entier, est dénoncée dans l'une de ses œuvres les plus emblématiques, *Triangle* (1979). Une performance de dix-huit minutes se déroula le 10 mai 1979 : pendant que le cortège d'automobiles du président yougoslave passait sous ses fenêtres, l'artiste était assise sur le balcon, lisant un livre, sirotant un whisky et faisant mine de se masturber, jusqu'à ce qu'un officiel de la sécurité arrive et lui demande de «cesser ses activités du moment et de retirer les personnes et les objets du balcon». Présentée sur quatre photographies en noir et blanc de l'événement accompagnées d'un court texte descriptif, cette œuvre de performance est l'une des plus évocatrices des années 70. Comme l'affirme Branislava Andjelković, le scénario fabriqué dénonce l'exercice masculin du pouvoir, l'exhibitionnisme militaire et tous les stéréotypes de la chorégraphie totalitariste : surveillance, terreur et intrusion directe dans la sphère privée. Cependant, «la performance est en vérité un acte d'intériorisation du système même que Sanja Iveković comprend et déconstruit. Elle exerce sa propre politique d'affichage contre la politique d'affichage de l'Etat. Les membres de la sécurité sont conscients de l'insignifiance objective de sa performance du balcon, mais ils sont déjà dans le jeu. Ils doivent réagir, sinon le sujet sur le balcon pourrait penser qu'ils n'ont pas remarqué. Alors ils participent.»[11] Les premières performances à engagement politique de Sanja Iveković démarquent et remettent en cause les limites entre le personnel et le public, entre l'érotique et l'idéologique.

Similairement concernée par les questions d'égalité de genre et par les déclarations féministes de la même période, mais cette fois en Pologne, Ewa Partum s'est tout d'abord attaquée à l'espace public avec un projet public au début des années 70, *The Legality of Space* (1972), dans le cadre duquel elle a affiché des panneaux de signalisation authentiques, extrêmement prohibitifs, aux côtés de panneaux inventés, tels que «Pas de permissions!». En 1980, elle a produit *Self-Identification*, une performance la montrant nue en public à Varsovie, et accompagnée d'une série de collages d'elle-même se montrant nue parmi les piétons, à un carrefour, à côté d'une policière et devant le palais présidentiel.

De nombreuses manifestations sociales virent le jour en 1980, au cours desquelles il devint évident que cette partie de l'Europe se dirigeait vers un tournant révolutionnaire théologique. A la lumière de la formation simultanée de la société civile et de ces transformations politiques finalement immenses, ces actions artistiques ont joué un rôle significatif dans l'ouverture de l'espace public à l'usage public de tous. Cependant, en considérant la situation du régime néolibéral et du capitalisme actuels qui sont en train de transformer la société contemporaine en structures féodales, la question est de savoir si l'espace public ne va pas se refermer. Ces exemples artistiques, ainsi que les nombreuses autres pratiques qui émergent aujourd'hui dans des contextes de contrôle et de censure extrêmes partout ailleurs dans le monde, peuvent donc constituer de précieux flambeaux pour nous rappeler que la contestation et le combat pour la liberté peuvent et devraient toujours se produire.

1   Cet article a connu une première publication sous le titre de «Als die Freiheit Kinder brauchte», dans : Boris Buden, *Die Zone des Übergangs : Vom Ende des Postkommunismus*, Suhrkamp Verlag, Frankfurt am Main, 2009, pp. 34–51. Traduction de l'auteur.

2   Jürgen Habermas, *The Structural Transformation of the Public Sphere : An Inquiry into a Category of Bourgeois Society*, *[La Transformation structurelle de l'Espace public]*. Cambridge : MIT Press, 1991.

3   Pour plus de détails, voir le texte de Suzana Milevska, «The Triumph of Recording and Implanting False Memories in Macedonia». Un extrait en est disponible sur : http://www.goethe.de/ins/gr/lp/prj/eri/ein/en12318583.htm#milevska

4   http://www.statelessness.eu/blog/victory-slovenias-erased-citizens-european-court-human-rights

5   Kiril Stanilov, «Democracy, Markets, and public space in transitional societies of Central and Eastern Europe», dans : *The Post-Socialist City. The GeoJournal Library*, vol. 92, 2007, p. 270.

6   Daniel Grúň, «Július Koller. Dialectics of Self-Identification», dans : Christian Höller (ed.), *L'Internationale – Post-War Avant-Gardes Between 1957 and 1986*, p. 189–190, Piotrowski, citation tirée de *In the Shadow of Yalta. Art and the Avant-garde in Eastern Europe, 1945–1989 [Dans l'ombre de Yalta – Art et avant-garde en Europe de l'Est (1945–1989)]*, Londres : Reaktion Books, 2009.

7   Dr. Maja Fowkes, «Off the Record : Performative Practices in the Hungarian Neo-avant-garde and their Resonances in Contemporary Art», *Centropa* 14.1, janvier 2014, pp. 57–71.

8   Goran Trbuljak, Hrvoje Turković, «It's All a Movie. A Conversation with Tomislav Gotovac», cité dans Christine Macel, Nataša Petrešin-Bachelez (eds.), *Promises of the Past. A Discontinuous History of Art in Former Eastern Europe [Les promesses du passé : une histoire discontinue de l'art dans l'ex-Europe de l'Est]*, Paris : Centre Pompidou, 2010, p. 84.

9   Klara Kemp-Welch, « Jiri Kovanda's
Collisions », 2009 ; inédit.

10   Tomáš Pospiszyl, « Etude », dans :
*Manifesta Journal: The Fungus in the
Contemporary*, n° 13, 2012.

11   Branislava Andjelković, « How ‹Persons
and Objects› Become Political in Sanja
Iveković's art », cité dans Christine Macel,
Nataša Petrešin-Bachelez (eds.), *Promises
of the Past. A Discontinuous History of Art
in Former Eastern Europe [Les promesses
du passé : une histoire discontinue de l'art
dans l'ex-Europe de l'Est]*, Paris : Centre
Pompidou, 2010, p. 99.

Courtesy / Credits
Nachweise
Remerciements

Mouvement I

Franz Eggenschwiler und Berner
Arbeitsgemeinschaft (Konrad Vetter,
Robert Wälti), 27–33
Farbige Baumruine, 1975
Drei Gerüstkuben, 1975
Photographer: Pierre Edouard Hefti
Courtesy Canton of Berne

Marko Lulić, 28–33
*Vorschlag für ein Arbeiterdenkmal in Biel.
Proposition pour un monument de travailleurs
à Bienne. Proposal for a Workers' Monument
in Biel*, 2014
Performance still
Photographer: Alex Kangangi
Courtesy the artist

Christian Jankowski, 36–41
Kunstturnen, 2014
Performance still
Photographer: Stefan Meyer
Courtesy the artist

Olivier Mosset, 43
Untitled (A PAUL CEZANNE), 2000
Photographer: Pierre Edouard Hefti
Courtesy Swiss Sculpture Exhibition
ESS–SPA Biel / Bienne

Alex Cecchetti, 44–49
Summer is Not the Prize of Winter, 2014
Performance still
Photographer: Stefan Meyer
Courtesy the artist

Carl Burckhardt, 50
Der Tänzer, 1921/22
Photographer: Jean-Pierre Kuhn,
Swiss Institute for Art Research, Zurich
Courtesy Kunstmuseum Winterthur,
Donation from the Estate of Carl und
Maria Sträuli-Haggenmacher, 1922

Max Bill, 51
rhythmus im raum, 1947/48
Courtesy Swiss Sculpture Exhibition
ESS–SPA Biel / Bienne

Ariana Reines, 52–57
Mortal Kombat, 2014
Performance still, Kunsthaus
CentrePasquArt, Biel / Bienne
Featuring Jim Fletcher
Photographer: Stefan Meyer
Courtesy the artist

Mouvement II

luciana achugar, 82
The Pleasure Project, 2014
Performance still, River to River Festival,
New York
Photographer: Derik Riesche
Courtesy the artist

Alexandra Bachzetsis, 84
The stages of staging, 2013
Performance still, Basel / Amsterdam
Photographer: Melanie Hofmann
Courtesy the artist

Nina Beier, 86–88
The Complete Works, 2009
Still from documentary by Sam Lawlor
Photographer & Courtesy Laura Bartlett
Gallery, London

Pablo Bronstein, 90
Balletto Neoclassico, 2007
Performance still, Palazzo Saluzzo Paesana,
with Liceo Coreutico Teatro Nuovo, Turin,
16 May 2007
Photographer: Giulia Parri
Courtesy Galleria Franco Noero, Turin

Trisha Brown, 92
Drift, 1974
Performance still, London
Photographer & Courtesy John Mallinson

Eglė Budvytytė, 94–96
Choreography for the Running Male, 2012–2014
Performance still, Sydney
Photographer: Rasa Juškevičiūtė
Courtesy the artist
Commissioned by the 11th Baltic Triennial of
International art and 19th Biennale of Sydney

Willi Dorner, 98
Bodies in Urban Spaces, 2007–2010
Performance still, Marseille
Photographer: Lisa Rastl
Courtesy the artist

Douglas Dunn, 100–102
Vain combat, 2010
Performance still, Wall street, dancers left
to right: Kira Blazek, Jake Szczypek,
Tony Bordonaro, Tim Ward, New York City
Photographer: Andrew Gorski
Courtesy the artist

Simone Forti, 104
Huddle, 1961
Performance still, The Box, Los Angeles
Photographer: Anne-Marie Rounkle
Courtesy the artist

Alicia Frankovich, 106
Sisyphus Now, 2014
Performance still, Berlin
Photographer: D.R.
Courtesy the artist

Maria Hassabi, 108–110
SHOW, 2011
Performance still,
River to River Festival, New York
Photographer: Darial Sneed
Courtesy the artist

San Keller, 112–114
Ohne Titel (Blitz), I–III, 2013
Photograph
Courtesy the artist

Köppl / Začek, 116–118
Drei Kreise, 2014
Sketch, Biel
Courtesy the artists

Jiří Kovanda, 120
Kissing Through Glass, 2007
Performance still, Tate Modern London
Courtesy gb agency, Paris and Krobath,
Vienna / Berlin

Germaine Kruip, 122–124
*A Possibility of an Abstraction:
Circle Dance*, 2012
Performance still, Unlimited Basel
Photographer: Gabriele Heidecker
Courtesy the artist

Myriam Lefkowitz, 126
Walk, Hands, Eyes (Biel/Bienne), 2014
Photograph
Photographer: Myriam Lefkowitz and
Nicola Aguzzi, atelier undo redo
Courtesy the artist

Jérôme Leuba, 128
battlefield #95/gaze, 2014
Performance still, Geneva
Courtesy the artist

Lin Yilin, 130–132
Golden Bridge, 2011
Performance still, San Francisco
Courtesy the artist

Liz Magic Laser, 134
The Living Newspaper: Extra Extra, 2013
Performance in collaboration with
actors Audrey Crabtree and Michael Wiener,
production still, San Francisco.
Photographer: Liz Magic Laser
Courtesy of the Southern Exposure,
Off-Site Graue Award

Ieva Misevičiūtė, 136
SSSSSSSSSSSS, 2014
Still from Vocabulary Lesson video
by Coro Collective,
National Gallery of Art, Vilnius
Photographer: Coro Collective
Courtesy Coro collective
(Ieva Misevičiūtė, Eglė & Goda Budvytytė)

Alexandra Pirici, 138–140
Tilted Arc, 2014
Public space sculpture/intervention,
Bucharest
Courtesy the artist

Prinz Gholam, 142
Triple Hecate, 2013
Video still, detail
Courtesy the artist and
Galerie Jocelyn Wolff, Paris

Mouvement III

Vito Acconci, 184–185
Following Piece, 1969
Courtesy the artist

Ai Weiwei, 186–187
June 1994, 1994
Courtesy the artist and Galerie Urs Meile,
Beijing/Lucerne
Study of Perspective, 1995–2011, 2014
Courtesy the artist and
neuger-riemschneider, Berlin

Francis Alÿs, 189
*Looking Up (Plaza de Santo Domingo,
México D.F., Agosto 18, 2001)*, 2001
Courtesy the artist and Galerie Peter
Kilchmann, Zurich

Ulla von Brandenburg, 190–191
Around, 2005
Courtesy the artist and Art : Concept, Paris

Paulo Bruscky, 196–199
Courtesy the artist, Galeria Nara Roesler,
São Paulo

Martin Creed, 200–201
Work No. 1701, 2013
Courtesy the artist, Hauser & Wirth, Zurich,
London, New York and Gavin Brown's
enterprise, New York

Felipe Ehrenberg, 202–203
*A STROLL IN JULY, or ONE THURSDAY AFTER-
NOON, or HALF A DAY IN LONDON,
or (THE) AFTERNOON, or… TOPOLOGY OF
A SCULPTURE*, 1970
Courtesy the artist, Centro de Documentación
Arkheia, Museo Universitario Arte
Contemporáneo, UNAM, Mexico

VALIE EXPORT, 204–205
3 Figurationszeichen, 1976
Courtesy the artist

Dara Friedman, 206–207
Dancer (Loren)/Dancer (Effy), 2011
Courtesy the artist and Gavin Brown's
enterprise, New York

Gelitin, 208–211
Nella Nutella, 2001
Courtesy Galerie Meyer Kainer, Vienna

Tomislav Gotovac, 212–213
Striking, 1971
Courtesy Kontakt. The Art Collection of
Erste Group and ERSTE Foundation, Vienna

Alberto Greco, 214–215
Acto Vivo Dito (Madrid), 1963
Courtesy Museo Nacional Centro de Arte
Reina Sofía, Madrid

Anna Halprin, 216–217
City Dance, 1977
Courtesy the artist

Maria Hassabi, 218–219
The Ladies, 2011/2012
Courtesy the artist

Noritoshi Hirakawa, 220–221
*At a bedroom in the middle of night.
Tokyo*, 1993
Courtesy the artist and Marc Payot, New York

Sanja Iveković, 222–225
Trokut (Triangle), 1979
Courtesy Museo Nacional Centro de Arte
Reina Sofía, Madrid

Christian Jankowski, 226–227
Heavy Weight History, 2013
Courtesy Lisson Gallery, London and the artist

Jiří Kovanda, 228–229
*I Hide. September 1977 Vinohrady,
Prague*, 1977
*XXX. November 30, 1977 Karlovo namesti,
Prague*, 1977
*DIVALDO. November 1976 Vaclavské namesti,
Prague*, 1976
Courtesy the artist and gb agency, Paris

Klara Lidén, 230–231
Paralyzed, 2003
Courtesy the artist and Galerie Neu, Berlin

Marko Lulić, 232–233
Reactivation (Circulation in Space), 2002/2004
Courtesy Gabriele Senn Galerie, Vienna
and the artist

Liz Magic Laser, 234–235
Distressed, 2009
Courtesy the artist

Babette Mangolte / Trisha Brown, 236–239
*Roof Piece 1973, 53 Wooster Street to 381
Lafayette Street, New York City*, 1973/2001
Courtesy the artist and Broadway 1602, New York
Copyright © 1973 Babette Mangolte,
all rights of reproduction reserved

Rachel Mason, 240–241
Wall, 2001
Courtesy the artist and Envoy enterprises,
New York

Dave McKenzie, 242–243
Kevin and Me, 2000
Courtesy the artist, Susanne Vielmetter
Los Angeles Projects, Culver City and
Galerie Wien Lukatsch, Berlin

Dieter Meier, 244–247
GEHEN, 1969–1970
Documentation and photographs of the
performance, scan of newspaper announce-
ment (Tages-Anzeiger, Zurich, July 11, 1970)
Courtesy Galerie Thomas Zander, Cologne
and Grieder Contemporary, Zurich, Berlin

Ocaña, 249
Sin título [Rambla de las Flores], 1973–1980
Courtesy Pedro G. Romero / Máquina P.H.

Neša Paripović, 250–251
N.P. 1977, 1977
Courtesy Kontakt. The Art Collection of
Erste Group and ERSTE Foundation, Vienna

Ewa Partum, 252–253
Self-Identification 03, 1980
Courtesy Kontakt. The Art Collection of
Erste Group and ERSTE Foundation, Vienna

Alexandra Pirici, 254–255
If You Don't Want Us, We Want You, 2011
the monument of the Revolution (Rebirth)
Photographer: Alexandra Pirici, Vlad Basalici
the statue of Carol I
Photographer: Tudor Borduz
Courtesy the artist

Miervaldis Polis, 256–257
Bronze Man, 1987
Courtesy the artist

Kim Sooja, 259
A Needle Woman, 1999–2001
Collection of the National Museum
of Contemporary Art, Gwacheon
Courtesy the artist

Mladen Stilinović, 260–263
Bag-People, 2001
Courtesy the artist

Beat Streuli, 264–265
New York City 05-10, 2011
Queens NY 10, 2011
Courtesy the artist and Galerie
Eva Presenhuber, Zurich

Rirkrit Tiravanija, 266–267
*Untitled (Remember JK, Universal
FuturologicalQuestion Mark U.F.O.)*, 2012
Courtesy the artist and kurimanzutto,
Mexico City

Július Koller, 267
*Univerzálny Futurologicky Otáznik
(U.F.O.)*, 1978
Courtesy Galerie Martin Janda, Vienna

Le Mouvement – Performing the City
12th Swiss Sculpture Exhibition Biel/Bienne
July 4 – November 2, 2014

Gianni Jetzer and Chris Sharp, Curators
Cleoriana Benacloche, Project Manager
Patrick Steffen, Social Media and International Press Coordinator
Betty Stocker, Administrator
Camille de Alencastro, Assistant

Foundation Committee
Stéphane de Montmollin (President), Judith Albert, Beat Cattaruzza, Erich Fehr, Pierre Edouard Hefti,
Françoise Jaunin, Robert Kapp, Jürg Kobi, Cédric Némitz, Thomas Pulver

Advisory Board
Ziba Ardalan, Director, Parasol Unit, London; Maja Hoffmann, Patroness, LUMA Foundation, Zurich; Andrew Holland,
Director, Pro Helvetia, Zurich; Anne Keller, Head of Corporate Citizenship and Art, Swiss Re; Sam Keller, Director, Fondation
Beyeler, Riehen; Xavier LeRoy, Artist, Brussels; Yvonne Rainer, Artist, Los Angeles; Hans Rudolf Reust, Critic and Professor,
University of Arts, Berne; Beatrix Ruf, Director Kunsthalle Zurich; Manuela und Iwan Wirth, Presidents, Hauser & Wirth,
Somerset; Peter J. Schneemann, Professor, University of Bern

Public Funds

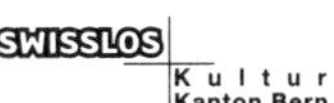 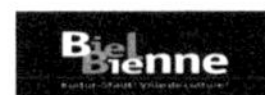 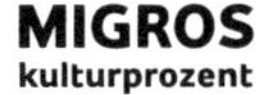

Private Foundations and Institutions

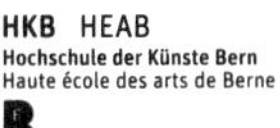 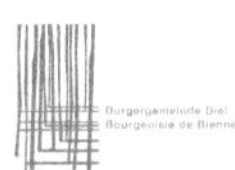 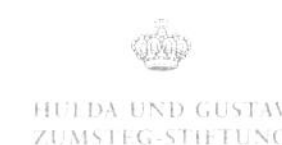 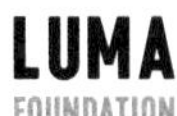

Associated Partners
Kunsthaus CentrePasquArt, Biel/Bienne
Contemporary Art History Department of the University of Bern, Bern
The Y Institute of the Bern University of Arts (BUA), Bern
Cantine Mobile, Biel/Bienne

Donors
Klaus and Heidi Schwab, Biel; Mateja Vehovar and Stefan Jauslin, Zurich; Carla and Christoph Aeschbacher, Ipsach; Maja
and Hans Dahler-Lang, Biel; Ueli Schärrer, Biel; Genossenschaft mlzd-Architekten, Biel; Pierre Hefti, Evilard; Kistler-Vogt
Architekten Biel; Architektur GmbH Hartmann+Schüpbach, Biel; Ada and Jérôme Benacloche, XpertColor Coiffure Sàrl, Biel;
Baubüro Roland Frieden, Biel; F.+H. Engel AG, Biel; Bauzeit Architekten GmbH, Biel; Ernst Thomke; SPAX Architekten
GmbH, Biel; Hans Stöckli, Biel; Graber Pulver Architekten, Bern/Zürich

Companies and Associations
Maison Farel, Paroisse Réformée, Bienne; Stettler AG Bauunternehmung, Biel-Studen; Schlosser AG Elektroinstallationen,
Biel; Breguet SA, Bienne; Ediprim AG, Biel; Serigraphie Uldry AG, Hinterkappelen; Inventar Ulrich Wermuth, Biel;
Photolitho Bienna AG, Biel, Fred Althaus; De Luca AG Bauunternehmung, Biel; Malerei Stadelmann AG, Biel; Magitherm AG,
Port; Bienna Interfloor, Sonceboz; Maler- und Gipsergenossenschaft, Biel; Widmer/de Montmollin architectes, Bienne;
Luder Technik AG, Brügg

Acknowledgement
Marc F. Suter, Biel; Gastgeber GurbachanSingh-Khalsa, Hotel Dufour, Biel; Luzi Schiling, Centre Rythme Danse, Biel;
Léa Fuhrer, Capsule, Biel; Alma Schumacher, Alma Ballerina Tanzschuhle, Biel; Patrizia and Gianluca Petrolo, Salsadores,
Biel; Iris Frauchiger, HKB, Berne; Adrien Horni, sfgb, Biel; Moritz Praxmarer; Janosch Peter; Alex Kangangi; Stefan Meyer;
Jeremy Ryf, Ochsner Sport, Biel; Léa Fluck; Sascha D'Antonio, Duo Club, Biel; Unia, Biel; Deborah Fabiani, Ristorante
Primo Piano, Biel; Micheline Szwajcer, Antwerp; Museo Universitario Arte Contemporaneo, MUAC; Galerie Meyer Kainer,
Vienna; Museo Nacional Centro De Arte Reina Sofia, Madrid; gb agency, Paris; Kontakt. The Art Collection of Erste Group
and ERSTE Foundation, Vienna; Mladen Stilinović, Zagreb; Art: Concept, Paris; envoy enterprises, New York; Gavin Brown's
enterprise, New York; The Latvian Centre for Contemporary Art (LCCA), Riga; Galerie Peter Kilchmann, Zurich; Galerie
Nara Roesler, São Paulo; Gabriele Senn Gallery, Vienna; Hauser & Wirth, London, Zurich, New York; Lisson Gallery, London;
Studio Jankowski, Berlin; Galerie Thomas Zander, Cologne; Marc Payot, New York; Prof. Dr. h.C. VALIE EXPORT, Vienna;
Galerie Eva Presenhuber, Zurich; Beat Streuli, Brussels; Galerie Urs Meile, Luzern, Beijing; Kimsooja Studio, Berlin;
Broadway 1602, New York; Acconci Studio, New York; Herald St Gallery, London; Susanne Vielmetter Project, Los Angeles;
Galerie Wien Lukatsch, Berlin; Galerie Neu, Berlin; kurimanzutto, Mexico City; Galerie Martin Janda, Vienna; Olivier Mosset,
Tucson; Ada Benacloche, Bienne; Marc R. Bercovitz, Biel; René Geiser, Polizeiinspektorat, Biel; Fabian Sauvain, Kantonspolizei
Bern, Biel; Jürg Saager, Leiter Hochbau, Biel; Pierre Edouard Hefti, Abt. Kultur, Biel; Christophe Giroud, SBB, Biel; Dr. Dieter
Schwarz, Kunstmuseum Winterthur, Winterthur; Thomas Gfeller, Evelyne Kurmann, Stadtmarketing, Biel; André Glauser, Abt.
Öffentliche Sicherheit und Bevölkerung, Biel; Eszter Gyarmathy, Abt. Kultur, Biel; Sarah Stocker, Kunstvermittlung, Basel;
Manon Engel, Léa Genoud, Elisabeth Jobin, Damian Jurt, Paolo Merico, Kunsthaus CentrePasquArt, Biel

Colophon

Editors
Gianni Jetzer and Chris Sharp

Concept and Design
Rémi Brandon and Teo Schifferli

Texts
Main Texts: Bojana Cvejić, André Lepecki,
Nataša Petrešin-Bachelez, Jan Verwoert
Introductory and Artists' Texts: Cleoriana Benacloche,
Gianni Jetzer, Chris Sharp, Betty Stocker

Project Management and Proofreading
DISTANZ Verlag, Frederik Kugler and Lynn Battaglia

Translation Introductory and Main Texts
Helen Ferguson (into English)
Heike Naumann (into German)
Elise Pomier (into French)

Translation Artists' Texts
Etienne Barilier, Bernard Geyer, Judith Hayward,
Rolf Hubler, Martine Jetzer-Guhl, Valérie Meylan, Sadie Plant

Image Editing
max-color, Berlin (black-and-white images)
Rémi Brandon / Teo Schifferli (Pantone images)

Production Management
DISTANZ Verlag, Sonja Bahr

Production
DZA Druckerei zu Altenburg GmbH

© 2014 the artists, authors, institution,
and DISTANZ Verlag GmbH, Berlin

© 2014 VG Bild-Kunst, Bonn for the reproduced works by
Vito Acconci, Max Bill, VALIE EXPORT, Noritoshi Hirakawa,
Ewa Partum

Distribution
Gestalten, Berlin
www.gestalten.com
sales@gestalten.com

ISBN 978-3-95476-083-1
Printed in Germany

Published by
DISTANZ Verlag
www.distanz.de

Curator's Circle
McKinivan Moos, Cham
Burger Collection, Hong Kong
Hannelore Fuchs-Stärkle, Rorschach
Tobias und Yvonne Forster-Fader, St. Gallen
Anne Keller and Werner Dubach, Zurich
Galerie Hauser & Wirth, Zurich, London, New York, Los Angeles
Swiss Re, Zurich
UBS AG, Zurich

Thank you for your generous support.